동등자 제자직

© Elisabeth Schüssler Fiorenza
DISCIPLESHIP OF EQUALS
A Critical Feminist Ekklesia-*logy of Liberation*
The Crossroad Publishing Company, New York 1993

Translated by Kim Sang-Bun and Hwang Jong-Ryeol
© Benedict Press, Waegwan, Korea 1997

동등자 제자직
1997 초판
옮긴이: 김심분·황종렬/펴낸이: 김구인
ⓒ 분도출판사(등록: 1962년 5월 7일·라15호)
718-800 경북 칠곡군 왜관읍 왜관리 134의 1
편집부: (0545)971-0629
영업부: 〈본사〉(0545)971-0628 FAX.972-6515
〈서울〉(02)266-3605 FAX.271-3605
우편대체 계좌: 700013-31-0542795
국민은행 계좌: 608-01-0117-906

ISBN 89-419-9718-6 03230

값 7,500원

엘리사벳 쉬쓸러 피오렌자

동등자 제자직
비판적 여성론의 해방 교회론

김상분 · 황종렬 옮김

분도출판사

지혜가 일곱 기둥을 세워 제 집을 짓고
소를 잡고 술을 따라 잔치를 베푼다.
시녀들을 내보내어
마을 언덕에서 외치게 한다.
"와서 내가 차린 음식을 먹고
내가 빚은 술을 받아 마시지 않겠소?
복되게 살려거든 철없는 짓을 버리고
슬기로운 길에 나서 보시오."
(잠언 9,1-4a.5-6)

신학과 교회 안에서
여성론 운동에 몸담은 여자들에게
치하하고 감사하며

네가 받은 말을
누구나 알아보도록
판에 새겨 두어라.
네가 본 일은
때가 되면 이루어진다.
끝날은 반드시 온다.
쉬 오지 않더라도 기다려라.
기어이 오고야 만다.

(하바 2,2-3)

차 례

감사 말씀 ··· 8
출처 소개 ··· 10

머리글 — 투쟁의 여정 ··· 13

1. 잊혀진 동반자 — 교회 안의 여자 전문직 ············· 27
2. 여자는 성직 위계의 최하위 서품을 목표로 삼아야 하나? ············· 38
3. 어제와 오늘의 산 성인들 ······································ 54
4. 힘겨운 짐 ·· 65
5. 비판적 해방신학으로서의 여성론 신학 ················· 70
6. 여자 사도들 — 제1차 여자서품회의 ····················· 99
7. 여성론 영성과 그리스도교 정체와 가톨릭 전망 ············· 110
8. 열두 제자와 동등자 제자직 ································· 124
9. 해방하고 해방되는 신학을 향하여 —
   미국의 여신학자와 여성론 신학 ··························· 138
10. 위안이냐 도전이냐? — 제2차 여자서품회의 ········· 151
11. "여러분은 아버지라고 불러서는 안됩니다" —
    여성론으로 본 초기 그리스도교 역사 ···················· 176
12. 우리는 아직도 눈에 띄지 않는다 —
    여자와 직무에 관한 LCWR 연구의 신학적 분석 ········· 207

13. 내 이름으로 모여라 — 그리스도교 여성론 영성을 향하여 ············ 224
14. 기도 ··· 236
15. 가부장구조와 동등자 제자직 ································ 243
16. 투쟁 속의 축제 ·· 266
17. 우리의 권위와 권력을 주장한다 —
    여자 에클레시아와 교회 가부장구조 ······················· 271
18. 말 못하던 다수가 말하는 쪽으로 ··························· 284
19. 코이노니아 — 합의의 동반자관계 ························· 305
20. 투신과 비판적 탐구 — 하버드 신학부 1988년 개강 ········· 311
21. 여성론적 직무와 동등자 제자직 ···························· 327
22. 전망과 투쟁의 딸들 ·· 346
23. 해방의 윤리와 정치 — 여자 에클레시아의 이론화 ········· 373
24. 달라진 사회와 교회를 내다보는 민주적 여성론 ············ 395

감사 말씀

지난 20여 년 나 자신이 만나거나 함께 일할 특혜를 누렸던 여자들에게, 신학과 교회 내의 여성론* 운동에 몸담은 창조적이며 고무적인 힘찬 여자들에게 이 책을 바친다. 특히 나의 강연과 내가 참여한 연구발표 모임과 그밖의 여러 일을 조직하고 참여한 사람들에게 감사드린다.

매스 미디어는 간혹 사회와 종교 안에서 전개되는 여성운동의 "종식"을 퍼뜨리기도 하지만, 성령의 이끄심으로 투쟁에 참여하고 있는 자매들은 막달라 마리아처럼 이 운동이 가진 부활의 생명력을 증거하고 있다. 이 증거행위는 지상 곳곳에서 그토록 많은 여자들이 보여준 힘찬 지원 연대와 우애 없이는 결코 이루어질 수 없었을 것이다. 여기서 내가 개진하는 투쟁의 역정과 전망이 우리와 하나가 되어 가부장적 억압이 없는 자유 세계를 꿈꾸는, 특히 젊은 여자들에게 용기를 줄 수 있기를 희망한다.

늘 그렇듯이, 지칠 줄 모르는 노고와 틀림없는 지원으로 원고 준비에 완벽한 배려를 아끼지 않은 마가렛 스투디어 박사에게 많은 빚을 졌다. 깊이 감사드린다. 나는 이처럼 최정상급의 비서요 헌신적인 공동작업자의 후원을 받는 대단한 특혜를 누리고 있는 것이다. 또한 앤 밀린과 메씨나에게도 빚을 졌는데, 그

---

* 역자 주: 이 말은 feminist를 옮긴 것이다. 여성신학자들이 이 말을 사용할 때는 여성에 의한 기존의 가부장적 사회구조와 이로 인한 불의한 지배관계에 대한 비판적 성찰과 이러한 반생명적 구조와 지배를 극복하기 위한 투신이라는 해방지향적 시각이 담겨 있다. "여성론"이란 단순히 여자 또는 여성에 관한 거론을 뜻하는 것만은 아니다. 실제로 무슨 "論"이란 근본적으로 비판적 성찰을 전제한다. 그리고 이러한 성찰은 사회관계 속에서 그 비판적 성찰의 실현을 위한 투신을 겨누고 있고 또 그러한 투신을 낳는 모태이다. 이런 점에서 역자들은 여성론 신학자들이 사용하는 "feminist"라는 말이 띠고 있는 이러한 해방지향적 성찰과 투신 차원을 함축적으로 표현할 수 있는 말로서 이 말을 택해서 사용하기로 하겠다.

※ 이하의 본문에 달릴 역자의 각주는 *표로 나타내기로 한다. 원서의 각주를 옮기면서 곁들이는 역자 주석은 〔 〕 속에 넣기로 한다.

동안 내가 발표한 논문과 미발표 논문 가운데서 가장 흥미롭다고 생각하는 것들을 가려내어 분류하는 일을 맡아주었다. 문체와 편집 일을 도와준 미첼 릴위커와 르네 폴, 그리고 교정을 도와준 닐센-거딘에게 고마움을 표하고 싶다.

또한 크로스로드 출판사의 편집자 조지 로울러 씨와 프랭크 어베이스 씨에게 감사한다. 로울러 씨는 이 책의 출판 계획을 격려해주었고, 어베이스 씨는 몇 년 늦어지는데도 꼴을 갖추기까지 인내롭게 기다려주었다. 편집과 관련한 어베이스 씨의 여러 제안과 부단한 지원은 무엇으로도 다 갚을 수 없을 만큼 값진 것이었다.

나의 오누이 프랜시스와 크리스에게는 고마움을 표현할 적절한 말이 없다. 두 사람은 우리가 펼쳐온 투쟁들의 상승기에나 하강기에나 언제나 물샐 틈 없이 나를 뒷받침해 주었다. 내가 일하는 데 필요한 공간과 자유를 허락해 주었을 뿐만 아니라, 내가 절실히 필요한 때는 "귀한 시간"까지도 내주었다. 동등자 제자직 안에서 이들이 베풀어 준 사랑과 배려와 우애에 깊이 감사한다.

출처 소개

이 책에 실린 글들은 대부분이 이미 발표된 것이지만, 이번 출판을 위해 전체적으로 수정·보완했다:

1. *Der vergessene Partner: Grundlagen, Tatsachen und Möglichkeiten der beruflichen Mitarbeit der Frau in der Heilssorge der Kirche* (Düsseldorf 1964).
3. "Saints Alive Yesterday and Today": *Brooklyn Tablet*, 1972.12.7.
5. "Feminist Theology as a Critical Theology of Liberation": *Theological Studies* 36 (1975) 606-26.
6. "Women Apostles: The Testament of Scripture": A. M. Gardiner 편 *Women and Catholic Priesthood: An Expanded Vision* (New York 1976) 94-102.
7. "Feminist Spirituality, Christian Identity and the Catholic Vision": *National Institute for Campus Ministries Journal* 1 (1976) 29-34.
9. "Für eine befreite und befreiende Theologie: Theologinnen und Feministische Theologie in den USA": *Konzilium* 8 (1978) 287-94 [= "Toward a Liberating and Liberated Theology: Women Theologians and Feminist Theology in the United States" *Concilium* 15 (1979) 22-32].
10. "To Comfort or to Challenge: Theological Reflections": M. Dwyer 편 *New Woman, New Church, New Priestly Ministry* (Rochester 1981).
11. "You Are Not to Be Called Father: Early Christian History in a Feminist Perspective": *Cross Currents* 29 (1979) 301-19.
12. "We Are Still Invisible: A Theological Analysis of the Study of Women and Ministry": LCWR (D. Gottemoeller, R. Hofbauer 편) *Women and Ministry: Personal Experience and Future Hopes* (Washington 1981) 29-43.
13. "Gather Together in My Name: Toward a Christian Feminist Spirituality": D. N. M. Riley 편 *Women Moving Church* (Washington 1982).

14. Susanne Kahl-Passoth 편 *Was Meinst du dazu, Gott? Gebete von Frauen*, GBT Sibenstern 485 (Gütersloh 1984).

15. "Patriarchal Structures and the Discipleship of Equals": *Probe* 10 (1983).

17. "Claiming Our Authority and Power": J. B. Metz, E. Schillebeeckx 편 *The Teaching Authority of Believers, Concilium* 180 (Edinburgh 1985) 45-53.

18. "Breaking the Silence – Becoming Visible": E. Schüssler Fiorenza, M. Collins 편 *Women: Invisible in Church and Theology, Concilium* 182 (Edinburgh 1985) 3-16.

19. "Theology after the Synod: So Far So Bad": *Commonweal* (1986.1.31) 144-6.

20. "Commitment and Critical Inquiry": *Harvard Theological Review* 82 (1989) 1-11.

22. "Daughters of Vision": E. Lindsay 편 *Towards a Feminist Theology: Papers and Proceedings from a National Conference Called Together by MOW, National WATAC, Women-Church, August 18-20, 1989, Calaroy Centre, Sydney* (Helensburgh 1990) 15-21.

23. "Patricarchale mach schept verdeeldheden, Feministische verschilen geven ons kracht: De ethiek en politiek van bevrijding": H. M. Wilmes, L. Troch 편 *Overhoeren, taarten en vrouwen die voorbijgaan* (Kampen 1992).

24. "Visión feminista para una sociedad o iglesia diferentes": A. J. Bravo 편 *La función de la teología en el futuro de América Latina: Simposio Internacional* (Mexico City 1991) 216-37.

머 리 글

투쟁의 여정

늙은이들은 꿈을 꾸고
젊은이들은 환상을 보리라   — 요엘 3,1

혼자서 꿈을 꾸면
꿈으로 머물 뿐
여럿이 함께 꾸면
그것이 시작이네
새로운 현실의 시작
우리의 꿈을 꾸세   — 작자 미상[1]

내가 쓰는 모든 것은 여자들을 위해서다.   — Hedwig Dohm

이 책은 나의 여성론 신학 투쟁 행장기다. 매우 구체적인 특정 상황에서 여자들의 영적 힘을 재주장하고 재명명하려는 지난 20여 년의 시도들을 간동그린 것이다. 이 여성론 신학 논문집을 출판하겠다는 나의 약속이 실현되기까지는

---

1.   Wenn eine alleine träumt,
        ist es nur ein Traum.
        Wenn viele gemeinsam träumen,
        so ist das der Begin,
        der Beginn einer neuen Wirklichkeit.
        Träumt unsern Traum.
        H. Kohler-Spiegel, U. Schachl-Raber 편 *Wut und Mut: Feministisches Materialbuch für Religionsunterricht und Gemeindearbeit* (München 1991) 125.

오랜 시일이 걸렸다. 나는 거듭 이 일을 미루어 왔다. 여기 실린 내용은 원래 가톨릭의 맥락 속에서 꼴지어진 것이었다. 그래서 이런 특수한 배경을 뛰어넘는 방식으로 이 논문집을 구성할 수 있을지, 이것이 자기네 나름의 고유한 투쟁을 펼치는 다른 교회나 다른 종교 공동체의 여자들에게도 새로운 기운을 불어넣을 수 있을지 확신이 서지 않았던 것이다. 예를 들어, 나의 강의를 듣는 이들 가운데서 "자유주의" 개신교에 속한 많은 학생들은 가톨릭처럼 명백히 가부장적인 교회에서 내가 왜 그렇게 많은 시간과 정력을 쏟아 왔는지 이해하지 못한다. 하지만 지난 8년간 "자유주의" 개신교 기관들에서 활동하면서 나는 거기에도 가부장적 차별이 그 형태와 그것이 드리우는 그늘은 다를지언정 도처에 도사리고 있다는 사실을 알 수 있었다. 더구나 이 체험을 통해서 종종 나는 여자들을 노골적으로 혐오하는 태도가 교묘하게 자유주의 형태를 띠는 그것보다는 차라리 맞서 싸우기 쉽다는 사실도 통감했다.

이 책은 체계적으로 주제를 다루려는 것이 아니다. 그보다는 교회와 신학에서 특정한 여성론 투쟁 역정을 추적하여 그려내려는 시도의 한 결실이다. 따라서 이 책은 독자가 자신의 투쟁 이력과 전망을 성찰하도록 초대할 것이다. 구체적 특정 맥락에서 여성론적 투쟁과 그 목소리를 연대기적으로 그려내는 시도는 여성론 사상과 전망에 대한 사회적·종교적 억압이 점증하는 오늘날 실정에서 특히 절실한 일이다. 가톨릭만이 아니라 성서종교라고 부를 수 있는 유대교나 이슬람교는 물론, 개신교의 보수나 진보 교파 어디에 속하든 모든 여자들이 여성론 사상과 운동에 대한 종교적 억압을 겪고 있다. 이 세 부류의 투쟁 이력은 물론 서로 달리 나타날 것이다. 그러나 억압을 가하는 가부장적 세력의 강도가 점증하고 있음을 보여준다는 점에서는 서로 일치함을 볼 수 있다. 한편, 근래에는 "새 시대"New Age 운동 계열의 심리주의와 영성적 소비주의에 뿌리를 둔 여성론적 영성운동들과 "여신 종교" 운동이 세력을 확산해 가고 있다. 그런데 위에서 예를 든 성서종교들과 마찬가지로 이 여성론적 종교 형태들 역시 자본주의적 가부장구조와 각 교단의 이익을 위해서 이를 이용하는 암적인 행태로부터 면역되어 있지 못하다는 사실이 드러나고 있다.

어느 때보다도 지금이야말로 사회와 종교 안의 여성운동은 가부장적 종교 구조에 대해 여성론과 여성신학의 견지에서 해방을 비판적으로 분석하고 규정할 필요가 있다. 나 자신의 투쟁 여정과 전망을 추적하고 신학과 성서종교들 안에서 함께 투쟁하는 여자들에게 이를 말해 줌으로써 나는 성서종교를 규정짓고 명명命名할 권리와 권한이 누구에게 있느냐는 논쟁에 뛰어들고자 한다. 물론 근본주의적 우익의 가부장적 요인들이 재정적으로나 제도적으로나 주도권을 쥐고 있는 것은 의심없는 일반적인 현실이다. 일부 여성론자들은 심지어 이들 종교가 아예 가망조차 없이 가부장적이라고 여긴다. 어떻든 보수파가 해방신학자들에 맞서서 이들을 내리누르면서 성서종교들의 "참됨"을 명명하고 규정할 권한을 장악하고 있다. 재정이 풍부하고 잘 조직된 이 보수 종교집단들은 흔히 우익 재정·정치집단들과 연계되어 있다. 일반 신학과 여성론 신학과 특히 여성론적 해방지향 운동들을 비그리스도교적이며 반교회적이라고 비방하고, 그럼으로써 자본주의적 가부장구조를 종교적으로 옹호하는 데 협력하고 있는 것이다.

명명권 투쟁의 맥락에서 자주 나는 이런 물음을 받는다. "그렇게 교회의 (목청 높은) 주장과 가르침에 동의하지 않는다면 왜 그 교회를 떠나지 않는가?" 지난 여러 해 동안 나는 정말이지 거듭거듭 우익 가톨릭인들로부터, 또 여성론자들로부터도 마찬가지로, 이런 도전적인 물음을 받는 처지였다. 그러나 이 물음에 대해 심각하게 마음을 쓴다는 것 자체가 이미 성서종교들에 대한 보수 세력의 소유권을 인정하는 것인만큼 그들에게 명명권을 양도하는 셈이다. 오해 없기 바란다. 여성론자들이 억압적이고 인간 본연의 모습을 상실시키는 것으로 체험하는 그런 성서종교나 교회의 구성원으로 계속 남아 있어야 한다는 말이 아니다. 그보다는 종교의 해방하는 힘을 체험해 온 우리가 우리 자신의 자산이요 유산인 이 힘을 주장해야 한다는 말이다.

물론 종교계의 여성론자들은 종교적 가부장제와 투쟁함에 있어 정력과 재능을 가장 적절히 쏟을 자리가 어디인지를 판단해야 한다. 그러나 다른 종파로 떠나가기로 단안을 내리거나 어떤 제도 종교에도 속하지 않기로 선택을 하거나 간에, 우리가 영적 영역과 관련하여 부여받은 권리 주장을 버릴 수는 없다. 그리스도인 여성론자라면 성서종교와 그리스도교회를 규정할 권한을 포기할 수 없을 것이다. 우리는 정의와 해방에 대한 여성론적인 종교적 전망을 규명할 종교적인 힘을 단념해서는 안된다. 나는 이 투쟁 행장기에서 가부장적 종교들의 변혁을 위해 여성론적 신학이 가지는 명명권을 밝히고자 한다. 오랜 세월 도둑질당했으며 오늘도 갖가지로 위협받고 있는 그 권한을 회복하고 그 권한의 주인이 참으로 우리 자신임을 천명하고자 한다.

우리의 종교적 자기명명권을 도둑질하는 한 방식은 역사적 기억상실과 연관되어 있다. 한 예로, 자주 젊은 학생들은 나에게 어떻게 해서 종교 영역에서 여성론 연구를 하게 되었는지, 그리고 여성론적 해방신학이라는 나의 낙인을 누구로부터 전수받았는지 묻는다. 이들은 내가 신학을 배울 당시만 해도 오늘날과 같은 식의 이른바 여성론 신학은 없었다는 사실을 알게 되면 한결같이 놀란다. 더구나 유색인종 여자들이 신학계에 나타나기 시작한 것이 15년쯤 전인가 하면 백인 여자들이 신학계에 자리잡기 시작한 지도 고작 30년이라는 사실에는 한층 더 놀란다. 나의 수강생 대다수는 대학이나 신학교에서 교과목들 가운데 여성론 신학이 있는 것을 보아 왔다. 그래서 예나 이제나 모든 신학도에게 그런 기회가 정규과목으로 제공되어 온 줄로 생각한다. 이런 억측은 종교와 신학에서의 여성론의 제도적 진보를 증거하는 한편, 바로 이 진보를 붕괴시킬 위험이 있는 일종의 역사적 망각을 입증하는 것이다.

오스트레일리아 여성론자 데일 스펜더가 『이상을 품은 여자들』[2]에서 갈파했듯이, 지성사에 여자들의 목소리가 들리지 않는 것은 가부장적 지배세력이 학계의 주도권을 장악하여 영속화해 온 데 근본 원인이 있다. 그래서 마치 여성론 작품이라고는 없었던 줄 알게 된 것이다. 지속되는 가부장제 속에서 여성론 사상가나 예술가는 역사의 기록과 의식에서 사라지고 남성 엘리트 지배세력에 대한 여성론의 도전은 흔적도 남기지 못한 것이다. 세세대대로 여성론자들은 거듭 새삼 "바퀴"를 재발명해야 했다. 언제나 원점에서 힘겨운 지적 노고를 통

---

2. Dale Spender, *Women of Ideas (And What Men Have Done to Them)* (London 1983).

해 가부장제에 대한 비판적 여성론 체계를 재창출해야 했다. 두말할 나위도 없이, 성서종교들 안에서 여자들의 창조적 시각과 해방적 지성의 역사는 망각을 겪어 왔다. 나는 나 자신의 신학적 목소리를 위한 투쟁 여정을 구축하는 이번 시도를 통해 그런 신학적 의식意識과 역사의 상실을 막아 보고자 한다.

여성운동 자체도 때로는 이런 작품들의 제거에 기여했다. 여자들의 지적 작품이 당대에 전개된 운동의 관심사를 주도하던 규정들에 비추어 지나치게 "급진적"radical이거나 "부적절"하다고 여겨진 경우 그런 사태가 발생했다. 이 점을 인식할 때 이런 작업은 특히 더욱 절실하다. 여자들의 지적 업적을 여성론자 자신들이 어떤 식으로 "역사에서 지워" 버렸는가를 보여주는 예로서 우리는 다음 두 가지를 상기할 수 있다. 1980년까지 게이지Matilda Joslyn Gage(1826~1898)의 업적은 여성론계 역사의식에서 거의 완전히 지워져 있었다. 19세기 여성 참정권 운동사의 기술에서 채택된 주도적 체계와 맞지 않는다는 것이 그 이유였다. 아마도 그 기준이 되는 틀은 안토니Susan B. Anthony와 그녀의 전기작가인 하퍼Ida Husted Harper가 의도적으로 설정했을 것이다. 어떻든 이 틀은 여성 참정권운동을 개념화하여 서술하면서, 투표권을 위한 통일된 투쟁노선이 1848년에 뉴욕에서 개최된 세네카 폴스 회의Seneca Falls Convention에서 비롯하여 1920년에 참정권 개정안이 성공적으로 통과되면서 끝난 것으로 기술하는 것이다.

이 논리에 따르면 여성운동은 사실상 참정권의 획득으로 종결되었어야 한다. 더는 할 일이 없는 것이다. … 게이지 같은 여자는 이런 식의 역사 분석 기준에는 맞지 않는다. 불행하게도 교회의 문제라는 측면에 주로 정력을 쏟은 한 흥미로운 학자로, 아니면 NWSA(National Woman's Suffrage Association)와 AWSA (American Woman's Suffrage Association)와 WCTU(Woman's Christian Temperance Union)의 합병을 반대하여 발전을 가로막으려 한 반동자로나 여겨지리라. 1890년 통합 이래 그녀는 귀기울이는 이 없는 인물이 되고 말았다.[3]

---

3. S. R. Wagner, "Introduction": M. J. Gage, *Woman, Church & State: The Original Exposé of Male Collaboration against the Female Sex* (1893, Watertown ²1980) 38.

여성론자들이 여성론 사상과 이론을 역사에서 지워 버린 또 한 예는 독일인 여성론자 헤드비히 돔(1833~1919)의 지적 업적을 평가하는 데서 확인된다. 돔은 19세기 말경에 여자에 대한 그리스도교의 교리적 견해들과 가족관계에서의 여자 억압, 여자의 본질과 특권, 여자의 과학적 해방 그리고 반여성론자들의 여자 공격에 관해 비판적으로 분석하는 글들을 출판했다. 또한 특히 나이 먹은 여자들에게 바쳐진 저서로서, 교육 문제와 고령자 차별에 관해 총체적 논의를 담은 『어머니들』이라는 책도 출판했다.[4] 한 잡지 기고문으로 「태어나지 않은 어린이의 권리」라는 글도 있는데, 산아조절이나 낙태에 관한 것이 아니고, 국가가 보장해야 할 태어나지 않은 아이와 어머니 모두의 권리, 품위있고 인간다운 그리고 물질적으로 안정된 생활을 누릴 권리를 옹호하는 논문이다.[5]

게이지와는 달리 돔은 여성 참정권운동에 속한 적이 없다. 공개적으로 여자들의 집회에 참여하여 연설을 하지도 않았고, 저항세력을 운동 지도부로 규합한 적도 없다. 그 대신 돔은 "펜으로 싸웠다". 그런데도 그녀의 인상적인 지적 작품은 여성론자들에게조차 뒷전으로 밀려나 버렸다. 그것은 지금까지 논쟁적 또는 일화적인, 비정치적 또는 개인주의적인 팜플렛 수준을 넘지 못하는 것으로 과소평가되면서 "이론"의 위상을 갖추지 못한 것으로 여겨져 왔다. 르네이트 두엘리-클레인은 그녀의 경우를 이렇게 요약한다.

> 내가 볼 때 역사에서 돔의 자취를 지워 버린 결정적 원인의 하나는 그녀가 어느 부류에도 쉽게 수용되지 못했다는 사실이다. 사후에도 그녀의 사상을 계속 논의할 만큼 그녀와 연결되려 한 집단은 없다. 사회주의 계열 여성운동 쪽에서는 그녀가 부르주아가 아닌가 의심했고, 급진 세력 쪽에서는 그녀의 고독한 생활방식

---

4. Hedwig. Dohm, *Was die Pastoren von den Frauen denken* (Berlin 1872; Zürich ²1977); *Der Jesuitismus im Hausstande: Ein Beitrag zur Frauenfrage* (Berlin 1873); *Die wissenschaftliche Emanzipation der Frau* (Berlin 1874; Zürich ²1977); *Der Frauen Natur und Recht: Eigenschaften und Stimmrecht der Frauen* (Berlin 1876); *Die Antifeministen: Ein Buch der Verteidigung* (Berlin 1902; Frankfurt ²1976); *Die Mütter: Beitrag zur Erziehungsfrage* (Berlin 1903); 이 밖에도 여러 장편소설과 한 단편소설.

5. H. Dohm, "Das Recht des Ungeborenen", *Sozialistische Monatshefte* 2 (1912) 746-9.

을 못마땅해했으며, 자유주의 진영에서는 자기네 개혁관에 비추어 그녀가 너무 급진적이라고 보았다.[6]

가부장제 장치들이 여성론적인 지적 업적들을 통제하는 둘째 방식은 이들이 침묵 속에 갇혀서 제대로 전달될 수 없도록 사회 전반의 가부장적 가치척도에 입각해서 이들을 재규정하고 재평가하는 것이다. 초기 여성론을 과격한 여성해방 운동과 동일시하는 것에서부터 몇 년도 안되어 거듭거듭 여성운동의 "종식"을 선언하는 보도매체들의 행태에 이르기까지 우리는 이런 예를 수없이 들 수 있다. 공공연히 힘을 쓰지 못하도록 여성론을 재규정하고 가부장적 관점에서 몰수하여 공동화空洞化해 버리려는 이런 시도는 여자들 자신이 여성론자를 위험시하고 차단하게 하는 구실을 한다. 이와 관련된 조사 결과들은 이런 식의 전략이 얼마나 성공적인가를 여실히 보여주고 있다. 예를 들면 조사에 응한 미국인 가운데 69% 이상이 분명하게 자신을 "여성론자"와 동일시하지 않는다. 여성론적 가치규범과 정책을 지지하는 비율은 이보다 훨씬 높은데도 말이다.

"역차별"逆差別, reverse discrimination이라는 비난도 그런 소름끼치는 전술의 한 예다. 강연 뒤에 나는 이런 사고방식에서 나오는 질문을 받는 경우가 허다하다. 한 그리스도인으로서 나 자신은 문화와 교회 영역에서 지속적으로 전개되는 "모권 혁명"으로 인해 남자들에게 가해질 불의와 억압과 고통에 대해 걱정도 되지 않느냐는 것이다. 여자들이 정말 이 세계와 교회 안에서 모든 권력을 장악해서 관리하기 시작하게 된다면 그때 가서 걱정을 시작하리라는 나의 답변으로 보통은 청중의 경계심이 풀리게 되는데, 성이나 인종의 "역"차별이라는 입에 올리기 쉬운 구호란 실상 권력 불평등을 감추어 놓고서 남성과 여성 혹은 인종들이 현대사회에서 동등한 영향력을 나누자는 것이기 때문이다.

확실히, "급진 여성론자"라는 꼬리표를 달아놓는 것이 지금까지 그리스도교권에서 가부장적 정신을 벗어나지 않도록 통제하는 강력한 무기 구실을 해 왔

---

6. R. Duelli-Klein, "Hedwig Dohm: Passionate Theorist": D. Spender 편 *Feminist Theorists: Three Centuries of Key Women Thinkers* (New York 1983) 178.

다. 성서 종교계의 근본주의자 집단은 여성론을 세속 인본주의와 동등시하고, 한편 가톨릭 보수론자들은 "영지주의"와 동등시하는 경향이 있다. 교종과 라찡거Joseph Ratzinger 추기경에게서 행동지침을 취하고 있는 미국의 일부 추기경과 주교, 그리고 특히 우익 가톨릭 언론계는 많은 여자들에게 "급진 여성론"을 공포의 대상이 되게 했다. 그러나 "급진 여성론"에 오늘 이 시대 교회를 침해하는 악이라는 꼬리표를 붙인 많은 주교들은 "급진 여성론"이라는 표현이 실제로 여성론 문헌들의 일반적인 관심사와는 전혀 다른 의미를 내포한다는 사실을 인식하지 못하고 있다. 예를 들어, 여자들의 영성운동에서의 "급진 여성론"은 여성론적 해방신학보다는 필경 바티칸이 전파해 온 가부장적 "영원한 여인" 신학과 이론적으로 훨씬 많은 상통점이 있다. "급진" 여성론도 바티칸도 여성의 본성에 관한 지적에서는 모두 여자의 형이상학적 본질을 전제하는 입장에 있다. 나는 이하의 논고들로써 독자들에게 여성론 신학에 대한 그러한 일방적인 비방과 매도는 성령의 힘에 의해 가부장적 교회의 회심을 호소하는 이들을 헐뜯는 구시대 방법의 답습임을 납득시킬 수 있기를 간절히 바란다.

"명명권을 도둑질하는" 셋째 방식은 여성론을 규정하는 방법을 통해 여성론 신학과 운동을 가부장적으로 통제하는 것이다. 여성론을 정형화하는 "분류"가 흔히 "분열시켜 정복하는" 전략으로 이용된다. 여성신학의 여러 유형을 규정하는 과정에서 이들을 주교들과 성직계에 대치시켜 설명하는 것이다. 실상 이 전략은 성직계의 일부가 여성론자일 수도 있다는 점을 무시하는 것은 말할 것도 없고, 주교들은 물론 여성론 신학자를 판단할 수 있는 위치를 멋대로 스스로에게 귀속시키기까지 한다. 잘 알려지지는 않은 한 교구 신학자가 예수회의 영향력있는 한 잡지에 기고한 「교회와 여성론의 목소리들」[7]이라는 글에서 이 전략이 실증된 적이 있다. 여성론의 목소리가 교회의 목소리는 아니라고 상정하고 있는만큼 사실상 "분열시켜 정복하는" 전법을 시사하는 것이다. 이 필자는 여성론을 "교회와 사회에서 여자들의 적절한 역할을 증진하고 보장하는 일에 매진

---

7. M. Francis Mannion, "The Church and the Voices of Feminism": *America* (1991.10.5) 1-6.

하는 운동"[8]이라고 정의한다. 가부장적 구조들이 (여자들에게 "적절한" 역할들을 발생시키는 착취구조까지도) 여성론적이라는 그런 정의이다. 이 필자는 좌익 "급진 여성론자"나 우익 보수적 여자들이나 모두 이 정의에 동의하지 않으리라는 것을 잘 알면서도 이 방법을 취했다. 그 이유는 간단하다. 이것이 여성론의 다양한 유형을 평가하는 가치척도를 구축해줄 뿐 아니라, 이 여성론들에다가 반여성론적 운동들을 포함시킬 수 있게 해주기 때문이다.

이 글에 따르면 "긍정적"affirmative 여성론의 대표적 인물과 단체로는 슐라플라이Phyllis Schlafly, 스타이컨Donna Steichen(*Ungodly Rage*의 저자), 여자들에 관한 투서에 관한 주교들의 자문인인 처빈Ronda Chervin, CDA(Catholic Daughters of America), CPC (Consortium Perfectae Caritatis), 히치콕Helen Hull Hitchcock이 이끄는 WFF(Women for Faith and Family) 들이 꼽힌다. 이어서 나오는 "교정적"corrective 여성론은 긍정적 여성론과 동일한 가치체계를 받아들이지만 좀 덜 보수적인 편인데, 교종 요한 23세를 비롯하여 엘쉬테인Jean Bethke Elshtain과 여성 투표자 연맹League of Women Voters이 이 유형에 속한다고 한다. 미국 가톨릭 여성위원회National Council of Catholic Women와 미국 가톨릭 주교회의National Conference of Catholic Bishops는 이 교정적 여성론 쪽으로 나아가는 경향이 있다고 지적한다.

이 여성론 스펙트럼의 중심은 "개량주의"reformist 여성론에 돌려지는데, 프리던Betty Friedan과 슈타이넴Gloria Steinem, 특히 미국여성기구National Organization of Women와 미국여성정치위원회National Women's Political Caucus, 미국낙태권연맹National Abortion Rights Action League 등이 대표하는, "동등"권을 주장하는 자유주의 여성론의 주류라고 한다. "교회 내 여자 지위의 제도적 상승"을 주창하면서도 "여자 서품에 관해서는 신중한 태도를 견지해 왔다"[9]는 이들 중에는 수녀인 커닝험Agnes Cunningham과 버틀러Sara Butler, 독일인 주교인 레만Karl Lehmann과 카스퍼[10]도

---

8. 위의 책 2.   9. 위의 책 3.
10. Walter Kasper 주교는 최근에 성서학자 Sylvia Schroer의 여성론 저서에 대해 교회에 해롭다는 판단하에 *nihil obstat*(교회의 출판인가)를 거부했다. 그녀는 독일의 유명한 로마 가톨릭 신학부의 학부장에 임명된 최초의 로마 가톨릭 여신도다.

끼여 있다. 대부분의 미국 가톨릭인은 이 부류의 여성론에 공감한다고 한다.

이 필자는 위의 세 유형에는 급진적이라는 딱지를 붙이지 않지만 다음 두 유형에는 그렇게 한다. 사실은 반여성론인 앞의 두 부류를 여성론에 넣음으로써, 그런 분류로는 넷째 유형인 이른바 "개조적"reconstructive 여성론에 급진적이라는 딱지를 붙일 수 있도록 한 것이다. 개조적 여성론은 가톨릭 여성론 신학과 운동의 거의 모든 노선을 포괄하는 것으로 나타난다. 그뿐 아니라 폭스Matthew Fox 의 창조영성과 아메리카 본토인의 토착영성, 그리고 새 시대New Age 운동과 관련된 현상들도 포함시킨다. 그리고 덧붙여서, 개조적 여성론은 마르크시즘과 사회주의, 이상주의Utopianism, 정신분석과 현대의 해방운동 같은 다양한 유파에 지적 뿌리가 있다고 지적한다. 끝으로, 개조적 여성론은 "가부장제와 성차별과 인종차별을 전통적인 문화들과 유대교와 그리스도교의 제도들에 체계적으로 구조화되어 있는 것으로" 인식하면서 "인간 사회들의 유산 형태들에 완강하게 비판적 태도를 견지한다"고 주장한다. 개량주의 여성론과는 달리 개조적 여성론은 여자들을 위한 "단기적 유익들"을 사실상 배려하지 않은 채 오히려 비위계적nonhierarchical이고 초경쟁적이며 생태학적으로 민감하게 반응하는 인간 상호관계 모델에 따라 사회와 교회를 급진적으로 개조하고자 한다고 지적한다.

이 필자가 제시하는 마지막 유형은 이른바 "분리주의"separatist 여성론인데, 일반적으로도 "급진적"이라고 알려진 여성론이다. 필자 매니언에 따르면, 개량주의 여성론에서 갈라진 이 분리주의 여성론은 사회적·종교적 기존 구조들의 개량 가능성을 받아들이지 않는다.[11] 이 여성론은 마르크시즘과 사회주의 경향이 있을 뿐 아니라 이상주의와 해체주의와 문화적 상대론을 따른다고 보는 이 필자는 이런 경향의 여성론을 주창하는 가장 두드러진 인물 가운데 탈가톨릭 인물로 데일리Mary Daly를, 탈프로테스탄트 인물로 크라이스트Carol Christ, 햄프슨 Daphne Hampson을, 탈모르몬 인물로 존슨Sonia Johnson을, 탈유대교 인물로 스타헉

---

11. Judith Plaskow와 Carol P. Christ가 *Womanspirit Rising*에서 사용한 범주인 개량주의 여성론과 급진 여성론의 분리에 관한 재고찰: J. Plaskow, C. P. Christ 편 *Weaving the Visions: New Patterns in Feminist Spirituality* (San Francisco 1989) 6-7.

Starhawk 들을 꼽는다. 이 분리주의 여성론은 개조적 여성론에 큰 영향을 미치고 있으며, 때때로 고대 여신 숭배 종교들과 유럽 여자 마술사 전통을 주창한다고 지적한다. 그러므로 분리주의 여성론자들과 주교들의 대화란 가능성조차 없다는 것이 이 필자의 주장이다. 하지만 그렇다면 무신론자, 마르크시스트, 다른 세계종교들과 교회가 나누는 공식 대화는 왜 존재하는지 모를 노릇이다.

이러한 시도의 목적인즉 개량주의 여성론을 심판대 위에 세우려는 것임이 분명하다. 이 필자는 이렇게 단언한다. "의문의 여지 없이 개조적 여성론은 주교의 지도력에 대한 가장 다루기 힘든 도전이다. 위의 세 부류에 비해 이 여성론에 참여하고 있는 이들 사이에는 공통점이 훨씬 덜 나타난다."[12] 미국 주교들은 개량주의 여성론이 성별과 모성과 전통적 가정의 가치를 도외시하고 자율성과 자기실현, 성취와 권력, 개인성과 생식生殖의 자유 등 세속 모델들을 받아들일 뿐만 아니라 나아가 여자의 서품을 거부해 온 교회의 오랜 관습을 현대 여성운동의 "검증되지 않은" 가치에 종속시키는 데 대해 경고해야 한다는 것이다.

이 책에서 펼칠 나의 시도는 필경 "개조적 여성론" 유형에 속할 것이 분명하다. 하지만 이것은 이른바 "세속적"(이 말로 무엇을 의미하든지간에) 여성론으로부터가 아니라, "바실레이아"*basileia*에 관한 그리스도교 전통과 G-d[13]에 대한 시각, 대안적 세계, 정의에 대한 시각, 인간의 존엄, 동등성 그리고 모두를 위한 구원으로부터 신학적 에너지를 이끌어내는 그런 유형에 속할 따름이다. 여자들은 두말할 것도 없고 주교들 역시 이런 신학적 시각을 함께 나눌 수 있게 되는 것, 바로 이것이 나의 희망이다.

---

12. Mannion, "The Church and the Voices of Feminism", 6.
13. 우리의 언어로는 神性을 제대로 표현할 수 없다. 우리가 사용하는 그 칭호들은 그 존재를 표현하기에 불충분한 까닭이다. 나는 길게 "Goddess/God"이라든가, Rosemary Radford Ruether가 제시한 발음할 수 없는 "God/ess"를 채택하기보다는 위에서처럼 "불완전한" 형태를 사용함으로써 이런 신학적 통찰을 드러내고자 한다. 〔하지만 이것은 저자의 언어권에서나 가능한 일이다. 앞으로 우리 역자는 저자의 G-d을 그냥 "하느님"으로 옮기겠다. 이 밖에도 이 책의 글들에 저자 특유의 用語 또는 造語가 더러 나타나는데, 이들이 저자의 언어권에서는 무리없이 의미를 전달하고 있다 하더라도, 굳이 낱낱이 우리말 造語로 옮겨 놓다가는 문장이 어색하고 산만해지면서 문맥상의 의미전달에는 도리어 방해가 되기 쉬우므로, 웬만하면 우리말의 비슷한 통용어를 그대로 쓰겠다.〕

끝으로, 나 자신의 투쟁 여정을 담은 이 책의 제목으로 선택한 "동등자 제자직"Discipleship of Equals에 대해 몇 마디 해야겠다. 사실 여성론에서 "동등"과 "제자직"이라는 말 모두에 이의가 제기되어 왔다. 동등권과 동등성은 통상적으로 (남자들과 같아지려는 여권 투쟁이라는) 자유주의 여성론과 연결지어 거론된다. 그래서 내가 이 말을 제자직과 연결지은 것을 보고 더러는 여자가 제자로서 남자인 예수를 따르는 데서 남자와 동등한 기회를 주장하는 것이라고 여기는 사람들이 있다.

한 예로, 정신분석학자 뤽 이리가라이는 내 책(In Memory of Her)의 프랑스어판에 대한 비평에서 (두 남자 사상가인 데리다Jacques Derrida와 라캉Jacques Lacan에 토대를 두고서) "누구에 대해 동등한가?"라고 묻는다.[14] 그녀는 내가 작업장과 학문 영역에서의 동등성이 여자들에게 주체로서의 충족된 지위를 보장한다고 확신하는 그런 유럽 여성론자들과 견해를 같이하는 줄로 억측한다. 사회비평사적 복원 방법에 대해 거의 이해가 없기 때문이다. 그녀는 이 여성론자들이 남성 일반과의 동일화를 통해 중성화를 추구한다고 생각한다. 남자들 또는 남자가 되고 싶은 소원 때문에 여성인 나의 정체를 분명하게 표현할 길은 막히고 필경은 성의 신성화에 대한 가차없는 처단에 이르지 않느냐는 것이다.

이리가라이는 이렇게 묻는다. "종교가 존속하는 한 동등하다는 것이 무슨 뜻인가? 다른 제자들, 아니면 하느님과 동등하다는 말인가? 그리고 여자가 다른 사람, 성이 다른 사람과 어떻게 동등할 수가 있는가?"[15] 여성 해방의 신학이란 따라서 다음과 같아야 한다고 그녀는 주장한다.

> 그 우선 과제는 사제직에 동등하게 접근하는 일이 아니라 오히려 신성에 동등하게 참여하는 일이다. 다시 말해서 내가 성 해방의 표지로 보는 것인즉, 하느님은 남자만이 아니라 남자와 여자 한 쌍을 만드신 것이라는 말이다.[16]

---

14. Luce Irigaray, "Egales à qui?", *Critique* 43 (1987) 420-37 [= "Equal to Whom?: *Differences* 1 (1989) 59-76].
15. 위의 영어판 73.   16. 같은 책 69.

이리가라이는 한편 성性이 신성의 자리여야 한다면서 다른 한편 여성적 차이가 신성화되어야 한다고 주장한다. 여자들의 동등성 요구를 여자들의 신성 요청을 병치해 놓고서 여자들을 배타적 선택의 위치에 두는 것이다.

분명히 이리가라이와 나는 서로 다른 두 유형의 논의를 개진하고 있고, 서로 다른 두 형태의 지적 준거를 사용하고 있다. 이리가라이의 논의는 성의 차이를 "신성화"하고자 한다. 어떻든 여성은 "남근男根의 세계와는 다른 세계에서 그 자체의 기능이 있을 근본적으로 다른 것"[17]의 하나라는 것이다. 반면에 나의 논술은 여성과 남성에 관한 (가부장적 지배를 확대강화하는 구조의 이데올로기적 호도책으로서 이원론적 본질주의 이성애론인) 문화적·신학적 기존 집적물들을 탈신화화하고자 한다.[18]

나는 동등자 제자직을 논함으로써 가부장적 구조에 여자도 동참하여 통합되도록 하자고 주장할 생각은 추호도 없다. 여성의 정체를 신적 동등성으로서 신학적으로 재각인하는 데(백인들의 이성애론)는 아무 관심도 없다. 남자인 예수를 따르는 데 있어 남자 제자와 여자 제자의 동등을 주장하고자 하지도 않는다. 끝으로, 여성의 본질적 정체 회복에 관심을 기울이는 것도 아니다. 그보다는 가부장적 억압과 비인간화라는 죽음의 세력 한가운데서 하느님의 생명을 가져다주는 힘에 의해 현실과 전망으로 제시되고 또 실현되도록 배려된 바실레이아*basileia*(나라), 곧 정의와 안녕의 대안 세계를 현존하게 만들 수 있는 그런 **동등자 제자직** 공동체로서의 에클레시아*ekklēsia*(교회)를 밝혀 나가고자 한다. 이 바실레이아의 제자들은 예수처럼 하느님의 대안 세계, 정의와 사랑의 세계에 관한 "기쁜 소식"을 선포하도록 불린 자들이다. 사람들을 밥상 둘레에 예외 없이 불러들이고 맞이함으로써, 굶주린 이들을 먹이고 병든 이들을 치유하며 억압받는 이들을 해방함으로써 그런 세계를 현존케 하도록 불린 자들이다. 동등자 제

---

17. M. Joy, "Equality or Divinity – A False Dichotomy", *Journal of Feminist Studies in Religion* 6 (1990) 15.
18. 포스트모더니즘 계열 여성론과의 대화에서 나 자신이 채택한 이론의 틀에 관한 더 자세한 전개: *But She Said: Feminist Practices of Biblical Interpretation* (Boston 1992).

자직은 바실레이아 제자직이어야 한다.

    요컨대, 나의 다른 신학 작품과 마찬가지로 이 투쟁 행장기는 공동체를 이름 짓고 꼴짓는 여자들의 종교적 전망과 영적 힘을 주장하는 것이다. 가톨릭의 한 그리스도교 여성론 신학자로서 나는 복음서들에 담긴 (어떤 교회의 실존을 위해서나 사명과 명분을 이루는) 유대인의 바실레이아 전망이 가부장적 교회에서는 합당하게 선포되고 실현될 수 없다는 점을 지적하고자 한다. 오히려 그것은 여자들이 충만한 영적 자율과 힘과 자결권을 확보하고 해방을 성취하는 거기서 비로소 구현되고 확립될 수 있을 것이다. 결과적으로 그리스도교 여성론자들은 우리가 신을 다르게 부를 수 있기 이전에 무엇보다도 에클레시아를 우리 자신의 공동체, 우리 자신의 유산, 우리 자신의 신학, 우리 자신의 영성으로 재천명할 수 있어야 한다. 정의가 이룩되는 다른 세계에 대한 전망으로 우리는 꿈꾸는 자가 된다. 지난번 독일 방문 때 배운 한 짧은 여성운동 노래가 생각난다. 그 노래말은 이러했다. "혼자서 꿈을 꾸면 / 꿈으로 머물 뿐/ 여럿이 함께 꾸면 / 그것이 시작이네 / 새로운 현실의 시작 / 우리의 '꿈'을 꾸세."

    나의 이 투쟁 행장기가 우리가 함께 꾸는 꿈을 일깨우는 데 일조할 수 있기 바란다. 내 연구실 창에는 크리스가 만든 아메리카 원주민의 "꿈 낚는 사람" 상이 걸려 있다. 작은 가지들과 실 오라기들, 구슬들과 깃털들을 구부리고 엮어서 거미줄 동그라미 속에 꼴지어 넣은 것이다. 이렇게 엮인 꿈 낚는 사람이 여러 토착 민족들 가운데서 갖가지 모양으로 발견된다. "복판의 거미줄은 나쁜 꿈들을 잡아두고 꿈꾸는 사람을 두려움에서 벗어나게 해준다고 한다. 그리고 좋은 꿈들은 구슬들과 깃털들 밑으로 찾아들어 꿈꾸는 자에게 머문다고 한다."[19] 꿈 낚는 사람의 상징은 여자들의 모임을 위한 치유와 영적 힘의 한 표지이다. 한 축복이다.

---

19. "Dream Catcher", *Common Ground* 6 (1992) 69.

1
잊혀진 동반자
교회 안의 여자 전문직

《상황 설명》

  교회 안의 여자 직무에 관한 나의 첫 책은 1964년에 나왔다.[1] 1962년에 써서 1963년에 사목신학 분야 석사학위 논문으로 제출했던 글이다. 이 책에서 나는 비록 어느 정도 소박한 방식으로나마 후에 여성론 신학과 해방신학의 발전에서 결정적 주제로 수용될 몇 가지 신학적 논제를 예기했다.

  그 첫째는 (나의 초기 사상의 씨앗과 같은 것으로 더 최근의 여성론 해방신학에서 결실로 나타나고 있는) 신학적 성찰의 출발점과 관련되어 있다. 즉, 오늘날 대부분의 여성론 해방신학이 신학화는 체험의 체계화로 시작해야 한다고 주장하듯이, 나의 논문에서는 나 자신의 체험을 신학적으로 성찰하고자 한다는 것이다. 그 당시 이미 이른바 평신도 신학이 한 선택과목으로 잘 정립되어 있었지만, 나는 뷔르쯔부르크에서 사제직 지망생에게 요청되는 신학 부문 전과정을 이수하기 위해 등록한 최초의 여자였다. 그런데 한 여평신도로서 나의 신학석사 과정 선택은 제2차 바티칸 공의회 문헌에 수용되기에 이른 과정신학progressive theology에 의해 심각하게 도전을 받았다. 라너Rahner · 아우어Auer · 콩가르Congar · 콤블린Comblin · 수에넨스Suenens 등 많은 가톨릭 신학자들이 성직자 · 수도자의 사명은 교회에 대한 것인 데 비해 평신도의 부름은 이 세계에 대한 것이라고 천명했다. 이에 나는 이 논

---

1. E. Schüssler, *Der vergessene Partner: Grundlagen, Tatsachen und Möglichkeiten der beruflichen Mitarbeit der Frau in der Heilssorge der Kirche* (Düsseldorf 1964). 주제목에 대한 책임은 출판사에 있었지만, 아무튼 나는 그때 문법적으로 남성형인 것에 반대하지 않았다. 주제목과 부제목에서 성이 상충된 것은 남성중심 언어의 실상을 역설적으로 입증하는 셈이다.

문에서 전문 신학자가 되기로 결단을 내리면서 한 평신도로서의 나의 부름을 충족시키지 못하지는 않았는가 하는 문제를 신학적으로 밝혀보고자 했다.

나의 초기 연구를 현재의 여성론 해방신학과 연결짓는 둘째 방법론적 논제는 해석학 문제와 관련되어 있다. 이를테면 해방신학들은 하느님 백성의 실천을 토대로 해서 시작하고, 또 그러한 실천의 견지에서 신학을 천착·평가·재규정 하고자 한다. 이와 마찬가지로 나의 논문도 나 자신이 받아들인 새로운 과정 교회론이 가톨릭 교회의 실제 사목과 상응하지 않는다는 점을 밝히고자 했다. 내가 부각시키고자 했던 이론과 실천간의 이런 불일치는 수도자도 아니고 물론 성직자도 아닌 여자들이 제도교회 내에서 전문적 직무수행자로서 상근하고 있다는 점이었다. 당시 나의 책은 이론으로 시작해서 사목적 실천에 "적용"하는 전통적인 틀을 택했지만 목표는 전혀 달랐다. 교회론의 재구축을 위해 논의를 전개한 것이고, 이렇게 재구축된 교회론이 교회들의 실천을 정의롭게 이끌어나 갈 수 있게 하고자 했던 것이다.

나의 초기 연구와 여성론 해방신학이 공유하는 셋째 논제는 억압의 구조적 성격 문제와 연관되어 있다. 처음에 나는 교회와 직무에 관한 (모든 하느님 백성이 교회 차원에서 가지는 권리와 책임의 토대를 이루는) 신학을 규명해 나가면서 여자들의 특수한 역할에는 그다지 관심을 기울이지 않았다. 하지만 나는 그 당시 줄곧 교회의 위계적 모델과 씨름을 벌이고 있었다. 예를 들자면, 나 자신이 "평신도"라는 말이 "성직자"라는 지칭어와 대비되어 부정적 의미를 띠고 있다는 사실을 잘 알고 있었다. 그럼에도 불구하고 나는 이 말이 긍정적으로 이해되어야 한다고, 이 말은 무식하고 천박하고 저속한 대중을 가리키기보다는 하느님 백성을, 따라서 그리스도교적 "형제관계"에 있는 모든 사람을 가리키는 것으로 알아들어야 한다고 주장했다.[2] 역설적으로 나는 교회들 안에서 전문적 여성직무자들이 띠고 있던 사실상의 de facto 성직자적 지위를 지적함으로써 교회의 참여 모델의 정당성을 논증하기에 심혈을 기울였다. 그런데, 놀랄 것도 없이 당연한 일이었

---

2. 위의 책 102-8.

을지도 모르지만 출판되자 이 책은 여자들의 서품을 주장하려는 것인 양 읽혔다. 나 자신의 관심사는 여자들의 성직자화가 아니라 하느님 백성으로서의 교회의 탈성직declericalization이었음에도 불구하고 말이다. 나는 여자들의 서품은 여자들의 성직위원회에 넘겨져야겠다고 생각했고, 그래서 가톨릭 여자들은 성직계의 하위급 서품을 받아들이기 이전에 먼저 사제직의 충만을 주교 재치권도 포함하여 수용할 수 있는 지위를 요청해야 한다고 주장했다. 그래야만 여자들이 받은 은사들이 교회 안에서 구조적 변화를 일으킬 수 있을 것이라고 역설한 것이다. 이와 유사한 (수용되기 힘든) 전략을 미국에서 여자서품회의Women's Ordination Conference가 추진해 왔다. WOC는 출발 단계에서부터 여자들이 서품되되 한 **다른** 교회와 사제직 속으로 서품될 것을 주장한 것이다.

나의 초기 작업과 오늘의 여성론 해방신학의 그것 모두를 관통하는 넷째 논제는 성에 대한 더 비판적인 이해에 도달하는 것과 관련되어 있다. 이 책을 쓰면서 연구를 계속하는 가운데 나는 여자가 주체가 되는 신학, 교회 내 여자 직무에 관한 이 신학의 중요성에 점점 더 초점을 맞추어 나갔다. 이 과정에서 나는 여자는 열등하고 죄를 짓게 만드는 존재라는 신학적 가설 대신 제시된 "영원한 여성상"이라는 신학이 남자와는 생물학적 본질이 다른 여자의 본성과 관련하여 문화 전반에 걸친 이데올로기에 의해 뒷받침되고 있다는 점을 인식하기에 이르렀다. 나는 생물학·철학·사회학·심리학 등 모든 분야의 학자들이 주창해온 여성에 대한 이런 문화적 이데올로기를 거부했고, 이러한 이데올로기가 여자의 관점에서 직시될 때 이 세계와 여자에 대한 학문적 이해가 변화될 수 있을 것이라고 주장했다. 하지만 그때는 그런 다른 시각을 분명히 개진할 총체적 이론의 틀이 없었던 것이 사실이다. 나는 그때 드 보봐르Simone de Beauvoir의 실존분석(후에 데일리Mary Daly가 『교회와 제2의 성』The Church and the Second Sex에서 이론적 기초로 삼은 것)을 알고 있었고 나 자신의 연구에도 부분적으로 받아들이고 있었다. 하지만 나는 그때 더 사회정치적인 틀을 모색하고 있었고, 이것이 교회와 이 세계에 대한 교회 자체의 사명에 대한 나의 시각과 더 잘 부합한다고 생각했다. 이 첫번째 책에서 발췌하여 번역한 다음 내용은 "한 여자의 관점에서" 나 자신이 개진한 초기 논증의 색깔이 어느 정도 드러날 것이다.

교회직무와 여자에 관한 물음들은 현대에 와서야 제기되기 시작한 것이 아니다. 바울로도 이미 교회 내에서의 여자의 능동적 적극 참여 문제를 다루지 않을 수 없었다. 더욱이 교회사를 통해 거듭거듭 위대하고 비범한 여자들이 나타났다. 성인 축일들이 적힌 교회력이 이를 웅변으로 입증한다. 오자남Frederic Ozanam(1813~53)은 이런 통찰을 요약하여 "여자가 교회에 참여하여 자기 몫을 하지 않았다면 교회 안에 어떤 위대한 일도 일어날 수 없었을 것"[3]이라고 했다. 일반적으로 남자는 밖으로 드러나는 공적 지도력을 행사한 데 비해 여자는 감추어져 비공개적으로 이바지했다. 여자의 역사상 공헌은 "너울"의 표지 아래 이루어졌다. 특히 교회법으로 정식 승인된 수도회의 여자들women in canonical orders, 곧 여수도자들nun-women[4]이야말로 세세대대로 거듭하여 교회 내에서 온 시간을 다 쏟아서 하는 일에 불린 이들이었다.

이번 세기가 시작되면서 상황이 달라졌다. 이 변화는 사회 내에서 여자가 누리게 된 새로운 지위와 교회 내에서의 평신도의 재발견, 이 두 요소에 의해 야기되었다. 여성운동은 모든 전문직에 완전히 참여하기 위해 남자가 받는 모든 단계의 교육을 받을 수 있도록 투쟁하며 점점 개인적 영역에서 공적 시각으로 움직여 왔다. 여자들은 여러 능력으로 열심히 일하여 공적인 생활 전영역을 파고들게 되었다. 마침내 소녀들에 대한 교육은 결혼생활이나 종교생활만이 아니라 전문직 생활도 준비케 하는 일이라는 것이 예사로 통하기에 이르렀다.

현대 교회는 현세적 정치권력을 잃은 상태에서 점점 더 세속화하는 세계에 직면해 있다. "가톨릭 액션"은 성직자가 숫자도 물론 모자랄 뿐 아니라 또한 어떤 부류의 사람들에게는 더 이상 접근할 수 없기 때문에 우리 시대의 다양한

---

3. L. Bopp, *Unsere Seelsorge in geschichtlicher Sendung* (Freiburg 1952) 46-52에서 인용.
4. 이것은 독일어 *Klosterfrau*와 동의어인 *Ordensfrau*를 내가 영어로 옮긴 것이다. 〔저자는 이 책 6장의 배경을 설명하면서 이 개념을 사용하는 까닭을 말한다. 12장의 주2에서도 언어적 차원에서 다시 설명한다.〕

욕구를 채울 수 없다는 통찰에서 싹트기 시작했다. 이런 상황에서 교회 구성원 모두가 사도가 될 필요가 나타났다. 평신도들이 무기력에서 벗어날 것이 요청되기 시작했다. 실제로 남녀 평신도는 "거룩한 싸움"에서 성직계와 긴밀한 협력관계를 유지하고 성직계에 복종할 것을 독려받았다. "믿음을 되살리고 교회의 윤리규범 쇄신에 자발적 협력과 기도를 통해 온전히 봉헌해야"[5] 한다고.

그러나 시간이나 자원 면에서 한계가 있는 무계획한 평신도의 도움으로는 현대세계에서 교회가 직면한 문제들을 풀 수 없다는 것이 곧 드러났다. 그래서 이번 세기초 30년 동안 여자 전속근무직이 예컨대 사목적 배려와 교리교수와 가톨릭 액션 분야에서 창출되었다. 그러나 그 대부분이 여평신도로 충원되었는데도 전통적 여성상과 여수도자 영성이 주도적 관념과 모델로 작용했다. 여자는 오로지 "너울" 아래에서만 의미있게 공헌할 수 있었다.

게다가 평신도 직무의 창출에는 신학적 주장들에 의해 형성되는 한계가 있었다. 평신도가 직무에 불릴 수 있었던 것은 평신도의 능력이나 재능을 존중해서라기보다는 사제가 부족해서였다. 결국 평신도는 사제 부족이 분명히 나타나지 않거나 성직계의 통제가 필요하다고 여겨진 그런 직무에는 접근할 수 없었다. 동시에 평신도 직무는 아직 그 중요성이 인식되지도 평가되지도 않았기 때문에 교회를 위해 그 충만한 잠재력을 개발할 수 없었다. …

지난 몇 십 년 동안 평신도의 교회 내 책임에 대한 더 깊은 신학적 자기이해가 모색되었지만 불과 소수만이 이런 적극적인 신학적 이해를 여자들의 교회이해와 교회 내 여자 사도직 이해에 적용하고자 했다. 그러나 사제와 여자의 협력을 촉진하고 강화하는 것은 이런 적극적인 신학적 기초다. 평신도 직무에 대한 이런 적극적 이해만이 여자 전문직의 기초가 될 수 있다. 어느 때보다 지금이야말로 교회는 그 구성원 모두의 재능과 힘을 필요로 한다. 이 시대에 요청되는 사목활동은 성직자들의 능력을 훨씬 초과한다. 여자의 교회 직무 참여를 성직자에게 떠맡겨 그 용인하에 그 직무에 협력할 수 있도록 하는 것만으로

---

5. 교종 비오 11세가 Seguray Saens 추기경에게 보낸 편지(1929.11.6)에서 [H. U. von Balthasar, *Der Laie und der Ordenstand* (Freiburg 1949) 5에서 인용].

는 안된다. 오히려 교회 지도부는 사제 부족 상황에 함축되어 있는 적극적 의미를 정확히 포착해야 한다.

교회생활에 필요한 모든 것을 충족시키기 위해서는 교회 구성원 모두가 연대하여 함께 일해야 한다. 그런 연대 속에서, 서품받은 이는 성사 집행만을 자기 영역으로 삼지 않고 서품받지 않은 이는 세례와 견진에 근거하여 그리스도의 몸을 "건설하는 일"과 이 세계에 대한 그리스도교적 사명의 실현에 공헌할 수 있어야 한다. 만일 성직자들의 그릇된 이해와 잘못된 권위로 하여 성직계가 하느님의 이 역사적 명령을 제대로 수행하지 못한다면 교회의 미래는 위험에 봉착할 것이다. 사람들의 마음과 영혼 속에서 "교회의 자각"으로 특징지어지는 이번 세기에(Romano Guardini), 성직계와 성직자들은 단 한 사람의 그리스도인이라도 저 플로렌스 나이팅게일의 교회 비판을 되풀이할 수밖에 없지 않도록 전력을 다해야 할 것이다: "나는 교회에 내 머리, 내 손, 내 마음을 주고자 했다. 하지만 교회는 원하지 않았다, 이것들을 가지고 무엇을 어떻게 할지 몰랐다."[6]

그러나 신자들이 직무에 참여하는 것을 용인하는 것만으로는 모자란다. 교회는 공식적으로 평신도가 스스로 결정하여 책임지는 직무 수행에 필요한 전제조건도 갖추어 놓아야 한다. 이런 직무에 필요한 사람은 경건한 내세지향적 소녀나 여자가 아니라, 사제들의 남성 직무를 "보완"하여 직무의 궁극 목표를 실현해 나가기에 충분한 신학 지식과 자신감과 독립성을 갖춘 그런 여자다.

이 책은 조직신학적 문제가 아니라 교회 실천의 논제를 가지고 출발했다. 실천신학 분야는 "교회의 실천 현황"을 사회신학적으로 분석하고 "그 원칙과 명제를 연구해내어 구현하는" 두 과제를 가지고 있다. "실천신학이 교회의 실천을 논하는 특정한 형식적 관점이란 다름 아니라 바로 하느님이 뜻하시는 현재의 상황이다."[7] 이렇게 볼 때 그리스도교의 사명은 과거에 치우칠 수 없다. "그것은 옛 질서가 사라져가는 것에 대한 분개로 해서 사는 것도 아니고, 이른바

---

6. K. Bliss, *Frauen in den Kirchen der Welt* (Nürnberg 1954) 14에서 재인용.
7. H. Schuster, "Die Aufgabe der Pastoraltheologie", *Zeitschrift für katholische Theologie* 85 (1963) 40.

좋았던 옛 시절이나 미래의 변화에 대한 헛된 갈망으로 해서 사는 것도 아니다"(비오 12세).[8] 오히려 그것은 우리 시대의 도전을, 하느님이 우리 시대를 통해 요구하는 그런 도전을 인식하는 것이다.

이 도전에 직면하여 이 책의 이론 부분에서는 교회 내 여자 전문직의 신학적 기초를 모색할 것이다. 여기서는 교회의 전문직 여자가 우리 시대를 위해 하느님으로부터 받은 사명을 수행할 때 자기 자신을 어떻게 이해해야 할지를 천착할 것이다. 그러나 또한 교회가 하느님께서 여자 직무를 통해 마련해 주신 가능성과 자원들을 발굴할 수 있도록 여자에 관한 신학적 가르침들을 엄밀히 재검토하여 바로잡아야 한다는 데에도 우리의 주의를 환기시키고자 한다. …[9]

베르너 하이젠베르크는 특정한 개념적 기본 관념에 토대를 둔 체계는 그 개념적 기초에 적합한 유형의 문제들만을 허용한다고 논증했다.[10] 나의 이 글에서 이 말은, 사회가 남성지배적 관점에서 보는 것과는 달리 여자 입장에서 바라볼 때 이 사회가 다르게 보이리라는 것을 의미한다. 여자의 본성과 소명에 관한 거의 모든 논술이 여자와 남자의 본질적 성별을 부각시키고, 오랜 세월 고전적 그리스도교 문화권에 확산되어 주도권을 장악하고 있는 인간-남자-남성이라는 틀의 시각에서 여자를 바라본다. 수천 년 동안 남자/남성이 문화와 학문과 제도를 지배했다. 국가와 공공제도와 경제제도가 분명히 남성적 성격을 띠고 있다는 것은 놀랄 일이 아니다. 이 모든 영역이 남성들에 의해 구축되고 통제되는 그런 세계의 일부이다. 이 모두가 가부장제로 물들어 있는 사회의 산물인 것이다. 이런 세계 안에서는 여자의 본성이란 남자의 그것과 관련지어서 이해될 수 있을 따름이다.

결국, 이 남성에 의해 결정되는 세계에 적극적으로 참여하고 싶은 여자들은 남자들에게 적응해야 한다. 처음에 여성해방운동은 남자들과 동등한 권리를 쟁취하기 위해 싸웠고, 그 결과 여자들의 능력이 "남자와 같아지고" 여자가 "남

---

8. *Herder Korrespondenz* 18 (1963) 161.   9. Schüssler, *Der vergessene Partner*, 11-4.
10. Werner Heisenberg, *Philosophic Problems of Nuclear Science* (New York 1952) 24.

자처럼" 행동하게 되었다. 그러나 지난 몇 십 년 동안 남성에 의해서 규정되는 세계와 대면하면서 여자들의 삶이 변모되었을 뿐 아니라 상당히 많은 남자들의 삶도 변모되었다는 점을 지적하는 것은 중요한 일이 아닐 수 없다. 역설적이게도 대다수의 남자들은 자기네가 가정에서 늘 여자들을 통제하는 것과 똑같은 방식으로 자신들이 일터에서 통제당한다는 것을 알고 있다. 남자 일과 여자 일의 뚜렷한 대비가 희미해져 가면서, 때로는 이 두 영역이 서로 넘나들기도 한다.[11] 따라서 문제의 핵심은 단순히 가정 밖의 일에 여자들이 참여하는 것이 이른바 여자의 본성과 본질에 대한 관념들을 얼마나 바꿔놓을 수 있느냐는 데만이 아니라 또한 남성지향적인 사회를 얼마나 바꿔놓을 수 있느냐는 데도 있는 것이다. …

여기서 관건이 되는 것은 전통적 남성 의식과 새롭게 떠오르는 여성 의식을 인격적 인간의식으로 통합해 나가는 일이다. 오늘날 여자들은 자기 자신을 무엇보다도 먼저 한 인간 인격체로서 이해하는 훈련을 해야 한다.[12] 남자들과 마찬가지로 자율성과 동반자적 협력관계와 자기결정을 통해 자신들의 인간적 인격성을 실현해 나가야 한다. 여자들은 이제 성숙에 이르렀고, 따라서 더 이상 어떤 비인격적 간섭도 받아들이지 말아야 한다. … 여자가 사회적 논의에서 동등한 동반자로 인정될 때 비로소 이 일방적이고 남성중심적인 우리의 사회구조가 변혁될 수 있을 것이다. 요컨대 아직도 여성운동은 끝난 것이 아니다.

고대와 중세와 현대 교회에서 드러나는 여자들에 대한 교회의 가르침을 일별해 보라. 그러고 보면 여자의 인격성과 남자와의 동등성을 위한 투쟁이 사회만이 아니라 교회 안에서도 얼마나 힘겨운 일인가. 그러나 교회의 역사를 통해 비범하고 창조적인 여지도자들이 나타나서 교회생활과 영성에 결정적 영향을 미쳐 왔다는 사실을 간과해서는 안된다. 다음과 같은 이름들이 이를 입증한다: 올림퍼스, 풀케리아, 도미틸라, 리오바, 테클라, 빙엔의 힐데가르트, 헝가리의

---

11. 참조: L. Preller, "Bemerkungen zum Problem der Frau in der Gesellschaft": W. Bitter 편 *Krisis und Zukunft der Frau* (Stuttgart 1962) 300.

12. D. von Oppen, *Das personale Zeitalter* (Stuttgart 1960) 183.

엘리사벳, 시에나의 카타리나, 스웨덴의 브리지따, 아빌라의 데레사, 영국의 메어리 워드, 리지외의 데레사 …

교부들도 토마스 아퀴나스도 당시의 가부장적 여인상과 여자 신분에 대한 편견뿐 아니라 특히 성과 생물학에 대한 잘못된 지식으로 인해 중대한 오류들에 빠졌다는 것은 이해할 수 있다. 하지만 20세기에 와서 가톨릭 여자들이 그런 오류를 정당화하려는 것을 보면 이해하기 어렵다:

> 이런 끔찍한 오류는 하느님의 섭리에 의해 그저 허용된 것만은 아닌 모양이다. 마치 죄들이 허용되되 실은 구원의 수단으로 의도된 것처럼 말이다. 그리고 이 일은 분명히 토마스 성인을 위해서가 아니라 여자들을 위해 일어났다. 더 높은 뜻에 의해 그 본성은 원하지 않는 꼴로 이루어질 그런 나무는 한동안 억지로 굽히어야 한다. … 타락한 본성에는 항상 들고일어날 준비가 되어 있는 반란 성향이 따라다닌다. 여자 자신을 위해서가 아니라 인류 모두를 위해 여자에게 참으로 절박하게 봉사의 습관이 요구되어야 하므로, 여자는 이런 장애에서 해방될 만큼 성숙하기까지는 그 본성 때문에 굽힌 자세를 지키는 초자연적 자유의 법을 따르는 것이 분명히 한층 나았던 것이다.[13]

중세와 현대 신학에 대한 토마스의 영향을 고려할 때, 이 "성숙 과정"에 아주 오랜 기간이 소요될 수밖에 없었다는 것은 놀랄 일이 아니다. 여자의 동등성은 오늘날까지 의문시되어 왔다. 헤르만 쉘 같은 독립적인 사상가조차 바울로의 가르침을 다음과 같이 해석한다:

> 여자는 성의 가능성과 운명의 형태로 표현되는 인간성의 본성적 측면을 대표한다. 그러므로 여자는 남자를 위해 창조되었고, 오로지 남자에게서 자신의 보완과 지원과 완성을 발견할 수 있다. 이와 반대로 남자는 본성의 유혹을 다스리고

---

13. O. Schneider, *Vom Priestertum der Frau* (Wien 1934) 15.

활용해야 하는 그런 본성에 매이지 않는 인격성을 대표한다. 그러므로 여자는 본성을 섬기는 위치에 있으나, 남자는 하느님을 위해 인류의 인격적 목적을 직접 섬기는 위치에 있다.[14]

토미즘의 여자 비하는 남자말고 여자만 다른 성을 통해 온전해질 필요가 있다는 그런 의미로 가톨릭 사상에 계속 영향을 미치고 있다. 성경은 바로 남자가 돕는 짝이 필요했다고 가르치는데도 말이다. 그런 여자 비하는 주석작업에도 침투해 있다. 예컨대 페터 케터의 주석은 원죄에 따른 저주가 아담과 그 아들들보다 하와와 그 딸들에게 더 무겁게 내렸다고 주장한다. 그러므로 여자는 주님에 의해 이중으로, 곧 죄와 허물로부터도 죄스런 여자 신분으로부터도 구원받아야 한다는 것이다.[15]

가톨릭의 전통적인 여인상을 엄밀히 검토하여 바로잡은 신학자가 얼마나 적었는지는 『신학과 교회 사전』Lexikon für Theologie und Kirche 신판에 뚜렷이 드러난다. 여기서 "여자의 본성" 항목에는 다음과 같은 설명이 나타난다: 하느님은 여자를 "생명의 어머니"(창세 3,20)로 부르시고 번식을 주된 짐으로 맡기셨다(창세 3,16). 그러므로 여자의 본질적 본성은 모성이다. 모성은 수용성과 다산성에 뿌리가 있으며, 기쁨에 찬 희생과 끝이 없는 순종으로 성숙해 간다.

> 여자의 활동양식은 대상관계적이라기보다 인격관계적이다. 즉, 감성이 이성보다, 마음이 정신보다, 선이 진리보다, 관습이 법리보다 위에 있다. 여자에게는 추상적 관념보다 구체적이고 상상적인 것이 더 큰 호소력이 있다. 여자는 논리적 사고보다 직관적 지각을 더 쉽게 느낀다.[16]

---

14. Hermann Schell, *Katholische Dogmatic* (Paderborn 1893) III, 667.
15. Peter Ketter, *Christus und die Frauen* (Düsseldorf 1933) 225.
16. M. Buchberger: *Lexikon für Theologie und Kirche* (Freiburg 1960) IV, 298.

현대 가톨릭의 거의 모든 여인상은 모성, 순종, 봉사와 돌봄, 드러나게보다는 말없이 세계 안에서 남자가 수행하는 창조적 소임에 이바지하는 그런 모습이다.[17] 게르트루트 폰 르 포르트는 이런 전통적인 여인상을 시어詩語로 결정結晶해 놓았다. …[18]

르 포르트는 남자와 남자의 일이 역사적 삶의 내용을 구성한다고 전제하고 시작한다. 여자는 으레 너울의 상징 아래 숨어서 일한다. 여자가 초점을 맞추는 곳은 남자이지 큰 일들이 아니다. 오로지 (독립적 활동이 아니라) "수시의 내조"가 여자의 본질적 본성에 상응하므로, 교회 내 여자의 직무는 영적·카리스마적 성격을 띠어야 한다. 교회에서나 사회에서나 여자는 매우 드문 절망적 상황에서만 그런 공적인 카리스마적 활동에 불린다.

오늘날 여자들은 공적 영역에서 일하고 있으며 개인적인 일만이 아니라 사회정치적인 일도 지향하고 있다. 하지만 르 포르트의 신학과 여인상에는 여자 활동의 사회정치적 측면이 완전히 탈락되어 있다. 르 포르트 자신도 이 점을 긍정한다: "우리 시대의 여자는 대부분이 이미 이 책에서 말하는 그런 사람이 아니다." …[19] 그러므로 나는 다음과 같은 엘리사벳 괴쓰만의 주장에 동의한다: "여자 자신은 어떤 상황에서도 자신의 실존을 '영원한 여성'이라는 관념에서 이끌어내어서는 안된다. 오히려 그리스도교 신앙의 인간적 신비 자체에 뿌리내린 그런 인간성에서 나오는 삶을 살아야 한다. 상징적 표상을 위해 여자의 실생활을 뛰어넘어서는 안된다."[20]

---

17. E. Gössmann, "Frauenbild und Frauenbildung heute": *Erwachsenenbildung* 1 (1962) 1.
18. Gertrud von Le Fort, *Die ewige Frau* (München [19]1960); 참조: A. Rosenberg, *Die Erhebung des Weiblichen* (Freiburg 1959).
19. Le Fort, *Die ewige Frau*, 92.
20. Elisabeth Gössmann, *Das Bild der Frau Heute* (Düsseldorf 1962) 21.

2

여자는 성직 위계의 최하위 서품을
목표로 삼아야 하나?

> 필경 역사는 새로운 답을 주는 이들이 아니라 새로운 물음의 길을 열어놓는 이들에 의해 달라질 것이다.
> ― J. A. T. Robinson

〖상황 설명〗

1967년에 나는 성 요안 국제연맹St. Joan's International Alliance의 한 지역총회에 초대받아 강연을 하게 되었다. 나는 당시 국제적 가톨릭 여성 조직인 이 단체가 여자의 부제와 사제 서품을 강력히 지지한다는 것을 알고 있었다. 동시에 여자들의 참정권운동에 뿌리를 두고 있다는 것도 알고 있었다. 성 요안 국제연맹은 가톨릭 여성 참정권운동 단체로서 1911년에 창설되어, 1959년부터 교회 내 여자들의 권리를 위해 활동하기 시작했다.[1] 하지만 나는 가톨릭 여자들은 콘스탄티누스 이래의 성직 위계구조에 편입되려는 투쟁의 맥락에서보다는 하느님 백성인 교회의 견지에서 자기이해를 규정하고 목표를 설정해야 할 것이라고 청중들을 설득할 수 있기를 희망했다. 더 나아가 가톨릭 여자들은 교회 내에서 이미 전문직을 수행하는 여자들을 조직화해야 하며 바로 이것이 이들 스스로 오늘 성취할 수 있는 과제라고 주장했다. 내가 볼 때 특히 여자들이 신학계에서 연구할 자리가 절대적으로 요청되며 신학이야말로 교회 쇄신을 위해 가장 결정적인 역할을 할 것이기 때문이었다.

---

1. 참조: R. R. Ruether, "The Roman Catholic Story": E. McLaughlin, R. R. Ruether 편 *Women of the Spirit* (New York 1979) 373-83.

이 강연은 곧바로 출판될 예정이었는데도 성 요안 국제연맹의 지역총회는 출판을 시도하지 않았다. 별다른 이유가 제시되지는 않았으나, 추측건대 나의 분석과 제안들에 동의하지 않았던 모양이다. 1966년 8월 26~28일의 결의에 따라 이들의 연례 모임은 모든 신학과정이 여자들에게도 개방할 것과 소녀와 성인 여자들도 "제단봉사자"로 받아들일 것, 그리고 자격을 갖춘 여신도들이 공의회 이후의 모든 위원회에 참여할 수 있도록 할 것을 요청했다. 동시에 이들의 대표단은 "충실과 딸로서의 복종"을 다짐하면서 "만일 교회가 사제직을 여자들에게까지 확장하기로 지혜로이 결정한다면, 여자들은 기꺼이 또 열렬히 그 존엄한 직에 봉사할 것"이라는 확신을 표명했다. 이러한 결의안이 처음으로 통과된 것은 1963년의 일이었다.[2] 나의 제안들이 이들에게는 지나치거나 모자라거나 둘 중 하나였을 것이다. 어떻든 2년 후에 다시 어느 정도 자유주의적인 미국의 한 잡지사에 이 글을 보냈다가 이번에도 출판이 거절되었는데, 이때는 이 논고의 내용이 미국의 상황에는 맞지 않는다는 이유에서였다.

제2차 바티칸 공의회의 「교회에 관한 교의헌장」 29항은 각 지역교회 주교들에게 서품 직무로서의 종신부제직을 새롭게 마련할 수 있도록 허용하고 있다. 그러나 공의회 "교부들"은 남자만이 부제직에 서품될 수 있다고 명시하고 있다. 종교교사 또는 교리교사 · 시종자 · 선교사 · 성당관리자 · 오르간 반주자 · 사회운동가 · 청년 지도자 등이 부제가 될 수 있겠는데, 이런 전문직들은 거의 대부분이 본디부터 여자들을 포함해서 구축되었고 실제로 오늘날도 여자들에 의해 지탱되고 있고 보면, 종신부제직이 남자에게만 제한되어야 하는 이유가 무엇인가? 점증하는 사제 부족의 심화가 부제직 설정의 이유라면, 교회가 이 영역에서 여자들의 봉사 없이 어떻게 해나갈 수 있는가?[3] 부제직의 역할들은 지

---

2. 참조: G. Heinzelmann, *Die getrennten Schwestern: Frauen nach dem Konzil* (Zürich 1967) 101.
3. 여자 전문직: E. Schüssler, *Der vergessene Partner: Grundlagen, Tatsachen und Möglichkeiten der beruflichen Mitarbeit der Frau in der Heilssorge der Kirche* (Düsseldorf 1964).

금 이 시대에 남자나 여자나 마찬가지로 수행하고 있는 터에 그 서품은 여자에게 허락되지 못할 이유가 무엇인가?

부제직의 부활을 찬성하는 이들은 이 직책이 사실상 실재해 왔고 따라서 당연히 서품을 통해 인준되어야 한다고 한다. 그러나 여자들이 이 직책의 주요 실행자들임에도 불구하고 이처럼 남자에게만 서품이 제한되도록 제안된 데 대해서는 문제삼지 않는다. 서품 은총에 필요한 자격이 여자는 남자보다 모자란다는 말인가? 여자는 배제된 종신부제직 부활이라면 여자들에 대한 교회 안의 불의 사례를 또 하나 더하는 셈이리라. 이런 차별이라면 교회가 여자들의 열등한 사회적 지위를 지적함으로써 변명할 여지도 없는 태도를 드러내는 셈이리라. 이런 이유라면 오히려 여자들을 종신부제직에 받아들이거나 이 직무의 부활에 반대하거나 하기에 충분한 근거가 된다고 여길 수도 있으리라. 어떻든 가톨릭 여자들은 종신부제직 부활을 지지하고 여기에 받아들여질 수 있도록 싸워 나갈밖에 달리 선택의 여지가 없어 보인다.

그럼에도 불구하고 나는 여기서, 전문직 여자들은 종신부제직에 끼여들려고 하기보다는 자기 교구에서 그 부활을 꾀하는 것을 반대하기를 주장하고자 한다. 종신부제직 부활은 여자들이 교회 안에서 동등권을 얻는 데 도움이 되지 않을 뿐 아니라 공의회 이후 교회 이해를 적용·발전시키는 것도 아니다. 만일 그래도 우리가 성직계 구조들에 끼여들기를 주장하고자 한다면, 그렇다면 먼저 주교직에 여자가 받아들여지기를 주창해야 할 것이다. 여자가 주교나 추기경이나 교종이 되는 일이 일어날 개연성이 매우 적기 때문에 전문직 여자들은 그 이유가 무엇인지, 왜 기존 성직계 구조는 명문 규정으로 여자를 배제해야 하는지 물어야 하는 것이다.

과연 흥미롭게도 공의회 동안이나 그 후의 신학적 논의들을 보면 이런 물음을 제기하지 않은 채 교회의 실천에 대한 반박만 일삼았다. 교회구조와 성직계 직무 자체에 대한 신학적 이해와 관련한 "여자 문제"의 중요성은 건드리지도 않았다. 여성해방에 입각하여 여자들의 서품 요청을 되풀이하는 것만으로는 모자란다. 이 문제의 역사적 측면을 간과한 채 실제적 기회만 모색할 수도 없다.

여자 부제직 서품 문제는 일차적으로 교회의 신학적 자기이해에서 이것이 가지는 의미에 입각해서 개진되어야 한다. 이런 견지에서 종신부제직의 부활을 찬성하는 신학적 논의들에 대한 아래의 비판적 분석은 이런 논의들이 내포하거나 전제하는 교회에 대한 특정한 이해들을 검토해 나가야겠다. 더 나아가 현재와 같은 형태로 여자 부제직 서품의 허용을 요청하는 것이 과연 어떻게 교회 내 여자 동등성을 촉진할 수 있을지 진지하게 물어보아야겠다.

부제직 부활을 위한 신학적 논증들

공의회는 부제직 부활의 근거로 칼 라너의 논증들을 받아들였다. 라너는 부제 직무가 서품이 없이도 이미 실제로 존재해 왔다고 주장한다:

> 부제 직무는 서품받은 부제들의 영역 밖에도 (늘 그런 것은 아니라도) 교회 내에 실재한다. 전속근무하는 전문 교리교사도 있고, 전속근무하는 전문 사회활동가도 (이 말의 더 충만한 의미에서) 있는 것이다. 이들은 온 삶을 통해 성직계의 활동과 연계되어 일함으로써 교회의 사회적 사명을 성취하는 것을 항구한 전문직으로서 선택했다. 이들은 성직계에 의해 사명을 부여받아, 자신들의 일을 교회에 본질적인 과업의 수행으로 여기고 있다. 그러나 이것은 단순히 일반적인 교회의 과업으로서 평신도도 수행할 수 있는 그런 것만이 아니다. 오히려 특별히 교회의 직무수행자들, 성직계 자체의 책임인 것이다.

라너에 따르면 이 전문 직무들은 "적어도 이런 역할들이 상당한 정도로 분명하게 성직계에 의해 사명을 부여받아서 성직계의 직접 감독 아래 성직계의 과업을 직접 도우며 수행되고 있는 그런 곳에서는"[4] 서품을 통해 인정되어야 한다.

그러나 라너는 부제가 전례적 기능들을 수행하기 위해 서품받을 필요는 없다고 지적한다. 이와 반대로 제2차 바티칸 공의회 본문들은 종신부제직 서품을

---

4. Karl Rahner, "Die Theologie der Erneuerung des Diakonats": *Diakonia in Christo*, Questiones Disputatae 15/16 (Freiburg 1963) 298.

일차적으로 성찬 거행과 관련지어서 이해하며, 따라서 부제의 전례적 역할들을 더 강조하고 있다.

종신부제직의 재설정을 위한 다양한 신학적 논증들은 다음 두 가지 신학적 가정에 근거해 있다.

① 교회의 모든 직무와 활동이 성직계와 연계되어 있다. 교회 내의 능동적 역할들은 오로지 성직계의 책임이자 의무이고, 이 성직계의 "최하층"이 부제이다. 교회의 사회적 영역에서의 모든 전문적 활동들은 이들이 전체교회의 책임에 속하는 까닭에서가 아니라, 오로지 성직계와의 관계를 통해 정당성을 부여받는다. 그러므로 종신부제직 재도입을 위한 신학적 논증들은 교회직무에 능동적으로 참여하는 모든 일을 성직계의 성직자 활동으로 이해하는 경향을 드러내고 있다. 그래서 서품을 통해 다른 모든 이를 성직계의 최하층으로 이끌어들이려 하는만큼, 상당수의 교회 조직 내 전문적 활동과 직무들이 성직계의 사명과 직분으로 환원된다. 그뿐 아니라 종신부제직 서품은 그 성사적·영성적 토대를 구축하면서 다양한 평신도 전문직들의 성직계 종속을 제도화하게 된다.[5]

② 이 논증들은 또한 "축성된" 즉 서품된 사람의 직무만이 교회 내에서 정당하고 합법적인 직무라고 인정될 수 있다는 의미를 내포한다. 실제로 이런 논증들에서는 전문적 직무자들이 (부제품을 받을 경우에도) 이미 수행하고 있던 활동들에 서임될 필요는 (전례직 역할들에서까지는) 없다고 여겨지고 있다. 오히려 서품은 품을 받는 부제를 "제단"과 결합시키고 신자들 사이에서 지위를 강화하기 때문에 권장할 만하다는 것이다.[6] **축성** 또는 **서품**된 사람으로서 기혼 부제는 독특하게 본당에서 사제와 신자들 사이를 중재할 수 있을 것이니,[7] 그는 서품받은 성직계의 최하층에 속하는 한편 결혼과 전문적 (곧, 비성직계적) 신분을 통해 평신도의 세속적 영역과도 연결되어 있기 때문이라는 것이다.[8]

---

5. H. Fleckenstein, "Seelsorgliche Möglichkeiten des Diakonats in deutschsprachigen Ländern": *Diakonia in Christo*, 416f.
6. 위의 책 421.
7. A. Kervoorde, "Die Theologie des Diakonates": *Diakonia in Christo*, 271, 주167.

요컨대 종신부제직 부활을 위한 신학적 논증들은 성직자·평신도라는 교회 신분상 이원론과 성·속 이분법과 교회·세계간의 간격을 견지하고 있다. 결국 성직계 최하층으로서의 종신부제직의 부활을 위한 신학적 근거는 제2차 바티칸 공의회 이전의 제국교회적이고 중세적인 교회 개념을 수호하고 있는 것이다. 이러한 신학적 교회 이해의 주요 측면과 구조들을 개관하면 다음과 같다.

교회에 대한 제2차 바티칸 공의회 이전의 이해

로마 제국이 그리스도교를 공인하고 국교로 채택하면서,[9] 교회와 세계의 거대한 공생관계로 특징지어지는 시대가 시작했다. 이 과정에서 세속 영역들은 축성되어 교회로 이끌어들여졌다. 교회는 이제 어떤 다른 구조를 띤 세계 속의 신앙인 공동체가 아니라, 포풀루스 크리스티아누스populus christianus, 곧 문화적·정치적·지리적으로 규정될 수 있는 한 실체가 되었다.[10] 이 교회론에 따르면, 사람들은 이제 그리스도교 신앙을 자신이 선택해서가 아니라 특정한 문화와 사회에 태어남으로써 그리스도인이 된다. 그리고 구원은 교회에 나가 성사들을 받고 설교를 듣고 하는 등등, 서품받은 성직계의 중개를 통해 개인적 성화와 구원이 보증되는 전례 의식들에 참여함으로써 얻어진다.[11] 교회생활 참여보다는 의식적 신심과 사제의 중개에 대한 이러한 강조는 결국 교회 조직상의 위계, 곧 성직계의 절대화로 귀결된다. 바로 이 성직계가 교회 차원의 구원뿐 아니라 사회 차원의 복지까지도 통제하게 되는 것이다.

"하느님 백성"이라는 개념에 대한 신학적 재해석이 이러한 추이를 예증할 수 있다. 초기 그리스도교 신학은 선민 이스라엘이 영예로 여기는 이 칭호를 "새로운" 하느님 백성으로서의 교회, 에클레시아에 옮겨놓는다. 교부들의 신학에

---

8. P. Winniger, "Diakon und Laie": *Diakonia in Christo*, 381.
9. 비판적 해설: H. Kühner, *Tabus der Kirchengeschichte* (Nürnberg, ²1965) 101ff.
10. J. Ratzinger, "Wesen und Grenzen der Kirche": K. Forster 편 *Das 2. Vatikanische Konzil* (Würzburg 1962) 49-68.
11. 더 총체적인 논의: O. Schreuder, *Gestaltwandel der Kirche*, Theologia Publica 5 (Olten 1967) 42ff.

와서는 "하느님 백성" 개념을 구원 역사와 관련시켜 해석했다. 이른바 육적 이스라엘에 뒤이어 영적 이스라엘인 교회가 나타났다는 것이다. 11/12세기에 이르면 이 대비관계가 교회 자체에 적용된다. 교부시대 교회관으로서 교회와 유대교 이스라엘의 대비가 이제 교회 구성원들에 있어서 서품받은 부류와 평신도, "성스런 종교인"과 "세속인" 사이의 이원론적 대비로 전환된 것이다. 하느님 백성에 대한 이런 재해석에 따르면, 평신도는 교회 안에서 아직도 "육적 이스라엘"의 영역에 살고 있는 부류를 대표하는 데 비해, 서품받았거나 "수도회"에 속한 교회 구성원들이 "새로운 하느님 백성"의 자리를 차지하는 셈이다. 이리하여 하느님 백성으로서의 교회가 교회 내 백성의 특정 계급으로 옮아간 것이다. 여기서 평신도는 "영적 소명"이 없이 "육"의 영역에 머물며 "세속"을 구성하는 이들이며,[12] 따라서 "영"의 영역은 세례받은 이 모두인 교회 전체가 아니라 교회의 세속적 영역에 대비된 성스런 영역만을 의미하게 된다. 이런 교회 신학에 따르면 서품받은 교회 구성원만이 교회생활과 가르침과 사명을 결정할 수 있다.[13]

종교개혁 동안은 물론 그 이후 유럽의 세속화 동안 교회 구조들은 맹격을 당하는 처지에 놓였다. 이 다양한 도전에 이 위계적인 성직계 중심 교회는 한편 거부와 단죄와 방어로, 다른 한편 이 교회의 전제적專制的 구조들을 신정법으로 군히 기는 식으로 대응했다. 콘스탄티누스 이래 (교회와 세계의 공생관계 위에 구축되어 있던) 제국주의적 중세교회 구조들은 종교개혁과 계몽주의에 대한 이런 반응으로 더욱 경직되어 버렸다. 가톨릭 교회는 군주제적 구조들과 절대주의적 교회권력에 역점을 두면서, 민주주의 다원론 사회에서 시대착오적 모습을 띠어 갔다. 이 교회는 자신의 사명을 수행해 나가며 정의와 사랑과 동등성으로 이루어진 복음을 가지고 이 "세계"를 설득하고 변화시킬 수 없게 되었다.[14]

---

12. J. Ratzinger, *Die christliche Brüderlichkeit* (München 1960)에서는 그리스도교적 형제관에 입각해서 이와 유사한 환원주의적 과정을 지적했다.
13. 참조: Y. Congar, "Kirche und Welt": J. B. Metz 편 *Weltverständnis im Glauben* (Mainz 1965) 117.
14. R. Niebuhr, *Essays in Applied Christianity* (New York 1959) 201-12.

중세교회와 동일선상에서 종교개혁과 세속화의 가치들과 갈등을 겪으며 가톨릭 교회는 지금까지 점점 더 성직계와 동의어화되어 왔다. 교회의 통치는 봉건적 절대주의 형태를 유지하고 있고, 교회론은 성직계론이 되어 있다. 예컨대 "교회"가 가르친다거나 정치에 연루되어 있다고 말할 때, 우리는 어김없이 성직계를 떠올린다. 공식적 영역에서 교회를 대표하는 주체는 성직자들로 구성된 성직계이다. 경직된 구조로 중앙집권화한 권위적 성직계는 낮은 계층 성직자들과 평신도들에게 절대적 복종과 엄격한 규율, 조직화한 통제와 획일화한 행동을 요구한다. 여기서 "평신도 사도직" 신학과 조직이란 성직자들의 사명에 조력하는 것이고, 성직자들의 통제에 종속된 것으로 인식된다. 그렇기 때문에 가톨릭 단체 운동도 평신도들의 신분에는 아무런 진정한 변화도 이루지 못했다. 교회론적 측면에서 자신이 받아 온 영향을 바꾸어놓지 못했을 뿐더러, 오히려 소위 평신도 직무들을 감독하는 성직자의 통제하에 놓여 있다. 이와 마찬가지로 종신부제직의 부활 역시 평신도 전문직을 남성화하여 성직구조화한 위계적 성직체계에 편입시키는 과정을 촉진함을 의미할 수 있는 것이다.[15]

따라서 라너는 교회 안에서 평신도가 전문적 업무에 종사할 때 완전히 성직계에 의존하고 종속된다는 사실을 간파했다는 점에서 옳다. 그러나 우리는 오늘날 교회를 "형제들"의 공동체요 하느님 백성으로서 민주화하는 것이 아니라 성직 중심 교회구조를 오히려 강화하는 것이 과연 합당한 일인지를 묻지 않을 수 없다. 라너 자신도 교회가 정말 하느님 백성이 될 때 비로소 교회를 (성직자로만 구성되어 있고 평신도는 성직계의 사목 대상일 뿐인) 성직 중심 위계제도로 보아 온 해묵은 오류는 버틸 수 없게 될 것이라고 밝히면서 이것이 극복되어야 할 과제라고 인정하고 있다.

한마디로 콘스탄티누스 이후 교회는 (제국주의적) 국가교회의 모든 특성들을 띠고 있고,[16] 이것이 우리가 태어나는 삶의 자리라고 말할 수 있다. 세례가 시

---

15. J. Comblin, *Versagt die katholische Aktion* (Graz 1962) 79ff.
16. R. Hernegger, *Macht ohne Auftrag. Die Entstehung der Staats- und Volkskirche* (Olten 1963).

민권 취득과 동일시되기에 이르면서 그리스도를 철저히 따르며 교회의 사명에 완전히 헌신하기로 결단한 이들에게는 서품이나 수도서원이 필요하게 되었다. 서품이 진정한 그리스도인의 표지요 성직자만이 결정권을 가지며 교회가 성직계와 동일하다면, 그렇다면 여자들은 서품을 받을 수 있도록 싸울 수밖에 없을 것이다. 그러나 실은 그렇지 않다는 데 문제가 있다. 여자가 복사나 부제나 사제로서 받아들여지도록 요청한다는 것 역시 콘스탄티누스 이후 제국주의적 교회 이해를 용인하는 것인만큼 성직주의 시각을 드러내는 것에 다름아니다. 따라서, 현재 체제 속에서 여자가 성직에 서품되는 것은 콘스탄티누스 이후 전제주의적 교회구조를 강화하는 것일 수밖에 없다. 여자들의 직무는 교회 내의 근본적 변화를 가져올 힘을 탈취당해 있는 것이다.

제2차 바티칸 공의회 이후의 동등권 전략들

하지만 이런 진단은 여자가 교회 내의 모든 직무에 능동적으로 적극 협력하기 위해 전개해 왔고 또 전개해 나가야 할 싸움을 포기해야 한다는 뜻은 아니다. 남녀를 갈라서 여자 지위를 "제2 계급" 그리스도인으로 삼는 성직주의 노선의 폐지는 여자만이 아니라 전체 교회와 복음의 권위를 위해서도 매우 중요하다.[17] 그러나 여성해방운동 역사가 여실히 보여주듯이, 양성의 동등성은 가부장적 권위주의 구조들에 여자들이 순응함으로써도, 그 위계구조의 최하층에 받아들여짐으로써도 성취될 수 없다.[18] 그것은 오로지 제국주의적 교회 형태의 변화와 개혁을 통해서만 성취될 수 있다.

이 주장은 좀더 설명될 필요가 있다. 체스터튼Chesterton의 뼈있는 유명한 말이 있다. "수백만 여자들이 일어나 외쳤다. '다시는 우리에게 받아적게 할 사람이란 없을 것이다.' — 그러고는 타이피스트들이 되었다." 독일 연방정부의 여자 지위에 관한 최근 보고서에 의해 다시 한번 체스터튼이 옳았음이 입증되

---

17. J. A. T. Robinson, *Eine neue Reformation?* (München 1965) 69.
18. 여자 해방운동에 대한 비판적 평가: H. Ringeling, "Die Frau in der heutigen Familie": *Zeitschrift für Evangelische Ethik* 8 (1964) 129-43, 특히 132.

었다. 여자들은 한 세기나 동등성 투쟁을 벌여왔는데도 우리 사회에서 아직도 지도적인 자리를 얻기는커녕 오히려 거꾸로 가부장적 질서 위에 산업화된 사회의 경제·정치체제 속으로 이끌려 들어왔다. 한마디로 이 사회는 여자들의 작업 능력을 가부장적 사회 자체를 위해 조직화하면서 여자는 저임금으로 충당되는 종속적인 자리에나 받아들이는 그런 사회이다. "집 안의 천사"(Virginia Woolf)가 이동작업대나 타자기 앞의 천사로, 우리의 이 경제와 사회 속에 구축되어 있는 남성중심 권위주의 구조들 내에서 지도적인 위치로 나아갈 기회란 좀처럼 없는 그런 천사로 바뀌었을 뿐이다.

여성해방운동이 실패한 것은 이 운동의 온건파들이 일차적으로 사회의 변화보다는 이른바 여성다움이나 가정 원칙에 따른 "인간화"를 추구했기 때문이다. 어떻든 근대세계는 "남성" 정신의 소산이 아니라, 남녀 모두의 삶을 똑같이 규정하는 물질적 법칙을 따르므로, 여자들이 산업화 사회를 "여성화"할 수 있으리라고 생각한 것은 환상이었다. 여성운동 보수파들은 여자의 사회적 지위가 그 자체의 고유성을 가지기보다는 남자 일을 보충하는 것으로 보아야 한다고 주장했다. 그런만큼 여자들이 "몇푼" 벌기 위해 일을 한다는 데 대해서는 아무 이의도 제기하지 않을 뿐 아니라, 오히려 여자들의 "이중 역할"을 조장하기까지 했다. 남녀 모두가 가정 일은 여자 몫이라는 상투어를 그대로 받아들인다. 이에 반해 공적인 일은 "가장"으로서 "가족 임금"을 벌어들이는 남자의 책임으로 돌려진다. 한마디로 여자의 능력과 역할이 여자의 견지에서 이 사회가 변혁되도록 하기보다는 산업화 사회의 경제적 필요에 적응되어 있는 것이다.

우리 시대의 여자서품운동은 이번 세기로 전환되던 시기의 온건한 여성운동에서 그 지침을 취하고 있다. 여자를 위한 주교직의 충만한 권위와 성사적 권한을 요청하지는 않고, 여자가 종속상태에서 전례와 관련된 직책들에 받아들여지도록 주장하고 있다.[19] 하지만 나는 이와 달리, 여자들 자신이 최고의 교회직

---

19. 이 점은 그 구조와 신학적 자기이해에 있어 종신부제직을 위한 신학적 제안들과 비슷한 저 "사목적 보조"에 관한 선언으로 예증될 수 있다. 이 선언에 대한 분석과 문헌자료는 나의 책 *Der vergessene Partner*를 보라.

무에 들어설 수 있어야 비로소 종속적 직책 수행에서도 실제적 "자유"를 가지게 된다고 주장하고자 한다. 여자가 최고의 위계에 다다를 수 있을 것을 요청하지 않는 한, 교회 내 여성운동은 성직계 교회가 여자의 재능과 역할을 그 자체로 배타적인 성직주의 구조를 강화하는 데 이용할 수 있게 만들 따름이다. 몇몇 독신 여자를 부제로 성직계 최저계급에 이끌어들이는 것으로는 모든 여자의 동등성을 성취해 내지 못한다. 특히 여자의 해방과 일반적으로 평신도 모두의 해방을 성취하기 위해서는 교회 직무 개념 전체에 대한 재고가 요청된다.

군주제적 교회 형태를 변혁시키는 데 필요한 신학적 토대는 제2차 바티칸 공의회 교부들이 「교회에 관한 교의헌장」에 선도적으로 제시했다. 물론 지금까지 제도적 교회구조들과의 관계에서 이것이 가지는 의미에 관한 신학적 논의는 거의 없었지만 말이다.[20] 공의회는 신약성서와 같은 선상에서 무엇보다도 먼저 모든 믿는 이들의 사제직을, 이어서 교회직무의 본질로서 봉사를, 셋째로 교회가 그 자체를 위해서가 아니라 세계를 위해서 존재하는 것으로 강조하고 있다.

따라서 제2차 바티칸 공의회는 교회를 성직계로 보는 제국주의적 이해와 관련하여 중요한 신학적 교정을 이루었다. 즉, 교회 직무에 관한 트리엔트 공의회의 가르침을 세 가지 결정적인 점에서 바로잡은 것이다.[21]

첫째, 트리엔트가 "위계"hierarchy라는 말을 사용하는 맥락에서 「교회헌장」은 "교회 봉사직"ministerium ecclesiasticum이라는 표현을 신호한다(28항을 보라).

둘째, 트리엔트가 삼중의 직책 구분(주교와 사제와 부제)과 관련하여 "신적 서품"divina ordinatio이라는 표현을 사용하는 데 비해, 제2차 바티칸 공의회는 교회 직무를 "신적으로 제정된"divinitus institutum 것으로 이해한다.

셋째, 트리엔트의 가르침에 따르면 주교와 사제와 부제들이 교회의 성직계를 구성하지만constat, 제2차 바티칸 공의회에 따르면 교회 직무가 이 여러 다른 계층에서 **행사**된다.

---

20. 참조: J. B. Metz, "Versuch einer positiven Deutung der bleibenden Weltlichkeit der Welt": F. Z. Arnold 편 *Handbuch der Pastoraltheologie* 2/2 (Freiburg 1966) 230-67.
21. 이하의 요점들은 H. Küng, *Die Kirche* (Freiburg 1967)에서 취했다.

이런 교회 직무관과 동일한 선상에서 「교회헌장」 3장은 현재 상황에 입각하여 교회 직책들에 대해 사목적·신학적으로 말한다. 공의회는 교회 직무의 형이상학적 본질이나 "불멸적" 성격에 관해서는 아무 말도 하지 않는다. 그보다 이런 직무들의 현대적 형태와 시간의 제약을 받는 양상에 대해 설명을 덧붙인다. "직책"에 관한 트리엔트의 해석과 관련한 이러한 교정은 교회의 위계구조 속에서 민주적 변화가 일어날 수 있게 해주고 있다.[22] 교회의 직책에 대한 전제 군주적 이해와 그 직책의 제도화가 떨쳐버려질 때 비로소 교회 직책을 규정하는 "봉사직"이라는 말이 그야말로 상투적 표현이 아닐 수 있을 것이다.

이러한 변혁에는 교회 직무의 탈신성화와 탈성직화가 요청된다. 이런 의미에서 제2차 바티칸 공의회의 교회론은 모든 믿는 이의 뽑힘과 거룩함과 사제직에 관한 신약성서의 가르침을 재천명한다.[23] 신약성서에서 "사제"라는 말은 모든 믿는 이와 그리스도를 가리켜 쓰이지, 교회 직책을 가리키지는 않는다. 히브리서에 의하면 이스라엘의 제의를 주관하는 사제직은 대제관 그리스도에 의해 영구히 파기되었다. 이렇게 그리스도의 "대제관" 행위가 "영구"함이 강조됨으로써 초기 그리스도 공동체들에서는 특수한 사제 계급이란 허용될 수 없었다.[24] 모든 그리스도인이 (여자도 남자도) 그리스도의 속죄의 죽음을 통해 제의적으로 정화되고 성화되고 뽑힌 이들이 되었다. 그러므로 신약성서의 사제직 개념은 성과 속이라는 교회 이원론을 아직 모른다. 오히려 모든 그리스도인이 성화되어 제의적 중개 없이 하느님께 다가갈 권한이 있음을 선포하고 있다.

교회 직무에서 결정적인 것은 제의적 사제직이 아니라 성령의 "은사들"이다. 그리스도인 공동체의 모든 구성원은 "그리스도의 몸"을 건설하기 위해 "영적 은사들"을 행사하도록 불렸다. 성령의 은사들은 이 공동체의 특정 부류에 제한되어 있는 것이 아니므로 누구나가 성령의 능력 안에서 복음을 선포하고 죄를

---

22. 참조: H. Hoefnagels, *Kirche in veränderter Welt* (Essen 1964) 104ff.
23. 성서의 신도사제직에 관한 나의 주석학적 논문: *Priester für Gott* (Münster 1972).
24. 참조: H. Vorgrimmler, "Das allgemeine Priestertum", *Lebendiges Zeugnis* 2/3 (1964) 92-113.

용서하고, 주님의 만찬에 능동적으로 참여할 수 있고 또 그럴 권한을 부여받았다. 따라서 하느님의 백성을 구성하는 모든 지체가 세례를 통해 받은 "사제직"에 힘입어 전례와 교회 내의 지도 역할을 수행할 능력과 권리가 있다. 여자 서품을 반대하는 논증들은 교회를 "제의적 차원에서" 위계적 계급들로 나뉘어 있다는 잘못된 교회 이해에 근거해 있는만큼 신학적으로 전혀 타당성이 없다. 동시에 여자가 제의적 역할에 서임될 것을 요청하는 것도 현재의 교회 구조에 대한 철저한 비판이 없다면 마찬가지 오류를 되풀이하는 것일 수 있다.[25] 다시 지적하지만, 몇몇 여자가 서품되어 신성화한 계급에 편입된다는 것은 대부분의 여자들이 "제의적으로" 열등한 존재로서 더욱 배제당하는 결과나 낳을 것이 틀림없다. "모든 세례받은 이의 사제직"이 공허한 상투어로 남아 있지 않도록 하자면 직무의 탈신성화를 요청해야 한다. 성직계급의 모든 특권과 두드러진 특성들이 끝나야 한다. 이러한 성직계의 "탈신성화"와 상대화[26]는 독신에 대한 요청과 성직자의 생활양식과 관련한 신학적 논의들을 활성화할 수 있을 것이다.

신약성서에는 고정되고 배타적인 직무 목록이란 없다. 그 대신 교회를 지도하는 역할과 직능들이 상당히 많이 언급되는데, 이를테면 설교와 예언과 이상한 언어들, 치유와 구마, 공동체 건설과 사목과 관리 등이다.[27] 신학적으로나 실제적으로나 성별은 이런 다양한 직무 수행에 별로 중요하지 않았다. 사도직과 예언직은 교회 안에서 여자들에 의해 늘 수행되었다. 역사적으로 볼 때 여자들의 영적 해방을 인정한 것은 주로 성령에 의해 다스려질 줄 아는 그런 교회들이었다.[28] 성령교회론과 여자가 교회 직무에 동등하게 참여하는 것 사이에는 밀접한 연관성이 있는 것으로 보인다. 그러므로 교회 내의 여성직무자들은 가르치고 설교하고 영적 상담을

---

25. G. Heinzelmann, *Wir schweigen nicht länger* (Zürich 1964).
26. 사제 서품의 공식 지칭이 consecratio(축성)가 아니라 ordinatio("질서짓다"라는 동사의 명사형)임을 간과해서는 안된다.
27. E. Schweizer, *Gemeinde und Gemeindeordnung im Neuen Testament* (Zürich 1959); R. Schnackenburg, *Die Kirche im Neuen Testament*, Questiones Disputatae 14 (Freiburg 1961).
28. E. Käsemann, *Jesu letzter Wille nach Joh. 17* (Tübingen 1966) 60.

행하고, 신학을 연구하는 일에 각별한 관심을 가져야 한다. 성직자들의 영적 통제가 타파된다면, 이는 교회의 여성 해방을 향한 한 중요한 한걸음이 될 것이다.

요컨대 나는 앞으로 교회 직무의 성직주의와 성직계의 독점을 극복하자면 여자들이 세례받고 견진받은 교회의 지체로서 교회 안에서 책임있는 지도력을 행사할 권한이 있음을 역설해야 한다고 주장한다. 여자든 남자든, 교수나 세미나 지도자, 교사, 교리교사, 선교사, 전례직무자, 교회관리자, 사목보조자, 언론인, 사회운동가, 법률가, 오르간 반주자 등 교회 직무를 수행하는 것과 관련하여 따로 서품받을 필요가 없다. 소명과 영적 자질과 투신이면 충분하다.

그러나 여자가 여자이기 때문에 혹은 "여성적" 특질 때문에 교회 직무를 수행할 천부적 권리가 있는 것은 아니다. 성령의 "은사들"이야말로 일체의 교회 직무를 성립시키는 요소이며,[29] 이 은사들은 이미 여자들이 교회 안에서 수행하는 직무들 안에 현존해 있고 또 그 직무들을 통해 입증되고 있다. 직무에의 참된 부름은 그것이 교회 안에서 수행되는 그 때 거기서 식별되어야 한다. 성좌에 제출하는 청원서나 결의서들이 교회 내 여자 해방을 이끌어 낼 수는 없다. 그런 해방은 오로지 "받은 은사"로 결실있게 직무에 투신하는 데 달려 있다.

오늘날 교회 직무에 종사하는 여자들을 위한 전략

마무리 삼아 나는 오늘 이 시대의 교회 직무와 관련하여 여신도들의 전략적 시도를 위한 한 가지 실천적 제안을 하고자 한다. 나는 성 요안 국제연맹에 대해 (아마도 이 교회의 다른 여성 단체들과 함께 할 수 있겠거니와) 전문적 교회 직무에 종사하는 여자들을 조직화해 주기를 촉구하고 싶다. 나는 여기서 교회 직무에 종사하는 여자들의 이 해방운동을 벌여 나가기 위해 다음과 같은 점들을 권고하고자 한다.

첫째, 성 요안 국제연맹은 신학자만이 아니라 사회학자·인종학자·심리학자·역사학자·인류학자 등도 참여하는 공개 토론광장이나 위원회를 만들어 교

---

29. Küng, *Die Kirche*, 473ff.

회의 새로운 존재양식을 모색할 수 있어야겠다. 서품, 사제직, 교회, 세계, 직무 수행의 구조, 선교, "영원한 여인"에 관한 표상과 그 신학, 교회 역사 속에서의 여자들의 기여, 여자들 사이에서의 종교적 신분상의 차이 현상 등, 이런 논제들이 교회의 공식 선언이나 남자 신학자들에게만 일임되어서는 안된다.

둘째, 위에서 제안한 국제 여성 토론광장은 성직계의 최하층에 받아들여지기 위해 싸우기보다는, 모든 여자가 사회와 교회 내에서 알차고 깊이있는 교육을 받고 지도적 위치에 오를 수 있도록 힘을 북돋워 주어야겠다. 이미 그런 지도적 위치에서 활동하는 여자들을 지원할 길을 찾는 한편, 이들이 젊은 여자들에게 역할 모델이 되도록 이끌어갈 수 있어야 한다. 직무를 위한 독신의 요구도 거부하고, 결혼과 산아조절 문제도 논의해야 한다. 사회 내의 자율적 여성운동과 협력하여 여자들의 전통적 역할과 "이중 삼중" 부담에 관한 토론을 시도해야 한다. 교회 역사는 언제나 주변 사회의 변화와 맞물려 교회의 구조적 변화가 일어나며 그 역현상도 마찬가지임을 보여주고 있는 것이다.

셋째, 이 토론광장은 예컨대 신학을 공부하려는 능력있는 여자들에 대한 장학금 지원 등, 이론상으로나 실천상으로나 여성 신학교육 촉진 방안을 모색해야겠다. 학생들은 역할 모델들과 학문생활 안내, 정신적 격려와 재정적 지원이 필요하다. 오늘 이 땅에서 전개되는 여성운동의 가장 중요한 과제와 목표는 여사들이 "평신도" 신학을 연구할 뿐 아니라 신학 부문 학사·석사·박사와 교수 자격 획득에 필요한 전과정 이수를 보장하도록 가능한 모든 방법을 찾아야 한다는 것이라고 생각한다. 우리는 신학대학들에서 여자들이 조교나 강사나 일반 교수로서 활동할 자리들을 정당하게 얻을 수 있도록 활동할 필요가 있다.

넷째, 교회 안에서 이미 여자들이 수행하고 있는 여러 전문직들이 이들의 자기이해에 입각해서 재검토되어야겠다. 이 직무들은 교회와 이 교회의 사명에 대한 새 공의회의 이해에 따라 개혁되어야 한다. 동시에 여자들이 이미 실제로 교회 직무에 다양하게 또 다수가 참여하고 있다는 사실을 공개적으로 인식시키고 이와 관련하여 토론하도록 해야 한다. 그러므로 서품은 여자를 교회 직무에 받아들이는 것에 한한 문제가 **아니다**. 오히려 그 직무들을 식별하고 확인하는 차원에서 천착해야 할 문제다. 그러면서 우리는 주교직과 교종직도 포함한 교회 내 모든 직무에 여자가 받아들여질 권리가 있음을 역설해야 한다.

끝으로, 이 여성 토론광장은 강요되는 독신에 대해 토론하고 강제적 독신제의 철폐를 분명히 주창해야겠다. 이것은 여자에 대한 부정적 태도뿐 아니라 여자들의 두려움을 유발하고 지속시켜 온 성직주의 사고방식과 생활방식을 극복하기 위해서이다. 그러나 그런 성직주의적 독신제가 개혁교회에서 그랬던 것처럼 단순히 가부장적 결혼으로 대치되어서는 안된다. 참으로 요청되는 것은 하느님 백성인 교회의 신학과 영성에 비추어 수행되어야 할 직무와 관련한 영성과 생활방식과 교육의 개혁이다.

이쯤으로 나의 분석과 강연을 마칠 때가 되었는데, 시간 제약으로 해서 간략히 개관하는 데 그쳤으므로 오해들이 있을지도 모른다. 어떻든 나는 여기서 지금까지 가톨릭 교회 안에 나타난 여자들의 교회 직무 문제를 천착하고자 했다. 남자들의 종신부제직을 되살리려는 노력과 관련하여, 나는 성 요안 국제연맹과 교회 내의 다른 여성 단체들이 콘스탄티누스 이후 제국주의적 교회 성직 구조의 최하층에 여자들이 받아들여질 수 있도록 하려고 해서는 안된다고 주장했다. 그보다는 여자들 자신이 완전히 책임있는 교회 구성원이 될 권리가 있다는 것을 천명해야 한다. 우리는 세례로써 참여권이 부여되는 모든 "평신도" 직무를 확고하게 강화해야 하고, 이와 더불어 위계화되고 성직주의화되고 신성시된 교회 직무들의 일체의 형태들을 새롭게 구축해야 하며, 그럼으로써 그 모든 형태의 직무가 다시금 전체 교회의 품에 되돌려지고 전체 교회의 책임 아래 있도록 해야 한다. 제2차 바티칸 공의회에 따르면, 교회의 권위주의 구조를 교회 안에서 세계를 위한 역동적 직무로 개혁해 나가는 것이야말로 공의회 이후 교회에 맡겨진 과제이다. 여자의 서품과 직무 문제는 이러한 교회 개혁을 달성하는 데 해석학적으로나 실천적으로나 본질적으로 중요한 구실을 한다. 성령의 힘으로 성취되는 그러한 교회 개혁만이 이 세계의 안녕을 위해 봉사하는 교회와 여자들에게 충만한 그리스도적 해방을 가져다줄 것이다.

3

어제와 오늘의 산 성인들

◀상황 설명▶

 1972년에 나는 한 가톨릭 교구 신문인 「브루클린 타블릿」Brooklyn Tablet의 편집자로부터 교회 내 여자 문제의 첫 기획에 기고해 달라는 청탁을 받았다. 그 때 나는 그레일Grail과 CWU(Church Women United)의 후원으로 열린 "신학을 탐구하는 여자들"이라는 주제의 연구발표 모임에서 막 돌아왔다. 여자들의 교파간과 종교간 대화 모임의 토론에 참여하기는 그때가 처음이었다. 나는 뮌스터 대학 프로테스탄트 신학부에서 신학과정을 이수했지만, 교회일치운동에 관한 경험은 주로 몇몇 루터교 친구와의 관계에 한정되어 있었다. 또 거의가 가톨릭 신자인 독일 프랑코니아Franconia에서 성장했다. 그래서 서로 다른 신앙 공동체에 속하는 여자들과의 이 만남은 나에게 신선한 활력을 불러일으켰고 도전적이기도 했다. 이 만남을 통해 나는 신학에서의 여성운동이 교회일치적 시각과 추동력을 공유하고 있으며 동시에 의식적이는 아니든 그리스도교나 유내교의 신앙고백 차이에 의해 규정되기도 한다는 사실을 깨닫게 되었다. 아래 고찰에서 나는 여자들의 신학 작업이 체험으로 시작해야 한다는 이 모임의 요청에 따르되, 한편 가톨릭 여자들의 체험은 달리 형성되었다는 점도 인정하려고 노력했다.

 어릴 적에 나는 성인전 읽기를 좋아했다. 성인 가운데 상당수가 여자였고 나는 그들과 하나가 되었다. 교사·신비가·선교사·수녀원장·군인·여왕·농민 들의 이야기인데, 대부분이 여자를 핵가족의 아내와 어머니 역할에 한정시키지 않았다. 오히려 교회와 서양 역사에 여자들이 탁월하게 이바지한 것을 전해주고 있었다. 이 여자들은 창조적이고 독립적이며 영향력을 지니고 있었다.

그러나 성장하고 나서는 "성인전"에 흥미를 잃어버렸다. 아마도 가톨릭 전통 안에 성장하면서 성인 전기를 읽은 사람들 대부분이 나와 같은 체험을 했을 것이다. 사제들과 수녀들이 하느님의 겸손한 여종 동정녀 마리아에 대한 신심을 촉구할수록, 혹은 강간당하기보다는 죽음을 택한 고레티Maria Goretti에 관해 설교를 할수록 나는 성녀들에 대한 관심을 잃기 (혹은 거부하기까지) 시작했다. 고등학교 때 성모 마리아의 티없는 순결에 관한 어느 젊은 사제의 열정적 설교로 끝난 한 피정에서 나는 그런 접근에 대한 분개가 나만의 감정이 아님을 알았다. 그 방에 있던 젊은 여자 스무 명이 서로 똑같은 소견을 나누었다. 동정녀와 성인에 대한 신심이 남성 심리에는 무엇인가 줄지 모르지만, 우리로서는 그들이 제시하는 여인상과 하나가 될 수 없었다. 젊은 여자로서 우리의 자아상, 우리의 문제, 우리의 삶의 목표는 성녀상과는 전혀 달랐다. 성인전들은 우리가 우리 자신의 정체성 발견에 도움이 되기보다는 훨씬 더 장애가 되었다. 이 이야기들은 고통과 성적 순결, 복종, 케케묵은 신심, 완전한 순명 같은 것들을 강조한다. 그러나 반지성적이고 반에로스적이다. 또한 주로 수녀 · 과부 · 여왕 들의 이야기일 뿐, 보통 여자들에 관해서는 거의 이야기하지 않는다. 우리는 우리 자신의 독립과 사랑을 갈망했던 데 비해, 성녀 공경은 여자들에게 이른바 여자답게 겸손한 복종을 요구했고 성적 노이로제를 조장했다.

최근 그레일빌의 연구발표 모임에서는 그리스도교와 유대교의 여러 공동체에 속한 여자들이 함께 신학과 교회 직무에 관해 토론했다. 여기서 대화중에 나는 성녀상과 10대 때 체험간의 마찰에도 불구하고 성인들의 생애와 축일이 나의 종교적 내력과 체험의 일부를 이루고 있음을 깨달았다. 가톨릭 교회의 여자들이 성인상과 성인 공경을 멀리하기란 그리 쉬운 일이 아니다. 우리 자신들로부터, 그리고 우리의 특별한 그리스도교 전통과 공동체로부터의 소외라는 값을 치르지 않고서는 불가능한 일이다. 우리 자신의 체험을 외면해 버리거나 우리를 꼴지어 온 성인상과 그들을 기리는 의식儀式에 참여하기를 억제할 수도 있겠지만, 이렇게 해서는 이런 종교적 여인상의 의미를 해석해 주는 남성 일색의 성직계의 지배와 통제 아래 여자들의 정신을 내맡겨 버릴 위험이 있다.

학교와 교회, 그리고 사회 전반에 걸친 성차별 사고와 여성혐오 태도에서 여자들과 남자들을 해방시키기 위해서는 그리스도교 전통과 공동체뿐만 아니라 바로 우리들 자신의 시각이 비판적으로 새롭게 바로잡힐 필요가 있다. 종교적·문화적 환경은 달라도 비슷한 문제로 항쟁해 온 여자들의 삶과 이바지에 대한 역사적 재발견도 필요하다. 가부장적 문화와 신학에 의해 주입된 기만적이고 왜곡된 성녀상에서 이 성녀들을 해방시킬 필요도 있다. 성차별에 대한 종교적 투쟁은 이 투쟁사상 성녀들이 겪었던 수난과 손실과 희생도 인식할 필요가 있다. 요컨대 가톨릭 그리스도교 전통의 여인상과 이야기들을 이렇게 비신화화하고 재형성하는 일은 오늘 이 시대 여자들의 자기이해와 해방을 위한 투쟁에 필수불가결하다. 우리의 체험을 꼴지어 온 종교적 표상들과 역사적 기억으로부터 우리 자신을 단절시킬 수는 없기 때문이다.

가톨릭 여자들은 또한 과거와 현재 안에서 우리가 하나가 될 수 있는 여인상과 이야기들을 찾아야 한다. 이들은 수녀와 기혼녀와 독신녀의 간격뿐만 아니라 우리의 현재 체험과 과거 여자들의 체험 사이의 간격도 연결해 주는 새로운 자매관계를 이루도록 우리를 도와 줄 것이다. 새로운 여성 정체와 새로운 그리스도교 여성 공동체에 대한 우리의 추구는 성인 반열에 오른 과거 여자들의 표상과 이야기들을 재발견하고 재해석할 수 있다는 희망을 가지게 해 줄 것이다. 그런 표상들이 여자로서의 우리의 자아상을 조명하고 고양시켜 우리 자신의 종교적 정체를 밝히는 데 기여할 수 있기 때문이다. 우리 가톨릭 여자들은 우리 자신의 역사적 전승과 교의적 전승을 대면하면서 동시에 우리 자신이 삶 속에서 겪는 체험에 가닿을 때라야 비로소 새로운 해방하는 성녀상(교회와 사회가 심어 온 여자와 여자다움에 대한 전통적 관념을 바로잡는 표상)을 창출할 수 있을 것이다. 이 해방되고 해방하는 성녀상이 우리 자신의 체험과 느낌과 역사에 반향되어야 함은 물론이다. 하지만 여기서 그쳐서도 안된다. 또한 현대의 문화와 종교에 나타나는 지배적 여인상에 맞설 대립상이 제시되어야 한다. 여자들을 위해 이런 해방하는 표상들이 모델이자 바로잡힌 이정표 역할을 할 수 있을 것이다.

실상 전통적 성인상과 성인전은 여자도 남자도 하느님으로부터 받은 소명을 따라야 한다는 확신을 표명한다. 남자와 마찬가지로 여자도 예수를 따르라는 불림을 받는다. 그것이 당대의 뿌리깊은 문화적 관습에 정면으로 어긋나는 행동양식 또는 노선을 따르는 것이더라도 말이다. 어쩌면 당연하겠지만, 신학에서나 성인전에서나 성녀들의 삶의 선택양식이 흔히 남성중심으로 고정된 틀에 획일적으로 맞추어졌던 것은 분명하다. 그러면서도 이러한 선택들이 문화적으로 주어진 이른바 여성적인 신비성과 가톨릭계 "여자 신학"의 "완전한 여성"이라는 표상하고는 상충하는 것도 분명하다(양자 모두 여자의 참된 소임은 영적으로든 육적으로든 오직 어머니가 되는 것이라고 인식한다). 전통적 성인전과 성인상은 여자를 일차적으로 가족상 지위나 생물학적 생식력에 의해 규정하지는 않는다. 오히려 남자와 마찬가지로 제자 직분과 성인 소명을 받은 존재로 이해한다. 초기 그리스도인들은 하느님에 의해 불림받은 뽑힌 이들로 자처했다. 자기네가 하느님의 성도聖徒라고 믿었다. 그 부름은 종교·문화·인종·계급·성을 포함한 일체의 제약 또는 한계를 무너뜨린다. 복음서들은 예수의 제자직 소명이 종교적이든 가정적이든 일체의 다른 의무에 우선함을 여러 방식으로 확인시키고 있다. 예수는 가부장적 가정과 그 요구들을 제일 중요한 것으로 여기시지 않았다. 오히려 그런 것들을 새로운 제자 공동체로 대체하셨다.

제자직과 공동체에 관한 이런 시각에 세세대대로 남자만이 아니라 여자도 생애를 걸고 응답해 왔다. 나의 수호성인 헝가리의 엘리사벳(1207~1231)도 그랬다.[1] 그녀는 짧은 일생을 제자직 추구에 바쳤다. 그녀의 생애는 가부장적 종교와 문

---

1. 나는 중세기 전문가가 아니므로 여기서는 주로 독일어권 저술에서 나의 수호성인에 관해 폭넓게 읽은 것에 의존하겠는데, 다음과 같은 것들이 기억난다: E. Busse-Wilson, *Das Leben der heiligen Elisabeth von Thüringen* (München 1931); A. Huysken 편 *Die Schriften des Caesarius von Heisterbach über die heilige Elisabeth von Thüringen*, Publikationen der Gesellschaft für rheinische Geschichtskunde 43 (Bonn 1937); W. Maurer, "Zum Verständnis der heiligen Elisabeth von Thüringen", *Zeitschrift für Kirchengeschichte* 65 (1953/4); H. Grundmann, *Religiöse Bewegungen im Mittelalter* (Darmstadt ³1970); Philipps Universität Marburg 편 *Sankt Elisabeth: Fürstin, Dienerin, Heilige. Aufsätze, Dokumentation, Katalog* (Sigmaringen 1981); E. W. McDonell, *The Beguines and Beghards in Medieval Culture* (New Brunswick 1954).

화의 배경에서 여자가 초기 그리스도교의 제자직 시각을 자기 삶에 구현한다는 것이 얼마나 어려운 일이었고 또 지금도 얼마나 어려운가를 입증하는 한 예이다. 복음서에서 영감을 받은 엘리사벳은 12/13세기의 다른 여자들과 마찬가지로 "수도"생활을 추구하면서 철저한 제자직에로의 부름을 따랐다. 아씨시의 글라라와 프란치스코처럼 가난한 떠돌이 거지로 삶으로써 예수를 따르기를 원했다. 그러나 여자가 이런 복음적 생활양식을 취한다는 것은 글라라와 그녀를 따르던 여자들을 전통적 봉쇄생활에 제한시키는 데 동조했던 중세기 남자들에게는 (성 프란치스코까지도) 상상도 못할 일이었다. 그러나 글라라와는 달리 엘리사벳은 가난한 생활을 통해 예수를 따르고자 하는 꿈을 적어도 부분적으로는 성취했다. 그녀의 말에 따르면, 그녀는 세속 자매들의 삶vita sororum in saeculo을 함께하는 사람으로 자처했다. 엘리사벳은 동등자 제자직 속에 살고자 하는 중세 여자들과 남자들 사이에 널리 퍼져 있던 운동에 참여했다. 이 운동에는 베긴회뿐만 아니라 알비파와 왈도파 "자매들"까지도 참여했다.

전설과 신학은 예수의 철저한 추종자로서의 엘리사벳의 표상과 이야기를 왜곡해 왔다. 이들은 그녀를 이상적이되 비실제적인 사랑 깊은 여인으로 만들어 놓았다. "장미의 기적" 전설은 철저한 제자직에 대한 그녀의 표상과 불림에 대한 왜곡을 입증하는 한 예이다. 이 전설은 엘리사벳이 남편을 두려워하여 자선 행위를 숨기다가 발각되자 남편의 노여움에서 보호받을 기적을 청했고 또 응낙받았다고 묘사한다. 이 묘사의 메시지와 표상은 분명하다. 즉, 엘리사벳은 남편의 재산을 지나치게 소비하는 사치스러운 아내로서 남편과 사랑을 나누기보다는 남편을 두려워하며 산다. 그녀의 전기 자료들은 이 전설의 표상을 뒷받침하는 듯이 보인다. 헝가리 왕의 공주로 태어난 엘리사벳은 4세 때 튀링겐의 영주 루드비히 4세와 정혼하여 14세 때 결혼했다가 세 자녀를 낳고 18세에 과부가 되었으며 24세에 세상을 떠났다. 확실히 그녀의 생애는 상당 부분이 중세문화에 속해 있으며, 오늘날 그리스도교 여자들의 시각이나 목표와는 동떨어진 것처럼 보이기도 한다. 그 결혼은 정략적인 것으로 보이고, 그 시성諡聖은 과부 신분을 끝까지 지킨 데서 연유한 듯이 보이기도 한다.

그러나 바로 이 중세 전설의 심부(深部)에서 탁월하게 독립적인 한 인간의 면모를 볼 수 있다. 그녀의 전기에는 특징적인 요소들이 나타나는데, 곧 영적 부부관계, 결혼과 모성에 의해 규정된 역할로부터의 독립, 자신의 소명을 추구하는 투신, 사회의식과 정의감 들이다. 그 중세적 색깔에도 불구하고, 아니 바로 그렇기 때문에 이 특징들은 우리에게 어떤 전혀 다른 표상을 제공하고 있다.

첫째, 루드비히와 엘리사벳의 결혼은 정략적으로 결정되었다지만 그럼에도 불구하고 분명히 사랑의 결합이었다. 사실 그녀는 종종 상류층 여자들을 겨냥하여 규정된 예법과 사교 관례에 어긋나게 행동하여 시집 식구들과 그 지역 귀족들의 감정을 상하게 했지만, 그럼에도 불구하고 그녀의 남편은 그녀의 사랑을 소중히 여기고 그녀의 종교적 헌신을 지원했으며 갖가지 공격들로부터 그녀를 보호해 주었다. 그럴 법한 상례들과는 달리 이들의 결혼은 정략적 합의의 소산만은 아니었다. 이들은 함께 자라면서 서로 존중하고 사랑하는 법을 익혀 나갔다. 그것은 중세문화의 맥락 안에서 진정한 반려관계와 우애를 나눈 결혼생활이었다 — 가부장적 지배와 복종의 결혼생활이 아니었다.

전설과는 반대로 루드비히는 가난한 사람들에 대한 엘리사벳의 헌신을 지원했을 뿐 아니라, 가족 안팎의 비난과 험담에 맞서 보호해 주기도 했다. 이들의 사랑과 서로를 필요로 하는 마음은 오랫동안 떨어져 있기를 못견뎌할 만큼 컸다. 엘리사벳은 자신의 사랑을 거침없이 공개적으로 표현해서 다른 사람들의 비난을 샀다. 초기의 한 전기작가는 엘리사벳의 사랑의 표현이 하도 두드러져 (혹은 추문스러워?) 보인 나머지, 그녀가 드러내놓고 루드비히를 꼭 껴안고는 "남편 입에 무수히 키스를 퍼부어 댔다"고 명언하고 있다.

둘째, 엘리사벳은 루드비히에게 정감 넘치는 애정과 열정적 사랑을 자유롭게 표현했지만, 또한 이 사랑에 묻혀 버릴 위험이 있다는 점도 인식했다. 루드비히를 향한 주체할 수 없는 갈망과 사랑에 굴복하지 않도록 밤새 깨어 기도해야 했다고 하녀 친구들에게 이야기한 적도 있다. 그러나 우리는 이 말을 에로틱한 사랑에 대한 금욕적 경멸 또는 깊은 신심에 따른 억제라기보다는 자신의 소명이 부부관계 속에 묻혀 사라져 버릴 위험을 예방하려는 종교적 방편이라고 해석해야 할 것이다. 엘리사벳은 여자가 남자를 사랑함으로써 독립성과 자기정체와 제자직 소명을 잃어버릴 위험이 있음을 의식하고 있었던 것으로 보인다. 루드비히의 죽음에 대한 그녀의 반응은 이 위험이 그녀에게 매우 절실했음을 시사한다. 그녀는 미쳐버릴까봐 사람들이 불안해할 만큼 절망에 빠졌던 것이다.

셋째, 귀족이라는 특권적 신분과 어머니라는 지위 안에서 상실할까봐 두려워한 엘리사벳 자신의 독립정신은 "가난한 이를 선호"하는 삶을 위해 일로매진한 헌신에서 명백히 드러난다. 가난한 이로 살고자 하는 그녀의 갈망을 귀족부인의 의무였던 형식적 자선행위로 오해해서는 안된다. 아씨시의 프란치스코로부터 깊은 영향을 받은 엘리사벳의 영성은 가난한 이들을 관대하게 돕는 데서만 만족하기는커녕 가난한 이들 가운데서 가난한 이로서 살기를 원했다. 프란치스코는 거리에서 구걸하는 일을 남자 형제들에게만 허용했다. 하지만 그의 모범과 설교는 한 여자인 엘리사벳으로 하여금 일체의 성적 한계를 뛰어넘어 가난한 이들 가운데 지내며 거리에서 구걸하는 삶을 통해 예수를 따르고자 하는 마음을 품게 했다. 영적 지도자인 마르부르크의 콘라드가 그런 식의 제자직 생활은 그녀와 같은 신분의 여자에게는 부적절하다며 반대하자 그녀는 마르부르크에 한 병원을 세워 가난한 이들을 돕는 일을 펼쳤다. 그 당시 가난한 병자들을 위한 그런 시설물의 관리자들은 대개가 성직자나 수녀들이었고 보면 그녀의 이런 행위조차 당대에는 새로운 것이었다.

그러나 엘리사벳의 생애에서 가장 두드러지게 돋보이는 것은 사회정의 의식이다. 이 점에서 엘리사벳의 공헌은 가난을 하느님의 뜻으로 보지 않고 부유층과 귀족계급의 생활양식에 밀접하게 연결된 것으로 보았다는 데 있다. 그녀는 많은 소비재가 자기 하인들인 가난한 농부들에게서 불의하게 탈취한 것임을 인식했다. 농부들과 밑바닥 노동자들이 황족들과 영주들의 사치스러운 생활의 대가를 치러야 했다. 그녀는 그런 야만적 착취에 계속 참여하기를 원치 않고 오로지 정당하게 얻어진 음식만을 먹겠다고 서약했다. 그것은 변화를 가져오기 위해 소비자 불매운동을 벌이는 현대적 항거양식을 수세기 전에 이미 앞질러 보여주는 일종의 저항이었다.

엘리사벳의 서약은 자선과 관련한 중세의 신학과 실천에서 한 발 앞서 나아가는 중대한 것이었다. 그녀는 자신과 남편의 재화를 가난한 이들과 나누었을 뿐만 아니라 가난한 이들에게 가해지는 불의에 공공연히 항거했다. 당대 사람들은 그녀의 행위에 혁명성이 잠재함을 감지했다. 루드비히의 가족은 그녀를 공격해 댔고, 주위의 상류층 인사들은 비웃었다. 그녀가 어리석고 정신이 나갔다고 주장했다. 루드비히가 죽은 후 시동생은 그녀에게 바르트부르크에 머물고 싶다면 식탁에 차려 놓은 음식을 모두 먹으라면서 정당하게 얻은 음식과 불의하게 얻은 음식을 구별하는 행위를 계속하지 못하도록 강요했다. 이 강요에 저항하여 엘리사벳은 집을 떠났고, 그녀 자신이 극빈자로 살았다. 그녀가 그런 처지에까지 이른 이유를 두고 그녀의 한 하녀 친구가 다음과 같이 말한 것으로 전해진다. "그분은 가난한 이들을 등쳐먹고 사느니 … 차라리 쫓겨나 순수 일해서 사는 길을 택하셨지요." 엘리사벳은 자녀들을 데리고 바르트부르크에서 도망쳐 나온 다음 몇달 동안 집도 없이 무일푼으로 살아야 했을 때, 철저한 제자직 시각에 가장 가까이 다가섰다고 느꼈다.

넷째, 그녀의 삶의 이 단계에서 그녀 자신의 철저한 제자직 시각은 고백신부인 마르부르크의 콘라드의 그것과 근본적으로 달랐음이 명백해진다. 콘라드 신부는 이단자들에 맞선 열광적 신심과 종교적 금욕주의로 명성이 높았다. 루드비히가 죽자 콘라드는 교종에게 청원하여 막대한 유산을 유용하게 사용할 방법을 결정할 수 있는 엘리사벳의 법정대리인으로 임명되었는데, 엘리사벳이 한 거지 여자로서 완전히 가난하게 살기 위하여 특권적 신분과 부를 포기하게 해 달라고 청하자 그는 그녀의 소망을 단호히 거부했다.

엘리사벳이 자유롭게 그리고 남편의 동의를 얻어서 콘라드를 영적 지도자로 선택했고 남편이 살아 있을 동안 복종하기로 약속했던 것은 분명한 사실이다. 하지만 그녀의 결단은 그녀 자신의 철저한 제자직 소명에서 비롯했으며, 그녀는 가난한 이들과 동등한 처지에서 이 제자직 삶을 살기를 원했다. 콘라드는 그녀가 자기에게 완전히 복종하면서 금욕적 생활을 하기를 원했고 그래서 과부가 된 귀족부인에게 적절하다고 여겨지는 일종의 수도생활 틀에다가 그녀를 강제로 맞추어 넣으려고 했다. 엘리사벳의 의지를 꺾으려고 그는 하느님의 이름을 빌려 야비하게 육체적·정서적으로 그녀를 학대했다. 그녀가 자기 지시를 조금만 어겨도 매질을 했을 뿐 아니라 모든 인간적 온정과 우애관계를 빼앗아 고립시키려 들기까지 했다. 엘리사벳이 세운 병원의 원장이 되고 나서는 병원의 모든 구성원을 통제하고 견책할 권리를 스스로 독점하여 세속적인 동시에 영적인 가부장 역할을 직접 수행하는 체제로 전환시켜 버렸다.

성인전은 콘라드가 이런 방식을 통해 엘리사벳의 이른바 완덕 추구를 뒷받침하려 했다고 우리를 설득하려 하지만, 그녀의 동료들은 엘리사벳이 그를 매우 두려워했다고 (그가 죽은 후에) 증언한다. 그녀는 그에게 짐짓 복종하는 태도를 취하면서도 자신의 소명과 판단에 비추어 그의 명령을 교묘하게 피해 나감으로써 철저한 제자직 갈망을 성취하고자 했다. 콘라드가 하느님의 이름으로 엘리사벳에게 가한 잔혹한 폭력은 순종하지 않는 여자들에게 교회의 남성들이 가하는 잔혹성을 보여주는 한 역사적 범례이다. 가부장적 결혼관계의 잔혹한 매질은 면할 수 있었던 엘리사벳도 가부장적 교회의 그것을 면할 수는 없었다. 엘리사벳은 영적 생존을 위한 자신의 전략을 억수같이 퍼붓는 폭우에 몸을 굽히기는 해도 꺾이지는 않는 갈대의 그것에 비교했다. "폭우가 잦아들면 갈대는 잔잔하고 아름답게, 다시금 충만한 힘을 드러내면서 꼿꼿이 일어섭니다. 이와 미친가지로 우리는 때때로 우리 자신을 굽히고 낮추어야 할 때가 있습니다. 하지만 그런 뒤에 우리는 반드시 잔잔하고 아름답게 다시금 똑바로 일어서야 합니다." 제자직 시각과 관련한 엘리사벳의 의지와 독립성을 멸절시키려는 콘라드의 야만적 시도는 그녀를 굽히게 만들 수는 있었을지언정 돌아서게 만들 수는 없었다. 그녀는 한 자선단체에 속하게 된 후 마침내 자신의 모든 소유를 포기하고 비천한 "세속 자매들의 삶"을 살 수 있게 되었다. 그녀는 당대에 종들이 하고 있던 가장 천한 가사일들을 맡아 했다. 그럼으로써 대부분 낮은 계급 출신인 자선단체 자매들과 하나가 되고자 했다. 그럼에도 불구하고 그들은 그녀의 높은 신분을 의식했던 까닭에, 그녀가 그들과 하나가 되는 것은 결코 용납되지 않았다.

결론으로, 엘리사벳의 삶의 실화와 실상은 전설의 그것들과는 다르다. 엘리사벳은 자기 자신의 제자직 소명과 시각을 지닌 여자였다. 그녀는 사랑과 결혼을 그녀 자신의 사명을 파괴하기보다는 오히려 뒷받침하는 것으로서 체험했다. 루드비히가 죽은 후에는 정의를 위해 헌신하는 제자직에 대한 자신의 시각을 구현하기 위해 가정을 떠났다. 가난한 이들과의 연대 속에서 가난한 여자로 살 수 있기 위해 자녀들과도 떨어져 살았다. 그녀는 가난한 이들을 자신의 신심과 자선사업의 대상으로 삼지 않았다. 그녀가 참으로 추구한 것은 자신과 동등한 존재인 그들과 함께 사는 것, 바로 이것이었을 따름이다.

엘리사벳은 또한 자신과 같은 계급 출신이 아닌 이로서 그녀를 돌보는 하녀들과 연대를 이루며 살려고 애썼다. 이들이 자신에게 "마님"이라고 부르거나 격식을 갖춘 경어를 쓰지 못하게 하고 그 대신 동료 친구끼리의 친숙한 말을 쓰도록 했다. 콘라드가 그녀와 동료들 사이의 이런 우애의 결합을 단절시키자 엘리사벳은 몹시 괴로워했다. 그러나 그녀는 "세속 자매들"의 한 사람으로서 살려는 자신의 시각을 결코 포기하지 않았다.

엘리사벳의 철저한 제자직 시각은 그 중세적 색깔에도 불구하고 남김없이 투신하는 책임있는 그리스도인으로 자처하는 오늘날의 가톨릭 여자들에게서 메아리치고 있다. 전설적 분장과 중세적 한계에서 해방된 엘리사벳의 역사적 표상은 여자들의 시각과 자기이해를 가정과 자녀들에 한정짓지 않으며 이른바 "여자다운 요조숙녀"에 국한시키지도 않는다. 이 표상은 오히려 여자들로 하여금 여자다움이라고 규정된 문화적·종교적 제약을 깨뜨리고, 온전한 인간다움과 철저한 제자직에 대한 자아상과 정체를 지닐 수 있도록 고취한다. 나아가 이 사상은 해방을 위한 여자들의 다양한 투쟁이 중산층 여자들의 가치관과 관심들에 제한되어서는 안된다는 점도 시사한다. 이러한 투쟁들은 오히려 제자직에 있어서 새로운 자매관계를 구축해 나가기 위해 힘써야 한다는 것이다. 이 새로운 관계는 시공을 통해 나타나는 우리의 분열뿐만 아니라, 성에 따라 구분되어 고정관념화되어 버린 역할들, 사회계급 그리고 종교적 신분제도까지도 뛰어넘는 것인 까닭이다.

엘리사벳이 오늘날 자기 자매인 우리에게 전해주는 메시지, 그것은 여자들은 여자다움이라고 규정된 문화적 생활양식에 갇혀 있어서는 안된다는 것이다. 그리고 이처럼 문화적으로만이 아니라 신학적으로도 인준을 받은, 중산층 여자들의 여자다운 성적 역할로 규정된 것들을 극복하고 이에 맞서 싸움으로써 자신들의 철저한 제자직을 삶에 구현해 나가도록 불림받고 있다는 것이다. 엘리사벳은 자신의 사회계급과 역사적 지평의 한계를 넘어 자신의 소명을 추구하는 방식을 밝혀내고 또 그렇게 살았기 때문에 잔인한 폭력을 겪어야 했다. 오늘 이 시대의 가톨릭 여자들도 복음서가 전해주는 철저한 제자직에의 부름에 따르려 할 경우, 마찬가지로 사회적·종교적 폭력을 당할 각오를 해야 한다. 교회 안에서 여성운동을 펼치는 이들은 엘리사벳의 현명한 충고를 절대로 잊어서는 안될 것이다. 꺾이지 않고 살아남아서 성령의 힘과 아름다움 속에 똑바로 살아갈 수 있기 위해 폭풍 속의 갈대처럼 굽힐 줄 알아야 하는 것이다.

4
힘겨운 짐

◀상황 설명▶

  1973년에 연방 대법원 배심원들이 낙태를 합법적인 것으로 판결하자, 노트르담 대학 학장은 이 결정을 비난하는 전례와 설교 모임들을 조직적으로 전개했다. 그러자 학생들은 그에게 법원의 결정 쪽에 설 것으로 생각되는 사람을 한 명 연사로 초청할 것을 요청했다. 이에 그는 예배가 시작되기 꼭 세 시간을 남겨 놓고, 그가 저녁마다 강당에서 개최하던 예식에 나를 초청했다.
  나는 매우 난처했다. 도무지 준비할 시간이라고는 없는데도 그 예식에 참석해서 그런 복잡한 주제를 가지고 강론을 해야 한단 말인가? 그러나 만일 초청에 응하지 않으면 필경 학생들이 실망할 것이었다. 게다가 "노트르담 가족" 가운데는 그런 야만적 판결 — 그는 이것을 나치 정권의 유태인 대학살에 비유했다 — 을 지지할 사람이란 단 한 사람도 없으리라는 그의 호언장담이 옳았다고 인정받게 만들 것이었다. 친구들에게 조언을 청하자 한 친구는 성서학자가 감정적 격론의 소지가 다분한 이런 윤리적 문제에 참견해서는 안된다면서 이런 설교 모임에 가는 것을 반대했다. 또 한 친구는 노트르담에서 교수생활을 계속하고 싶다면 이런 강론일랑은 아예 엄두도 내지 말라고 충고했다. 그러나 나는 친구들의 이런 호의적인 경고에도 불구하고 견해가 다른 목소리도 들어야겠다고 주장하는 용기있는 학생들을 옹호하기로 마음먹었다.

자매·형제 여러분,
  나는 오늘밤 여러분과 함께 묵상하고자 하는 성서 본문으로 마태오 23장 1-4절과 13-16절, 23-24절을 택했습니다.

그때에 예수께서는 군중들과 당신 제자들에게 말머리를 돌려 이렇게 말씀하셨다. "율사들과 바리사이들이 모세의 자리에 앉아 있습니다. 그러니 그들이 여러분에게 말하는 것은 모두 행하고 지키시오. 그러나 그들의 행실을 따라 행하지는 마시오. 사실 그들은 말만 하고 행하지는 않습니다. 그들은 힘겨운 짐들을 묶어 사람들의 어깨에 메우고 자신은 그것을 나르는 데 손가락도 대려 하지 않습니다."

불행하도다. 너희 율사와 바리사이 위선자들아! 너희는 사람들 앞에서 하늘나라를 닫아버렸다. 사실 너희가 들어가지 않을 뿐더러 들어가려는 사람들마저 들어가도록 가만두지 않는구나. 불행하도다, 너희 율사와 바리사이 위선자들아! 너희는 개종자 하나를 만들려고 바다와 육지를 돌아다니다가 개종자가 생기면 그를 너희보다 갑절이나 못된 지옥의 아들로 만들어 버린다. 불행하도다, 너희 눈먼 길잡이들아! 너희는 말하기를 '누가 성전을 두고 맹세하면 아무것도 아니지만, 누가 성전의 황금을 두고 맹세하면 그대로 지켜야 한다'고 하는구나.

불행하도다, 너희 율사와 바리사이 위선자들아! 너희는 박하와 시라와 소회향은 십분의 일을 바치면서 정의와 자비와 신의 같은, 율법의 가장 중요한 요소들은 저버린다. 그런 것들도 저버려서는 안되지만 이런 것들도 실천해야 했을 것이다. 눈먼 길잡이들아, 모기는 걸러내면서 낙타는 삼키는구나."*

여러분 가운데 나를 아는 분들은 내가 연방 대법원의 결정에 동의하는 사람의 하나이기 때문에 이 예식에 초청되었다는 것을 잘 아실 것입니다. 오늘 나는 여자들이 이제 몰래 뒷골목에서 면허도 없는 돌팔이 의사들에게서 낙태수술을 받음으로써 죽음을 당하거나 죽을 정도로 피를 흘려야 하는 일이 없게 되었다는 사실에 대해 하느님께 감사드립니다. 제 친구 마리아가 부인과 병동에서 인턴으로 근무할 때였습니다. 그녀는 우리 집에 찾아와서 강간당한 가련한 젊은

---

* 이것은 한국 천주교회 창립 200주년을 기념하여 200주년 신약성서 번역위원회가 옮겨서 1991년에 분도출판사에서 역간된 『신약성서』에서 따온 것이다. 이하 신약성서 인용문은 문맥상 필요한 경우 이외에는 이 역본에서 인용하기로 한다.

여자들, 이미 너무나 많은 자녀가 있는 상황에서 산아조절에 실패한 어머니들에 대한 이야기를 끊임없이 해주고는 했습니다. 이 여자들은 낙태수술을 했거나 낙태로 인해 고통받은 사실을 숨기려 했습니다. 그때는 이런 행위가 불법이었기 때문이지요. 다행히 그런 위험한 낙태수술을 하고도 살아남은 여자들은 평생 건강문제로 고생해야 했습니다. 연방 대법원의 결정은 여자들이 건강과 안녕을 위협하는 그런 것들에서뿐만 아니라, 범죄와 투옥에 대한 두려움에서도 해방되는 것을 의미합니다. 감사드릴 이유가 있고말고요!

그렇다면 내가 낙태를 옹호하고, 어떤 상황에서든 낙태가 정당하다고 생각한다는 말이냐고요? 이런 식의 반문은 낙태의 합법화를 낙태를 **요구하는** 법령으로 오해하는 데서 옵니다. 전혀 거리가 멀지요! 이 법은 여자들에게 낙태를 **해야 한다**고 말하지 않습니다. 그보다는 여자들이 임신 초기 3개월 이내에 임신중절을 결단할 경우 형벌을 받지 않을 수 있다고 말합니다. 이 법은 여자들의 도덕적 책임을 면제해 주지 않습니다. 오히려 그것을 요구하고 있습니다. 미국의 정교분리 체제는 독일의 많은 가톨릭 신자들에게서 부러움을 사고 있습니다. 이것은 국가가 종교적인 윤리체계와 **윤리**신학에 간섭할 수 없다는 것을 뜻합니다. 가톨릭인들은 연방 대법원의 판결에 대해 슬퍼하고 비탄에 잠기기보다는 이 법을 **윤리적** 결단으로서의 임신중절을 신중하게 논의할 수 있는 자유로운 공간을 창출해 놓은 것으로서 반길 수 있어야 할 것입니다.

나는 철학자도 윤리신학자도 아니므로, 여기서 인간의 생명이 언제부터 시작되느냐는 어려운 문제를 논의하고 싶지는 않습니다. 그 대신 우리가 방금 들은 성서 대목의 경고들을 묵상하도록 여러분을 초대하고자 합니다. 마태오 복음서의 저주선언은 가르침과 행위, 설교와 실천 사이의 간격을 개탄하고 있습니다. 이 본문은 "그들이 여러분에게 말하는 것은 모두 행하고 지키시오. 그러나 그들의 행실을 따라 행하지는 마시오"라는 권고로 시작합니다. 그리고 끝부분에서는 "정의와 자비와 신의"가 이 가르침의 핵심이라고 말합니다. 낙태에 관한 "윤리적" 가르침은 그것이 어떤 것이든 태아뿐만 아니라 어머니와 어머니의 생명과 다른 자녀들을 위해서도 "정의와 자비와 신의"에 입각해서 이루어져야 합니다. 어머니와 태아의 이익이 맞서지 않는 그런 사회 상황을 창출하도록 애써야 합니다. 여자들의 시민적 자결권을 보호해야 합니다.

노트르담 대학이 가톨릭계 대학으로서 낙태가 윤리적으로 옳지 않다는 가르침에 찬동한다면, 동시에 "법의 가장 중요한 요소"인 정의와 자비와 신의를 보장하고자 애써야 합니다. 그 가르침과 실천이 서로 어긋나서는 안됩니다. 대학이 위선이라는 비난을 면하자면 무엇을 해야 할까요? 가르치는 것을 실천하는 그런 캠퍼스를 상상해 봅시다. 이런 윤리적 상상은 적어도 다음의 네 가지 영역에서 우리의 정책과 실천을 고칠 필요가 있음을 인식하는 데 도움이 될 것입니다.

첫째, 대학은 쉽게 사용할 수 있는 산아조절 방법에 관한 정보를 갖추고 이를 이용할 수 있도록 해야 합니다. 대학 당국은 교정에서 학생 의료봉사 활동을 통해 산아조절에 관한 정보의 보급과 상담이 이루어지는 것을 (반대하기보다는 오히려) 옹호해야 할 것입니다. 우리는 우리의 많은 학생들이 성적으로 능동적이라는 사실 앞에서 우리의 눈을 감아 버리지 말고 사실을 직시해야 합니다. 산아조절 방법의 이용은 혼전 성관계를 조장하자는 것이 아닙니다. 그러나 이 방법을 이용하지 못할 때, 결국은 시내로 낙태시술소를 찾아가는 우리 대학 학생들이 늘어나는 것입니다.

둘째, 우리는 미혼 상태에서 임신한 여학생과 관련하여 그 남성 파트너에게는 아무 조치도 내리지 않으면서 여학생만 기숙사에서 내보내는 우리의 정책을 재고해야 합니다. 우리는 오히려 육아시설과 탁아시설을 제공하여 어머니 여학생들이 캠퍼스 안에서 아기들을 돌보면서 학업을 계속해서 과정을 마칠 수 있도록 해야 할 것입니다. 또한 (미혼모 학생이 원한다면) 자녀를 품위있게 양육할 수 있도록 기숙사와 장학제도를 마련해야 할 것입니다. 우리는 그 아이들을 노트르담 "가족" 전체의 책임으로 이해하고 받아들이는 공동체적 시각을 촉진할 수 있는 신학적·도덕적·경제적 자원을 가지고 있습니다.

셋째, 우리는 더 이상 입양을 낙태문제의 윤리적 해결방법으로 옹호해서는 안됩니다. "백인 아기들"을 팔아넘기는 입양사업은 임신이 확인된 초기 몇 주일 이내에 임신을 중절하는 것보다 윤리적으로 훨씬 파렴치한 범죄행위입니다. 대부분의 경우 입양으로 인한 상처는 조기 낙태로 인한 상처보다 더 크지는 않을지언정 못지않게 큽니다. 입양이 비밀에 덮여 있는 한, 젊은 백인 여자들이 입양을 위해 아기를 포기하도록 압력을 받고 있는 한, 생모가 원하면 입양된 자녀와 계속 만날 수 있도록 혹은 적어도 자녀들의 성장과 상황에 관한 정보를 제공받을 수 있도록 허용되지 않는 한, 입양의 윤리성은 문제시되어야 합니다.

마지막으로, 노트르담은 전통적으로 남성적이고 성직주의적인 제도를 유지해 왔으므로, 이 대학의 경영진과 교수진은 여학생들의 지적 재능과 이 대학에 대한 기여를 존중한다는 것을 여학생들과 학부에 알릴 필요가 있습니다. 여학생들은 교정을 아름답게 꾸미는 무슨 "꽃"들이 아닙니다. 그뿐 아니라 여자 학부의 매우 낮은 정원과 지위를 높여야 할 것입니다. 윤리적 낙태 반대에는 필요한 조처가 따라야 합니다. 모든 교직원에 대한 유급 임신휴가와 가족휴가 정책을 채택할 것, 학교 안에 탁아소를 설치할 것, 긍정적 활동 프로그램들을 개발할 것, 근무 분담 정책을 제도화할 것, 연금·유급휴가·의료보험 등 일체의 수당을 받으면서 신분이 보장되는 시간제 근무를 계속할 수 있도록 할 것, 이런 것들입니다.

우리가 가르치는 것을 우리 자신이 실천하지 않는 한, 예수께서 당대의 지도자들을 향해 발설하신 저주와 고발이 노트르담의 우리에게도 그대로 적용될 것입니다. "불행하도다, 너희 위선자들아! 불행하도다, 너희 눈먼 지도자들아! 너희는 무겁고 힘겨운 짐들을 묶어 사람들의 어깨에 메우고 자신은 그것을 나르는 데 손가락도 대려 하지 않는구나."

5

비판적 해방신학으로서의 여성론 신학

"엄마, 여성론자가 뭐하는 사람이야?"
"내 딸아, 여성론자란 어느 여자든지
남자들이 여자가 해서는 안된다고 생각하는
그런 여자 자신의 일들에 대해서
애써 생각해 보는 그런 여자란다."

(상황 설명)

　1915년에 앨리스 밀러가 쓴 이 짧은 시[1]를 이용하여 아래 글의 제사(題詞)로 삼았을 때 이 글이 실릴 잡지(*Theological Studies*)의 편집자는 너무 경박해서 학술잡지의 논문에는 맞지 않다고 보아 잘라 버렸다. 그 때 이 글은 보수적 학술지가 널리 가톨릭 독자들에게 여자들의 "새로운" 신학 작업을 소개하는 최초의 시도였다. 그래서 나는 그 검열을 받아들이기로 했다. 하지만 나는 지금도 이 시가 여자가 여자의 시각에서 신학을 하는 이 새로운 방식이 마주치게 마련이었던 반대와 그 자기주장을 웬만큼 포착했다고 생각하고 있다.
　여자가 여자의 시각에서 신학을 하는 이 새로운 방식을 특성짓기 위해 "여성론 신학"이라는 표현을 누가 처음 사용했는지는 알려져 있지 않다. 그러나 이 지칭을 선택하여 나의 신학 작업을 여성론 해방신학이라고 스스로 "낙인"을 찍었던 일은 또렷이 기억하고 있다. 나의 접근방법을 다른 (해석학적 자유주의와

---

1. Alice Duer Miller, *Are Women People? A Book of Rhymes for Suffrage Times* (New York 1915).

라틴아메리카와 흑인들의) 해방신학들과 구분짓기 위해 "비판적"이라는 말도 덧붙인 것은 하버마스Jürgen Habermas의 비판이론에 빚졌음을 가리킨다.

이 논문의 논증이 나타나게 된 것은 크라이스트Carol Christ가 시작한 뉴욕 여성론 학자들의 종교 모임 토론들에서였다. 그 구성원은 해리슨Beverly Wildung Harrison, 플라스코프Judith Plaskow, 콜린스Sheila Collins, 머튼Nelle Morton, 러쎌Letty Russell, 바스토우Anne Barstow 그리고 크라이스트 자신 등이었는데, 종교계에서 여성론 연구들을 결정적으로 꼴지어 온 인물들이었다. 나는 안식년 동안 유니언 신학대학에 머물면서 이들과 합류하는 행운을 누릴 수 있었다.

그러나 내가 노트르담의 내 자리로 되돌아온 다음 이 논문이 간행되자 학과장이 당혹해하면서 철회하도록 설득시키려 했다. 특히 "마리아 신화"에 대한 분석과 이것이 가톨릭 여자들에게 미칠 영향으로 해서 낙담스러워하는 것이었다. 내가 그의 지적대로 양보하기를 거부하자 그는 격분해서 이런 글을 지은 이라면 가톨릭계 대학에서 가르치기에는 맞지 않다고 했다. 마침 나는 종신 교수직에 갓 임용된 터였으므로, 나를 연구원 자리에 임명해서 노트르담 학생들은 가르치지 못하도록 하려느냐고 익살스럽게 물었다. 비판적 분석을 하면서도 나는 여전히, "남자들이 여자가 해서는 안된다고 생각하는 그런 여자 자신의 일들을 애써 생각해 보는 그런 여자들"을 거슬러 제도적 폭력 형태들이 자행될 수 있다고 상상하기란 어려운 노릇이었다.

보수적 신학잡지에 여성론 신학에 관한 글을 쓴다는 것은 몹시 위험한 일이다. 급진주의 여성론자들은 그런 노력을 "적"과의 협력으로 생각하거나 잘봐준대야 "명목주의"로나 여길 것이다. 전문 신학자들은 문제를 진지하게 받아들이기를 거부하거나 반감을 보일 것이다. 여성운동은 거의 10년을 우리와 함께 해 왔건만 아직도 혼동과 조롱에, 그리고 그런 주장이라면 아예 듣기 싫다는 노골적인 반대에 둘러싸여 있다. 그래도 나는 그리스도교 신학자이자 여성론자로 자처하므로, 여성론과 신학의 중개 작업은 나에게 막중한 관심사이다. 그리고 좋은 신학은 으레 모험인 법이더라.

이 글의 첫 부분에서는 여성론 신학이 처한 구체적 상황을 기술할 생각이다. 문화와 종교에 대한 여성론적 비판의 주요 이론 몇 가지를 소개하고, 교회의 남자들과 신학자들에게 이 비판이 어떻게 받아들여지고 있는가를 약술하겠다. 둘째 부분에서는 여성론 신학을 한 비판신학으로 제시할 것이다. 먼저 전문 신학자들과 신학 연구기관들의 신학작업에 대한 여성론적 비판을 설명하고, 이어서 이 전통적 남성중심 신학이 어떻게 영향을 미쳐 교회 내 여자 차별의 실제를 정당화하는가를 규명하겠다. 마지막 부분에서는 여인상과 그 신화를 비판적으로 다룰 것이다. 마리아 신화는 분명히 해방적 요소가 있으면서도 그동안 여자 해방에 적극적으로 기여하지 못했으므로, 그리스도교 여성론의 의식과 실천에서 형성된 새로운 신화와 표상에 의해 균형이 잡히고 제자리를 찾게 되어야겠다. 이렇게 해방하는 새로운 신화와 표상을 찾는 여성론의 한 구체적 사례로 이 글을 끝맺을 것이다.

여성론과 신학

여성해방운동의 분석들로 우리의 문화와 사회의 성차별적 구조와 신화들이 벗겨져 왔다.[2] 인종차별이 피부색을 기준으로 흑인들을 규정하고 억압하는 것과 마찬가지로, 성차별은 성을 기준으로 설정된 틀 속에 정형화해서 사람들에게 제약을 가하고 있다. 여자들이 문화적으로 억압받는 존재들이라는 사실은 파울로 프레이레의 억압에 대한 정의를 여자들의 상황에 적용해 보면 분명히 드러난다.

---

2. 여성해방운동 자료는 하도 방대하여 내가 공부한 모든 작품을 소개하기란 불가능하다. 특히 도움이 된 것: V. Gornick, B. K. Moran 편 *Woman in Sexist Society: Studies in Power and Powerlessness* (New York 1971); J. Hole, E. Levine, *Rebirth of Feminism* (New York 1971); E. Janeway, *Man's World, Women's Place: Studies in Social Mythology* (New York 1971); A. Vesel Mander, A. K. Rush, *Feminism as Therapy* (New Tork 1974); B. Roszak, Th. Roszak 편 *Masculine/Feminine: Readings in Sexual Mythology and the Liberation of Women* (New York 1969); S. Rowbotham, *Woman's Consciousness, Man's World* (Harmondsworth 1973).

"갑"이 "을"을 객관적으로 착취하거나 책임있는 인격체로서의 자기긍정의 추구를 방해하는 일체의 상황이 억압의 상황이다. 그런 상황 자체가 폭력을 이루는데, 거짓 관대함으로 사탕발림이 되더라도 그것은 더 완전히 인간다워야 한다는 인간의 존재론적이고 역사적인 소명을 방해하기 때문이다.[3]

성차별 사회에서 여자의 삶을 주도하는 역할은 남자의 내조자가 되는 것이다. 무보수로 밥짓고 일하는 것, 아이를 낳고 기르는 것, 심리적·성적 만족을 보장하는 것이다. 남자의 자리는 돈을 벌고 나라와 학교와 교회 들을 운영하는 세계에 있는 데 비해 여자의 자리는 가정에 있다. 여자가 남자의 세계로 뛰어들더라도 그 일은 가정에서와 같은 보조적인 것들이다. 여자는 용돈을 벌기 위해 일하는 것으로 상정되므로, 보수가 아주 낮은 일들을 한다. 이른바 여자 전문직이라는 테두리를 벗어나지 못하며 고위직에 오르는 길이 막혀 있다. 체스터튼G. K. Chesterton의 역설적 재담은 여권운동의 투쟁과 결과를 요약한다. "수백만 여자들이 일어나 외쳤다. '아무도 우리에게 다시는 받아적게 하지 못할 것이다' ─ 그러고는 타이피스트들이 되었다." 한 세기나 평등을 위해 투쟁하고도 여자들은 아직 공공 사회 영역에서 지도적 지위와 동등한 기회를 얻는 데 성공하지 못했다. 오히려 성차별 문화의 윤리가치와 경제체제 속으로 매몰되었다. 이 체제는 그 자체의 목적을 위해 여자들의 능력을 조직화했을 뿐이다.[4]

문화와 종교에 대한 여성론적 비판

여권운동은 여자들이 그 여성적 특질에 의해 정치와 노동을 인간화하리라고 확신하면서 사회를 개혁하기보다는 주로 여자들을 사회에 통합시키려고 했던

---

3. Paulo Freire, *Pedagogy of the Oppressed* (New York 1970) 40- 1 [성찬성 역 『페다고지』 한국 천주교 평신도 사도직협의회 펴냄].
4. 여러 분석: D. Babcox, M. Belkin 편 *Liberation Now! Writings from the Women's Liberation Movement* (New York 1971); C. Bird, *Born Female: The High Cost of Keeping Women Down* (New York 1968); J. Huber 편 *Changing Women in a Changing Society* (Chicago 1973).

반면에,[5] 새로운 여성론 운동은 여자를 억누르는 사회와 문화의 구조들과 그 신화를 철저히 비판한다. 여성해방운동은 여자들이 자율적 인격체로서 경제적·정치적 평등을 성취하고자 할진대 여자와 남자의 문화적 표상과 역할을 재규정하고 사회제도를 재구성해야 한다고 주장한다.

여성론의 문화 비판은 본성과 생물학이 아니라 오히려 성차별 문화와 그 사회화가 여자의 "운명"임을 지적했다. 여자에게는 인간 잠재력의 완전한 범위가 부인되고 있다. 우리는 남자에 의존하는, 남자보다 덜 지적이고 남자로부터 파생된 존재로 자인하도록 사회화되어 왔다. 아주 어릴 때부터 우리의 역할을 종속적 존재의 그것으로 배웠고, 남성적 문화의 시각을 통해 자신을 평가해 왔다.[6] 우리는 남자들의 조력자나 성욕 충족의 대상으로 사회화된 "타자(他者)들"이다. 신문·잡지·광고·텔레비전·영화 등은 우리를 (예컨대 "아가"라고 부르면서) 의지할 수밖에 없는 소녀나 성적 유혹자나 자기희생적 아내나 어머니로 그려내고 있다. 교사·심리학자·철학자·작가·설교자 들은 우리를 남자의 특질과 지적 용기를 결여한, 열등하고 종속적인 곁가지 존재로 규정하고 있다.

우리 문화 속에서 여자는 무시당하고 어린애 취급을 받거나 아니면 이상화되고 우상화될 뿐, 독립적 자유인으로 허용되지 않는다. 자신의 삶이 아니라 남편과 자녀를 통한 대리적 삶을 살도록 훈육된다. 고작 남자의 권한을 조종할 뿐 스스로 권한을 행사하지 않는다. 으레 자기 의사표시는 예상되지 않는다. 침묵을 지키거나, 말을 하더라도 아버지·남편·상관·아들 들을 통하도록 요구된다. 남자뿐 아니라 여자 자신도 이런 열등한 곁가지 여인상과 여자관을 내면화해 왔다. 때로는 여자 자신이 "여성의 신비성"을 더없이 강하게 믿고 옹호

---

5. "급진" 또는 "강경" 여성론과 "온건" 여성론의 구분: B. W. Harrison, "Sexism in the Contemporary Church: When Evasion Becomes Complicity": A. L. Hageman 편 *Sexsist Religion and Women in the Church* (New York 1974) 195-216. 참조: "The Early Feminists and the Clergy: A Case Study in the Dynamics of Secularization", *Review and Expositor* 72 (1975) 41-52. 초기 여성운동 자료와 분석: E. Flexner, *Century of Struggle: The Woman's Rights Movement in the United States* (Cambridge 1959); A. S. Kraditor 편 *Up from the Pedestal: Selected Writings in the History of American Feminism* (Chicago 1968).

6. 언어적 관점의 설명: R. Lakoff, *Language and Woman's Place* (New York 1975).

한다.[7] 자신을 열등하다고 느끼며 멸시하도록 배워 왔기 때문에 다른 여자도 존중하지 않을 뿐더러 싫어하기조차 한다. 이렇게 여자들은 억압자들의 표상과 관념을 내면화한 억압받는 민중의 전형적인 성격적 특질을 입증하고 있다.

여성론은 여자들의 이런 문화적 표상과 자기이해에 직면하여 무엇보다도 먼저 여자 자신이 인격 주체로서의 인간임을 주장하며, 따라서 남녀 모두가 온전한 인격을 자유롭게 발전시킬 수 있어야 함을 역설한다. 둘째로 여성론은 인간의 권리와 재능과 약점을 성에 따라 구분하지 말 것을 주장한다. 여성론은 여자가 자신을 자유롭고 자율적이며 책임있는 삶의 주체로 이해하고 평가할 수 있도록 경제·사회적 독립이 필요함을 지적했다. 사회에서 여자의 역할이 변하려면, 여자에 대한 여자와 남자의 인식과 태도가 동시에 변해야 하는 것이다.

그러므로 여성론은 여자들을 착취하고 고정된 틀 속에 가두어 열등한 위치에 붙들어 두는 일체의 제도에 대해 강렬하게 비판해 왔다. 이런 맥락에서 여성론적 분석은 그리스도교가 서양의 성차별 문화 형성에 중요한 영향을 미쳤음을 지적해 왔다.[8] 이 분석에 따르면, 그리스도교 교회들과 신학들도 이것들의 제도적이며 생래적인 불평등을 신학적으로 정당화하려 함으로써 "여성의 신비성"과 여자의 열등성을 영속화해 왔다. 그리스도교 윤리는 온순과 겸손, 복종과 자기희생, 자기를 죽이는 사랑 등을 내세워 여자의 자기주장과 자율성의 발전을 저해하고 이른바 여자다운 수동적 태도의 내면화를 강화해 왔다. "그리스도교 가부장제에서 요구되는 복종의 '자발론'은 여자들로 하여금 내면화 과정을 위장하여 재강화하는 가운데 그들 자신에 대해 등을 돌리게 해 왔다."[9]

---

7. 이제 고전이 된 분석: Betty Friedan, *The Feminine Mystique* (New York 1963).
8. 아직도 전범이 되는 분석: S. de Beauvoir, *The Second Sex* (New York 1971) 〔조홍식 역 『第二의 性』 을유문화사 1983〕. 참조: M. Daly, *The Church and the Second Sex* (New York 1968) 11-31.
9. M. Daly, *Beyond God the Father: Toward a Philosophy of Women's Liberation* (Boston 1973) 140 98-106. 참조: G. K. Neville, "Religious Socialization of Women within U.S. Subcultures": *Sexist Religion*, 77-91. N. van Vuuren, *The Subversion of Women as Practiced by Churches, Witch-Hunters, and Other Sexists* (Philadelphia 1973)는 "희생자화로 인해 나타난 특성들"을 역사적 관점에서 다룬다.

여성론적 비판에 대한 반응들

이 사회와 문화는 흔히 여성론적 분석과 비판에 대해 부정이나 흡수나 거부로 반응한다. 그리스도교의 교회들과 신학자들도 여성론적 비판들을 무력화하여 기존 남성중심 사회와 교회 체제를 변화 없이 유지하려 한다.

① 이들은 여성론적 분석과 비판의 정확성과 타당성을 부정한다. 여자는 열등하거나 억압당하지 않으며 오히려 우월하고 특권을 누린다고 주장한다. 예컨대 여자의 우월성에 관한 교종 바오로의 여러 선언이 "여성적 신비성"을 뒷받침한다. 여자들은 이런 신비성의 이상과 가치를 더없이 철저하게 내면화해 왔으므로 여자들 자신이야말로 이런 부정을 더없이 효과적으로 수행한다. 자기 자신의 관심과 능력과 소망들을 남편의 위신과 체면과 출세를 뒷받침하기 위해 억누르는 법을 터득해 온 중산층 중년 여자들은 여성론적 비판으로 말미암아 성에 따라 정형화된 틀과 전통적 역할이 폐기되면 자신들은 시대에 뒤지고 삶의 가치와 안정이 위협받으리라는 것을 감지한다. 19세기에 비춰 Beecher 자매들이 가정성을 찬미하고 모성을 찬양하는 노래를 불렀듯이,[10] 오늘도 헌법의 평등권 수정안 ERA(Equal Rights Amendment)을 반대하는 운동 배후의 몇몇 여성 그룹은 결혼을 통한 여자들의 안정과 그 법적 보호를 우상화하고 있다. 그들은 신적 창조질서에 대한 신학적 논증으로 주장을 뒷받침한다.[11] 신학적 논증은 중산층 아내들의 특권을 정당화한다. 이 여자들은 자신들이 공적 생활영역에서 밀려나 있는 한 남자일 따름이며 중산층 여자들의 경제적 지위나 자기정체성조차 실제로 매우 불확실하고 위태롭다는 것을 깨닫지 못하고 있다.

② 여성론적 비판을 대하는 또 다른 방식은 그 일부를 인정함으로써 흡수하는 것이다. 기존체제는 여성론적 비판 가운데서 현재의 구조들과 이데올로기들을 급진적으로 문제삼지 않는 요소들을 수용할 수 있다. 예컨대 바오로 6세는

---

10. 참조: G. Kimball, "A Counter Ideology": J. Plaskow, J. A. Romero 편 *Women and Religion* (Missoula 1974) 177-87; D. B. Fraser, "The Feminine Mystique: 1890-1910": *Union Seminary Quarterly Review* 27 (1972) 225-39.
11. M. H. Micks, "Exodus or Eden? A Battle of Images": *Anglican Theological Review* 55 (1973) 126-39.

교회는 이미 "'여자들의 지위 향상'을 촉진하는 현대의 노력"을 "시대의 징표"로 인식해 왔다고 주장하면서 "문화·경제·사회·정치 생활에 참여할" 동등권을 보장하는 입법을 요청한다.[12] 하지만 그는 시대에 뒤떨어진 기만적 역사 해석에 근거하여 여자들은 성직계 구조에서 배제되어야 한다고 주장한다.[13] 마찬가지로 "자유주의" 프로테스탄트 신학자들과 교회들도 여자들의 평등권을 말로만 외친다. 이들은 설령 여자를 성직자로 임명하더라도 영향력있는 관할 구역이나 신학교의 중요한 직책들로부터 효과적으로 배제시킬 수 있는 "자격 기준"과 "임용 정책"을 수립해 놓고 있다.[14] 여성운동이 여러 분야의 지성계와 출판계에서 "수용되는" 단계에 접어든 이래, 일부 신학자들도 이렇게 여성론적 비판을 흡수하려는 시도에 참여한다. 신약성서와 그리스도교 전승에 나타나는 여자들에 관한 논문과 책들을 쓰고 "교회 안의 여자 역할"에 관한 교회위원회들에 참여하면서 이들은 이 문제에 대해 책임이 있음을 과시하는 한편 전문적 지위도 높이려 든다. 여성론적 비판을 흡수하는 또 다른 한 방식은 "수도자"와 "평신도", 온건 신학자와 급진 신학자 식으로 여자들을 대립시키는 것이다. 혹은 성차별을 은폐하기 위해 특정한 소수의 여자들을 선택하여 "명목적 지위"를 부여함으로써 "훌륭한 교육"을 받지 못했거나 그다지 "훌륭한 균형"을 이루지 못하는 자매들에게서 등을 돌리게도 한다.

③ 여성론적 비판을 흡수할 수 없는 경우에 흔히 노골적 거부와 단죄가 대신한다. 이런 반응은 대개 매우 격렬한데, 제도적 또는 신학적 변화에 대한 여성론적 비판이 으레 지극히 폭넓은 개인적 변화와 오랜 세월 누려 온 특권들에 대한 포기를 요청하기 때문이다. "자유주의" 그리스도교 언론매체와 신학자들

---

12. 참조: E. Carroll, "Testimony at the Bicentennial Hearings of the Catholic Church, February 4, 1975, on Woman".
13. 참조: *National Catholic Reporter*, 1975.5.2, 17.
14. 익명. "How to Quench the Spirit without Really Trying: An Essay in Institutional Sexism", *Church and Society* (1972.9-10) 25-37; N. R. Jones, "Women in the Ministry": S. B. Doely 편 *Women's Liberation and the Church: The New Demand for Freedom in the Life of the Christian Church* (New York 1970) 60-9.

이 일반적으로는 여성운동의 목표들을 떠들어 대지만 흔히는 이 운동에 "반反그리스도교적"이라는 딱지를 붙인다. 여성론적 비판은 바로 이 그리스도교가 우리의 문화 속에서 여자의 열등한 지위를 "합리화"하는 데 큰 책임이 있다고 보는 까닭이다. 남자이자 신학자인 그들은 그리스도교 신학에서 여자의 표상과 역할을 우상화하면서, 여성론적 대의에 대해 "자유주의" 태도를 견지할 수 없게 된다. 이미 개인적으로 관련되어 있는 까닭이다. 철저한radical 회심과 변화를 피하기 위해 그리스도교 여성론을 "반남성적"이고 "반그리스도교적"이라고 선언하는 것이다.

> 남자인 우리는 저 계기〔성공회의 여자 서품〕에 구체화된 양심의 위기를 회피할 수 없다. 이 문제에 관한 우리의 정책이 어떠하든, 우리는 남자로서 남성 지배체제의 여자에 대한 폭력에 연루되어 있기 때문이다. …
> 우리는 남자로서 여자 동등권 운동을, 설령 더 급진적이더라도, 지원해야 한다. 그리고 우리는 남자로서 우리를 비인간화하는 성차별 사고의 틀에 우리 자신이 담당해 온 몫에 대해 검토하고 회개해야 한다.[15]

철저한 참회와 근본적인 변화를 꺼리는 것, 바로 이것이 자유주의 남성 신학자들과 선지지들의 아킬레스 뒤꿈지이다.

그리스도교 여성론자들은 교회 제도들과 그 남성 대표자들의 여자들에 대한 체제적 폭력에 기본적으로 다른 두 가지 방식으로 반응하는데, 문화와 교회의 체제와 이데올로기에 대한 분석과 비판보다는 이에 대응하는 정책과 전략에 차이가 있다. 복음과 초월체험을 위해 일체의 체제 종교로부터의 탈출을 주창하는 이들은 그 정당성의 근거로 그리스도교와 그들 자신의 역사를 지적하고 여자의 복종이 교회 운영에 절대적 필수요소임을 입증한다. 현재와 같은 그리스도교의 구조와 이데올로기 속에서는 여자들이 변두리 존재일 수밖에 없다는 것

---

15. J. Carroll, "The Philadelphia Ordination": *National Catholic Reporter*, 1974.8.16, 14.

이다.[16] 그리스도교 교회들의 참회와 철저한 변화를 희망하는 그리스도교 여성론자들은 체제화한 그리스도교 안에서 스스로 수행할 예언자적 비판 사명을 천명하고, 자신들이 그리스도교로부터 물려받은 상속 가운데서 체험해 온 해방의 전통과 동등성과 참된 인격성을 발휘하기 위해 여성론적 분석과 비판을 성취시키고자 애쓴다. 그리스도교 제도와 전통 속에서 체험한 억압과 죄악을 덮어두지 않고 오히려 드러내어 변화시키고자 한다. 그리스도교 제도만이 아니라 그리스도교 신학도 성차별의 틀과 언어 속에서 움직이고 있음을 의식하면서 여성론 시각에서 그리스도교 신학을 재규정하고 변형시키려고 한다.

비판신학으로서의 여성론 신학

역사 연구와 해석학을 통한 성과들은 신학이 문화적·역사적 조건 속에서 꼴지어진 산물임을 입증했다. 나아가 역사비평 연구와 해석학적 신학 성찰은 신학뿐 아니라 성서의 하느님 계시도 인간의 언어로 표현되었고 문화적으로 조건지어진 개념과 문제를 내포함을 밝혔다. 계시와 신학은 더 이상 적절히 구분될 수 없을 만큼 서로 얽혀 있다. 이런 해석학적 통찰은 신학과 더불어 성서 자체가 가부장적 성차별 문화에 뿌리를 두고 있고 그러한 문화의 편견들을 공유하고 있다는 점을 고려할 때 그 지평이 훨씬 넓어진다. 성서와 신학은 성차별적 언어와 표상을 통해 진리를 표현하고 있고, 그 삶의 자리인 가부장적 성차별 사회와 문화의 신화에 참여하고 있는 것이다.

신학과 전통에 대한 여성론적 비판은 시몬느 베이유의 다음과 같은 말에 가장 적절하게 요약되어 있다. "그러므로 역사는 자객들이 그 희생자들과 자신들에 대한 증언을 수집한 것에 다름아닙니다."[17] 이 해석학적 표현은 가치중립적 객관주의 역사 서술이란 이론적 허구일 뿐임을 강조한다. 어떤 본문에 대한 일체

---

16. 참조: M. Daly, *The Church and the Second Sex* (New York 1975) 보급판의 "자전적 서문"과 "탈그리스도교 여성론적 머리말". 또한 S. Gearhart, "The Lesbian and God-the-Father": *Radical Religion* 1 (1974) 19-25.

17. Simone Weil, *The Need for Roots* (New York 1971) 225 [민희식 역 『뿌리박기』 문예출판사 1979].

의 해석은 해석자와 역사가의 가정, 지적 개념, 정치적 관심, 선입견 들에 의해 영향을 받는다. 그러므로 여성론적 학자들이 정확히 지적하듯이, 너무나 오랜 동안 그리스도교 전승은 의식적으로건 무의식적으로건 남성이 지배하는 가부장적 시각에서 그런 본문들을 이해하는 신학자들에 의해 기록되고 연구되어 왔다. 이런 남성문화적 시각이 신학과 역사의 모든 저작을 결정지어 왔고, 이들의 노력은 정확히 일컫자면 남자 이야기his-story이다. 따라서 여자들이 자기네 자신의 뿌리와 전승에 가닿자면, 그리스도교의 전승과 신학을 재서술하여 남자 이야기만이 아니라 여성론 관점에서 기록되고 분석된 여자 이야기her-story도 되도록 해야 한다.

하지만 그리스도교의 신학과 전승의 해석학적 수정도 문제 해결의 일부일 뿐이다. 이런 맥락에서 급진 그리스도교 여성론자들은 그리스도교의 기록만이 아니라 그리스도교의 과거와 현재가 여자들을 희생시켜 왔음을 지적한다. 그리스도교의 전승과 본문들을 그 역사적 삶의 자리에서 **이해**할 따름인 해석학이나 "그리스도교 해석사의 구체적 계승"으로 자처하는 그리스도교 신학만으로는 모자란다.[18] 전승이 진리의 원천일 뿐 아니라 또한 비진리와 억압과 지배의 원천임을 충분히 고려하지 않는 까닭이다. 프랑크푸르트 학파의 비판이론[19]은 인식적 차원에서 역사 이해를 계승하는 데 그치지 않고, 역사와 전승이 소외를 낳는 억압과 지배에 연루되어 있는만큼 이에 대한 비판도 지향하는 해석학적 이해의 열쇠를 제공한다. 이와 비슷하게 비판 신학은 그리스도교의 신학과 상징들과 제도들을 해방하기 위해 폭력과 소외와 억압을 조장하고 영속화해 온 그리스도교 전통과 신학들을 사실 그대로 밝히고 비판한다. 그러므로 비판신학은 그리스도교 공동체의 지속적 쇄신이 필요함을 방법론적인 전제로 삼는다. 그리

---

18. 다른 견해: E. Schillebeeckx, *The Understanding of Faith* (London 1974).
19. J. Habermas, "Der Universalitätsanspruch der Hermeneutik 1970": *Kultur und Kritik* (Frankfurt 1973) 264-301; "Stichworte zu einer Theorie der Sozialisation 1968": *Kultur und Kritik*, 118-94. Habermas와 비판이론: F. P. Fiorenza 기획 *Continuum* 1970년 봄/여름호: A. Wellmer, *Critical Theory of Society* (New York 1971) 특히 41-51 [이종수 역 『비판사회이론』 종로서적 1980].

스도교의 신앙과 생활은 역사 한가운데 놓여 있고, 따라서 종말론적 전망을 잃지 않기 위해서는 지속적으로 예언자적 비판의 필요성에 직면한다. 그리스도교 공동체는 예수 그리스도에게서 시작된 더 폭넓고 더 완전한 자유를 향해 나아가는 도정에 있다. 그리고 이제 한 학문 영역으로서 그리스도교 신학은 그런 종말론적 자유와 사랑을 향해 나아가는 과정에 있는 그리스도교 공동체에 봉사하고 지원해야 한다.

해방하고 해방되는 신학을 향하여

여성론 신학은 해방하는 교회와 신학의 실천을 전제할 뿐 아니라 목표로 삼는다. 그러므로 오늘날 여성론자들은 단순히 전통적으로 남성지배적인 그리스도교 교회와 신학의 위계제도 안에 주변적 존재로 통합되기보다는 이런 제도와 구조들의 철저한 변화를 요구한다. 이것은 교회 안에서 "동등권"을 얻자는 것만이 아니다. 교회와 신학이 참으로 민중을 억압하지 않고 섬기자면 이들 자체가 해방되고 인간화되어야 한다고 확신하기 때문이다.

교회의 위계구조에 대한 비판적 분석들은 상당히 많지만,[20] 신학 전문직 같은 영역들에 대한 비판적 분석과 평가들은 별로 없다. 그러나 최근에는 해방신학자들이 아메리카와 유럽의 맥락에서 전개되는 신학이 "백인"신학이며 따라서 유럽과 아메리카의 문화적 제국주의에 연루되어 있다는 점을 지적했다.[21] 이에 따르면 한 학문으로서의 신학은 백인 성직자와 학자들의 영역이기 때문에 그

---

20. 예: E. C. Hewitt, S. R. Hiatt, *Women Priests: Yes or No?* (New York 1973); C. H. Donnelly, "Women-Priests: Does Philadelphia Have a Message for Rome?": *Commonweal* 102 (1975) 206-10; C. M. Henning, "Canon Law and the Battle of Sexes": R. R. Ruether 편 *Religion and Sexism: Images of Woman in the Jewish and Christian Traditions* (New York 1974) 267-91; L. M. Russell, "Women and Ministry": *Sexist Religions*, 47-62. 참조: C. B. Fischer, B. Brenneman, A. McGrew Bennett, *Women in a Strange Land* (Philadelphia 1975); NAWR, *Women in Ministry* (Chicago 1972). 나는 R. J. Heyer, *Women and Orders* (New York 1974)에서 상당히 도움이 되는 자료를 찾아볼 수 있었다.

21. 참조: F. Herzog, "Liberation Theology Begins at Home": *Christianity and Crisis*, 1974.5.13; "Liberation Hermeneutics as Ideology Critique?": *Interpretation* 28 (1974) 387-403.

지지자 또는 관련자들로 인해서 그리스도교 공동체들 안에 나타나는 다양한 신학적 문제와 양식들을 배제하고 있다. 중세에는 신학이 수도원에 본거지가 있어서 금욕적 생활양식과 연계되어 있었던 데 비해, 오늘날은 신학의 거점이 신학교와 대학들에 형성되어 있고 이런 삶의 자리 Sitz im Leben가 신학의 양식과 내용을 결정짓고 있다. 신학이 주로 학문적 맥락에서 행해지기 때문에, 그것이 제기하는 물음과 연구들은 백인 중산층이 주도하는 학문 공동체의 그것들을 반영하고 있다. 경쟁과 명성, 홍보와 발표물의 양, 전문가 단체들에 받아들여졌는가 등이 흔히 신학회의 일원이 될 수 있는 일차적 요인으로 작용하고 있다.

여성론 신학은 신학의 삶의 배경에 관한 이런 분석도 충분히 검토되지 못한 것이라고 주장한다. 그리스도교 신학은 백인 중산층의 것만이 아니고 백인 중산층 남성의 것으로서 문화적 성차별과 가부장제에 연루되어 있다. 신학의 "남자중심성"과 "성차별"은 인종과 계급 문제들보다 뿌리가 훨씬 깊다. 히브리 성서의 저자들은 팔레스티나에서 살았고 아우구스티누스는 북아프리카에서 살았지만 이들의 신학은 바르트나 라너의 그것에 못지않게 남성적이다. 오늘날 보수적 신학자들은 남성으로서 기존의 불의한 체제를 주도하는 이들과 "동문관계"라는 테두리 안에 있고 가난하지도 억압받는 처지도 아니다. 더러는 바로 그렇기 때문에 사회문제나 계급문제나 인종문제와 자유롭게 씨름할 수 있다고 자처하지만, 일반적으로 여성론 신학의 도전들에 대해서는 논의하지 않는다. 성차별적 전문직과 문화 속에서 남자인 자기네의 실천을 "집안에서부터" 분석하기를 거부하기 때문이다. 따라서 이들이 그토록 떠들어대는 이론과 실천 사이의 조화와 일치는 탁상공론에 그칠 수밖에 없다.

초기 그리스도교와 그 이래 그리스도교 역사는 문화와 교회의 가부장제가 깊이 배어 있어서 여자들은 (백인이든 흑인이든 갈색인이든, 부자든 가난한 이들이든) 그리스도교 신학에서 중요한 역할은커녕 주변적 역할을 할 수밖에 없었다. 오늘날 여자들이 전문적 신학계에 들어서면 대개는 남성적 의식과 구조를 방해하지 않는 "명목적 존재"의 구실을 하거나, 흔히는 스승의 권위에 종속된 "준교수" 신분이나 연구 보조자 혹은 비서나 어머니나 연애 또는 성의 상대자

노릇과 연결되어 있으며, 자신의 자질에 입각해서 신학적 권위를 인정받는 경우는 매우 드물다. 동등자 대우를 요구하면 흔히 "공격적"이라거나 "제정신이 아니"라거나 "비학문적"이라는 딱지가 붙는다.

여자들이 성차별적 전문직에서 어떻게 느끼는지를 넬 머튼 교수는 한 실험에서 생생히 예증했다. 그녀는 "말씀 선포"[22]에 관한 강의중에 듣는 이들에게 만일 남성과 여성의 역할이 바뀌어 있다면 그들 자신과 신학에 대해 어떻게 느끼고 이해할까를 상상해 보도록 청했다. 하버드 대학 신학부가 오랜 동안 여성중심적 신학 전통을 가진 학교라고 상상해 보라. 교수는 한 사람만 빼고 모두 여자이고 학생도 대부분 여자인데 비서는 남자뿐이다. 여기서 사용되는 모든 말은 명백히 여성적이다. "여류"womankind가 온 인류를 의미하고, "여자들"women이 남자들을 포함하는 유개념이다(예수는 모든 여자를 구원하러 오셨다). 어느 교수가 "여자학" 강좌를 개설하거나 "하느님의 모성"에 관해 말한다면, 물론 남자들을 배제하려 하지 않을 것이다. 마르타 교수는 그리스도교 인간학 강좌에서 주장하기를, 창조녀 자신이 남성 생식기는 외부에 노출된 형태로 만들되 남자는 가정에 들어앉아 보호받도록 하신 반면에, 여성 생식기는 내부에 응집된 형태로 만들되 여자는 생물학적으로 "여류"의 공적 영역에서 지도적 위치를 차지할 수 있도록 하셨다고 말한다.

간혹 한 남자가 하느님 어머니라는 용어에 화가 치밀어 항의하며 그것은 자신의 인간 존엄성과 온전성 의식에 관한 중대한 문제라고 말한다. 마르타 교수는 서둘러서 그 누구도 실제로 하느님이 무슨 성의 의미에서 여성이라고 생각지는 않는다고 설명한다. 모권중심 사회에서는 성서와 전례와 신학의 용어들이 모권중심적 표상에서 생겨날 수밖에 없을 것이라고 썩 분명히 밝혀준다.[23]

---

22. Nelle Morton, "Preaching the Word": *Sexist Religion*, 29-46; "The Rising Women Consciousness in a Male Language Structure": Jude Michaels, *Women and the Word: Toward a Whole Theology* (Berkeley 1972) 43-52.
23. Morton, "Preaching the Word", 30.

이 상상 속의 실험은 모든 신학대학이나 교수 단체에 확장될 수 있다. 당신이 한 신학 모임에 소수의 남자 가운데 하나로 참석했는데 여자 주교가 남자 신학위원들은 전혀 의식하지 않은 채 여자 신학자들의 학문적 성취를 예찬하고 있다고 상상해 보라. 아니면 한 가톨릭 여자 신학생이 남자이기 때문에 서품받을 수 없는 당신에게 자기는 본질적으로 다른 존재가 되리라고 말하는 것을 상상해 보라. 당신이 감정이 격앙되어, 이 교회에서 온전한 인간으로 여겨지지 않는다고 불만을 터뜨렸다고 하자. 그러면 자유주의적 성향을 보이는 한 여자 동료는 대답하기를, 결국 이것은 그녀의 문제가 아니라 당신 자신의 문제이니 당신 스스로 항변하라고 할 것이다. 그리고 이 모든 것이 그리스도교 자매애를 내세우며 행해지는 것이다!

이런 상상 속의 실험은 남성적 언어와 신학양식이 여자들에게 얼마나 상처를 가하는가에 관해 그 어떤 추상적 분석보다도 훌륭한 예증이 될 것이다. 그래서 여성론 신학은 남성이 지배하는 신학계와 교회구조의 몇몇 명목적 구실에 여자가 받아들여지는 것으로는 모자란다는 것을 정확하게 천명한다. 정말 필요한 것은 이들 구조 자체의 인간화이다. 참으로 "온전한 신학"을 향해 나아가기 위해서는 여자와 남자, 흑인과 백인, 특권을 누리는 이와 착취당하는 이 모두가 만방 만민을 예외없이 포용하는 그런 의미에서 "가톨릭" 신학작업에 진력하는 제도와 기관들에 그리고 특히 이런 새로운 신학의 형성 자체에 제약 없이 능동적으로 적극 참여할 수 있어야 한다.

그러면 여성론자는 신학에 대한 그런 새로운 이해와 실행에 어떤 기여를 할 수 있을까? 여성론 신학은 막 시작되어 진행중이므로,[24] 물론 확정된 대답이 주어질 수는 없다. 나는 여자들이 신학과정에 특별히 여성적인 양식들을 제공하는 식으로 기여하리라고 생각지는 않는다.[25] 그러나 여성론 신학자들은 과연 인

---

24. P. A. Way, "An Authority of Possibility for Women in the Church": *Women's Liberation*, 77-94. 참조: M. A. Doherty, M. Earley, "Women Theologize: Notes from a June 7-18, 1971 Conference: *Women in Ministry*, 135-59. 그리스도교 여성론 신학 전반에 관한 총체적 진술로는 Nelle Morton이 1974년 5월 15~22일 베를린에서 열린 WCC의 성차별에 관한 회의 때 발표한 뛰어난 논문 "Toward a Whole Theology"를 보라.

간화된 신학 발전에 기여할 수 있으리라고 생각한다. 이른바 여성적 가치[26]라는, 예컨대 구체성, 연민, 민감성, 사랑, 다른 사람들과 맺는 관계, 양육, 공동체 들이야말로 인간적인 가치들이요 특히 그리스도인 실존과 그리스도교 교회들의 실천을 규정지어야 할 중심 가치들이기 때문이다. 따라서 여성론 신학은 전통적으로 분리되어 온 남성/여성, 공/사, 지성/정서라는 영역들의 통합을 이룰 수 있다. 이 신학은 문화와 사회와 교회 내의 성차별적 고정관념과 구조에 대한 분석을 통해 가부장적 사회와 교회에서 여자들이 처한 실존적 곤경을 이해하는만큼, 그 시야는 동시에 개인적이자 정치적이다.

여성론 신학은 상아탑 신학의 이른바 객관성과 중립성에 맞서서, 신학은 으레 특정한 관심사와 연관되게 마련이고 따라서 그 일차적 동기와 헌신 대상을 성찰하여 비판적으로 평가해야 하며, 결국 이른바 신학의 객관성을 포기하고 어느 한 쪽을 선호하지 않을 수 없다고 주장한다. 예수께서 그러셨던 것처럼, 신학은 버림받고 억압받는 이들 편에 설 때라야 비로소 육화적이고 그리스도적일 수 있다. 그리스도교 신학은 해방적 실천과 연대에 뿌리를 내려야 한다. 여성론 신학이 해방적 실천 안에서 신학하는 바탕으로 삼는 수단은 의식화 consciousness-raising와 자매애sisterhood이다. 의식화는 신학자들로 하여금 그들 자신이 당하는 억압과 다른 이들이 겪는 억압을 자각하게 한다. 자매애는 공동체에게 억압받으면서 해방으로 나아가는 도정에 있는 이들의 해방적 연대를 제공한다. 의식화는 여자들과 남자들에게 성차별적 사회와 교회 내에서 처한 상황을 인식시키는 데서만 그치지 않고 우리의 가능성과 잠재력을 열어보이며 새로운 실천으로 이끈다. 전통적 신학 언어로 표현하자면 여성론 신학은 회심과 새로

---

25. 여기서 나는 Jung의 심리학 쪽으로 기우는 그리스도교 여성론자들과는 분명히 거리를 둔다. "같거나 낫되 다르다"라는 구호는 쉽게 오용되어, 여자들을 오히려 전통적으로 규정된 위치에 붙들어둘 위험을 내포하고 있다. 그러나 이들이 여성적 체험에 입각한 여자들의 기여와 분명한 자기정체에 다다르고자 하는 것은 긍정적으로 평가한다. 이런 시도: Sheila D. Collins, *A Different Heaven and Earth* (Valley Forge 1974).

26. 이 "여성적" 가치의 여자 억압 조장에 관한 철학적 분석; J. F. Tormey, "Exploitation, Oppression and Self-Sacrifice": *Philosophical Forum* 5 (1975) 206-21; L. Blum, M. Homiak, J. Housman, N. Scheman, "Altruism and Women's Oppression", 222-47.

운 시각에 뿌리를 두고 있으며, 죄와 은총의 실재를 명명하고 그에 따라 새로운 사명과 공동체를 지향해 나간다.[27]

공동체에 뿌리내린 신학으로서의 여성론적 신학은 축제와 전례를 통해 표현된다.[28] 여성론 신학자들은 신학이 공동체성과 온전성을 되찾아야 한다고 주장한다. 여성론 신학은 추상적 분석과 지적 논의만이 아니다. 인간의 표현과 관련한 전 영역, 예컨대 제의·상징·연극·음악·운동·그림 등도 표현방식으로 채용한다. 여성론 시각의 의식들은 성과 속, 종교생활과 일상생활을 갈라놓지 않는다. 바로 여자들의 체험과 여자들의 삶이 여성론적 전례의 소재이다. 이런 전례에서 여자들은 자신의 분노와 좌절과 억압 체험을 표현한다. 이쯤에서 그치는 것도 아니다. 이와 더불어 "새 하늘과 새 땅"의 도래에 대한 희망과 새로운 시각, 그리고 새로운 인격과 새로운 구조의 창조 가능성도 표출한다.

결론적으로, 여성론 신학은 비판신학의 관심사들을 공유하면서 확장시켜 나간다. 신학·교회·문화 비판과 더불어 여자를 억누르는 신화와 심리기제들, 체제와 제도들에 대한 신학적 분석을 집중적으로 개진한다. 여성론 신학은 해방신학의 관심사와 목표들을 공유한다.[29] 여자와 남자들의 새로운 자유를 긍정적 차원에서 말하고, 새로운 상징과 신화와 생활양식들을 촉진하며, 새로운 물음들을 제기하면서 지금과는 다른 지평을 열고자 하기 때문이다. 그리스도교의 상징들과 사상은 가부장적 전통과 성차별 구조에 물들어 있고 여자들은 모든 인종, 모든 계급, 모든 문화에 존재하고 보면, 여성론 신학의 시각은 비판신학과 해방신학의 그것보다 훨씬 근본적이며 포괄적이다. 여성론 신학은 자유와

---

27. 참조: Church Women United 준비(1972) *Women Exploring Theology at Grailville*; S. Bentley, C. Randall, "The Spirit Moving: A New Approach to Theologizing": *Christianity and Crisis* (1974.2.4) 3-7.

28. 탁월한 여성론적 전례집: A. Swidler, *Sistercelebrations: Nine Worship Experiences* (Philadelphia 1974); S. N. Emswiler, Th. N. Emswiler, *Women and Worship: A Guide to Non-Sexist Hymns, Prayers, and Liturgies* (New York 1974).

29. L. M. Russell, *Human Liberation in a Feminist Perspective: A Theology* (Philadelphia 1974) 〔안상임 역 『여성해방의 신학』 대한기독교출판사 1979〕; J. O'Connor, "Liberation Theologies and the Women's Movement: Points of Comparison and Contrast", *Horizons* 2 (1975) 103-13.

구원에 대한 종말론적 전망에서 그 정당성을, 그리스도교 교회가 하느님의 나라와 동일한 것이 아니라는 자각에서 그 철저성을 길어올린다.

그리스도교적 시각과 실천 사이의 긴장

그리스도교 여성론은 갈라디아서 3,27-29에 나오는 동등성과 온전함과 자유의 시각에 의해 고취되어 있다. 그리스도 예수 안에서는 "유대인도 헬라인도, 노예도 자유인도, 남자도 여자도 없다". 그리스도교 여성론의 이 대헌장은 제2차 바티칸 공의회의 「교회에 관한 교의헌장」(32항)에서 공식적으로 확인받았다. "그리스도와 교회 안에는 민족도 국가도 사회적 지위도 남녀도 차별이 있을 수 없다. 유대인도 헬라인도 없다(갈라 3,28)." 하지만 이 시각은 그리스도교 역사를 통해서 이 교회에 의해서 온전히 실현되지 못했다. 공의회 문장에 되비치는 배경은 교회의 차별적 실천이다. 교회 구조와 교회 직무가 아니라 오로지 구원과 희망과 사랑에 입각해서 모든 그리스도인의 동등을 주창하기 때문이다. 교회가 그 제도와 실천 안에서 갈라디아서 3,28-29의 시각을 실현하는 데 실패한 결과, 장구한 기간 동안 이 교회에서 성차별적 신학이 형성되어 왔다. 오늘도 이 성차별적 신학은 교회 내의 불평등한 실천을 정당화하며 자유와 평등에 대한 그리스도교적 시각과 소명을 억누르고 있다.

초세기들의 여성론 역사는 교회체제가 그리스도교 여자들 속에서 자유의 소명과 정신을 억누르기란 얼마나 어려운지를 실제로 보여줄 수 있었다.[30] 고대에는 여자의 지위가 문화적으로 열등했기 때문에 교회는 이들을 해방할 수 없었다는 신학적 호교론이 널리 퍼져 있지만, 실상 그리스-로마 세계에서는 여자들의 문화적·사회적 해방이 상당히 튼튼한 기반을 구축하고 있었다는 사실이 분명히 지적되어야 한다. 그러므로 바울로와 바울로 이후의 전승들과 교부들은 예수의 처신과 갈라디아서 3,28에 표현된 정신의 결실들을 제한하거나 제거하려고 했을 뿐 아니라, 자기네 사회의 해방 과정을 거꾸로 돌려 놓았던 것이

---

30. 나의 글 참조: "The Role of Women in the Early Christian Movement": *Concilium* 7 (1976 년 1월).

다.³¹ 그들은 여자들을 가정이나 봉쇄수도원에 머물게 하여 남성의 권위 아래 붙들어 놓음으로써, 교회의 지도력과 신학에서 몰아내는 데 성공했다. 그들이 바라는 대로 순순히 따르지 않고 다양한 그리스도교 운동에서 능동적으로 적극 활동하면서 지도력을 발휘한 여자들은 그리스도교의 주류에서 제거되고 말았다. 또한 교회 내의 해방적 요소 억제 작업과 병행하여 그 신학적 정당화가 추진되었다. 교부들과 후대 교회 신학자들의 남성중심적 논술들은 그릇된 인간론에 기인한다기보다는 오히려 그리스도교 공동체에서 나타나는 여자들의 불평등을 이데올로기적으로 정당화하기 위한 것이었다. 지금은 여성론적 분석에 힘입어 교부들과 스콜라 신학의 남성중심적 성격이 잘 알려져 있다.³²

그러나 다양한 그리스도교 집단들에서 여자들의 해방운동이 얼마나 강렬하게 전개되었던가에 대해서는 덜 알려져 왔다. 예컨대 마르치오니즘·몬타니즘·영지주의·마니케이즘·도나티즘·프리스킬리아니즘·메쌀리아니즘·펠라지아니즘 들에서는 여자들이 지도적 지위와 권위를 가지고 있었다. 퀸틸리아누스파의 주교와 사제 가운데 여자가 있었고(에피파니우스의 *Haer.* 49,2,3,5를 보라), 더러 교회 신학자들의 신학 논의에 여자가 토론 상대자로 등장했다. 중세에는 수녀원장이 상당한 권한을 가지고 있었고 수녀원은 물론 남녀 모두를 포함하는 교회 지역을 다스렸다.³³ 수많은 여자가 중세 개혁운동에 몰려들었고 왈도파와 재세례파, 자유 성령 형제회와 특히 베긴회에서 여자가 지도자로 활약했다. 이 운동들이 교회체제에 얼마나 위협적이었던가는 한 독일 주교가 토로한 불만에 반영되어 있다. "이 여자들(베긴회)은 하느님을 자유 속에서 가장 잘 섬길 수 있다는 구실

---

31. 탁월한 설명과 광범한 참고문헌: K. Thraede, "Frau": *Reallexikon für Antike und Christentum* 8 (Stuttgart 1973) 197-269. 참조: C. Schneider, *Kulturgeschichte des Hellenismus* (München 1967) I, 87-117; W. A. Meeks, "The Image of the Androgyne: Some Uses of a Symbol in Earlist Christianity": *History of Religion* 13 (1974) 167-80. 이들도 헬레니즘 문화권에서 여성 해방에 여성 혐오로 반응하는 부류가 더러 있었음을 지적한다.
32. 대표적 연구: R. R. Ruether, "Misogynism and Virginal Feminism in the Fathers of the Church": *Religion and Sexism*, 150-83.
33. 참조: *Partner* 87-91; J. Morris, *The Lady Was a Bishop: The Hidden History of Women within Clerical Ordination and the Jurisdiction of Bishops* (New York 1973).

로 남자들에게 복종하기를 거부하는, 게으르고 수다스러운 못된 것들이다."[34] 이런 해방적 여성사her-story는 12~14세기 신비가[35]나 마녀의 이야기들에서, 시에나의 카타리나와 영국의 엘리사벳 1세와 아빌라의 데레사 같은 인물, 방문 수녀회와 메어리 워드의 "영국 부인회" 같은 단체, 퀘이커 교파와 그리스도교 과학운동Christian Scientism 들에서 뚜렷이 드러난다.

비판신학으로서의 여성론 신학은 갈라디아서 3,28의 시각을 그리스도교 공동체 안에서 실현하고자 하는 충동에서 이루어진다. 이것은 그리스도교 신학과 그리스도교 신앙이 그 이데올로기적 성차별을 넘어설 수 있다는 확신을 토대로 한다. 그리스도교 여성론자들은 흔히 여전히 교회가 모두를 포용하는, 참으로 가톨릭적인 공동체가 되리라는 절망 속의 희망을 버리지 못하고 있다. 어떻든 그리스도교의 전승과 역사에 대한 비판적 분석은 이런 희망이 영성만이 아니라 교회 차원에서도 동등성을 인정받을 때 비로소 실현될 수 있음을 지적한다. 12년 전에 교회 내 여자 직무에 관한 책에서 나는 여자들이 주교 서품을 요청해야 한다고, 이것이 달성되고 나야 비로소 부제나 사제에 서품될 수 있다고 주장했다.[36] 오늘 나는 여자들이 교회와 신학 안에서 온전한 지위와 권위를 성취하기 위해서는 바로 이 교회의 성직 가부장적 성격이 변화되어야 한다고 덧붙이고자 한다. 그리스도교 교회들은 이런 전통과 신학의 토대와 기능이 변화될 때라야 가부장적이고 억압적인 과거의 전통과 현재의 신학을 극복할 수 있을 것이다.[37] 그리스도교 여자들을 신학과 직무에 온전히 참여하도록 이끄시는 성령을 억누를 필요가 없게 되었을 때 비로소 그리스도교 신학과 공동체는 온전

---

34. N. Cohn, *The Pursuit of the Millennium* (London 1957) 167.

35. E. L. McLaughlin, "The Christian Past: Does It Hold a Future for Women?": *Anglican Theological Review* 57 (1975) 36-56.

36. *Partner*, 93-7.

37. G. H. Tavard, *Women in Christian Tradition* (Notre Dame 1973)에서는 이 점을 충분히 인지하지 못하거나 적절하게 지적하지 못했다. "Women in the Church: A Theological Problem?": Gregory Baum 편 *Ecumenical Theology No 2* (New York 1967) 39에서는 다음과 같은 말도 한다: "일단 그리스도교의 한 여자가 자기 안에 — 머리만이 아니라 가슴과 삶에도 — 인류가 성취되고 있음을 인식하고 나면, 현재의 상황에서 서품받을 수 없다는 것은 그녀에게 더 이상 중요한 일이 아니다."

히 해방되고 또한 해방하는 존재가 될 것이다. 자유와 해방의 성령을 존중하지 않는 교부들과 신학자들은 그리스도교 공동체의 온전한 가톨릭성과 총체적 차원을 부인한다. 여성론 신학자들과 그리스도교 여성론자들은 성령의 부름이 기존 교회구조 안에 있든 밖에 있든 그 부름에 복종할 것이다. 일체의 억압과 죄가 하느님의 은총과 사랑에 의해서 극복되는 그리스도교적이고 인간적인 공동체에 대한 시각을 가지고 있기 때문에 그렇게 하는 것이다.

그리스도교 여성론자들은 이 시각이 "낡은 부대" 속에서는 구현될 수 없으며 신학과 교회의 새로운 구조 안에 실현되어야 한다는 것을 잘 알고 있다. 변화가 일어나자면 순환 운동이 필요하다.[38] 교회와 신학의 제도들이 여성론의 새로운 신학적 이해와 표상을 지원하고 보강해 주지 않는 한, 여자들의 체험과 현존을 신학과 교회 안으로, 신학적 언어와 표상 안으로 이끌어들이려는 집중적 노력도 성공할 수 없을 것이다. 한편 신학적 언어와 표상과 신화가 교회와 신학계 내에서 여자의 지위를 계속 곁가지 존재로 붙들어 두는 구실을 하고 있다면, 교회와 신학의 제도들을 변화시키려는 노력은 충분히 영향을 미치지 못할 것이다. 구조적 변화와 여성론 신학의 발전과 비성차별적 언어와 표상과 신화의 구축이 함께 병행해야 한다.

새로운 상징과 표상과 신화들의 형성을 향하여

신학은 우리의 이성적 능력과 지성적 이해에 호소하는 데 비해, 신화나 표상은 세계관을 제공하고 우리의 삶에 의미를 부여한다. 추상적 관념이나 교의를 떠받치기보다는 실재의 기본적 구조에 대한 시각을 제공하고 본보기가 될 어떤 모델 또는 원형을 제시한다. 특정한 행동양식을 촉진하고 목표와 가치판단을 구현한다. 신화는 공통 시각을 제공하는 이야기인만큼, 여성론자들은 목표와 가치판단을 구현하기 위해 새로운 신화와 이야기를 찾아내어야 한다. 실제로 개인적 차원과 정치적 차원, 사회적 차원과 종교적 차원의 통합을 이루어 낼

---

38. Sherry B. Ortner도 이 점을 지적한다: "Is Female to Male as Nature Is to Culture?": M. Z. Rosaldo, L. Lamphere 편 *Woman, Culture, and Society* (Stanford 1974) 67-87.

새로운 여성론적 신화를 추구하는 이런 시도를 통해 여자들은 모신 신화를 재발견하고 있는데,[39] 이것은 부분적으로 하느님의 어머니 마리아에 관한 그리스도교 신화에 흡수되어 있었다.

그러나 여성론 신학자들은 신화가 기존 제도를 고정시키고 변화를 가로막는 역기능도 있음을 알고 있다. 신화는 사회와 교회의 제도들에 대해서 공동체의 정체와 정당성의 논리적 근거를 제공함으로써, 기존 사회질서를 인정하고 그 권력구조를 정당화하는 구실도 하기 때문이다. 이처럼 여성론 신학자들은 신화와 표상을 중시하고 평가하는 바로 그때문에, 먼저 성차별적 사회와 가부장적 종교의 신화들을 분석하고 "탈신화화"하여 이들을 해방하고자 한다.

마리아 신화에 대한 여성론적 비판

"마리아 신화"는 많은 그리스도인 남녀 개인과 공동체 삶 속에 작용하며 오늘도 살아 있는 신화이므로,[40] 그 심리적이고 교회적인 기능을 비판적으로 분석할 수 있다. 처음부터 이 신화가 여자들에게 동등성과 온전성에 관한 새로운 시각을 줄 수 있는가를 물을 수 있으니, 이것이 교회와 사회 내에서 여자들의 동등성과 지도력의 상징 또는 그 정당성의 근거 구실을 한 일은 거의 없기 때문이다. 그렇게 했을 수도 있는 요소를 내포하면서도 말이다. "하늘의 여왕"이요 "하느님의 어머니"로서 마리아는 확실히 이시스나 대모신大母神, Magna Mater 같은 고대 여신 신화와 비슷한 측면들을 통합하고 있다.[41] 그러므로 마리아를 신적 존재로 묘사하고 하느님이나 그리스도와 동등한 차원에 위치시키는 경향이 있다. 예컨대 살라미스의 주교 에피파니우스는 주로 여자들로 구성되어 트라키아와 스키타이 북부에서 번창한 콜리리디안 종파에 이런 경향이 있음을 예시한다. "어떤 여자들은 의자 또는 사각 옥좌를 꾸며 아마포를 펼쳐 덮고는 연

---

39. 예: B. Bruteau, "The Image of the Virgin Mother": *Women and Religion*, 93-104; Collins, *A Different Heaven*, 97-136.
40. A. M. Greeley, "Hail Mary": *New York Times Magazine*, 1974.12.5, 14 98-100 104 108.
41. 풍부한 역사적 자료: H. Graef, *Mary: A History of Doctrine and Devotion*, I-II (London 1963); C. Miegge, *The Virgin Mary* (Philadelphia, 1955).

중 특정한 날에 그 위에 빵을 올려 놓아 마리아의 이름으로 봉헌하고는 모두가 이 빵을 함께 나눈다."[42] 에피파니우스는 여자가 사제 역할을 할 수 없다는 이유로 이 의식을 반박하고 하느님 예배와 마리아 공경을 아주 분명히 구분짓는다. 오랜 세월 교회 교사들은 이 구분을 견지해 왔지만 민중 신심은 전혀 이해하지 못했다. 수많은 전설과 마리아 신심이 민중은 엄위하신 권위주의적 하느님 대신 마리아에게로 나아가기를 택해 왔음을 입증하고 있다.

하지만 마리아 신화는 이처럼 힘차게 민중의 정신과 삶에 영향을 미쳤음에도 불구하고 교회 내의 구조와 권력관계에는 아무 영향도 미치지 못했다. 마리아 신화가 여자의 지도적 역할을 뒷받침할 수 있음을 보여준 예로, 수녀와 수사로 구성된 수도원인 지극히 거룩하신 구세주회를 창설한 스웨덴의 브리지따가 있다.[43] 그녀는 마리아가 사도들 가운데 있는 것으로 묘사되어 있는 사도행전 2장을 전거로 여자와 남자 모두에 대해 지도력과 통치권을 행사하는 수도원장으로서의 자신의 권한을 정당화했다. 그러나 한 여자가 여자들의 지도력과 권위를 위해서 마리아 신화를 꼴짓는 이런 사례는 마리아론 역사상 예외이다.

전체적으로 볼 때 마리아 신화는 남성적·성직주의적·금욕적 문화와 신학에 뿌리가 있다. 역사상 여자인 나자렛 마리아와는 별로 관계가 없다. 신약성서 기록에는 마리아에 관한 대목이 매우 적고 심지어 마리아를 예수의 자연적 어머니로 찬양하는 것에 비판적인 듯이 보이기도 하지만(마르 3,31-35),[44] 그런데도 마리아 이야기는 그리스도교 전통 속에서 아주 일찍 발전하고 신화화했다. 이 신화의 일부 측면, 예컨대 마리아의 원죄 없는 잉태나 육신 승천 교리는 아주 서서히 그리스도교 교회의 지체들에 의해 받아들여졌을 뿐이지만, 우리는 전 역사 과정에 일관하는 마리아 표상의 한 요소를 발견할 수 있다. 즉, 마리아는 **동정녀**인 어머니라는 것이다. 마리아는 하느님의 뜻에 복종하여 이의 없이 수

---

42. Epiphanius, *Panarion*, 79. 참조: F. J. Dölger, "Die eigenartige Marienverehrung": *Antike und Christentum* 1 (1929) 107-42.

43. Schüssler, *Partner*, 91.

44. 넷째 복음서가 마리아를 제자의 원형으로 그린다는 해석은 이 십자가 아래 장면이 "사랑받는 제자"와의 관계 속에서 그녀를 "어머니"로 규정한다는 사실을 간과한다.

락했기에 "하느님의 어머니"가 된, 하느님의 겸손한 "여종"으로 인식되어 왔다.[45] 하와와는 반대로 마리아는 원죄와 무관하게 잉태된 "순결한 동정녀"였고, 그런 상태를 유지하여 전생애 동안 죄에서 벗어나 있었다. 예수 탄생 전에도 중에도 후에도 동정녀로 머물러 있었다. 이 마리아 신화는 가톨릭 여자들의 자기이해에서 이중의 이분법을 정당화한다.

첫째, 동정녀 어머니 신화는 그리스도교 전통의 영·육 이원론을 정당화한다. 이 전통에서 남자는 그 정신과 이성에 의해 규정되는 데 비해, 여자는 그 "본성", 곧 자녀들을 낳는 육체적 능력에 의해 규정된다. 그러므로 모성은 자연적 어머니냐 아니냐와 관계없이 모든 여자의 소명이다.[46] 그러나 금욕적 그리스도교 전통에서 본성과 육체는 정신과 영혼에 종속하는 것으로 이해되므로 여자는 그 본성으로 인해 남자에게 종속해야 한다.[47] 이 종속성은 성서도 끌어들여 정당화된다. 이렇게 그리스도교 전통 속에 형성된 영·육 이원론은 여자들과 남자들에게 투사되어 현대에 이르기까지 신학뿐 아니라 철학과 심리학의 지원을 받으면서 남녀 대립구도를 조장해 오고 있다.[48] 더욱이 산아조절과 낙태에 관한 가톨릭 교회의 공식 입장은 남자와 달리 여자는 그 본성에 매여 있어야 하며 그 생물학적 과정의 조절은 허용될 수 없다는 견해를 명시한다.[49] 현존 교

---

45. 이런 마리아 표상은 로마 가톨릭 사상 속에서 여자 신분의 이데올로기화와 "영원한 여인" 신화로 귀결된다. 비판적 분석: G. von Le Fort, *The Eternal Woman* (Milwaukee 1954); *Partner*, 79-83. 참조: P. T. de Chardin, "L'Eternel féminin": *Ecrits du temps de la guerre (1916-1919)* (Paris 1965) 253-62; H. de Lubac, *L'Eternel féminin: Etude sur un texte du Pierre Teilhard de Chardin* (Paris 1968).

46. Tavard, *Woman*, 136: "바오로 교종은 여자에 관한 한 가지 근본적 이해를 천명한다. 곧, 여자의 모든 일, 모든 성취, 모든 덕, 모든 꿈은 모성 소명에서 연원한다는 것이다. 여자가 할 수 있는 모든 것은 여자 존재의 이 근원적 지향에 의해 영향받을 수 있고, 이 모성에 입각해서 그리고 이 모성과 관련해서 가장 훌륭하게 표현될 수 있다."

47. V. L. Bullough, *The Subordinate Sex: A History of Attitudes toward Women* (Urbana 1973) 97-120.

48. 정신분석과 심리요법에서 여자들을 어떻게 대하는가에 관한 수많은 분석 가운데 한 예: Ph. Chesler, *Women and Madness* (Garden City 1972).

49. 남근우월론적 윤리 분석: Daly, *Beyond God*, 106-31; J. Raymond, "Beyond Male Morality": *Women and Religion*, 115-25; J. MacRae, "A Feminist View of Abortion": *Women and Religion*, 139-49.

회의 "아버지들"에 따르면, 여자는 하와의 성적 만족들을 즐기는 한 그 결실을 맺어야 한다. 예컨대 사랑·양육·직관·연민·인내·민감성·정서성 등, 결국 어머니 구실과 관련된 모든 심리적 특질이 "여자다운" 특질로 여겨지면서 사적인 것으로 화한다. 이런 **인간다운** 특질들이 여자의 것으로 정형화한 나머지, 여자가 공적 생활 영역에서 배제되는 결과뿐 아니라, 신약성서에 따르면 사랑하라는 명령에서 핵심이요 절정인 그리스도교적 가치들이 개인화하는 결과도 낳았다.[50]

둘째, 동정녀 어머니 신화는 가톨릭 교회의 여자들을 분열시키는 기능을 수행한다. 역사상으로 여자가 동정녀인 동시에 어머니일 수 없으므로, 모성으로 본성을 성취하든가 아니면 동정성으로 본성을 초월하든가 해야 한다. 따라서 전통적 가톨릭 신학에서 여자의 자리는 오직 어머니 아니면 수녀이다. 이렇게 마리아 신화는 가톨릭 여자들 사이에 깊은 심리적·제도적인 분열을 정당화한다. 진정한 그리스도교적·인간적 소명은 본성과 생물학을 초월하는 것이므로, 참된 그리스도교적 이상은 구체적으로 교회에 순종하는 실제 생물학적 동정녀가 대표한다. 겸비한 여종이며 평생 동정녀 마리아를 대표하는 여자들 가운데서만 참된 그리스도교적 자매관계가 가능하다. 현세적 욕구와 현세적 의존관계에 여전히 매여 있는 여자들과 구별되어, 교회 권위에 매인 생물학적 동정녀만이 참된 "종교적 여자"(수도자)이다. 수도생활의 쇄신과 관련한 로마와 여자 수도회들 사이의 갈등들에서 나타나듯이, 교회 권위에 대한 의존도 생물학적 동정성만큼 중요하다.

그러므로 가톨릭 교회 안에서 여자들에게 가장 절박한 문제는 성차별적 계층화에 근거하지 않는 "새로운 자매관계"를 창출하는 일이다. 이런 새로운 자매관계는 가톨릭 공동체 내 서품운동의 필요조건이다.[51] 이 조건이 충족되지 않은

---

50. E. Hambrick-Stove, "Liberation: The Gifts and the Fruits of the Spirit": *Women Exploring Theology at Grailville*.
51. 정확한 인식: G. Moran, "The Future of Brotherhood in the Catholic Church": *National Catholic Reporter*, 1974.7.5, 7; G. B. Kelly, "Brothers Won't Be Priests Because Priests Won't Be Brothers": *National Catholic Reporter*, 1975.7.18, 9 14.

채로 생물학적 동정녀요 분명히 교회 권위에 크게 의존하는 사람인 그런 일부 여자에게만 서품이 허용된다면, 교회의 성직주의화와 위계화가 더욱 심화할 뿐 아니라 여자들과 여자들 사이에 이을 수 없는 형이상학적 간격이 벌어지고 말 것이다.[52]

이렇게 전통적 마리아론은 남자들이 여자들에게 설교하는 한 여자의 신화가 여자들이 완전히 독립한 온전한 인간으로 성숙하는 것을 가로막는 구실을 할 수 있음을 실증한다. 이런 성찰을 통해 지금 여성론 신학에서 여성 표상과 신화에 대해 강조하려는 결론들이 나온다. 우리는 신화와 그 사회적 기능의 관계를 모르는 한 예컨대 모신 신화가 그 자체로 여자들에게 해방적이리라고 기대할 수는 없다. "어머니 하느님"Mother God 신화[53]는 "하느님의 어머니"mother of God 신화가 그랬던 것처럼 일차적으로 여자를 모성 능력으로 규정짓고 그래서 여자의 가능성들을 생물학적 모성 능력으로 귀착시킬 수도 있었다.

우리는 여성론 신학의 새로 발전하는 신화와 표상도 필연적으로 우리네 성차별 사회와 전통의 문화적 전제와 고정관념을 공유한다는 것을 늘 의식하고 있어야 한다. 남자 못지않게 여자도 이런 사회에 속해 있는 것이다. 개인의 의식만이 아니라 사회와 교회와 신학의 구조도 변하는 것이야말로 새로운 해방적 그리스도교 신화와 표상의 절대적 전제조건이다.

하지만 동시에 여성론 신학자들은 그리스도인 여자들의 새로운 시각을 육화하고 본받을 원형으로 구실할 수 있을 새로운 표상[54]과 신화를 추구해야 한다. 이런 추구는 한 표상이나 신화를 가려내어 절대화할 것이 아니라 다양한 표상

---

52. 초기 그리스도교의 사제직 이해에 대한 나의 주석학적 신학 논문: *Priester für Gott* (Münster 1972) 4-60.
53. 그렇다고 하느님에 관한 우리의 언어에서 성차별적 용어와 표상을 수정하지 않을 수도 있다는 말은 아니다. 내 견해로는 전환기 상황에서 하느님에 대한 우리의 시각과 이해가 여성적 범주와 표상을 통해 표현될 것이 절대로 필요하다. 다만 나는 우리가 조심스럽게 하느님을 여성적 표상과 같은 것으로 "등식화"하지 않을 수 있어야 한다고 생각한다. 그리스도교 여자들이 우리의 문화가 설정해 놓은 "여성적" 표상과 역할을 뛰어넘어 참으로 온전한 인격체로 나아갈 자유를 확보할 수 있도록 하기 위해서 말이다.
54. 표상과 자아의 관계: E. Janeway, "Images of Women", *Women and the Arts: Arts in Society* 2 (1974) 9-18.

과 이야기를 내놓아야 하며,[55] 이들은 비판적인 동시에 해방적이어야 한다. 나는 아래에서 막달라 마리아 표상을 관상하자고 제안하려니와, 그렇다고 나자렛 마리아 표상을 배제하려는 것은 아니고 그리스도인 여자들을 위해 새로운 전통과 표상을 열어나가고자 하는 것이다. 동시에 막달라 마리아에 관한 아래 묵상은 비판적 해방신학으로서의 여성론 신학의 과제를 밝혀 줄 수 있을 것이다.

막달라 마리아 표상, 사도들에게 보내진 사도

막달라 마리아는 해방된 여자였다. 예수와 만남으로 해서 파괴적 세력의 7중 예속에서 풀려났다(루가 8,3). 이로써 그녀의 삶이 철저히 변모했다. 그녀는 예수를 따라갔다.

네 복음서 모두에 따르면 막달라 마리아는 초기 그리스도교 신앙의 기본 내용에 대한 으뜸 증인이다. 즉, 예수의 생애와 죽음, 묻히심과 부활을 목격한 사람이다. 그녀는 부활 소식을 알리러 제자들에게로 보내졌다. 그래서 끌레르보의 베르나르도는 그녀를 "사도들에게 보내진 사도"라고 옳게 일컬었다.[56] 그리스도교 신앙은 여자들의 증언과 선포에 바탕해 있다. 막달라 마리아가 그리스도교 신앙의 근본 신조를 선포하도록 제자들에게 파견되었던 것처럼, 오늘의 여자들은 그녀의 모습을 관상함으로써 그리스도교 신앙과 공동체를 위해 수행할 숭요한 직분과 역할을 재발견할 수 있을 것이다.

하지만 우리가 막달라 마리아를 생각할 때 먼저 떠오르는 것은 그리스도교 사도요 복음전도자가 아니라 죄인이자 참회자로서의 모습이다. 현대의 소설가나 신학적 해석자들은 남자인 예수와의 순수하고 낭만적인 사랑을 위해 성적 쾌락과 매춘을 버린 여자로 묘사한다. 그녀의 모습에 대한 이런 왜곡은 그리스도인 여자들의 자기이해에 깊이 새겨진 왜곡을 가리키는 표지이다. 여자로서 우리는 그리스도교 신앙과 전통을 배척하도록 강요받아서는 안될진대 그 안에

---

55. 죄의 기원에 관한 원인론적 성서 이야기의 창조적이고 눈부신 재진술: J. Plaskow Goldenberg, "The Coming of Lilith": *Religion and Sexism*, 341-3.
56. *Sermones in Cantica*, Serm. 75, 8 (PL 183, 1148).

서의 여자들의 기여와 역할을 되찾아야 한다. 우리는 막달라 마리아 표상을 모든 왜곡에서 해방시키고 그녀의 사도 역할을 회복시켜야 한다.

쉴러 콜린스는 『다른 하늘과 땅』이라는 책에서 여자에 관한 전승을 억압세력에서 풀어내는 이런 시도를 정신분석 과정에 견주어 설명한다. "자기 자신 안에 억압적인 부모를 내면화해 온 노이로제 환자가 어린 시절에 발생한 문제의 기원으로 되돌아가야 하듯이, 억압받는 집단은 억압된 상태에서 해방된 상태로 혹은 자기경멸에서 자기실현으로 나아가자면 정신적 속박에서 스스로 풀려나기 위해 그 기원으로 되돌아가야 한다."[57] 흑인들이 문화와 역사에 기여할 영역의 모델로서 자기네가 동일시할 수 있는 본보기를 찾아내기 위해 역사를 연구하고 그 인종차별적 해석을 제거하고자 애쓰듯이, 교회의 여자들과 남자들은 가부장적 역사가와 신학자들이 등한시하거나 왜곡한 측면을 찾아내어 회복시키기 위해 그리스도교의 역사와 신학을 다시 쓰고자 해야 한다.[58]

복음서 전승들을 자세히 살펴보면, 처음부터 이미 부활절 신앙의 증거자이자 선포자인 막달라 마리아와 그밖의 여자들의 역할을 평가절하하는 경향이 드러난다. 마르코의 전승은 여자들이 "두려워서 아무에게도 그런 말을 하지 않았다"(마르 16,8)고 강조하는 데서 이런 경향이 뚜렷하다. 열한 제자와 이들과 함께 있던 사람들은 여자들의 말을 "헛소리려니" 여기며 "믿지 않고" 정말인지 확인해 보았다고 전하는 루가(24,11)도 분명히 이런 경향이 있다. 더욱이 이것은 루가의 "정말 주님은 부활하여 시몬에게 나타나셨다"(24,34)라는 신앙고백문에도 반영되어 있다. 이 루가 신앙고백문은 고린토 전서 15,3에 인용된 바울로 이전 신앙고백 전승과 상응하는데, 이 역시 여자들은 전혀 언급하지 않고 게파와 열한 제자를 주요 부활 증거자로 꼽는다. 막달라 마리아의 증언을 평가절하하는 이런 경향은 넷째 복음서의 편집에서도 뚜렷하다. 부활을 맨 먼저 믿은 사람은 막달라 마리아가 아니라 사랑받던 제자라고 다짐하려고 애를 쓰는 것이다(20,1-18).

---

57. Sheila Collins, *A Different Heaven and Earth*, 93.
58. 이런 비교의 정당성: H. Mayer Hacker, "Women as a Minority Group": *Masculine / Feminine*, 130-48, 특히 140f의 비교표.

외경 전승들은 막달라 마리아의 영적 권위를 인정하지만 남자에 유비해서 그녀의 우월성을 표현할 수 있을 따름이다. 이들이 전하는 예수 말씀은 이렇다. "나는 그 여자를 남자로 삼아 남자인 여러분을 닮은 살아 있는 영이 되도록 할 것입니다. 누구든지 남자가 되는 여자는 하늘나라에 들어갈 것입니다."[59]

서양 교회의 전례와 전설은 막달라 마리아를 시몬의 집에 있었던 죄녀와 예수께서 죽음을 맞기 전에 그분 발에 향유를 발라드린 여자하고 동일시해 왔다. 현대의 신심은 남자인 예수에 대한 여자인 마리아의 친밀과 사랑을 강조한다.

막달라 마리아와 우리 자신에 대한 이런 갖가지 해석들을 보고 우리는 낙담하여 고통을 회피하고 싶은 유혹을 받는다. 그러나 그렇게 할 때 우리는 우리 문화의 "일곱 악령"에 마냥 사로잡혀 있을 것이다. 마리아와 그밖의 여자들은 "사도들에게 보내진 사도"로 뽑힌 이들이라는 베르나르두스의 말을 상기하자. 진정성을 판별하는 모든 주석학적 기준에 따르면 부활에 대한 — 새 생명에 대한 — 여자들의 첫 증언은 역사적 사실이다. 이런 것이 유대교에서 유래했을 리도 없고 원시교회에서 창안되었을 리도 없기 때문이다. 그리스도교 신앙과 공동체는 여자들이 최초로 선포한 "새 생명"에 관한 메시지에 그 토대가 있는 것이다.[60]

---

59. *The Gospel of Thomas*, Logion 114. 외경 *Pistis Sophia*와 *The Gospel of Mary* [Magdalene]도 참조: *The Great Questions of Mary* [Magdalene]: E. Hennecke, W. Schneemelcher 편 *New Testament Apocrypha* (Philadelphia 1963) I. 256ff 339 342f.
60. 막달라 마리아에 관한 이 성찰은 *UTS Journal* (1975.4, 22f)에 처음 발표되었다. 이것은 Union Theological Seminary의 여자들이 준비한 전례의 일부로 기획된 것이었다. 자매애에 대해 짙은 체험을 할 수 있게 해준 Union의 여자들에게 감사한다. 이들과 더불어 New York 지역 종교모임의 여성론 학자들은 여성론 신학의 몇 가지 문제에 관해 나의 사고를 더욱 치열하게 정련하는 힘이 되어 주었다.

6

여자 사도들
제1차 여자서품회의

《상황 설명》

 1975년 여름에 나는 그해 11월에 시카고에서 열릴 예정이던 여자 서품에 관한 회의의 한 주관자로부터 전화를 받았는데, 카Anne Carr 수녀의 주제 강연에 대한 응답 강연 예정자 가운데 한 분을 대신해서 내가 강연해 줄 수 있겠느냐는 것이었다. 나는 이 모임이 현재의 성직위계에 받아들여지는 식으로 여자 서품을 주장하는 자리가 되지는 않을 것이라는 확약을 받고는 주저없이 강연 청탁을 수락했다. 마침 린치Mary Linch가 1974년에 시카고에서 개최했던 모임에 관한 상반된 평들을 들었던 터였기 때문에 이 회의의 방향에 대한 나의 관심을 표명한 것이다.

 나의 강연에서는 기존 신학에 대한 카 교수의 분석을 비판적으로 평가하는 대신 단연 여자를 관심의 중심에 두는 여성론적 접근을 취했다. 「미래를 낳는 과정중의 교회」*The Church in Process: Engendering the Future*라는 카 교수의 논고는 종래에 주도권을 장악해 온 신학적 논증들을 철저히 파헤쳤기에, 나는 교회 안에서 여자들이 수행하는 지도력이 사도시대에 이미 그 뿌리를 내리고 있었다는 데 초점을 맞추고자 했다. 그리고 여자 서품을 위한 여성론적 전제조건으로서 가톨릭 그리스도교적 자매관계를 구축해야 하리라는 호소로써 끝을 맺었다. 그런 호소에 대해 메어리 조 위버는 신화적이고 "가망없이 이상론적"이며 "비판적 검토를 용납하지 않는" 감정적 가족 용어를 사용한다고 비판했다.[1]

---

1. Mary J. Weaver, *New Catholic Women: A Contemporary Challenge to Traditional Religious Authority* (San Francisco 1985) 137.

그러나 그녀의 반론은 "자매"sister라는 호칭이 예컨대 흑인 교회들에서는 모든 여자에게 사용되고 있다는 사실과 초기 그리스도교 강론들에 뿌리가 있다는 사실을 간과하고 있다. 더욱이 가톨릭 맥락에서 이 호칭을 여성론 견지에서 대치해 놓은 "얼라이언스"alliance라는 말은 이 "자매"를 가톨릭 교회 내 일부 여자(수녀)를 가리키는 말로 제한하는 가부장구조적 구분을 모호하게 은폐한다. 교회법상 인정되어 있는 이런 교회구조적 구분을 명시하여 여자들의 의식을 일깨우기 위해 나는 1980년대에 "여수도자"nun-women(독일어로 Klosterfrauen 혹은 Ordensfrauen)와 "여평신도"lay-women라는 말을 쓰기 시작했다. 가톨릭 여신도들이 "자매"라는 말을 세례받은 여자의 통칭으로 되찾도록 의식화하는 한 방안으로서 이 말들을 도입한 것이다. 이렇게 이 말들을 긍정적인 여성론적 자칭어로 제안하는 것은 아님을 분명히 밝혔는데도, 감정의 소용돌이와 부정적 논쟁과 험담들이 촉발되었다. 심지어 가톨릭의 지도적 여성론자들조차 격앙된 감정으로 반발하고 억지 섞인 논박마저 해서 나를 놀라게 했다. 그뿐 아니라 내가 너무 "아픈 데"를 건드렸다는 것이었다. 그러나 가톨릭 교회 여자들 사이의 가부장제적 구분을 등한시하거나 칭송해야 할 건전한 다양성이라고 선언한다는 것은 나로서는 오히려 문제를 심화할 뿐이라고 생각되었다. 현재와 같은 성직주의 구조에 끌어들이는 식의 여자 서품은 문제를 더욱 복잡하게 할 따름이다.

베르나르도 성인이 성모 제단 앞에서 기도하던 중에 있었다는 이야기이다. 문득 마리아가 입을 열고 말하기 시작했다. "조용, 조용!" 베르나르도 성인은 필사적으로 외쳤다. "여자는 교회에서 말을 못하게 돼 있어요!"[2] 교종과 주교의 경고들에도 불구하고 우리는 오늘날 침묵을 깨뜨렸다. 우리의 발언은 갈라디아서 3,28에 표현된 교회관에 따라 행해진다. 이것은 자매관계의 새로운 체험에 의해 강화된다. 나는 직업이 역사가요 신학자요 성서 교사이므로, 앤 카의 논고에 대한 나의 답변은 단연 초기 그리스도교에 대한 나의 전문 연구에 의해

---

2. 참조: L. Scanzoni, N. Hardesty, *All We're Meant to Be* (Waco 1974) 60.

결정된다. 나 자신이 "자매들 가운데 한 자매"로 체험해 온만큼, 이것은 또한 신약성서가 에클레시아(교회)라고 일컫는 자매관계 혹은 형제관계의 시각에 의해서 고쳐진다. 이 에클레시아 공동체의 기본 조건이 마태오 23,8-18에 선언되어 있다.

> 그러나 여러분은 랍비라고 불려서는 안됩니다.
> 사실 여러분의 선생은 한 분이요 여러분은 모두 형제들이고 자매들입니다.
> 또한 여러분은 땅에서 누구를 여러분의 "아버지"라고 부르지 마시오.
> 사실 여러분의 아버지는 오직 한 분, 하늘에 계십니다.
> 여러분은 사부라고 불려서도 안됩니다.
> 여러분의 사부는 오직 한 분, 그리스도이기 때문입니다.

만일 마태오 복음서 저자가 몬시뇰이나 주교나 추기경이나 교종을 알았더라면, 금지된 호칭 목록을 확장시켰을 것이라고 우리는 안심하고 추정할 수 있다.

원시 그리스도교 역사의 새로운 이해가 교회 안의 여자 지도력에 관한 신학적 물음에 어떻게 기여할 수 있는가를 묻기 위해, 나는 먼저 초기 교회들에서의 여자 역할을 살펴보고, 이어서 앤 카 교수의 말에 담긴 신학적 효과와 교회에 미칠 영향을 더욱 명시하고 강화하는 몇 가지 결론을 제시하고자 한다.[3]

갓난 그리스도교 공동체

갓난 초기의 그리스도교 운동에 관한 사회문화적 조건의 연구는 사회학적으로 말해서 이 운동이 1세기 유대교의 다른 종파와 유사하게 사회적으로나 종교적으로나 한 일탈 집단으로 나타났음을 입증했다.[4] 꿈란과 바리사이 종파와는 달리 팔레스티나의 예수 운동은 제의(祭儀)적 배타 집단이 아니라 포용적 집단이

---

3. 나의 여성론적 해석학 논문: 이 책 5장 참조.
4. 최근 분석: J. G. Gager, *Kingdom and Community: The Social World of Early Christianity* (Englewood Cliffs 1975); G. Theissen, "Legitimität und Lebensunterhalt: Ein Beitrag zur Soziologie urchristlicher Missionare": *New Testament Studies* 21 (1975) 192-221.

었다.⁵ 그 종교의 제의 규정들을 문제삼고 그 사회의 버림받은 이들을 모아들였다. 예수 추종자들은 그 시대의 의인이나 경건자나 권력자가 아니라 세관원과 죄인과 여자였다. 그 모두가 제관계 법전에 비추어 제의적으로 부정하다고 여겨지고 당대 종교체제나 경건자 단체에 속하지 못한 이들이었다. 예수의 메시지와 우애가 띠고 있는 포용적 성격으로 말미암아 후대에 그리스도를 따르는 이들의 집단은 널리 퍼져나가면서 모든 이방 민족까지도 그리스도인 공동체로 초대해 들일 수 있었고, 이 공동체는 유대교와 헬레니즘의 사회적·종교적 경계선을 뛰어넘게 되었다.

이 초기 그리스도교 운동의 신학적 자기이해는 갈라디아서 3,27-29의 세례 신앙고백문에 가장 잘 표현되어 있다.⁶ 이 고백문을 외우면서 신입 그리스도인들은 포용적 공동체 시각을 선포했다. 초기 그리스도인들은 헬라인·유대인들과 공유하던 당대 문화·종교 형태를 뛰어넘고 이에 맞서서 그리스도의 몸인 교회 안에서는 일체의 사회적·정치적·종교적 지위의 차이가 폐지되었다고 천명했다. 그리스도교 공동체의 이런 자기이해는 종교·인종·계급·신분과 관련한 모든 차별을 거부했다. 그리하여 이방인과 노예뿐 아니라 여자도 그리스도교 공동체 안에서는 완전히 지도력을 발휘할 수 있었다. 이 운동 안에서는 여자가 멸시당하는 주변 존재가 아니라 사도·예언자·복음전도자·선교사로서 바르나바나 아폴로나 바울로와 같은 지도자 직분을 수행했다.⁷

바울로와 그 반대자들의 논쟁들은 갓난 그리스도교 운동에서 **사도들**의 지도력이 막중했음을 입증한다. 바울로에 따르면 사도 신분은 열두 제자에 한정되지 않는다. 부활을 목격했고 부활자에 의해 선교활동 사명을 받은 이는 모두가

---

5. 꿈란 공동체와 초기 그리스도교 공동체를 비교한 나의 논고 "Cultic Language in Qumran and in the New Testament": *Catholic Biblical Quaterly* 37 (1976.4) 159-77.

6. 참조: R. A. Scroggs, "Paul and the Eschatological Woman", *Journal of the American Academy of Religion* 40 (1972) 5-17; W. A. Meeks, "The Image of Androgyne", *History of Religion* 13 (1974) 165-208; H. D. Betz, "Spirit Freedom and Law: Paul's Message to the Galatian Churches": *Svensk Exegetic Arsbok* 39 (1974) 145-60.

7. 나의 더 자세한 분석: "Die Rolle der Frau in der urchristlichen Bewegung", *Concilium* 12 (1976) 3-9.

사도이다(1고린 9,1 이하 참조). 그런데 루가에 의하면 유다의 자리에 뽑힐 자격은 예수의 갈릴래아 공생활에 수행했고 그분 부활을 직접 목격한 그리스도인에게만 있었다(사도 1,21). 네 복음서 모두에 따르면 여자들은 바울로와 루가가 꼽은 사도 자격이 충분했다. 갈릴래아에서 예루살렘에 이르기까지 예수를 수행했고, 그분 죽음을 목격했다(마르 14,40 병행). 더욱이 역사적 진정성의 모든 기준에 따르면 그분 부활을 맨 먼저 목격했다. 이 사실은 (역사비평 기준을 적용하건대) 유대교에서 유래했을 리도 원시교회가 꾸며냈을 리도 없다.[8]

이 여자들이 익명으로 묻혀버리지 않고 이름이 알려져 있다는 것은 이들이 팔레스티나의 그리스도교 운동에서 얼마나 중요한 역할을 수행했는가를 말해준다. 그 지도자는 막달라 마리아였을 것으로 보인다. 네 복음서가 모두 이 이름을 전하는 데 비해 다른 여자 이름은 조금씩 달리 나타나기 때문이다.[9] 그러므로 복음서 전통들에 따르면 여자들은 초기 그리스도교 신앙의 기본 자료에 대한 주된 사도적 증인들이다. 예수의 공생활과 죽음과 묻히심과 부활을 목격한 증거자들이다.

로마서 16,7의 본문을 편견 없이 읽어보면 신약성서에서 한 여자가 사도로 불리는 일례를 제공받게 된다. 목적격으로 쓰인 유니안Junian을 남성 이름인 유니아누스Junianus를 줄인 형태로 이해해야 할 아무런 이유가 없다. 유니아Junia라는 이름이 당시에 여자 이름으로 널리 알려져 있었기 때문이다. 이런 견지에서 마리-조셉 라그랑쥬는 안드로니고와 유니아는 아퀼라와 브리스카처럼 선교사 부부였다고 주장한다.[10] 둘 다 바울로와 함께 갇힌 적이 있는 동료들이었다. 바울로보다 먼저 그리스도를 따랐던 이들로서, "사도들" 가운데서 출중한 인물들이었다.

---

8. 이것은 복음서 저자들이 이미 여자들의 증거의 중요성을 낮추려 한 것을 볼 때 분명하다. 더욱이 고린토 전서 15,3-5에서는 여자들을 부활 목격자로 언급조차 하지 않는다.
9. 외경 복음서에서는 막달라 여자 마리아의 지도자 역할이 베드로의 그것보다 더 높지는 않더라도 대등하게 언급된다. 참조: E. Hennecke, W. Schneemelcher 편 *New Testament Apocrypha*, I (Philadelphia 1963).
10. Marie-Joseph Lagrange, *Saint Paul: Epître aux Romains* (Paris 1916) 366.

예언자들은 초기 그리스도교 운동에서 맨 처음부터 탁월한 역할을 수행했다. 이들은 부활자 소식을 전하는 영으로 고취된 대변인 역할을 했으므로 이들의 권위는 신적 계시에 근거해 있었다. 바울로는 거듭 되풀이해서 사도들에 곧이어 예언자들을 언급한다. 그는 예언 은사를 방언 은사보다 높이 평가한다. 거짓 예언자들의 출현에도 불구하고 예언자들은 요한 묵시록과「열두 사도의 가르침」*Didache*에 나타나듯이 1세기말까지 여전히 큰 권위가 있었다. 이「열두 사도의 가르침」13,1-7에 의하면, 예언자들은 성찬례 때 지도자 역할을 수행할 특권을 가지고 있었다. 루가와 묵시록의 저자는 물론 바울로도 여자들이 초기 교회에서 예언자로서 지도력을 발휘했음을 전한다.[11]

끝으로, 갓난 그리스도교 운동에서 여자들이 행사했던 지도력과 관련한 언급들을 살펴보면, 이들의 활동은 여자 집단에 한정되지 않았을 뿐만 아니라 (후대에 독신과 결혼생활 포기를 독려한 엔크라테스 집단과는 달리) 금욕주의 경향도 흔적조차 없다. 우리는 브리스카가 아마 기혼자였으리라고 알고 있는 반면에 마리아·페베·유오디아·드리패나 같은 여자들의 결혼관계 신분은 잘 모르지만, 아무튼 이 여자들은 아내와 어머니라는 사회가 갈라놓은 성별에 따른 역할이나 남자에 대한 관계에 의해 규정되지 않았다. 실제로 초기 그리스도교 공동체들에서 여자들이 행사하던 지도력은 유대교나 그리스-로마 세계의 기준만이 아니라 후대 그리스도교의 기준으로 볼 때도 예외적이었다.

점진적인 문화적 타협

그러나 문화적 적응과 교회의 제도화 과정에서 점점 여자의 역할과 영향력이 제한되었다. 예수는 추종자들에게 공동체 조직 청사진을 남기지 않았으므로, 초기 그리스도인들은 유대교와 헬레니즘의 구조와 제도들을 받아들였다. 바울로 때만 하더라도 지도자 역할은 아직 다양한 형태를 띠고 있었고 카리스마적 권위에 토대를 두고 있었지만, 1세기 말로 가면서 교회는 점점 제도화 과정에

---

11. 묵시록의 저자의 "이세벨"에 대한 공격과 비방은 이 여자가 티아디라 공동체에서 상당한 권위를 가지고 있었음을 반증한다(묵시 2,18 이하 참조).

접어들었다. 2세기와 3세기에는 교회의 지도직이 편력 선교사로부터 위계적 직책자들에게로, 사도들과 예언자들로부터 지역교회 주교들과 장로들에게로, 카리스마적 지도로부터 전승 형태의 권위로 옮아갔다. 신약성서 저자들이 그리스도교 지도자를 제의적으로 이해하지 않고 따라서 "사제"라는 칭호를 그리스도와 모든 그리스도인에게만 적용했던 것과는 달리, 2세기와 3세기의 문헌들은 처음으로 그리스도교 직무를 구약성서나 헬레니즘의 사제 직무와 견주기 시작하더니, 점점 유대교와 그리스-로마 종교의 위계적 사제직과 제의적 희생제사들과 동일시하게 되었다.[12]

교회 직분의 이런 구조적 경직화와 제의적 위계화는 동시에 그리스도교 직무와 교회의 가부장제화를 의미했다. 이 과정에서 점점 많은 여자가 교회의 지도적 역할에서 배제되고, "여자의" 일들에 종속되는 처지로 몰려야 했다. 그리스도교는 당대 사회와 종교 제도들에 적응하여 그 가부장적 그리스-로마 문화와 종교 혈통을 계승할수록 그만큼 더욱 여자 지도력을 일부 집단에 한정짓거나 성으로 규정된 역할들에 제한할 수밖에 없었다. 예컨대 여부제나 과부의 직책은 이제 공동체 전체를 섬기는 것이 아니라 주로 여자들을 돕는 일로 변질되어 버렸다.[13] 더욱이 모든 여자가 아니라 동정녀나 과부 같은 성의 역할을 초월한 여자들만이 지도적 역할을 행사할 수 있었다.

---

12. 초기 그리스도교 사제직에 관한 주석과 신학: E. Schüssler, *Priester für Gott*, Neutestamentliche Abhandlungen 7 (Münster 1972) 4-60; A. Lemaire, "The Ministries in the New Testament, Recent Research", *Theological Bulletin* 3 (1973) 133-66; M. Houdijk, "A Recent Discussion about the New Testament Basis of the Priest's Office": *Concilium* 80 (1972) 137-47; J. L. Mohler, *The Origin and Evolution of the Priesthood* (New York, 1970).
13. 참조: A. Kahlsbach, *Die altchristische Einrichtung der Diakonissen bis zu ihrem Erlöschen* (Freiburg 1926); G. J. Davies, "Deacons, Deaconesses and the Minor Orders in the Patristic Period": *Journal of Ecclesiastical History* 14 (1963) 1-15; J. Danielou, *The Ministry of Women in the Early Church* (Buzzard 1961); R. Gryson, *Le ministere des femmes dans l'Eglise ancienne* (Gembloux 1972).

가부장제가 여자 "위치"를 규정지었다

그후 세세대대의 여성론 역사는 교회체제가 그리스도인 여자들 가운데서 자유와 책임의 소명과 정신을 누르기가 얼마나 어려운지를 증시할 수 있었다.[14] 교회의 지도직과 신학에서 여자를 배제하는 일은 가정에서나 독신 공동체에서나 남자 권위 아래 여자 길들이기를 통해 달성되었다. 이런 조치에 순응하지 않고 여러 그리스도교 공동체에서 능동적으로 지도 역할을 수행하던 여자들은 미구에 "이단자" 딱지가 붙고 주류 그리스도교에서 쫓겨났다. 해방적 요소들의 탄압과 제거와 억압에 여자 지도직 억압과 교회 직책 가부장제화의 신학적 정당화가 발맞추어 나아갔다. 신학적 이유로 여자들의 복종을 요구하는 바울로계 전통의 전파는 그리스도 교회의 가부장적 역진逆進을 반영한다. 바울로 자신이 이 가부장적 역진을 선도했는지에 대해서는 학자들 사이에 논란이 있다.[15] 어떻든 확실히, 교회 지도직에서 여자를 배제하는 신학은 아무 도전도 받지 않고 바울로의 권위를 정당화의 근거로 주장할 수 있었다. 나아가, 교부들과 후대 신학자들의 여자혐오적 발설들은 잘못된 인간이해에 기인하기보다는 그 자체가 이미 그리스도교 공동체 안의 여자 차별을 위한 이데올로기적 정당화였다.

초기 그리스도교의 진전과정을 비교적 간략히 개관했지만, 이 정도로도 성서를 근거로 여자 서품을 거부하는 것은 전혀 타당하지 않음이 입증된다. 예수는 여자들을 온전한 제자직에 부르셨고, 성령은 초기교회 안에서 여자들에게 사도·예언자·지도자로 활동할 힘을 주셨다. 교회는 과연 여자 사도들과 예언자들을 기초로 하여 건설되었을진대, 여자들을 사도들과 예언자들의 계승자로 인정해야 한다. 이런 인정은 교회의 현존하는 남성적 위계구조의 근본적 개혁을 의미할 것이다. 따라서 나는 결론적으로, 교회가 온전한 사도성과 보편성을 회복하고자 할진대, 다음 세 단계의 조처가 필요함을 지적하고자 한다.

---

14. 書誌 소개: K. Thraede, "Frau": *Reallexikon für Antike und Christentum* (Stuttgart 1973) 197-269.
15. 참조: W. Munro, "Patriarchy and Charismatic Community in Paul": *Women and Religion*, J. Plaskow, Joan Romero 편 (Missoula ²1974) 189-98; W. O. Walker, "1 Cor. 11,2-16 and Paul's Views Regarding Woman": *Journal of Biblical Literature* 94 (1975) 94-110.

회심의 요청

여자를 교회의 충만한 지도직에 받아들이자면 교회가 그동안 여자들에게 잘못해 왔음을 성직계가 공적으로 시인하고 고백하며 따라서 철저히 회심할 필요가 있다. 교회는 지금까지 민족간이나 인종간의 착취를 공식적으로 거부하고 반유대인 신학을 공개적으로 부정해 왔듯이, 이제 여자에 대한 차별과 편견을 영속화하는 신학적·제도적 틀을 거부함으로써 모든 형태의 성차별을 포기하도록 요청받고 있다. 바티칸 공의회는 교회에 관한 문헌에서 갈라디아서 3,28에 천명된 교회관을 확인한다. "그러므로 그리스도와 교회 안에는 민족의 차별도 국가의 차별도 사회적 지위의 차별도 남녀의 차별도 있을 수 없다."[16]

「교회에 관한 교의헌장」에 나오는 이 말의 맥락에는 현존 위계적 교회의 차별적 사고와 실천이 반영되어 있다. 교회 내의 직무나 권한에 입각해서가 아니라, 오로지 구원과 희망과 사랑에 입각해서 모든 그리스도인의 동등을 주장하는 것이다. 그리스도교 전통과 역사의 분석은 여자들이 영성만이 아니라 교회 구조 차원에서도 동등해야 비로소 교회와 신학이 그 이데올로기적 성차별을 뛰어넘을 수 있음을 말해준다. 그리스도 교회들은 그 전통과 실천의 토대와 기능이 달라져야 차별적이고 억압적인 과거와 현재의 실천을 극복할 수 있을 것이다. 여자를 교회 내의 충만한 지도직에 받아들인다면, 그리스도 신앙을 고백하는 여자를 신학과 직무에 온전히 참여하도록 이끄시는 성령을 억누를 필요가 없을 것이다. 그리스도교 여자들 가운데 존재하는 이 자유와 책임의 정신을 존중하지 않는 교회 지도자와 신학자는 교회의 충만한 보편성과 온전성을 부인하는 사람이다.

위계적 교회의 변혁

이미 오래 (거의 30년) 전에 나는 교회 내 여자 직무들에 관한 책에서 여자들이 먼저 주교 서품을 요구해야 하며 그 다음에야 비로소 부제나 사제 서품도

---

16. 「교회에 관한 교의헌장」 4장 32항.

가능하다고 주장했다.¹⁷ 교회의 모든 계층에서 여자를 볼 수 있어야 한다. 여자도 똑같이 사제·주교·추기경·교종이 될 수 있어야 한다. 여자도 남자도 함께 하느님과 세계 앞에 참으로 동등자 공동체가 되어야 할진대, 여자도 남자와 똑같이 신학과 교회규범 형성에는 물론, 회칙 발표와 전례 거행에 같은 권한을 가지고 참여할 수 있어야 한다. 나아가 교사·신학자·사목보조자·종교교육자·상담자·행정담당자 등 교회 안에서 이미 능동적으로 행사하고 있는 여자들의 지도력도 지금처럼 가톨릭 사제직의 독신이 강요되는 성직주의 위계구조의 희생제물로 전락하지 않으려면 그 직무가 "서품된 직무"로서 공인되도록 주장해야 한다.¹⁸ 여자 서품은 단순히 남자 성직자에게 부속하는 것을 뜻할 수 없다. 이것은 근본적으로 교회의 심리적·구조적·신학적 변혁을 내포한다. 그리스도교 공동체는 이제 능동적 지도자인 남자의 지배와 수동적 구성원인 여자의 복종으로 갈라져 있어서는 안되며, 모두가 함께 하느님의 부르심으로 교회의 선교와 사명에 능동적으로 참여할 권한을 부여받은 인격체들의 공동체를 이루어야 한다. 동등한 서품은 한 시험 사례이거니와, 독신 사제직과 교회 위계구조와 남성 성직주의 신학의 변혁이야말로 그 무조건적 전제이자 결과이다.

새로운 그리스도인 자매관계

여자 서품의 요구는 또한 반드시 성의 계층화에 토대를 두지 않는 진정한 그리스도인 자매관계의 신학과 실천에 뿌리를 두어야 한다. 전통적 가톨릭 신학과 교회구조 속에서 여자들은 서품 기회란 없는 처지에서 수녀와 평신도라는 두 계급으로 갈라져 있다. 참된 그리스도교적 완성과 이상은 축성된 동정녀인 수녀가 대표한다. 그리스도의 신부新婦라는 이들만이 가톨릭 교회에서는 자매 sister라는 이름으로 불린다. 교회 권위에 복종하는 이로서 교회 안에서 동정을 서약한 여자라야 성욕에 연계된 미혼녀나 기혼녀와 달리 참으로 종교적인 여

---

17. E. Schüssler, *Der vergessene Partner: Grundlagen, Tatsachen und Möglichkeiten der beruflichen Mitarbeit der Frau in der Heilssorge der Kirche* (Düsseldorf 1964) 87-94.
18. 참조: R. J. Heyer 편 *Women and Orders* (New York 1974)의 여러 논문.

자, 진정한 수도자로 여겨진다. 로마와 여자 수도회들 사이에 나타나는 갈등들에서 표출되듯이, 교회 권위에 대한 무조건 복종과 물질적 의존도 생물학적 동정성 못지않게 중요한 문제이다.

가톨릭의 수녀와 평신도 사이의 깊은 심리적·제도적 갈림이 치유되고 극복될 때 비로소 모든 여자에게 서품이 개방되고 교회의 새로운 온전성과 보편성이 이루어질 것이다. 그렇지 않고 교회의 기존 권위에 크게 의존하고 있음을 입증해 보이는 일부 수녀만이 서품된다면, 교회의 성직주의화와 위계화가 더욱 심화할 뿐만 아니라, 여자들과 여자들 사이에 메울 수 없는 신학적·형이상학적 간격마저 생겨나고 말 것이다. 그러므로 내가 보기에 가톨릭 교회 안에서 가장 절박한 우리의 과제는 여자들과 여자들 사이의 제도적 틈을 없애고 하나로 이어놓을 수 있는 여성론적 가톨릭 자매관계를 이룩하는 일이다. 서품을 원하는 여자들은 바로 이 새로운 가톨릭 자매관계에 뿌리를 두고 교회의 변혁을 책임있게 이루어 낼 수 있어야 한다. 극소수의 흑인에게 문호를 개방할 뿐이면서 흑인에게도 동등권을 보장하는 양 선전하는 그런 명목적 흑인동등론 식이 아니라, 갈라디아서 3.28의 시각을 향한 그런 교회의 진정한 교회 변혁을 말이다.

7

여성론 영성과 그리스도교 정체와 가톨릭 전망

〔상황 설명〕

　가톨릭 관점에서 여성의 종교적 정체에 관해 기고해 달라는 청탁을 받아 나는 다른 종교 전통들의 지도적 여자들 사이에서 대화를 나눌 가능성에 대해 매우 가슴 설레면서도 이런 기획에 참여하기가 매우 꺼려졌다. 성서학자로서 나는 "신앙고백적" 견지에서 신학을 생각해 오지 않았다. 더욱이 유대교와 그리스도교의 전통과 상징들은 동일한 가부장적 문화와 남성중심적 성서에 뿌리를 두고 있으므로 여성론적 전례와 신학적 대화의 체험을 통해 여성론 신학이야말로 참으로 **교회일치적**임을 배워 왔다. 그러므로 나는 가톨릭 시각을 말한다 하더라도 가톨리시즘에 한정하여 다른 그리스도교 교회들이 공유하지 않거나 다른 종교들이 표현하지 않는 의미로 말할 생각이란 없다. 내가 말하고 싶은 것은 단지, 이 주제에 대한 나의 특수한 접근이 한 가톨릭 여자이자 신학자로서 직접 겪어 온 체험에 의해 강하게 성격지어졌다는 점이다. 나는 여성론 해방신학자로서 여성론, 그리스도교 신앙, 가톨릭 공동체, 전통, 영성 들의 관계를 천착하고자 끊임없이 도전해 왔다. 나는 교파의 갈림들을 글자 그대로 "남자가 만들었다"고 강력히 주장하는 한편, 이에 못지않게 여성론자 그리스도인들이 자기네의 특수한 체험과 차이를 천착하는 것도 중요하다고 믿고 있다.

　우리 딸 크리스티나가 세례를 받았을 때 우리 대학의 한 학생이 이렇게 물었다. "그처럼 여성론 의식에 투철하신 분이 어떻게 그토록 가부장적이고 성차별적인 공동체로 보이는 가톨릭 교회에 따님을 입교시킬 수 있습니까?" 전에 가톨릭 신학자였던 메어리 데일리는 이 문제를 극히 급진적으로 들추어내어, 그리스도교의 신화와 상징들은 **생래적·본질적으로** 성차별적이라고 주장한다. "'하느님'이 남성이기 때문에 남성이 하느님이다. 하느님 아버지는 지상의 모든 하느님 아버지들을 정당화한다. … 하느님이 유독 한 남자로 성육했다는 '실체 결합' hypostatic union의 신인神人 사상은 생래적으로 성차별적이고 억압적이다. 그리스도 숭배는 우상숭배이다."[1] 그리스도가 남자였으므로 여자가 사제로 서품되어 공동체 앞에서 그리스도를 대표할 수 없다고 주장하는 일부 신학자들의 단언이 데일리 박사의 설전을 촉발한 것으로 보인다. 하지만 하느님의 본질이 남성이고 인성이 아니라 남성이 육화의 목적이라면, 여자들은 어떻게 구원받고 세례를 통해 하느님 백성의 온전한 지체가 되어 왔다고 할 수 있겠는가?

여성론 영성

가톨릭의 전통 안에 성장한 여자로서 나 자신의 체험은 그리스도교 신앙과 신학의 본질이 남성에 있다는 주장에 의문을 제기하지 않을 수 없게 한다. 기도문과 교리교육과 전례의 남성적 용어들에도 불구하고, 또 집요하게 강요되는 가부장적 남성중심의 영적 지도에도 불구하고, 그리스도교의 신앙과 사랑에 투신하면서 나는 무엇보다도 부모와 학교와 교회가 나에게 받아들여 내면화하도록 가르친 여성의 문화적 역할에 의문을 제기하게 되었다. 그리스도교의 삶과 책임과 공동체를 바라보며 나는 문화적으로 부과된 여자 역할을 인정할 수밖에 없기는커녕 거부하지 않을 수 없었다. 가부장적 종교의 경건한 포장과 성차별 신학의 체계화에도 불구하고 나에게 와닿은 이 해방하는 시각은 무엇이었던가? 여자다움이라는 문화적 신화에 의문을 제기하고 거부하도록 나를 이끈 추동력 또는 영성은 무엇이었던가?

급진 여성론 영성과 (성령을 플라톤적 의미에서가 아니라 우리를 그리스도인으로서 살 수 있게 하는 하느님의 힘과 동력이라는 성서적 의미에서 이해하는)

---

1. Mary Daly, "The Qualitative Leap beyond Patriarchal Religion": *Quest* (Women and Spirituality) 1 (1974) 21.

그리스도교 영성을 비교해 보면, 급진 여성론 영성은 흔히 그리스도 교회들의 가부장적 신학과 성차별적 실천에 맞서는 형태로 표현되어 있다 하더라도, 두 형태의 영성이 모두 유사한 시각에 의해 고취되고 있음을 알 수 있다. 급진 여성론 영성은 온전함과 치유적 사랑과 영적 힘(위계적으로 **군림하는 힘**이 아니라 할 일을 할 수 있도록 **위하는 힘**)을 선포한다. 이 힘의 원천으로서, 그리고 사람다운 삶과 비위계적·비권위적·비경쟁적 공동체를 가능하게 하는 맥락으로서 **여신**을 선포한다. 여신은 생명을 주고 기르며 사랑과 행복을 이루어 준다. 그러므로 여자는 여신의 모상으로서 신적 존재의 "타자"가 아니다. 영과 혼에 대립되는 몸과 육이 아니며 악과 모반의 하수인이 아니다. 여자로서 여신의 돌봄 아래 자매관계 가운데 살 때 우리는 세계 중심부의 창조적이고 치유하며 생명을 주는 힘에 가닿게 된다.

내가 보기로는, 급진 여성론 영성이 이야기하는 이 여신은 예수께서 선포하시고 "아버지"라고 부르신 그 하느님과 그다지 다른 것이 없다. 신약성서를 구성하는 여러 작품들은 생명과 사랑과 빛, 고통을 보고 함께 나누는 실천을 낳는 연민·자비·돌봄·평화·섬김·공동체라는 전혀 새로운 표상들 속에서 예수 그리스도의 하느님을 그리고 이 하느님의 생명을 가져다주는 힘과 성령을 이야기하고자 하는 것이다. 신약성서 저자들 모두가 그리스도교 신앙은 지극히 구체적인 아가페(agape)의 실천 속에서 삶으로 표출되어야 한다는 데 동의한다. 이들은 다양한 방식으로 예수께서 자신을 따르는 이들로 구성된 공동체에서 나타날 수 있던 일체의 위계적 권력 형태들을 거부하셨다고 분명하게 말하고 있다. 그리고 그분 자신이 그리스도교의 지도력은 "다른 사람들 위에 군림하는 권력"이 아니라 섬김으로서 행사되어야 한다고 명확하게 경고하셨다고 말한다. 제2차 바티칸 공의회는 이 힘을 북돋워주는 사랑과 포용적 공동체, 그리고 인류 전체에 대한 섬김이라는 견지에서 이 교회에 관하여 언급하고자 한다는 점에서 이 공의회는 바로 이런 신약성서의 영성을 따르고 있다고 할 것이다.

여신에 관한 전통들과 신약성서의 전통들은 가톨릭 공동체의 마리아 공경에서 하나로 융합되었다. 그리스도교의 하느님 이해가 가부장제화하면서 하느님이 위엄으로 가득 찬 통치자와 재판관으로 변할수록, 사람들은 마리아의 모습과 마리아 공경으로 몸을 돌렸다. 예수 그리스도가 신격화할수록, 그리스도교 공동체와 초월적 하느님과 그분의 위엄한 아드님 사이에 중재자가 존재할 필요성이 커졌다. 하느님과 그리스도의 표상이 점차 가부장제화함에 따라 마리아는 하느님의 "다른 얼굴", 하느님의 그리스도교적 "얼굴"이자 표상이 되기에 이르렀다. 사랑하고 생명을 가져다주며 연민을 베풀고 돌보시는, 그리고 하느님의 백성과 함께 있어 주시는 분으로서 하느님을 특성짓는 신약성서 일체의 속성들과 표상들이 이제 예수께서 선포하신 비가부장적 하느님으로서 백성들에게로 다가오실 수 있는 "하느님의 어머니"에게로 전이되었다. **지적·신학적** 차원에서 가톨릭계 학교 어린이가 하느님 예배와 마리아 공경간의 차이를 설명할 수 있다 하더라도, **정서적·체험적·상상적** 차원에서 가톨릭 집안 아이들은 하느님의 사랑을 한 여자의 모습에서 체험한다. 예수 그리스도의 육화와 인성이 거의 완전히 신성으로 흡수되어 초월적인 것으로 변질되고 신격화되면서, 가톨릭 신심에서 하느님의 "인간적 얼굴"은 거의 한 여자의 표상 속에서 체험될 수밖에 없게 되었다. 이렇게 마리아 공경은 그리스도교의 하느님과 예수 그리스도의 점진적 재가부장제화에 비례하여 자라났다. 이렇게 해서 지금까지 가톨릭의 전통은 한 여자의 모습에서 하느님의 실재를 **체험**할 수 있는 기회를 제공해 주고 있다.

가톨릭의 마리아 공경은 또한 신에 관해 이야기하는 데 있어 **여성적 언어**와 여성적 표상의 전통을 보존하고 있다. 그리스도교 신학은 언제나 우리는 오로지 "유비적 방식"으로만 하느님에 관해서 이야기할 수 있다고 주장했으며 하느님에 대한 인간의 그 어떤 개념이나 표상도 신적 실재 자체와 동일시하지는 않았다. 하느님은 우리 인간의 모든 지각과 인식과 언어 능력을 뛰어넘어 계시다. 그럼에도 불구하고 유대교와 그리스도교 전통들은 주로 가부장적 언어와 표상으로 하느님을 말해 왔다. 우리 모두가 "하느님 아버지께서 여러분을 사랑하시니, 여러분이 모든 그리스도인과 더불어 형제관계와 동료관계를 맺는다면 하느님의 아들들sons이 되고 모든 사람들men을 위해 돌아가신 그리스도의 형제들brothers이 될 것이다"라는 말을 예사로 듣고 있다. 세세대대로 이처럼 남성화한 하느님 언어가 여자들에게 전달되어 왔다. 그리하여 여자들은 문화만이 아니라 종교 수준에서도 남자에게 종속되고 남자보다 열등한 비존재 또는 아류 존재로 전락되어 버렸다. 하느님을 표현하는 남성 언어가 가부장적 하느님의 주권과 절대 권위에 대한 강조와 결합되어 사회에서나 교회에서나 권력과 지배를 위한 남자들의 충동을 인준해 온 것이다.

그리스도교는 새로운 가능성과 제자직을 위해 모든 인격 주체를 해방하는 하느님을 선포할진대, 우리는 비가부장적이고 비성차별적인 용어로 하느님을 말하는 법을 배워야 한다. 하느님에 관한 언어는 살아 있는 믿음과 살아 있는 공동체에 뿌리가 있을진대 달라질 수 있고 또 달라지고 있다. 가톨릭 교회의 마리아 공경은 하느님의 실재를 여성적 용어와 상징들로써 말하는 신학적 언어의 전통을 제공한다. 이 전통은 여신 종교들의 신화와 상징들을 포괄하고 있고, 여성적 언어와 상징들이 하느님을 향한 명칭성을 띠고 있음을 입증한다. 그리스도인들이 하느님을 남성적일 뿐 아니라 여성적이기도 한 표상과 용어들로써 말할 수 있을 때 비로소 하느님에 관한 언어는 참으로 "유비적"인 언어가 되고 남자를 우상화하지 않게 될 것이다.

하지만 하느님을 문화적 여성주의의 시각에서 이해하는 역전된 형태의 성차별적 신관에 사로잡히지 않으려면, 여성적·모권적 언어 역시 절대화하지 말아야 한다. 그리스도교적 하느님 이해는 인간 체험의 다원적 양상들을 반영하는 인간적 상징과 표상들을 다양하게 채용하면서도 동시에 가부장적 언어와 상징들은 물론 모권적인 그것들 역시 초극해야 한다. 진정한 그리스도교적 하느님 언어는 참으로 모두를 포용하는 의미에서 가톨릭적이고자 할진대 성만이 아니라 계급·문화·인종·종교와 관련해서도 상호성과 충만함과 성숙함과 인간 잠재력을 긍정해야 한다. 그럴 때 그리스도교 신앙은 모든 부류의 사람들이 하느님에 의해 뽑히고 사랑받는 온전한 인간, 하느님의 실재에 참여하는 존재로서 스스로를 긍정할 수 있도록 할 것이다. 더욱이 이런 참된 가톨릭적 그리스도교 영성은 성의 차별과 억압과 죄를 척결하기 위해서도 하느님의 구원의 현존이 띠는 보편성을 비추어주고 생명과 사랑의 힘을 보여줄 수 있는 상호성과 다양성의 새로운 공동체를 건설하기 위해서도 우리 모두가 책임을 질 수 있도록 힘을 줄 것이다.

그리스도교적 정체

가톨릭 전통이 여자로서의 나에게 제공한 두번째 해방 체험은 모든 사람이 **성인**이 되도록 불리었다는 가르침이다. 사제직 소명까지도 성인이 되라는 부름에 종속된다. "성인전"들을 읽으며 자라는 가톨릭 소녀는 누구나 갖가지 성적 콤플렉스를 내면화해 왔을 것이다. 하지만 이들은 자신의 유일하고 진정한 그리스도교적 부름이 결혼하여 자녀를 낳아 기르는 것이라고 생각할 수만은 없었을 것이다. 그런데 어쩌면 당연한 일이었겠지만, 성녀들 생애를 선별하는 일은 흔히 남성들이 주도하는 신학적이고 성인전기적인 관점에서 제약을 받았고 남성에 의해 설정된 틀들이 여기에 획일적으로 적용되었다. 그럼에도 불구하고 이 성녀들의 삶은 여자의 참된 소명이 남편의 출세를 위해 자기 삶을 희생하고 자기 시간을 온전히 아이들의 기저귀를 갈아주거나 집안을 장식하는 데 쏟아붓는 일이라고 하는, 중산층 문화에서 가르치는 내용하고는 상충할 수밖에 없었다. 이 성인전들은 참으로 문화·종교적인 여성의 신비론에 의해서 "완전한 여자"라고 선전되는 표상과는 전적으로 달랐다.

"성인전"들은 그리스도교 여자들에게 다양한 역할 모델을 제공했다. 더 중요한 사실로, 남자도 여자도 다같이 하느님으로부터 주어지는 소명을 따르도록 가르쳤다. 그것이 몸에 배인 사회적 도덕관습이나 여인상과 맞서는 것이라도 말이다. 남자와 마찬가지로 여자도 생물학이나 생식력이 아니라 제자와 성인에로의 부름에 의해 규정될 수 있을 따름이다. 초기 그리스도인들은 하느님에 의해 불리고 뽑힌 존재로, 하느님의 성도로 자처했다. 이 부름은 종교·계급·인종·성에 따른 일체의 제약을 무너뜨렸다. 복음서들은 제자직에로의 예수의 부름이 다른 일체의 의무와 종교적 규정에, 심지어 가족유대에도 앞선다는 것을 다양한 방식으로 분명히 밝히고 있다. 예수께서는 가부장적 가족관계와 그 요청들을 옹호하신 것이 아니라 오히려 이를 새로운 제자 공동체로 대치하셨다. 마르코에 의하면 그분은 당신 어머니와 형제들이 찾아왔을 때 이렇게 대답하셨다.

"누가 내 어머니며 형제들입니까?" 그리고 당신 주위에 둘러앉은 사람들을 보시며 말씀하셨다. "보시오, 이들이 내 어머니요 내 형제들입니다. 하느님의 뜻을 받들어 행하는 사람이야말로 내게는 형제요, 자매요, 어머니입니다"(마르 3,31-35).

그리스도교 공동체의 이런 신학적 자기이해는 갈라디아서 3,27-29에 전해지는 세례 때의 신앙고백문에 가장 잘 표현되어 있다. 새로 입문한 그리스도인들은 이 신앙고백문을 입에 올림으로써 제자직과 포용적 공동체의 시각을 선포했다. 세례받는 자리에서 이들은 헬레니즘과 유대교가 공유하던 가부장적 문화·종교 양식들을 뛰어넘고 이들에 맞서서 그리스도교적 부름이 종교·인종·계급·신분상 일체의 구분을 제거하고 참으로 가톨릭적인 제자 공동체에 귀결된다고 천명했다. 초기 그리스도교의 자기정체는 예수의 제자가 되고 그리스도교 공동체의 구성원이 되는 소명에 의해 규정되었다. 하지만 불행히도 초기 그리스도교 공동체의 이 자기이해가 후대 신학에서도 그리스도교의 자기정체성과 그리스도교 공동체에 대한 규정들을 계속 결정짓지 못했다. 그보다는 흔히 당대의 문화석 인간론으로부터 그리스도교의 정체에 대한 이해를 이끌어내곤 했다. 이런 신학은 가부장적 사회질서에 따라 그리스도교 공동체의 구조를 틀지어 나갔다. 제자와 성인에로의 부름에 맞추어 새로운 그리스도교 인간론을 형성하는 것이 아니라, 가부장제에 깊이 뿌리박은 문화에서 형성된 인간론에 입각해서 그리스도교의 소명과 제자직을 말해 온 것이다.

이원론적 인간론

가톨릭의 신학과 인간론은 오랜 동안 인류의 "두 본성"이라는 개념에 입각해서 펼쳐져 왔다. 이에 따르면 여자와 남자는 본성상 본질적으로 다른 존재이다. 인간 본성과 그리스도교 제자직이 인류 안에 본질적으로 다른 두 양식으로 표현되어 있다는 이런 견해는 그리스도교 전통과 신학을 여자 경시와 이른바 여성다움이라는 왜곡된 신화화와 찬양으로 이끌었다. 여기서는 여자가 남자와 다를 뿐만 아니라 남자보다 열등한 존재인 것이다.

전통 신학은 이런 남성/여성 이원론을 육/영 이원론과 결합시켰다. 그리하여 이제 여자는 성적 차원과 육욕과 죄악을 대표하게 되었다. 이 전통은 남자를 정신과 이성에 따라 규정하는 한편, 여자를 "본성"상 성에 의해 결정되어 있다고 본다. 그러므로 모성이 모든 여자의 참된 가톨릭적 소명이 된다. 자연적 과정을 통해 어머니가 되는가와는 상관없이 말이다. 금욕적 그리스도교 전통에서는 본성과 육이 정신과 영에 종속되므로 여자는 본성상 남자에게 종속된다. 여자의 이같은 종속은 성서에 의해 인준되어 있다. 산아조절에 대한 가톨릭 교회의 공식 입장은 이 이원론에 토대를 두고 있다. 여자들은 효과적 조절방법을 통해 생식력을 제자직과 소명의 견지에서 삶의 계획에 통합하는 것이 허용되지 않고, 오히려 이른바 "자연적" 생식과정에 종속되어 있어야 하는 것이다.

가톨릭 여자는 모성과 출산을 통해 본성과 그리스도교적 부름을 성취하거나, 동정성을 통해 여성적 본성과 성생활을 포기하거나 해야 하는 처지에 있다. 결국 이 전통 신학은 가톨릭 여자에게 어머니와 동정녀라는 두 역할만을 제공하여 어느 하나를 선택하게 하고 있다. 이 신학체계에서는 "진정한" 그리스도교적 인간의 소명이란 생물학적 한계를 초월하는 데 있으므로, 가난과 순명 속에 사는 생물학상 실제 동정녀만이 이상적 가톨릭 여자를 대표한다. 그러므로 가톨릭의 자매관계는 모든 여자에게 개방되어 있는 것이 아니라 성의 계층화와 가부장적 인간론에 근거해 있다. 제자와 성인에로의 부름에 대한 그리스도교적 투신에 바탕한 새로운 포용적 자매관계를 창출하는 일이야말로 오늘의 가톨릭 여자들에게 가장 절박한 과제이리라는 것이 나의 생각이다.

인류의 "두 본성"이라는 개념에 관한 더 최근의 한 신학적 접근은 여자와 남자가 동등하지만 다르다는 주장에 표현되어 있다. 이런 형태의 "이중본성" 신학은 여자와 남자의 양극성과 상호 보충성을 강조한다. 오로지 여자들과 남자들이 **함께** 인간의 온전함을 성취한다는 것이다. 이런 이해는 창세기 1,27로부터 잘못 도출된 것인데, 이 대목이 원인론적이 아니라 해설적이고 교리적인 설명으로 받아들여지기 때문이다.

이런 형태의 신학적 인간론은 남성과 여성이 집단 무의식에 뿌리를 두고 있는 원형 또는 원리들을 대표한다는 융의 심층심리학과 부응한다. 융의 영향을 받는 신학자들이 보는 바로는, 이 원형들은 인간 실재의 기존의 구조뿐만 아니라 신적 실재의 구조까지도 드러낸다. 원형이라는 용어는

> 인간의 모든 전형적인 생각·느낌·상상·행동 등에서 나타나는, 인간의 혼 안에 존재하는 신적 힘의 현존을 표현한다. … 따라서 원형적 여성의 역할들에 대해 이야기할 때 우리는 이런 역할들이 단지 인간적 차원에서 창조된 현상들일 뿐 아니라 이들 자체가 이미 신적인 것들의 일면도 표현한다는 점을 인식해야 한다.[2]

많은 그리스도교 여성론자들은 융의 원형 신화에서 "여성론적 종교의 정체"를 찾아내 왔다. 이 형태의 그리스도교적 여성론은 정서·몸·무의식·부족공동체·주술 등과 연결된 여성적 특질을 찬양하는 경향을 보인다. 이 여성론은 현재까지 주도권을 장악하고 있는, 일반적으로 합리성과 지성, 직선적·위계적 사고방식, 과학기술, 경쟁과 결부된 남성적 원리를 거부한다. 전통 신학이 인간론에서는 여자가 악과 유혹을 대표했던 데 반해, 인류의 "이중 본성" 개념에 대한 이 새로운 해석에서는 여자가 온전함과 생명, 구원의 원천을 이룬다. 결국 가부장적 종교의 아버지 하느님이 모권 체제의 어머니 하느님으로 대치되는 것이다. 나의 견해로는, 이런 형태의 여성론 신학은 그리스도교 신앙과 자기이해에 두 가지의 극단적 원리과 창조력을 주장하는 일종의 문화적 이원론을 끌어들일 위험이 있다.

---

2. R. M. Stein, "Liberating the Feminine": R. T. Barnhouse, U. T. Holmes 편 *Male and Female: Christian Approaches to Sexuality* III (New York 1976) 77.

여성의 힘이라는 신화

인류의 "두 본성" 개념은 긍정적 양태로나 부정적 양태로나 여성의 힘이라는 신화를 반영하고 있다. 여자들을 두려워하고 악마화하는 것도 여성적 특질을 신화적으로 추켜세우고 찬양하는 것도 여성의 주술적 생명력의 신화를 전제하고 있다. 이 신화는 가톨릭의 성사들과 서품받은 이들의 사제직에 대한 이해에 결정적으로 영향을 미쳐 왔다.

부모 가운데 어머니만이 인식되고 임신이 바람이나 조상의 영들에 기인하는 것으로 여겨졌던 그런 문화와 그런 시기에는 생명을 창조하는 여자의 힘이 실로 경외로웠을 것이다. 캠벨Joseph Campbell의 연구서 『신의 탈』*The Masks of God*에서는 여성 생명창조력이 엄청난 힘을 가져다주는 주술적 능력으로 이해되었다고 주장한다. 빌렌도르프의 비너스상 같은 아주 초기의 여인상들을 보면 여성의 풍만한 가슴과 배와 커다란 엉덩이가 강조되어 있다. 캠벨은 이 최초 "조각상"의 예들이 예배와 종교의 첫 대상들이었으리라고 보고 있다. 나아가 최근에 인류학자들은 아이를 낳는 데 난자와 자궁은 물론 정자도 필요하다는 사실을 전혀 모르는 많은 토착민들을 발견하기도 했다. 이들은 지금도 생명을 창조하는 여자들의 힘에 대한 경외에 사로잡혀 있다는 것도 확인되었다.

하지만 여성의 주술적 생명창조력에 대한 이런 경외는 먼 옛 사람들만이 아니라 현대인들의 심리 속에도 깊이 각인되어 있다. 한 예로, 내가 아이를 낳은 후 몇 주일 뒤에 교수단 모임에서 성서 연구에서의 역사비평방법과 로너건의 신학방법론의 관계에 관해 발표를 해야 했는데, 정말 놀랍게도 학과장이 모임을 마무리지으면서 이렇게 말하는 것이었다. "엘리사벳 교수는 우리 남자들 가운데 아무도 할 수 없는 일을 하셨습니다. 아이를 낳으셨고 동시에 신학방법론을 연구하신 것입니다." 하지만 내가 아이를 낳는 능력은 신학적 논증을 제시하는 지적 능력과 아무 상관이 없는 것이었다.

종교학자들은 여성 능력의 신화는 종교적 제의들의 거행과 종교 자체의 존립으로 이어졌을 것이라고 본다. 부족의 원로들 가운데 한 사람이 소년들에게 성인 신분을 부여하는 입문예식을 자연이 남자에게 거부하는 출산의식을 남자들이 연출하는 노력이라고 해석한다. 여자는 정상적 과정에 따라 아이를 낳지만 남자는 신성시되는 통과의식을 실연함으로써 여자에게서 태어나 창조 과정이 다 끝나지 않은 창조물을 성인으로 이행시키는 것이다. 이 재탄생의 표지로 입문의식에 참여한 사람들은 흔히 새로운 이름을 받고 새로운 특권과 존엄을 부여받는다. 이렇게 성인 입문 의례인 종교적 행위는 임신과 출산 못지않게 인간의 성숙과정에서 중요한 의미를 띤다.

문화인류학에 비추어볼 때, 성사적 사제직을 가진 교회들이 완강하게 여자 사제직 서품을 거부하는 것은 우연한 일이 아닌 것 같다. 그리스도교의 성사들은 모두가 생명을 가져다주는 의식들이다. 예컨대 세례는 영원한 새로운 생명에로의 재탄생이고, 성찬은 "생명의 빵"이며, 교리교육과 복음선포는 "어머니의 젖과 고형식품"에 견주어진다. 화해의 성사는 생명을 충만하게 회복시킨다. 혼인성사는 자연적 생명의 원천을 보호하고 축성한다. 출산과 양육을 연출하는 의식인 성사들은 생명을 낳고 기르는 여성의 힘을 모방하는 형태를 띠고 있으므로, 여자야말로 이런 성사들의 이상적 집전자라고 생각할 수도 있으리라.

여자가 사제직과 성사 의식을 수행할 수 있게 되면 여권이 압도하여 남자가 하찮은 위치로 밀려나고 말지나 않을까 하는 뿌리깊은 두려움이 남자들에게 있는 것으로 보인다. 그래서 여자가 성사적 사제직에 받아들여져야 한다는 요청은 흔히 여자들이 자신의 그리스도교적 소명을 따라 살고 하느님 백성을 섬기고자 하는 순수한 열망이 아니라 교회를 "장악하려는" 시도라고 여겨지고 있다. 남자들이 흔히 두려워하는 것은 역할과 위치의 변화가 남자와 여자의 관계에서 단순한 전환만이 아니라 일체의 관계에서 완전한 파괴 또는 가부장적 관계구조의 돌이킬 수 없는 역전을 뜻할 수 있으리라는 것이다.

교회와 직무에 관한 신학이 여성의 능력이라는 신화에 뿌리를 둔 그리스도교 인간론에 근거해 있는 한, 여자는 서품받은 이들의 성사적 사제직에 받아들여지지 않을 것이다. 반면에 여자가 서품받은 사제로 받아들여지지 않는 한, 이 성사들은 많은 사람들에게 주술적 성격을 완전히 떨쳐버리지 못한 것으로 보일 것이다. 성사들과 사제직이 주술적 차원에서 이해되는 한, 이들은 참으로 기르고 힘을 주며 섬기는 제도들이 되지 못하고, 계속해서 남성의 권력을 대표하고 그리스도인들의 영성생활을 통제하는 도구 역할을 할 것이다. 전통적 그리스도교 인간론의 남성/여성 이원론은 가톨릭 교회론의 성직자/평신도 이원론을 발생시켰을 뿐 아니라 동시에 이에 의해 지탱되고 있다. 하지만 이런 이원론은 그리스도교 교회 본래의 것이 아니며, 점차 신학과 교회에 끌어들여진 것일 따름이다.

순례하는 교회

그리스도교 신앙과 신학이 본디부터 가부장적이고 성차별적인 것은 아니었음을 밝히고 동시에 그리스도교 신학과 그리스도교 교회들이 성차별 죄를 범하고 있음을 밝히는 것, 바로 이것이 가톨릭 여성론 신학의 과제이다. 그리스도교 여성론자들은 근본적으로 두 가지 방식으로 교회 안에 나타나고 있는 성차별 이데올로기와 실천에 응수하고 있다. 문화와 신학체제에 대한 우리의 분석과 비판에는 우리의 영성과 전략들에서와 별반 다른 점이 나타나지 않는다. 복음과 순수한 초월체험을 위하여 그리스도교의 모든 제도들로부터 탈출할 것을 주창하는 이들은 이 탈출exodus의 정당성의 근거로서 그리스도교의 역사와 그들 자신의 실존적 역사를 지적한다. 이들은 여자들의 복종이 현존 체제의 교회들의 운영에 그야말로 필수불가결함을 갈파한다. 지금 이런 형태의 그리스도교 구조와 신학들에서는 여자란 따돌리는 주변 존재일 수밖에 없는 것이다.

그리스도교 교회들과 성서 종교들의 회심과 근본적 변화를 희망하는 그리스도교 여성론자들은 다른 한편으로 조직체를 이루는 그리스도교 내에서 여자 자신이 수행할 예언자적 역할과 비판적 사명을 중시한다. 우리는 여성론적 분석과 비판이 그리스도교 교회와 신학에서 결실을 이루도록 시도하고 있다. 우리가 그리스도교 유산 가운데서 체험해 온 해방의 전통과 동등성과 진정으로 인간적인 공동체를 지금까지의 억압으로부터 해방할 수 있기 위해서다. 우리는 그리스도교 제도와 전통들에 의해 겪어 온 억압과 죄악을 간과하거나 덮어놓지 않고 오히려 변화시키기 위해 지적해 왔고 또 지적하고 있는 것이다.

가톨릭 전통들을 분별하여 체현하면서 이 교회의 제도적 구조 내에 머무는 가톨릭 여성론자들은 제2차 바티칸 공의회에서 표명된 가톨릭 교회의 자기이해를 진지하게 받아들이고 있으므로 참으로 이렇게 할 수 있다. 예컨대 하느님의 계시에 관한 헌장은 성경의 말씀만이 "우리의 구원"에 관한 하느님의 계시임을 천명하고 있다. 과학적 또는 우주론적 말씀들이 성서 저자들의 인간적 인식과 지식의 표현일 따름인 것과 마찬가지로, 문화적이고 인간학적인 틀들이 하느님의 계시 내용은 아니다. 공의회는 육화 원리를 진지하게 받아들여 하느님의 계시는 오로지 인간적·문화적·사회적으로 조건지어진 언어를 통해서 주어질 따름이라고 천명한다. 이 육화 원리는 교회의 현실을 기술하는 공의회의 다른 여러 문헌에도 채택되어 있다. 이를테면 다음 대목을 보자.

정의가 이루어지는 새 하늘과 새 땅이 실재하기까지(2베드 3.13), 순례하는 교회는 자신의 성사들과 현세에 속해 있는 제도들 안에서 이 지나가고 있는 세계의 모습을 띠고 있다.(「교회헌장」 48항; 『제2차 바티칸 공의회 문헌』에 수록된 「교회헌장」 참조).

이 육화 원리는 그리스도교 전통과 교회를 지속시키고 수용적으로 이해하는 데서 그치지 않고 오히려 이들이 가부장적이고 성차별적인 문화와 종교 안에서 여자들에 대한 억압과 지배에 기여하는 한 철저한 비판을 지향하는 여성론적인 해석학적 이해를 요구한다. 그리스도교 여성론 영성은 비판적 해방신학으로 이해된 여성론 신학으로부터 자라나야 한다. 이 영성은 성차별적 이데올로기와 폭력과 소외를 영속시키려는 그리스도교 신학적 전통들과 신화들의 실상을 드러내야 하는 과제를 안고 있으며, 따라서 그리스도교 공동체는 물론 그리스도교를 믿는 여자들이 지속적으로 쇄신과 회심을 지향해야 한다는 신학적 전제 위에 구축되어야 한다. 그리스도교 생활과 교회와 신학은 역사의 길목에 서 있고, 따라서 이 모든 것은 지속적으로 예언자적 비판대 위에 세워져야 한다.

그리스도교 여성론 영성과 정체의 적극적 형성을 신학과 문화의 비판과 떼어 놓을 수 없다고 나는 본다. 여자들에게 분노와 상처를 잊어버리고 자매들에게 가해진 폭력을 눈감아주라고 요구할 수 없다. 그리스도교적으로 표현하자면, 값싼 은총이란 있을 수 없다. 그리스도인 생활과 제자직의 시작에는 메타노이아*metanoia*, 곧 성령의 생명력을 통한 새로운 방향전환이 있다. 교회의 개체들도 교회 전체도 그 구조와 신학과 전례들에서 드러나는 모든 형태의 성차별적 이데올로기와 억압적 실천을 제거했을 때 비로소 그리스도교 신학과 공동체는 진정한 방식으로 여성론 영성과 여자의 종교적 정체 추구에 관해 말할 수 있을 것이다. 가톨릭 교회는 여자들에게 잘못을 범해 왔음을 공개적으로 또 공식적으로 고백해야 한다. 지금까지 공식적으로 민족간이나 인종간의 착취와 유대인 적대적 신학에 대해 공개적으로 유감을 표해 온 것과 마찬가지로, 이제 모든 형태의 성차별을 포기하도록 요청받고 있는 것이다.

그러나 가톨릭의 그리스도교 전통과 역사에 대한 분석은 여자들이 영성적·신학적·교회적 차원에서 온전히 동등성을 누릴 때 비로소 교회와 신학이 그 성차별적 이데올로기들을 뛰어넘을 수 있음을 밝히고 있다. 교회들은 이런 신학과 실천들의 기초가 변화될 때라야 억압적 가부장적 전통들과 현재와 같은 성차별적 이데올로기와 실천들을 극복할 수 있을 것이다. 정녕 여자가 교회와 신학에서 온전한 지도력을 행사할 수 있어야 한다면, 이제 하느님과 그리스도가 남성이라고 신학적으로 천명할 필요도, 또한 여자들을 가톨릭 교회의 직무에 온전히 참여하도록 이끄시는 성령을 억누를 이유도 없어야 할 것이다. 가톨릭 그리스도인 여자들 가운데 실재하는 이 자유와 책임 정신(성령)을 존중하지 않는 교회의 지도자들과 신학자들은 교회와 신학의 온전한 보편성(가톨릭성)을 부인하게 된다. 우리 모두, 여자들도 남자들도 모두가 성차별 없는 가톨릭 공동체에서 살 수 있을 때, 성차별 없는 그리스도교 전례를 거행하고 성차별 없는 신학용어로 생각하며 다양한 이름과 표상들로 하느님을 부를 수 있을 때, 그때 비로소 참된 그리스도교 여성론 영성을 형성할 수 있을 것이다.

8

열두 제자와 동등자 제자직

《상황 설명》

1977년 1월에 바티칸은, 아마도 영국 성공회의 여자 사제서품과 미국 가톨릭 교회에서 크게 가시화된 여성서품운동에 대한 반응으로, "여자들을 직무 사제직에 받아들이는 문제"와 관련하여 "여성 교역 사제직 불허 선언"*을 발표했다. 하지만 신앙교리성성은 필경 이 성명서를 바티칸의 두 위원회의 보고서에 대응하여 발표했을 것이다. 그 두 보고서란 인류복음화성성의 「복음화에 있어서의 여자들의 역할」과 성서위원회의 「여자들의 서품에 관하여」인데, 이 보고서들은 성서는 이 문제를 개방해 놓고 있다고 결론지었던 것이다.

바티칸의 이 선언과 해설이 발표된 직후 아린과 레오나드 스위들러가 이 선언의 논증들을 평가하고 대응하기 위해 마흔네 명의 가톨릭 활동가와 성서학자와 신학자를 초대했다.[1] 이 논고의 원래 형태는 이 논문집을 위해 쓴 것이었다. 그리고 프랑스와 오스트레일리아에서도 수정되고 확장된 형태로 출판되었는데, "열두 사노"에 대한 언급은 여전히 가톨릭뿐 아니라 성공회의 성직자들에 의해 여자 서품을 반대하는 성서적 논증으로 활용되고 있기 때문이다. 비평적 성서학계가 이미 성서의 한 구절을 떼어다가 논증하는 식의 시대착오적 접근방법을 뛰어넘었음에도 불구하고, 이것은 지금까지도 교의적 논의들에서 채택되고 있다. 여자 서품에 관한 선언과 논의들, 그리고 교회의 자기이해는 이것들이 교리적 관심사들에 기여하는 식으로 역사적 문제들을 틀지어 놓는 것이다.

---

* 『사목』 50호(1977.3) 104 이하에 소개되어 있다.
1. 여자 서품을 반대하는 바티칸 선언문에 대한 해설과 반박: Leonard, Arlene Swidler 편 *Women Priests: A Catholic Commentary on the Vatican Declaration* (New York 1977).

124 8

문제

동등자 제자직을 수행하는 투신으로서의 초기 그리스도교 운동의 신학적 재건[2]은 흔히 예수께서 열두 남자를 뽑아서 초기 교회의 사도적 지도자가 되도록 사명을 부여하셨다는 반대에 직면한다. 열두 사도의 구성은 (이런 논증은 여기서 출발하는데) 교회의 맨 처음 시작부터 위계적으로 질서지어진 사도적 직무가 모든 믿는 이의 동등성을 넘어서서 그 위에 세워졌음을 입증한다는 것이다.[3] 열두 사도는 복음서에 따르면 예외없이 남자였기 때문에, 여자는 예수운동에서나 초기 그리스도교의 선교운동에서나 남자와 동등하게 지도자 직무에 도달하도록 허용될 수 없었다는 것이 이들의 결론이다. 그러므로 "동등자 제자직"이란 우리의 원천 자료인 성서 본문에서는 아무 뒷받침도 받을 수 없는 것으로서, 여성론자들이 초세기로 투사한 관념이라는 것이다.

그러나 이런 논증은 여러 가지 잘못된 가정에 근거해 있다. 초기 그리스도교 운동을 "동등자 제자직"으로, "성령 안에서의 동등성"으로, "아래로부터의 동등성"으로, 혹은 에클레시아*ekklēsia*로, 다시 말해서 동등한 이들로 구성되는 민주적 의사결정 모임으로 이해하는 근본적 이유를 간과하고 있다. 위에서와 같은 표현들이 그리스-로마의 가부장제 속에서 제도화된, 지배와 배타성 구조들에 맞서는 말들로 개념화된 것이라는 사실을 무시하고 있는 것이다.[4]

더욱이 "동등자 제자직" 운동으로서의 초기 그리스도교의 재건에 이의를 제기하는 논증은 분권화된 수평적 사회구조들에 표현되어 있는 사회적 동등성은 지도자적 직무들을 허용하지 않는다고 암시하는 것 같다. 그러나 초기 그리스도교의 선교활동은 물론 헬레니즘권과 유대교권의 종교운동에 대한 연구들은,

---

2. 나의 책 참조: *In Memory of Her: A Feminist Theological Reconstruction of Christian Origins* (New York 1983); R. L. Sider, "Toward a Biblical Perspective on Equality": *Interpretation* 43 (1989) 156-69 [김애영 옮김 『그리스도교 기원의 여성신학적 재건』 종로서적 1986].

3. 참조: L. W. Countryman, "Christian Equality and the Early Catholic Episcopate": *Anglican Theological Review* 63 (1981) 115.

4. 나의 논문 "Die Anfänge von Kirche, Amt, und Priestertum in feministischtheologischer Sicht": Paul Hoffmann 편 *Priesterkirche*, Theologie der Zeit 3 (Düsseldorf 1987) 62-95.

비록 그리스-로마 세계 내에 숱하게 존재했던 그 종교들이 결코 "중앙집권화된 위계적 구조들을 발전시키지는 않았을지라도" 이 종교들은 선교를 위한 지도자 신분이 없는 상태로 존재하지 않았다고 하는 사실을 입증했다.[5]

그뿐 아니라 이런 반대론은 열두 제자가 남자라는 것이 초기 그리스도교의 직무에서 본질적 요소를 이룰 뿐만 아니라 이런 직무가 초기 교회들에서 사도적 지도력과 관련된 것이라고 전제하고 있다. 따라서 이런 반대론은 열두 명의 이 그룹이 더 넓은 범위의 제자 그룹과 더불어 더 넓은 사도들로 구성된 그룹과도 완전히 동일했다고 간주하는 듯하다.

끝으로, 초기 그리스도교 운동들을 "동등자 제자직" 수행자들의 투신으로 이해하는 데 반대하는 이런 견해들은 복음서들을 실증주의적 방식으로 그리스도교의 발생기의 사건들과 당시의 인물들에 대한 적확한 기술로 읽고 있다. 그러나 방법론적 여러 토대들 위에서 그런 가정은 이미 낡고 쓸데없는 이데올로기적인 것일 따름이라는 판결을 받았다.[6] 그럼에도 불구하고 이런 반대론은 특정한 역사적·교회적 상황들에 대한 신학적 대응들로서 이 복음서들이 가지는 수사법적 성격을 도외시하고 있는 것이다.

열둘과 사도들

일반 대중이나 교회가 이해하는 바로는 일반적으로, "사도들"과 "열둘"이라는 용어를 같은 범주로 간주한다.[7] 마치 동일한 제자 직분들과 바로 그 직분을

---

5. 참조: D. Georgi, *The Opponents of Paul in Second Corinthians* (Philadelphia 1986) 후기 362; E. Schüssler Fiorenza 편 *Aspects of Religious Propaganda in Judaism and Early Christianity* (Nortre Dame 1976).

6. 이런 실증주의적 접근방법에 관한 나의 글: "Text and Reality – Reality as Text: The Problem of a Feminist Historical and Social Reconstruction Based on Texts": *Studia Theologica* 43 (1989) 19-34; 나의 성서문학회(Society of Biblical Literature) 회장 취임연설 "The Ethics of Interpretation", *Journal of Biblical Literature* 107 (1988) 3-17.

7. 참조: 나의 글 "The Twelve"와 "The Apostleship of Women in Early Christianity": *Women Priests*, 114-22와 135-40; J. A. Kirk, "Apostleship since Rengstorf": *New Testament Studies* 21 (1974-75) 260ff; A. C. Clark, "Apostleship: Evidence from the New Testament and Early Christian Literature": *Vox Evangelica* 29 (1989) 49-82.

수행하는 동일한 역사적 그룹을 의미하는 듯이 말이다. 하지만 이런 가정은 사도들과 열둘은 초기 그리스도교에서 서로 다른 그룹이었다는 성서학계의 일치된 견해와 상치한다. 이 둘의 동일시는 후대에 발생한 일일 따름이다.[8] 원래 "사도"란 사명을 위임받은 전언자 역할을 표현하는 말이었다. 바울로의 편지에서 이 말은 부활자에 의해 사명을 부여받은 사람을 가리킨다. 확실히 이 칭호는 열두 명 그룹에 제한되어 있지 않았다. 만일 그렇다면 바울로 자신도 사도로 자처할 수 없었을 것이다. 모든 사도가 열둘 가운데 일원은 아니었던만큼, "사도"란 초기 교회에서 원래 열둘과는 별도의, 오히려 이들까지 포함하는 더 포괄적인 지도자 그룹을 의미했던 것으로 생각된다.

전승의 후기 단계에서야 열둘이 사도들과 동일시되었는데(마르 6.30; 마태 10.2; 묵시 21.14를 보라), 이런 동일시는 특히 루가 작품의 특징을 이루고 있다. 그러나 전승의 어느 단계에서 열둘이 사도들로 이해되기도 했는지는 논의의 여지를 남겨놓고 있다. 예를 들자면 바울로와 바르나바는 초기 그리스도교에서 사도로 인식되고 있었다(사도 14.4.14 참조). 그러나 분명히 열둘에는 속하지 않았다.

그뿐 아니라 우리에게 전해진 자료들은 사도들과는 독립된 그룹으로서의 열둘이 확고하게 전승에 뿌리를 내리고 있음을 보여주고 있다. 이들은 이미 1세기 말경에 이르면서는 전승의 과거 인물들이 되고 있다(묵시 21.14 참조).[9] 여기서 사용되는 용어들은 "열둘", "열두 제자", "열두 사도", "열하나"와 같은 말들이다. 놀랍게도 이 열둘에 대한 직접적 언급은 바울로의 저작들이나 요한계 문헌에서는 드물고(바울로의 서간에서는 전승된 양식 형태로 한 번, 요한계 문헌에서는 네 번 나타난다) 가

---

8. 이 문제에 관한 일반적 자료: B. Rigaux, "The Twelve Apostles": *Concilium* 34 (1968) 5-15; "Die 'Zwölf' in Geschichte und Kerygma": H. Ristow, K. Matthiae 편 *Der historische Jesus und der kerygmatische Christus* (Berlin ²1961) 468-86; G. Klein, *Die Zwölf Apostel: Ursprung und Gehalt einer Idee*, Forschungen zur Religion und Literature des Alten und Neuen Testaments 59 (Göttingen 1961); J. Roloff, *Apostolat – Verkündigung – Kirche* (Gütersloh 1965); Rudolf Schnackenburg, "Apostolicity: The Present Position of Studies": *One in Christ* 6 (1970) 243-73; V. Taylor, *The Gospel according to St. Mark* (London ²1966) 619-27; A. Vögtle: *Lexikon für Theologie und Kirche* (Freiburg ²1966) 1443ff; H. D. Betz, *Galatians*, Hermeneia (Philadelphia 1979) 74f, Excursus: Apostle.

9. 참조: E. Schüssler, *Priester für Gott: Studien zum Herrschafts- und Priestermotiv in der Apokalypse* (Münster 1972).

톨릭 서간과 사목서간들에서는 전혀 없다. 오히려 사목서간들에서 탁월하게 사도의 위치를 차지한 인물은 바로 바울로였다.

끝으로, 열둘에 관한 복음서와 사도행전의 네 기록(마르 3,16-19; 마태 10,2-4; 루가 6,12-16; 사도 1,13)이 서로 다르지만[10] 모두 남자 이름만 전한다는 데는 일치한다. 그래서 일반 사람들이 이해하기로는 열둘의 남성성이 이들의 역할과 사명에서 본질적 요건이라고 추정하고 있다. 따라서 이 열둘이 남자라는 것이 이들의 사명과 역사적 의의와 관련하여 정말로 본질적으로 필수요건이었던지를 물어야 한다. 열둘에 관한 초기 전승들은 열둘이 남자임을 밝힐 의사가 있었는가, 그리고 이 문제를 성찰한 흔적이 있는가? 나아가 우리가 전해받은 자료들에 따를 때, 열둘의 역할과 사명은 초기 교회의 구조와 지도부 안에서 계속 이어졌던가? 열둘의 계승자들이 있었는가? 있었다면, 그들은 남자라야 했던가? 과연 초기 그리스도교의 자료 가운데서 생물학적 남성이라는 조건이 열둘의 역할과 사명에서 본래 요구되는 본질적 것이었고, 따라서 교회의 사도적 직무에 본래 요구되는 본질적 요건이라는 가정을 입증할 만한 근거를 찾을 수 있는가?

가장 이른 시기에 형성된 열둘에 관한 전승들

고린토 전서 15,5와 마태오 19,28(루가 22,30 참조)의 예수 말씀은 열둘에 관한 가장 오래된 전승 자료이다. 고린도 전시 15,3-5에서 바울로는 자신에게 전해진 한 전승 자료를 인용한다.[11] 바울로 이전에 형성된 이 자료는 부활자가 먼저 게파에게 나타나셨고 이어서 열둘에게 나타나셨다고 주장한다. 이 본문은 열둘이 익히 알려진 일정한 그룹임을 드러낸다. 이것은 베드로에게, 그리고 열한 명에게 나타나셨다고 말하지 않는다. 그러므로 복음서의 부활 이야기들이 일치하여 열한 명을 말하면서 보여주는 것과는 달리, 이 본문에는 유다의 배반이

---

10. 이 본문들과 이차적 문헌에 관한 논의: J. A. Fitzmyer, *The Gospel according to Luke*, Anchor Bible 28A, 28B (Garden City 1985) 613-21.

11. 더 폭넓게 조사된 참고자료: H. Conzelmann, *I Corinthians*, Hermeneia (Philadelphia 1975) 251-4.

반영되어 있지 않다. 나아가 고린토 전서 15,3-5의 전승양식은 열둘이 부활절 이전 예수의 공생활기에 이미 분명한 제자단으로 존재했는지 혹은 부활자의 발현과 사명 위임으로 형성된 것인지에 대해서는 지적하지 않는다.

고린토 전서 15,5와 15,7의 병행구절에서 바울로는 부활자가 야고보에게 나타나셨고 이어서 "모든 사도들"에게 나타나셨다고 언급한다. 이 말씀들의 발설자가 바울로인지, 혹은 이미 이렇게 짝을 이룬 전승을 발견했던 것인지는 분명하지 않다.[12] 어떻든 현재의 본문은 서로 다른 두 전승을 결합시키고 서로 다른 두 그룹, 즉 열둘과 사도들을 언급하는 것으로 나타난다. 베드로가 열둘 가운데서 특출한 위치에 있는 것과 같이, 야고보는 사도들 가운데서 특출한 위치에 서 있다. 그러나 바울로 이전에 형성된 전승이든 바울로의 본문이든 어디에도 열둘이나 사도들의 성에 대해 숙고하는 흔적은 없다.

마태오 19,28(병행: 루가 22,30)의 아주 오래된 예수 말씀은 마태오와 루가에서 상당히 다른 형태와 배경을 띠고 있다. 하지만 이 말씀을 전하는 마태오와 루가의 본문양식이 편집자에 의해 결정된 것이라고 하더라도,[13] 현재 겪는 고난과 미래의 영광 사이의 대비는 둘 다에게서 공통적으로 나타난다. 이 말씀은 원래 형태대로는 예수를 따르는 제자들에게 주어진 종말론적 약속이었다. 어떻든 마태오의 본문양식에 입각할 때, 이 Q-로기온(예수 어록집)[14]은 열둘이라는 수를 분명하게 해석해 준다. 그 새로운 세계에서 "사람인 분"huios tou anthrōpou이 장대한 영광중에 계시되실 때, 예수를 따르던 이들 역시 "열두 옥좌에 앉아 이스라엘의 열두 지파를 심판할 [혹은 다스릴]" 것(마태 19,28)이라는 말이다. 다시 말해서 이 본문은 분명히, 열두 남자로 구성된 한 집단의 역사적 실존이 아니라, 예수의 제자들이 종말론적 미래에 이스라엘에 대해 행사할 직분을 강조하고 있

---

12. 더 폭넓은 논의와 참고문헌: H. Merklein, *Das kirchliche Amt nach dem Epheserbrief*, Studia Antoniana (München 1973) 273-8.
13. Q와 마태오와 루가의 편집에 관한 논의: Fitzmyer, *Gospel according to Luke*, 1413ff.
14. Q는 마태오와 루가에게는 공통으로 나타나지만 마르코에서는 찾아볼 수 없는 자료의 원천을 가리킨다. 거의 전부가 가르침이기 때문에 흔히 "어록 자료" 혹은 "로기아 자료" (Logia Source)라고 불리기도 한다.

다. 곧 신실한 제자들은 "바실레이아"*basileia*, 곧 하느님의 다스림이 수립되었을 때 예수와 더불어 권위와 권력을 행사하게 되리라는 말이다. 예수 당대에는 겨우 두 부족 반만이 남아 있었기 때문에, 열둘이라는 수는 분명히 상징적 것이었다. 그러므로 열둘은 어떤 종말론적 상징적 기능을 가지고 있다.

열둘이라는 수는 고대 이스라엘의 열두 부족 형성을 되돌아보면서 이스라엘의 종말론적 회복을 내다보는 의미를 띠고 있다. 열두 제자의 "남성성"은 이 Q-로기온에서 전혀 언급되지 않는다. 여기서 이 본문은 종교와 정치의 지도체제가 가부장적이었던 이스라엘 고대 부족들의 민족국가 형성을 언급하고 또 상징하는 듯하다는 이유에서 이 열둘은 남성임에 틀림없다고 추론할 수도 있을 것이다.[15] 하지만 이 로기온이 겨냥하는 것은 이스라엘의 역사적 형성이 아니라 이스라엘의 종말론적 미래이다. 중간 시기에 존재하는 교회가 아니라 바로 이스라엘 백성의 종말론적 재형성으로서의 회복을 언급하는 것이다. 이 Q-말씀은 예수와 열둘과 교회 사이의 역사적 연속성을 주장하는 것이 아니다. 예수와 열둘과 이스라엘 열두 부족의 종말론적 재형성간의 상징적 긴밀한 연관성을 설정하는 것이다.

묵시록 21,14 역시 열둘의 중요한 기능은 역사적 남성보다는 종말론적 상징임을 가리킨다. 이 본문에 따르면 종말론적 도시인 새 예루살렘은 이스라엘의 열두 부족을 토대로 꼴지어졌다. "그리고 그 도성의 성벽에는 열두 주춧들이 있었는데 그 위에 어린양의 열두 사도의 열두 이름이 적혀 있었다." 곧 여기서 열두 사도는 교회의 기초가 아니라, 분명히 종말론적 실재인 새 예루살렘의 토대가 되리라고 일컬어지는 것이다.[16]

끝으로, 이 Q-말씀은 예수의 공생활 후기에야 비로소 발설되었고, 따라서 열둘의 사명과 역할에 대해 큰 영향을 미치지 못했다는 주장은 입증될 수 없

---

15. 그러나 그리스도교 여성론자는 이 자료를 가지고 학문적으로 反유대적 해석을 이끌어내는 과오를 범하기보다는 반가부장적으로 해독하는 법을 터득해야 할 것이다. 참조: J. Plaskow, *Standing Again at Sinai: Judaism from a Feminist Perspective* (New York 1990).
16. 묵시록에 대한 나의 포괄적 해석: *Revelation: Vision of a Just World* (Minneapolis 1991).

다. 실제로 마태오와 루가 복음에서 이 말씀의 위치는 편집에 의한 것이므로 이 말씀이 언제 발설되었는지는 알 수 없다. 그러나 전승사적 견지에서 볼 때 역사상 예수의 발설일 개연성은 높다. 예수 자신의 동족에 대한 가르침의 핵심과 이들의 쇄신을 위한 관심을 반영하고 있는 까닭이다(마태 10,5-6). 따라서 다음과 같은 결론을 내릴 수 있는 근거를 찾을 수 있을 것이다.

열둘은 예수에 의해 이스라엘이 일깨워지고 종말론적 구원 공동체로 모아들여지며 어떤 새로운 것이 시작됨을 예증했다. "열둘"로 이루어졌다는 사실을 통해서도, 이들 자신이 이스라엘의 모든 존재들에게 파견됨으로써도 이를 예증했다.[17]

열둘에 대한 마르코의 이해

마르코에 따르면 열둘은 예수의 직무와 일을 수행하기 위해 하느님의 메시아 백성, 이스라엘에게로 파견된다. 열둘의 역사적 사명과 관련하여 인용되어 온 중요한 두 대목은 마르코 3,13-19와 6,6b-13이다. 대부분의 학자들은 이 본문들이 마르코에 의해 편집된 것으로 본다.[18] 그러므로 초기의 전승을 반영하기보다는 열둘에 대한 마르코 자신의 이해를 밝힌 것이라고 할 것이다. 마르코의 이 본문들은 열둘에게 부여된 특별한 힘과 권한이 구마(驅魔)와 관련한 것임을 강조한다.[19] 마르코 3,14는 이들이 선포 사명을 부여받았음을 언급하지만 여기서

---

17. G. Lohfink, *Jesus and Community: The Social Dimension of Christian Faith* (Philadelphia 1984) 10 [정한교 역 『예수는 어떤 공동체를 원했나?』 분도출판사 1985]. 참조: U. Luz, *Das Evangelium nach Matthäus*, Evangelisch-katholischer Kommentar zum Neuen Testament 2 (Zürich 1990) 74-161.

18. 참조: J. Coutts, "The Authority of Jesus and the Twelve in St. Mark's Gospel": *Journal of Theological Studies* 8 (1957) 111-8; K.-G. Reploh, *Markus – Lehrer der Gemeinde*, Stuttgarter biblische Monographien 9 (Stuttgart 1969) 43-58; K. Stock, *Boten aus dem Mit-Ihm-Sein: Das Verhältnis zwischen Jesus und den Zwölf nach Markus*, Analecta Biblica 70 (Roma 1975); G. Schmahl, "Die Berufung der Zwölf im Markusevangelium": *Trierer theologische Zeitschrift* 81 (1972) 203-313; R. Pesch, *Das Markusevangelium*, I, Herders theologischer Kommentar zum Neuen Testament 2/1 (Freiburg 1976) 202-9, 325-32 (문헌).

19. K. Kertelge, "Die Funktion der 'Zwölf' im Markusevangelium": *Trierer theologische Zeitschrift* 78 (1969) 193-206.

강조되는 것은 이들에게 귀신들을 쫓아내는 권한이 주어졌다는 점이다. 마르코 6,6b-13의 파견 장면에 따르면, 이들은 분명히 선포와 관련해서는 권한도(7b절) 사명도(8-10절) 부여받지 않는다. 선포는 12절의 끝맺는 말에서 언급될 따름이다. 그러나 이어지는 13절은 다시 치유하고 악마들을 축출하는 열둘의 권한을 거듭 역설한다. 이 본문을 주의깊게 읽게 되면, 마르코의 견해에 따를 때 바실레이아의 복음을 선포하는 존재는 예수이고(1.14 이하), 열둘은 다른 무엇보다도 구마와 치유를 위해 파견되었고 또 이들 자신이 이렇게 할 수 있는 권한을 부여받았던 것으로 이해되고 있음을 확인할 수 있다.[20]

구마와 치유 권한을 열둘이 부여받았음을 마르코가 신학적으로 강조한다는 사실이 "사도 계승"과 관련한 신학적 논의에서는 완전히 무시되었다는 점을 주목해야 한다. 나아가 마르코에 의하면 열둘만이 아니라 세례자 요한(1,4.7)과 치유받은 사람들(1,45; 5,20)도, 치유를 목격한 증인들(7,36)도, 또 물론 부활절 이후의 공동체 전체(13,10; 14,9)도 선포를 한다keryssein. 그리고 열둘의 선포활동은 이스라엘을 향해 이루어진다. 마태오가 전세계에 대한 보편적 사명을 알고 있는 것과는 달리(마태 28,16-20), 마르코의 경우 열둘에게 부활절 이후로 그런 보편적 사명이 부여되었다는 것을 모르고 있다. 그렇기 때문에 마르코는 열둘의 선포를 갈릴래아에 제한하려는 의도를 가지고 있었다고 추론될 수도 있을 것이나. 끝으로, 마르코 3,13-19와 6,6b-13은 열둘이 예수와 같은 위치에 **있어야** 함을 역설하는 것이 아니라, 예수의 제자로서 예수께서 하셨던 일들을 **행해야** 한다고 요구한다. 마르코의 관점에서는 예수께서는 악마들에 대해 큰 권위를 가지셨고, 치유 권능을 가진 탁월한 스승이셨다. 예수의 권능은 구마행위들과 치유 이적들을 통해 입증된다. 마르코가 열둘과 다른 모든 제자들이 예수의 역할을 승계한 이들이라고 이해했다면, 예수의 사명을 이어갈 수 있게 하는 것은 이들의 남성성이 아니라 바로 이들의 선포와 구마와 치유 능력인 것이다.

---

20. C. Myers, *Binding the Strong Man: A Political Reading of Mark's Story of Jesus* (Maryknoll 1988) 164. 저자는 여기서 이 상징적 행위의 정치적 차원을 강조한다. 예수는 "일종의 '혁명위원회' 전위대"를 형성했다는 것이다.

마르코가 열둘과 제자들을 구별짓지 않고 오히려 동일시한다는 것도 중요하다.[21] 마르코 11,11과 11,14 그리고 14,12.14와 14,17을 비교해 보면 이 두 그룹이 서로 교차됨을 알게 된다. 마르코 4,10이 열둘과 제자들을 구분하는 충분한 근거가 되지는 않는다. 이 구분이 이어지는 대목들(마르 6,35-44; 7,17; 9,28; 10,10)에도 견지되지는 않기 때문이다. 열둘의 사도적 성격을 인식하되(3,14와 6,30 참조) 이 점을 강조하지는 않는 한, 그는 확실히 사도적 직무의 신학적 토대에는 관심이 없다고 할 것이다. 그는 일차적으로 열둘을 제자들로 이해하며 이들에게 제자직 이외의 세분된 역할이나 사명을 귀속시키지 않는다. 열둘의 사명은 예수께서 행하신 바와 같은 일을 하는 것이다. 그러므로 마르코에 따르면 열둘의 사명은 이 열둘에게 제한되는 것이 아니라 모든 제자에게 주어진 것이다.

그래서 이 복음서의 후반부는 제자들이 예수께서 선포와 사명을 위해 겪어야 했던 것과 동일한 결과들을 겪어야 함을 거듭 강조한다. 예수의 길이 고난과 죽음에로 이른 것과 똑같이, 참된 제자의 길도 역시 그러하리라는 것이다. 매번의 수난 예고는 제자직이 직분 수행의 결과로 따를 고난과 따로 있을 수 없음을 강조하는 말씀들과 연계되어 있다. 그러나 열둘과 이들의 으뜸 대표자인 베드로는 하나같이 고난받는 제자직을 강조하는 예수의 말씀을 이해하지 못했고 심지어 이에 맞서기까지 했다.

"당신과 함께 있도록"(마르 3,14) 불렸던 열둘은 예수를 고난의 시간에 버렸다(14,50). 베드로는 세 차례 그분을 부인한다(14,66-72). 예수의 십자가 아래에도 그분의 장례에도 그들은 없었다. 그들이 정말 부활 메시지를 받았는지도 불분명하다(16,7-8). 그런데 이 열둘과는 대조적으로, 갈릴래아에서 예루살렘까지 예수를 따랐던 여제자들(15,40 이하 참조)은 참으로 마지막까지 충실을 견지했다.

---

21. 이와 달리 Stock, *Boten aus dem Mit-Ihim-Sein*에서는 열둘에게 예수를 대변하고 그분의 일을 이어나가는 특수한 역할이 있다고 생각한다. 그러나 Reploh, *Markus*, 47-8에 따르면 열둘은 제자들 가운데 포함되어 있고 다른 특수한 역할은 없으며 교회의 기원과 출발을 이루는 이들이다. 또한 Luz, *Das Evangelium nach Matthäus*에서는 열둘에게 부여된 사명을 한 역사상 실존 그룹에 한정시켜 제자직 투신으로부터 "에끌레시아"를 떼어내는 일이 없도록 해야 한다고 주의를 환기시킨다.

마르코 복음에서는 열둘이 아니라 여제자들이 예수의 참된 제자임이 증언되고 있다. 여자들은 예수를 따라 고난과 죽음의 길에 동반했을 뿐 아니라, 그분이 행하러 오셨던 그 일, 곧 섬기는 diakonein 일을 **행했다**(10,42-45와 15,41 참조). 열둘은 예수께서 고난을 겪어야 한다고 일러주시는 말씀을 이해할 수도 받아들일 수도 없었다. 이에 비해 그것을 인식하고 그에 따라 행동하는 것은 한 여자이다(14,3-9). 마르코에게 있어서 열둘 가운데 하나에 의해 예수께서 배반당하시게 되는 직접 원인이 이 여자의 행동이다(14,10 이하). 열둘과 여제자들 사이에 나타나는 이런 대비상은 마르코가 속해 있던 교회 공동체에서의 경우 사도의 위치에 있는 여자들이 팔레스티나에서의 예수운동 지도자에 속한 예수의 모범적 제자들로 여겨졌음을 시사하는 것일 수 있다.[22] 마르코의 신학적 관점에서 여제자들은 예수의 역할을 계승하고 있으며 실제로 하느님의 "새 가족" 안에서 예수의 사명과 직무를 계속하고 있다. 그런데 열둘은 사도적 제자직의 모범으로서는커녕 오히려 바로 이 제자직에 대한 부정적 표지를 남겨주고 있다.

루가의 신학적 강조

루가 복음서와 사도행전은 신생 그리스도교에 대한 신학적 이해와 역사적 상상의 근거를 이루어 왔다. 그렇기 때문에 이 작품들이 보이고 있는 열둘과 사도들의 동일시 현상은 그리스도교의 신학적·역사적 사이이해에 크게 영향을 미쳐 온 것이 사실이다. 그럼에도 불구하고 루가의 편집은 여전히 열둘이 예수시대와 그리스도교 운동의 발단기에 속해 있는 것으로 보고 있음을 드러낸다. 열둘의 정통성은 예수와 이들간의 동료관계, 곧 이들이 예수와 한솥밥을 먹는 사이였다는 것과 부활에 대한 목격과 증거에 근거를 두고 있다. 이들은 이스라엘에 대해 어떤 특수한 종말론적(Q)이고 역사적인(마르코) 역할들을 띠고 있다.

사도행전 1,21 이하가 열둘을 충원하는 데 요구되는 전제조건으로 남성성을 명시하는지는 지금도 논란이 있다.[23] 루가에 따르면, 유다의 자리는 "주 예수께

---

22. 참조: P. J. Achtemeier, *Mark*, Proclamation Commentary (Philadelphia 1975) 92-100.

서 우리들 가운데서 오가시던 그 시절, 곧 요한의 세례로부터 시작하여 예수께서 우리를 떠나 승천하신 날까지 줄곧 우리와 함께 다닌 이 사람들 중에서 한 사람*anēr*이 차지할 수 있다. 따라서 루가 복음과 사도행전에 의하면, 열한 명과 더불어 부활을 목격한 증인인 예수의 원래 제자들 가운데 하나만이 열둘 중 하나였던 유다를 대신할 수 있었다. 그러나 사도행전 1,21에서의 경우 *anēr*라는 말이 일종의 문법적 성의 용법으로 쓰였는지, 아니면 어떤 특수한 성을 가리키는 남성의 의미에서 사용된 것인지는 불분명하다. 사도행전은 때때로 "남자들, 형제들"(1,16; 2,29; 2,37; 7,2; 13,15; 13,26.38; 15,7.13; 22,1.6; 28,17)이라는 부름말을 여자들까지도 참석하는 공동체 전체를 대상으로 하여 부르는 말로서 모든 성을 포괄하는 문법적 성의 의미로 사용하기 때문이다(1,14와 1,16 참조).

루가는 열둘에 대한 신학적 이해 때문에 예수 추종자 가운데 **남자**만이 열둘 중의 하나로 뽑힐 자격이 있다고 주장한다고 논증될 수도 있을 것이다. 루가 8,1-3은 분명히 여제자들과 열둘을 구별짓는 까닭이다. 마르코와는 달리 루가 복음서는 여제자들이 예수**와** 열둘을 돌보고 있었다고 말한다. 이 대목은 여자들이 그들에게 자신들의 재물로 봉사했음을 말하는 것인만큼 이들이 수행한 봉사*diakonein*를 제한적으로 인정한다고 할 수 있을 것이다. 이를테면 부유한 여자들이 유대교 예언자들의 사명 수행을 후원했던 것처럼, 루가에 따를 때, 그리스도를 따르는 부유한 여자들은 예수와 열둘의 활동을 뒷받침하는 것이다. 결국 루가는 그리스도교의 선교운동 내에서 여자들이 수행할 수 있는 지도자적 역할을 후원자들의 그것에 한정시키는 것으로 보인다.[24]

---

23. 사도 1,15-26에 대한 문헌 자료: E. Haenchen, *The Acts of the Apostles* (Philadelphia 1971) 157-65.
24. 다른 해석: H. Conzelmann, *The Theology of Saint Luke* (London 1961) 47 주1: "여기에는 자연히 원시 그리스도교 공동체의 특수상황이 거꾸로 투영되기에 이르렀다. 남성 추종자들이 사도로 전환된 것처럼 여성 추종자들은 여부제로 전환된 것이다"(3절). 한편 F. W. Danker, *Jesus and the New Age* 개정판 (Philadelphia 1988) 172-3에서는 여자들이 "지중해 연안 사회에서 상당히 높이 평가되던 후원자 계급에 포함"되었으리라는 점을 강조한다. 그러나 그는 이 현상을 규정짓는 요인으로서 루가의 편집 경향을 충분히 숙고하지 않고 있다. 루가의 경향에 대한 나의 여성론적 분석: *But She Said* (Boston 1992).

그런데 루가복음서와 사도행전은 열둘이 직계자들을 임명했을 가능성을 배제한다. 루가의 신학적 관점은 열둘에게 극히 제한된 역할만을 귀속시키는 까닭이다. 열둘이 마지막으로 언급되는 것은 사도행전 6,2 이하이고, 15장 이후에서는 완전히 모습이 사라진다. 더욱이 기이하게도 사도행전의 대부분 대목에서 이들 가운데 베드로 하나만 언급된다. 어떻든 루가복음서와 사도행전은 열둘을 선교사로 성격짓지 않는다. 그리고 실제로 사도행전에는 이들이 예루살렘 밖으로 나갔음을 입증할 만한 자료가 거의 없다. 이 사도행전에서 탁월한 사도로 등장하는 인물은 분명히 열둘 가운데 하나가 아닌 바울로이다.

루가는 또한 분명히 열둘이 예루살렘 교회나 다른 어떤 교회의 공식적 지역 직무자들이 아니었음을 알고 있다. 바울로와 사도행전에 따르면, 예루살렘 교회의 지도권은 분명히 주님의 형제인 야고보의 수중에 있었지만, 그는 열둘에 속하는 인물이 아니었다. 더욱이 한 그룹으로서의 열둘의 후계자란 없었다(사도 12,2 참조). 결국 루가는 그리스도교 운동들의 기원기에 열둘이 수행한 역할이 매우 제한되어 있었음을 분명하게 알고 있었다. 이들의 의미와 중요성은 교회의 시작 시기와 이스라엘의 뽑힌 백성과의 관계에 한정되어 나타난다.

루가는 마르코를 따라서, 열둘이 그의 전승 속에서 이스라엘에 대해 가지고 있었던 종말론적·상징적 역할을 역사화하는 듯하다. 그는 이들의 활동을 이스라엘 내에서의 선교에 한정짓는다. 그리고 이방인 선교가 시작된 이후로는 열둘은 역사의 무대에서 사라진다. 사도행전에 등장하는 장로들과 감독들은 열둘의 계승자들로 이해되지 않는다. 바울로와 바르나바에 의해 임명되거나(14,23), 성령에 의해서 직접 불린다(20,28).

결론: 루가복음서와 사도행전에 따르면, 열둘의 역사적·상징적 역할이 교회의 직무들 속에 이어지지 않았다는 점을 주목해야 한다. 이스라엘에 대한 이들의 상징적·종말론적이고 역사적·선교적인 역할이나 예수의 공생활과 부활을 목격한 증인들로서의 이들의 역할이나 그 어느 것도 교회의 직무를 구성하는 데 필수요소로 나타나지 않는다. 루가가 유다의 후임이 역사상 예수를 따르던 남자 추종자들 가운데서 선정되어야 한다고 요청했다 하더라도, 이것은 남성성

이 교회 안에서 서품받은 이들의 사제직이나 주교직의 본질적 요건이라고 말하는 것은 아니다. 왜냐하면 루가는 열둘의 "사도적 계승"이라든가 서품받는 사제직을 상상도 하지 않았기 때문이다. 그렇다면 우리가 당면한 신학적 문제는 열두 사도가 승계자도 없고 사제서품도 없었다는 역사적 사실을 알고 있는 터에 "사도적 계승"의 제도화가 오늘도 그대로 유지될 수 있느냐는 것이다.

따라서 관건이 되는 역사적·신학적 문제는, 예수께서 여제자를 열둘의 구성원으로 부르지 않았다고 할 때, 과연 여자가 사제로 서품되고 사도들의 후계자로 임명될 수 있을 것인가가 아니라, 동등자 제자직이 에클레시아, 곧 교회 안의 **모든** 백성으로 구성된 민주적 모임에 의해 실현될 수 있을 것인가이다. 이러한 **여자 에클레시아**의 시각이 구체적 실재가 되지 않는 한, 사도적 소명은 여자와 남자 모두를 지금의 가부장적 교회가 동등자 제자직을 실현해 나가는 공동체로 변혁되어 갈 수 있도록 하기 위한 투쟁으로 부를 것이다.

9

해방하고 해방되는 신학을 향하여
미국의 여신학자와 여성론 신학

《상황 설명》

 이 글은 여섯 나라 말로 나오는 가톨릭 국제 학술지인 *Concilium*을 위해 1978년에 썼던 논고를 줄인 것이다. 이 기고를 쓰면서 나는 두 가지 목표를 설정했다. 첫째로 신학 연구기관들에 몸담고 있는 북미 여자들의 체험에서 다른 나라 여자들이 자신들에게 요청되는 것들을 배울 수 있기를 희망하면서, 우리가 처한 상황과 우리가 함께 벌이는 투쟁을 국제적 독자들에게 알려 주의를 환기시키고자 했다. 더욱이 이 글이 젊은 여자들의 구조적이고 정치적인 분석 전개에 도움이 될 수 있기를 바랐다.

 둘째로, 내가 보아 온 바 여성론자들의 비판적 분석은 교회 위계구조에 대한 것은 상당히 많은가 하면 학계의 구조나 학문적 연구기관들에 대한 것은 매우 적었다. 하지만 WCRS(Women's Caucus-Religious Studies)와 함께 전개한 활동을 통해 나는 차츰 여성론계가 이론과 실천의 학문적 분리를, 그리고 이론적 논의와 변화를 위한 정치적 활동 사이에 간극을 재생산하는 경향들을 띠고 있다는 사실을 자각하게 되었다. 연구 부분인 WS(Women's Studies) 쪽은 성황을 이루어 왔다. 이 단체의 진보적 이론화 작업이 학계의 이론적·구조적 틀에 맞추어 들어갔기 때문이다. 이에 반해 구조적 변화를 위해 싸우는 구체적 실천 부분, 곧 WC(Women's Caucus)는 성공을 구가할 수 없었다. 이 정치 연구 모임 쪽은 학술계의 전문직들에 이미 형성되어 있는 관행들과 그 영역들에 맞추어 들어가지 못했기 때문이다. 일반적으로 말해서, 종교계 여학자들은 정치적 의식을 제고하고 변화시키기보다는 남성중심적 상징체계와 언어와 전통들에 초점을 맞추고 있었던 듯하다. 이것은 놀랄 일이 아니다. 학자로서 우리는 학문 연구가 기존의 학술계와 전문직계의 원칙들을 벗어나지만 않는 한, 여자 또는 성에 관한 이론적 학문체계를 생산해 낼 수 있는 다양한 일들에 관여하는 학계의 엘리트들인 까닭이다. 그러나 제도적 차원에서 별로 힘이 없이 변두리로 따돌린 부류에 속하는 여자들로서 우리는 오로지 공동의 시각과 공동의 정치적 운동에 동참할 때 비로소 변화를 가져올 수 있을 것이다.

앤트워네트 브라운은 1847년에 오벌린에서 신학을 공부하고 학위를 취득하고자 했을 때 부모와 친구와 조언자들의 큰 저항에 부딪쳤다. 그런데도 그녀는 목표를 고집했다. 격론 끝에 오벌린 신학부는 종교 연구에 전념할 수 있는 그녀의 특권을 부인할 수 없다고 결론지었다. 그러나 앤트워네트 브라운이 1850년에 신학 과정들을 마쳤을 때 그녀와 그밖의 여자 신학도는 졸업이 허용되지 않았다. 1878년에야 오벌린은 그녀에게 명예 석사학위를 그리고 1908년에는 신학부의 명예 박사학위를 수여했다. 그녀는 1853년에 미국에서는 처음으로 안수받은 여자가 되었다. 그러나 종교적 자유주의 성향을 점차 강하게 드러내게 되었고, 1년 후에 목사직에서 사임했다. 그런데도 다른 여자들을 고취하여 신학 연구들을 추구하고 목사직무에 뛰어들 수 있도록 했다.[1]

여신학생들과 여신학자들

요즘은 신학부와 신학교에서 여학생 수가 꾸준히 증가하고 있다. 이름있는 프로테스탄트 신학교의 경우 이미 여학생이 전체의 50%를 차지한다. 신학부 내의 여자 단체들은 여자들의 문제들과 요청들을 더 진지하게 받아들이도록 교수단과 학교 당국에 압력을 행사해 왔다. 그러므로 대부분의 신학부는 여자들과 관련된 학과들을 제공하고 여자 활동들을 지원하고 있다. 하지만 아직도 대부분의 기관에서 신분이 보장된 정규 교수단 가운데 여자는 극소수에 지나지

---

1. B. M. Solomon, "Blackwell, Antoinette Louisa Brown": E. T. James 편 *Notable American Women 1607-1950: A Biographical Dictionary* (Cambridge 1968) III, 158-61.

않는다. 더욱이 이런 신학부 교수단들은 흔히 드러나거나 감추인 성차별을 의식하지 못하고 있고, 여자들의 종교 연구나 여성론 신학에 관한 학술적 훈련이나 자격을 갖추는 일도 없다. 그래서 신학과 종교 분야 여성론자들은 여자들 자신의 신학적 물음들을 구성하고 새로운 연구 분야들을 분명하게 설정하고 교육과정들과 교육요건들을 변혁시키며 직무와 신학의 실천 대안들을 모색하는 데 필요한 제도적으로 보장된 공간을 창출하고자 진력해 왔다. 가장 성공적 시도 가운데 하나는 그레일빌Grailville의 신학교육 프로그램이 어떤 다른 형태의 신학교육 과정의 모델을 만들어 내기 위해 CWU(Church Women United)와 그레일 운동에 의해 시작된 것을 들 수 있다.² 그리고 여름 몇 달 동안 전국 각지의 신학부들에서 학생들이 이 프로그램에 몰려들고 있다는 사실이 또한 여학생들은 정규 학기 동안 자신의 신학적 물음들을 제기할 수도 여성론 연구들을 추구할 수도 없다는 사실도 말해주고 있다.

요컨대, 여자를 신학교에 통합해 들이고 신학교육을 통해 시각을 성숙시킨다는 좋은 취지에도 불구하고 신학교 과정을 이수하는 여자들의 상황은 앤트워네트 브라운이 처했던 상황과 별로 다를 것이 없다. 여자가 남자 동창과 마찬가지로 신학부의 학위는 받지만, 여성직자 가운데 단지 약 3분의 1만이 신학교 교육 수료 직후에 목회 자리를 얻을 수 있다.³ 그리고 이들 가운데 대부분은 독자적 권한이 없는 종속적 자리, 특히 여자나 어린이 교육에 매여 있다. 여자는 극히 드물게만 독립적 목사직무나 강단에 불린다. 그러므로 신학교와 신학부들

---

2. Ohio의 Grailville에서 매년 발표되는 보고서를 보라. 이 신학교육 프로그램은 6주간 실시된다. 여기서는 새로운 형태의 신학뿐 아니라 새로운 형식의 교육방법도 모색되고 있다. 교육 효과 촉진자들은 생활학습 공동체를 조성하도록 도모한다. 자원부는 학생들 각자와 그룹의 신학 연구계획에 필요한 도움을 제공한다. 여기서 탐색된 주제들은 해방신학과 여성론적 비평, 언어와 신화와 상징, 성차별과 영성, 그리스도교 여성론을 교육하는 데 필요한 교과과정, 신학화를 위한 원천으로서의 자아 그리고 온전성과 예배 등이다(이 실험이 실천적으로 살아나야 할 텐데, 안타깝게도 아직은 그렇지 못하다).

3. E. W. Bock, "The Female Clergy: A Case of Professional Marginality": A. Theodore 편 *The Professional Woman* (Cambridge 1971) 599-611; A. R. Jones, "Differential Recruitment of Female Professionals: A Case Study of Clergy Women": *Professional Woman*, 355-65.

의 여학생 수 증가가 곧 전문적 목회 영역에서 여자들의 영향력이 커졌음을 가리키는 것은 아니다. 자유주의 경향의 신학부들이 때때로 유능한 남자 지원자가 모자라서 재정적으로 살아남기 위해 받아들인 뛰어난 여학생의 수가 전문적 신학과 직무에 투신하는 여자들의 실질적 증가를 의미하지는 않는 것이다.

미국 저명 여성 인명사전 Notable American Women 1607~1950 에는 목회자 · 복음전도자 · 선교사들 · 종교교육자 · 창설자 · 지도자 이름들이 상당수 실려 있지만, 역사 · 심리학자 · 문학자 · 고고학자는 인정하면서도 "신학자" 부류는 아예 항목조차 없다. 신학 분야 전문직과 종교 연구계 여자들의 공헌에 관한 역사가 새로 쓰일 필요가 있다. 신학이나 종교 분야의 박사학위 취득이나 이수를 기준으로 할 때, 현재(1978년) 미국 내에는 200~400명 가량의 여자들(이 가운데 유색인은 또 극히 일부에 지나지 않는다)이 전문 신학자 자격을 갖추고 있다.[4] 이들은 대학이나 신학교에서 종교나 신학을 가르치고 있다.

그러나 여자 교수 대다수가 과중한 수업 부담으로 시달리면서 계속적 신학 연구 여건은 마련되지 못한 채 제대로 꼴을 갖추지 못한 대학이나 신학교들에 적을 두고 있거나 강사나 조교 같은 신분보장이 되지 않는 하위직급에 있다. 박사학위 취득자 수가 계속 증가하지만 다 교수 자리를 얻을 수 있는 것은 아니다. 드러나게든 드러나지 않게든 우리 사회에 작용하고 있는 남자 "선호"로 인해 기혼 여자들은 흔히 전임교수가 되는 데 장애를 겪는다. 급료가 낮은 보조직이나 임시직에 밀려나거나 더 저급의 기관에서 일자리를 찾을 수밖에 없다. 부부가 함께하는 경우는 특히 치명적이다. 가부장적 관리자들은 여전히 여자가 임신하면 일자리들을 그만두리라고, 혹은 남편이 신분보장을 받지 못하거나 재임용을 거부당할 때 자신의 직장도 옮기거나 포기하리라고 여기고 있다.

그리스도교 가정의 보호를 외치는 교회 성직자들의 미사여구에도 불구하고, 신학 연구기관들은 자질에 따라 학자로 일하는 기혼 여자들을 받아들일 여지를 보이지 않는 가부장적이고 성직주의적인 학문체제를 고수하기 위해 결혼과 가

---

4. 정확한 통계 자료를 얻기는 어렵다. WCRS에는 약 230명이 등록되어 있지만 전혀 완전한 것이 아니다.

정을 파괴하기를 주저치 않고 있다.⁵ 출판된 책들에 나타나는 아내나 여성 협력자들에 대한 헌사는, 이들이 수행한 일이 전체적으로 언급되어 있을 경우, 남자의 학문적 성취들이 얼마나 (단순히 가사나 타자 같은 보조적인 일만이 아니라, 자료 조사나 때로는 저서 전체의 구성까지도) 여자의 지원활동들을 토대로 이룩된 것인지를 드러낸다. 칼 바르트Karl Barth와 카를로테 폰 키르쉬바움 Charlotte von Kirschbaum의 협력관계는 이미 익히 알려진 일례이다.

여학자 가운데 고위직 수준에서 종신 교수 자리를 차지하여 자신의 신학적 관심과 유형을 자유롭게 발전시킬 시간을 가질 수 있는 이는 극소수이다. 여자가 신학 연구기관에서 고위 행정직급에 오르는 일은 거의 없다. 현재 오직 한 사람만이 신학부의 책임자로 있다. 그래도 지난 5년 동안 약간의 여자가 중요한 신학교수 단체의 집행부와 선도적 신학계 학술지들의 편집진에 임명되었다. 그리고 두 명뿐이나마 신학 연구단체의 회장도 나타났다. 이것은 그동안 학술계의 여성운동이 펼치는 정책적 압력과 정부가 일반적으로 추진하고 있는 사회적 불평등을 극복하기 위한 여러 사회 정책들affirmative action plans, 그리고 특히 WCRS의 활동에 힘입은 것이다.⁶

그러나 정책결정 영역이나 신학 연구 전문단체들 내 권력구조에 여자들이 미치는 영향력은 대부분이 미미하다. 여학자 가운데서도 흔히 고분고분한 "공동 작업자"로 보이는 이들이 뽑히는만큼 "동문/인맥"의 영향은 여전하다. 그래서 여자 위원들은 신학 전문직 권력구조와 이데올로기들에 영향력을 행사하여 변화시키기는커녕, 오히려 자유주의를 내세우기 위한 목적으로 이용당하는 데서 그치는 경향이 있다. 암울한 취업 전망으로 인해 신학 분야에서 여자들의 영향

---

5. 참조: Arlie Russel Hochschild, "Inside the Clockwork of Male Careers": F. Howe 편 *Women and the Power to Change* (New York 1975) 47-80.
6. WCRS는 1971년에 아틀란타에서 열린 연례 AARSBL(American Academy of Religion / Society of Biblical Literature) 모임에서 출발했다. 여기서는 신학부 대학원을 졸업한 여자들의 취업을 촉진하기 위해 여신학자들과 신학부에 관한 소개 자료를 발간하며, 전문직 여자들을 위한 공개토론의 장을 제공하기 위해 계간 소식지도 발행한다. 그리고 여성론적 신학 논제들에 대한 공개적 논의를 촉진하기 위해 연례 모임 때 종교계 여자들을 대상으로 연구 프로그램도 지원하며, 참여자가 발표한 우수 작품들은 출판된다.

이 어쩌면 지금보다 훨씬 약화될 수도 있다. 아무튼 예견 가능한 장래에 개선될 전망은 거의 없는 듯하다. 과거에 별 진보를 이루지 못한 결과 여자 존재가 신학계에서 다시 사라지고 말 위험에 처하게 된 것이다.

앤트워네트 브라운이 신학에 뛰어든 지 1세기 반이 지나도록 별로 달라진 것이 없다. 남성 일색이던 성직주의적 전문직에 마지못해 여자들이 받아들여지기 시작했지만, 신학 분야에서 여교수나 여학생이 변두리로 따돌리고 있기는 매한가지이다. 이들은 대학의 남성 동료들과 학술 단체의 관리자들에 의해 최선의 경우 마치 선심이라도 쓰는 듯이 대해지고, 최악의 경우 신학 공부와 연구 분야에서 완전히 추방당하고 만다. 어떤 경우든 이들은 신학이 행해지는 방식에 실질적 영향을 미치지 못한다. 일반 의식 속에서 전문 신학자란 남자요 "신사"이다. 신학 전문직에서 여자들이 겪는 이런 따돌림은 북미의 전형적 현상만도 아니다. 다른 나라들에서도 마찬가지이다.

지난번 독일 방문 때 나는 한 대학교수에게 여자가 전통적 프로테스탄트나 가톨릭 신학부에서 정규교수직에 있는 사례가 있는지 물었다. 그는 남자 평신도는 이제 "교수 자격"을 얻을 수 있고 가톨릭 신학부들의 교수가 될 수 있다고 확실하게 알려주었다. 하지만 나는 남자 평신도가 아니라 여자 신학자가 기존 가톨릭 신학부의 교수단 일원으로 있는 사람이 있는지 알고 싶다고 강조했다. 그러자 그는 자기 부인 쪽으로 돌아서면서 비꼬는 투로 묻는 것이었다. "왜요, 내 후임자가 되고 싶은가요?" 나는 그와 함께 나의 신학적 연구 성과들과 신학과 관련된 일들에 관해 이야기를 나누고 있었는데, 그는 분명히 나를 신학교육을 받지 않은 한 주부가 학술적 신학에 직면해 있을 때 대하는 것과 똑같이 대했다. 학위나 자격이나 출판물들은 전혀 중요한 것이 못되는 듯하다. 유일한 관건은 우리가 여자라는 바로 그 점이라고 여겨진다. 어쩌면 당연한 일인지도 모르지만 독일의 신학부들은 여자를 전문 신학자로서 교육할 필요를 전혀 의식하지 못하고 있다. 그리고 독일의 젊은 여자들은 학자로서 자신의 세계를 구축하는 데 성공한 여자가 제공할 전문적 역할 모델이 없기 때문에 학부 이상의 신학 학위를 위해 매진할 동기를 전혀 부여받지 못하고 있다.

신학 연구기관들에 대한 여성론적 분석

이 일로 나는 북미와 유럽에서 여신학자들의 처지가 다름을 분명히 알게 되었다. 미국의 어떤 교수도 이와 동일한 느낌을 가진 경험이 있을 수는 있지만 이런 느낌을 서슴없이 입밖에 내려 하지는 않았을 것이다. 미국에서는 여성운동으로 해서 "남성중심주의" 또는 성차별이 점점 구조적 악이자 개인적 과오로 폭로되고 있기 때문이다. 자유주의적 신학교수들은 인종차별에 대해 그랬던 것처럼 성차별이라는 비난을 받을 수 있는 상황을 초래하려 하지 않는다. 미국 여자들은 이제 전문직 변두리에서 관대하게 대해지는 것에 고마워하는 정도가 아니라, 당당하게 전문직에 완전히 참여하고자 하고 있음을 잘 아는 까닭이다.

문화와 종교에 대한 여성론적 분석은 여자들이 학문생활과 연구활동에 완전히 참여할 수 있는 상황은 학술기관들의 가부장적 성차별 구조가 변화되었을 때 비로소 도래할 수 있으리라는 것을 보여주어 왔다. 그러므로 여자들은 단지 학계에 의해 관대하게 대해지고 남성의 업적들의 틀 속에 끼여들기를 요구하는 데서 그치지 않는다. 여성론자들은 전문직에 종사하는 여자들을 조직해 나가고, 법안과 사회적 불평등을 극복하기 위한 여러 사회정책들을 입안하는 일에 참여하고 있다. 그럼으로써 학술 단체의 남성 회원과 남학생의 가부장적·성차별적 태도는 물론 학계의 가부장적 체제까지도 변화시켜 여자들이 지적 활동과 학문 연구에 완전히 참여할 수 있게 하려 한다. 이와 동시에 여성론자들은 단순히 더 많은 여자를 학문체제 속에 이끌어들이는 것만으로는 충분하지 않다는 것도 잘 인식하고 있다. 정말 필요한 것은 일반적으로는 학술적 전문직들과 특수하게는 학술적 신학계에서 성차별적 고정관념들을 극복하는 일인 것이다.

교회와 성직주의 구조에 대한 비판적 분석들은 상당히 많이 발표되었다. 하지만 신학 분야 전문직과 학계의 구조에 대한 비판적 평가작업은 거의 없다. 해방신학자들은 유럽과 북미의 맥락에서 신학은 백인과 중산층의 전유물이며 문화적 제국주의를 공유하고 있다고 지적해 왔다.[7] 이들에 의하면 백인 성직자

---

7. 예: F. Herzog, "Liberation Theology Begins at Home": *Christianity and Crisis* (1974. 5.13); "Liberation Hermeneutics as Ideology Critique": *Interpretation* 28 (1974) 387-403.

의 영역으로서 독점되고 있는 신학은 백인 중산층 공동체의 이익을 반영하고 있다. 신학자들과 신학부들과 출판사들은 부유한 이들의 지원과 돈에 의존하고 있기 때문에 백인중심 기득권 체제의 이익을 충족시켜야 하는 것이다.

그러나 여성론 신학자들은 신학 부문의 삶의 배경에 대한 이런 분석은 충분히 검증된 것이 아니라고 주장한다. 그리스도교의 학문적 신학은 백인 중산층의 기존체제를 유지하려는 것만이 아니다. 백인 중산층 **남성**의 것으로서, 학술 연구기관과 전문직의 성차별적 고정관념을 공유하고 있다. 이 학문, 이 신학의 남성중심성은 인종과 계급 문제가 그런 것과 마찬가지로 이 영역 속속들이 배어들어 개인적으로 위협을 느끼게 하고 있다. 남성 학자들이 여성론적 비판의 도전들을 진지하게 받아들이고 남성 유형으로 굳어진 성직주의적 전문직에서 남자로서 누리는 특권과 관행을 분석하기 시작할 때라야 신학은 참으로 **인간화**하고 억압적인 성차별적 고정관념에서 해방될 수 있을 것이다.

신학 연구기관들은 다른 학술기관들의 남성중심성을 공유하고 있다.[8] 신학 전문직에 대한 일반 생각은 성차별이 뚜렷이 굳어 있고, 이 전문직의 충원은 일반적으로 여자가 학술 또는 직무의 위계에 채용되고자 하는 시도 자체부터 배제하거나 중도에 좌절을 겪게 운용되어 왔다. 더욱이 (이 전문직의 정상 직급에서 나타나는) 상호관계들은 배타적이고 비공식적이며 명문화되지 않은 임의규정에 따라 정실적이며 때로는 성직주의적 상황에서 기존 사회의 남성중심적 유대에 의해 좌우되고 있다. 자격이 아니라 학연이나 후원자·피후원자 관계의 특혜가 재정적 재원이나 내부 단체 혹은 그 분야의 권력 핵심부에 접근할 가능성을 결정하는 요인으로 작용하고 있다. 독일의 독토르파테르Doktorvater 제도는 남학생을 미래의 교수와 우선적 후계자로 대하고 있다. 이 제도가 남학생에게 장학금 지급과 기존 교수들과의 중요한 연계를 제공할 뿐 아니라, 비공식적 추천에 의해 영향력있는 상위 직급들을 채워나가고 있는 것이다.

---

8. C. F. Epstein, "Encountering the Male Establishment: Sex-Status Limits on Women Careers in the Professions": *Professional Woman*, 39-51; P. A. Graham, "Women in Academy": *Professional Woman*, 720-40; A. Rich, "Toward a Woman-Centered University": *Women and the Power to Change*, 15-46.

신학 전문직의 남성지향성을 알고서 교수는 여학생의 능력을 동일한 열의로 뒷받침하려 하지 않는다. 은연중에 여자가 이 분야에서 학문적으로 "권위"를 구축하고 세력을 확장하지는 못하리라고 여기며, 자신의 독토르파테르의 학문적 위치를 끌어올려 주거나 자기 퇴임 후의 학문 계승자로 여기려 하지 않는다. 한편 남학생은 여교수와 함께 작업을 할 때 이러한 지원을 얻지 못한다. 여교수는 교수들 속에 비공식적으로 이루어지는 "남성 클럽"의 완전한 회원이 되지 못하기 때문이다. 이로 해서 여신학자과 여종교학자는 전문 조직망에 충분히 파고들 수 없고 남성적으로 굳어버린 신학 전문직에서 성공적으로 기량을 펼치는 데 제약을 받을 수밖에 없는 것이다.

더욱이, 한 신학자가 "정상"급인가에 대한 판단은 통상적으로 남자든 여자든 이름있는 기관들과의 연관관계, 그 분야의 지도적 남자들과의 친분관계, 혹은 출판물이나 연구에 대한 비평이나 토론과정에서 얻은 지명도 등에 의해 영향을 받고 있다. 이 세 가지 사항 모두에서 여신학자는 불리한 위치에 있다. 이들은 대개 명망있는 신학부들에서 높은 자리에 있지 않다. 그리고 남성 동료 교수들과 같은 정도로 고위직 남자들의 지원을 받고 있지도 못하다. 또한 이들의 연구나 출판물들은 상대적으로 주목을 덜 받는다. 이 분야에서 남자들이 더 권위가 있다고 추단되기 때문이다. 그뿐 아니라 여학생은 흔히 박사학위 논문을 준비하는 전과정을 통해 신학의 변두리 영역으로 밀려난다. 내가 보기에는 예컨대 신약성서 연구에서 여자늘의 연구 분야가 뛰어난 주석가들 사이에서 신약성서 가운데 대체로 홀대받고 있는 묵시록이나 영지주의에 치중되어 있는 것도 우연한 일이 아니다.

여자들은 남성 유형으로 굳어진 신학 부문에 "맞지" 않기 때문에, 전문적 조직망과 여러 분과위원회에 이들이 존재하면서 상당한 역할 혼동이 초래되고 있다. 교수든 학생이든 남자는 흔히 여자와 학문을 함께하는 동료로서 상호관계를 이룰 줄 잘 모른다. 남성·여성의 관계로서 설정된 전통적 사회규범에 기대고 있을 따름이다. 여자는 부권에 매인 영원한 딸들처럼, 비서나 연구보조자, 돌보는 어머니 같은 존재로서, 아니면 사나운 "암캐" 혹은 성적 희롱의 대상으로 대해진다. 남자들은 자신의 자질과 능력에 의해 신학적 권위를 형성해 나가는 주목할 동료들로서의 여자들과 상호관계를 이루는 법을 거의 모르는 것 같다. 한 젊은 여신학자의 편지는 이 점을 강조한다. 그녀는 상급 교수의 작품에 관심을 표명하면 흔히 식사 초대와 성적 진전으로 나아간다고 전한다. "그녀는 남성 동료들과 마찬가지로 자기 사상의 정당성과 중요성을 확인해 줄 동료들이 필요하다. 그러나 그녀가 확인하게 되는 것은 자기에 대한 동료의 관심사가 자기 사상인지 아니면 자기 몸인지 도무지 알 수 없는 그런 처지이다."[9]

더구나 여자들 자신도 열등한 지위를 깊이 내면화해 왔다. 그리하여 자신들이 품은 일들을 성취해 내지 못하는 것을 개인적 실패 탓으로 자탄하는 데서 그치고는 했다. 많은 여학생들은 진지하게, 만일 자기 분야에서 "충분한 자격을 갖춘다"면 동등하게 교육과 일과 출세 길이 열려 있다고 믿고 있다. 사회적 불평등을 극복하기 위한 사회정책이 여자들과 소수민족 남자들에 대한 차별을 제거했다고 생각하기 때문에, 오히려 "역차별"을 염려하기까지 한다. 최근에 박사과정에 있는 한 학생이 자기는 어떤 차별도 겪지 않았다고, 자기가 여자이기 때문이 아니라 자격을 갖추었기 때문에 대학에 자리를 얻게 되었다며 나에게 자신있게 말하는 것이었다. 나는 그녀가 다른 여자들을 제치고 임용된 이유를 알고 있었다. 그래서 나는 그녀가 다른 지원자들을 물리치고 성공할 수 있었던 것은 여성론이 아니라 학문에만 관심이 있다고 분명히 밝혔기 때문임을 지적해 주었다. 여자들은 아주 강하게 자신들이 학자로서 공정하고 동등하게 대해지고 있다고 믿고 싶어한다. 그래서 그녀는 그 신학교가 사회정책 규정에 영향을 받아 불미스럽게도 말 잘 듣는 여자 한 명을 명목상 임명할 수밖에 없어서 자기가 자리를 차지하게 되었다는 생각을 도저히 할 수 없었던 것이다.

끝으로, 백인 여자가 신학 연구기관에 들어가고 교수 자리를 얻는 데 이렇게 큰 어려움을 안고 있다면, 하물며 유색인종 여자가 이렇게 하는 데 따르는 어려움은 거의 넘어서기가 불가능한 셈이다. 유색인종 여자들이 신학부들의 학생

---

9. *Women's Caucus-Religious Studies Newsletter* 2 (1974) 5.

들이나 교수단의 다양한 직책에서 발견되지 않는 한, 이들의 목소리와 이들의 시각은 여성론 신학에서 들을 수도 찾아볼 수도 없을 것이다. 그러므로 여성론 신학을 백인 중산층 여자들의 전유물로서 고발하기보다는, 이런 고발은 주로 백인 중산층의 구미적 양상을 드러내고 있는 기존의 신학교육과 학술기관들에 돌려지는 것이 더 합당할 것이다.

여성론 신학과 해방신학

여성론 신학자들은 신학 전문직에 여자들이 완전히 수용될 수 있어야 한다고 주장한다. 이것은 그 운영체제가 남성 유형으로 굳어진 기관에서 여자의 신학적 경력을 높이려는 열망 때문만이 아니다. 신학계와 교회의 구조들이 모든 사람을 섬기고 이들 자체가 현재와 같이 억압 도구 구실을 하지 않기 위해서는 일체 형태의 인종차별과 계급주의와 성차별에서 해방되어야 한다고 확신하기 때문이다. 신학에서의 성차별은 개인적 잘못일 뿐만 아니라 그리스도교 신학을 왜곡하고 종교 연구들의 학문적 통합과 일치를 저해하는 구조악이다.

여성론 신학은 인종차별과 성차별과 하위계급 착취를 구조악으로 이해하는 데서 해방신학과 견해를 같이한다. 여자들이 모든 인종과 계급과 문화에 속해 있고 오랜 세월 동안 교회와 학계에서 지도력을 행사하는 위치에서 배제되고 침묵하도록 강요되어 온 것은 분명한 사실이다. 그렇기 때문에 오히려 여성론 해방신학의 시각이 남자들에 의해 개진되어 온 비판적 신학과 해방신학의 그것보다 훨씬 총체적이고 철저하다고 할 수 있다.

그리스도교의 기원 이래 역사는 문화적 그리고 교회적 가부장제 속에 푹 젖어서 여자들은 백인이든 흑인이든, 부자든 빈자든, 기혼자든 미혼자든 그리스도교 신앙과 신학의 형성과 그 규정 작업에서 변두리로 따돌려져 전혀 중요한 역할을 수행할 수 없었다. 히브리 성서의 저자들은 팔레스티나에 살았고, 아우구스티누스는 북아프리카에 살았으며 토마스는 유럽에 살았다. 이들의 신학은 바르트나 니이버Niebuhr나 떼이야르Teilhard de Chardin의 그것과 매한가지로 남성적 시각에서 형성되었다. 신학이 남성의 체험 속에 뿌리를 내렸고 지금도 그 속에 뿌리박고 있기 때문에 전통 신학은 여자들의 체험과 기여들은 무시할 뿐만 아니라 오히려 억누르기까지 해 왔다.[10]

그러므로 그리스도교 신학의 해석학적 교정만으로는 충분치가 않다. 그리스도교의 신학적 해석과 기록물만이 아니라 그리스도교의 과거와 현재가 여자들과 소수민족의 남자들을 변두리로 내몰고 희생시켜 왔기 때문이다.[11] 그리스도교 전통을 이해하고 그 상징적 틀들을 적합하게 인식하는 것으로는 충분치 않다. 그리스도교 신학을 "그리스도교 해석사를 구체적으로 계승하는 작업"으로 이해하는 일체의 시각[12]은 신학과 교회의 전통이 참으로 진리와 해방의 원천일 뿐 아니라 억압과 지배의 원천이기도 하다는 사실을 간과하고 있다. 그러므로 신학은 여자들을 배제하고 억압하는 데 일익을 담당해 온 왜곡된 전통들을 비판적으로 평가하고 거부할 수 있어야 한다. 그리스도교 신학은 유대인들에게 적대적인 일체의 신학을 공개적으로 부정했다. 비록 이런 신학들이 성서에 그 근거를 두고 있더라도 말이다. 마찬가지로 이제 그리스도교 신학은 일체의 성차별 전통들을 거부해야 한다. 설령 그런 전통들이 그리스도교의 성서와 전통들 속에 깊이 뿌리내려 있더라도 말이다.

최근 바티칸의 여자 서품 반대 선언은 교회 안의 여자 역할과 관련하여 남성 중심적 하느님 언어가 내포하는 부정적 결과들을 문헌화해 놓고 있다. 하지만 이 문헌이 그리스도에 의해 성취된 구원의 인간 전체적 성격보다는 그리스도의 남성성과 이 구원의 남성적 성격을 강조한 것은 여자 서품을 반대하는 논증으로서 아무 구실도 하지 못한다. 오히려 이것은 그리스도교의 중추적 신비들이 남성적으로 왜곡되어 있고, 여자들에 대해 배타적임을 입증할 따름이다. 그리

---

10. 남성의 체험에 바탕한 죄의 신학적 이해에 관한 분석: V. S. Goldstein, "The Human Situation: A Feminine View": *Journal of Religion* 40 (1960) 100-12; J. Plaskow, *Sex, Sin and Grace: Women's Experience and the Theologies of Reinhold Niebuhr and Paul Tillich* (Washington 1980).
11. 그리스도교의 신앙과 상징들이 본디부터 성차별적이라는 강력한 주장: Mary Daly, *Beyond God the Father: Toward a Philosophy of Women's Liberation* (Boston 1973).
12. 참조: E. Schillebeeckx, *The Understanding of Faith* (London 1974).

스도교 신앙의 핵심적 상징들이 남성적 언어와 표상들을 통해 표현되는 한, 여성론 신학자들은 하느님과 관련된 언어와 상징이 일방적이며 따라서 여자들의 체험에 뿌리를 둔 여성적 표상과 상징기법에 의해 균형을 이루어야 한다는 점을 역설할 수밖에 없다. 우리는 하느님을 아버지와 어머니로서, 아드님과 따님으로서 말할 수 있는 방식을 터득해 나가야 한다. 여성적 하느님 언어가 그리스도교 신학과 예배에서 저항 없이 통상적으로 받아들여지지 않는 한, 여자들은 자신을 하느님의 모상으로 인식할 수 없을 것이다.[13]

결론: 여성론 신학자들은 "낡은 술 부대" 속에서는 하느님에 대한 자신들의 비성차별적이고 비억압적인 시각이 구현될 수 없으며 새로운 신학적 구조와 언어를 통해 표현되어야 한다는 것을 잘 알고 있다. 변화가 발생하려면 영성운동이 필요하다.[14] 한편, 신학 연구기관들이 여성론 신학작업을 수용할 뿐 아니라 여자들의 임용과 이들의 기획을 받아들일 수 있기까지 변화되지 않는 한, 여자들의 체험을 집중적으로 신학에 각인시키고자 하는 노력들도 제대로 성취될 수 없다. 다른 한편, 신학적 언어와 신화와 상징이 변화를 보이지 않고 신학과 교회 안에서 여자들을 따돌려진 처지에서 이차적 역할을 하게 하는 상황을 견지하는 한, 기존의 신학 연구기관들을 변화시키고자 하는 노력들은 그다지 큰 성과를 거둘 수 없다. 신학에서의 구조적 변화와 여성론 신학의 의식과 그 이론의 진화가 함께 병행해서 이루어져야 하는 것이다.

---

13. 이로써 여성론 신학자들은 전례 언어를 수정하고 새로운 상징들과 전례들을 형성하고자 하고 있다. 참조: N. Morton, "The Dilemma of Celebration": C. B. Fischer, B. Brenneman, A. M. Bennett 편 *Women in a Strange Land* (Philadelphia 1975). Arlene Swidler, *Sistercelebrations: Nine Worship Experiences* (Philadelphia, 1974)는 여성론적 전례들을 탁월하게 수집해 놓았다.

14. Sherry B. Ortner도 이 점을 강조한다: "Is Female to Male as Nature is to Culture?": M. Zimbalist Rosaldo, L. Lamphere, *Woman, Culture and Society* (Stanford 1974) 67-87.

10

위안이냐 도전이냐?
제2차 여자서품회의

◀상황 설명▶

제2차 여자서품회의는 "새로운 여자, 새로운 교회, 새로운 사제직무"라는 제목으로 1979년 11월 발티모어에서 열렸는데, 1차 회의 때보다 더 강한 여성론적 방향을 띠었다. 1975~1979년에 여자 서품에 반대하는 바티칸의 성명은 신학 차원에서나 일반 대중 차원에서나 상당한 논의들을 촉발시켰다. 미국 가톨릭 신학회CTSA는 나 자신이 고문으로 참여했던 연구작업을 시도하여, "교회와 사회 안의 여자들"이라는 보고서를 발표했다. 또 가톨릭 성서학회Catholic Biblical Association의 위원이었던 나는 여자 서품 찬반의 성서적 전거 문제를 다룰 특별 연구위원회를 구성했는데, 이 위원회는 1979년에 보고서를 제출하면서 다음과 같이 결론을 맺고 있다. "신약성서의 자료는 그 자체로 결정적인 것은 아니라 하더라도 여자들을 사제직무에 받아들이는 것을 허용하는 쪽이다."[1]

여자서품회의WOC는 이 회의를 준비하면서 여성론적 양식으로 개발된 공동진행 방식을 활용하기로 결정했는데, 이 방식에서는 지역 차원에서의 그룹별 문제제기가 요청되었다. 조직위원들은 이런 진행방식을 통한 신학적 성찰을 용이하게 하기 위해 설문지를 발송했다. 나는 이번에는 다시 이런 예비회의 과정에 관해 신학적으로 검토할 것을 요청받았기 때문에, 시카고에서 열린 그 모임에서 조직위원들에게 나의 결론들을 미리 제시했다. 그런데 이 모임 후에 나는 이 프로그램에 너무 많은 인원이 몰렸다는 것과 예비회의를 거쳐 개최될 본회

---

1. "Women and Priestly Ministry: The New Testament Evidence", *Catholic Biblical Quaterly* 41 (1979) 608-13.

의가 취소될 것 같다는 통보를 받았다. 내가 볼 때, 조직위원회의 일부 위원들이 "부분적 동일시"(주 19 참조)와 "영적 단식 시위"를 요청하는 나의 제의가 지나치게 급진적이라고 생각한 것이 분명했다. 그러나 WOC의 신뢰에 힘입어 내게 연설의 자유는 보장되었고 본회의는 열릴 수 있었다.

돌이켜보면 당시 내가 도입부에서 했던 지적들은 이 체험에 의해 깊게 영향을 받았던 것 같다. 연설에 앞서 나는 회의에 참석한 대부분의 여자들에게 내가 너무 "전위적"이어서 듣는 이들이 관심을 잃어버리게 되지나 않을까 하는 걱정을 하고 있었다. 강연을 하기로 되어 있던 그날 오후에, 나는 한 사제에 의해 공식적 전례가 거행되는 바로 그 시간에 가지기로 일정이 잡힌 여자들의 한 전례에 참석해 달라는 비공식 초대를 통보받았다. 그날 저녁에 나는 불안에 휩싸인 채 남성과 여성 모두를 포용할 수 있는 두 언어 형태로 거행되는 전례가 개최될 호텔의 큰 방으로 갔다. 나의 신학적 시각에 동참하는 사람들이 겨우 열 손가락을 꼽는 정도로 와 있지나 않을까 하는 두려움에 사로잡혀 있었던 것이다. 하지만 놀랍게도 그 큰 방은 꽉 차 있었고 그날 나는 생애 중에 가장 감동적인 전례 가운데 하나를 체험했다. 그 자리에서 직접 이 두 눈과 두 귀로 나의 신학적 확신들이 "육화되는" 것을 보고 들었던 것이다.

교회의 세례받은 지체들인 여자들이 남녀 모두의 해방과 구원을 위한 하느님의 권능을 기리고 선포하는 은사들을 재천명했다. 나는 이제 "벼랑"에 서 있다고 느끼지 않았고 오히려 다음날 아침에 나 자신도 청중들처럼 여자서품운동의 핵심을 주장할 수 있음을 깨달았다. 그런데도 이 연설은 결국 "값비싼" 연설이 되고 말았다. 가톨릭 신학부들에서 여러 유형의 일을 할 기회들을 잃게 되었을 뿐 아니라, 만일 내가 당시 재직중이던 노트르담 대학에서 징계처분을 받거나 해직되지 않는다면 기부금이나 공적 지원을 끊어버리겠다고 위협하는, 노트르담 대학의 총장 앞으로 발송되는 항의 편지들을 양산하기도 했다.

이 강연을 준비하는 동안 여러 사람이 이렇게 주의를 주었다. "엘리사벳, 회의에 참석하는 여자들만이 아니라 참석하지 않을 남성 성직계에도 이야기 상대자라는 것을 잊지 말아요. 교회를 주무르는 남자들은 여성론적 비판 언어는 물론이고 여성론자의 주제 설정 태도를 전혀 납득하지 못해요. 너무 심하게 도전하지 말아요!" 이런 식으로 조언을 듣고 주의를 들을 때마다 나는 나 자신이 신학을 공부하기로 결정했을 때의 체험을 상기하게 된다.

당시 나는 뷔르쯔부르그에서 신학을 공부하기로 한 최초의 여자였고, 전문교육을 받고자 한다는 것을 입증할 서류를 요청하는 정부 장학금을 받기 위해 지역 주교의 허락을 받아야 했다. 그 주교는 개인적으로 나를 알고 있었고, 수년 동안 교구 청년사목 과정에서 나의 활동을 지켜보아 왔기에 나는 어려움 없이 허락을 받을 수 있을 것으로 확신하고 있었다. 하지만 놀랍게도 주교는 나의 뜻을 열렬히 지지해 주기는커녕 반대 입장을 전개했다.

이런저런 구실을 동원하여 설득을 시도하다가 더 이상 갖다댈 이유가 없게 되자, 주교는 자신이 실제로 느끼고 있던 걱정거리를 고백하는 것이었다. "문제는 네가 교회의 아픈 곳들을 분명히 인식하고 있다는 데 있어. 너는 그 상처들을 사랑으로 덮어주는 것이 아니라 손가락으로 후비고 있거든." 나는 이 비판으로 해서 크게 속이 상했지만 가까스로 나를 추슬러 이렇게 응답할 수 있었다. "각하, 만일 그 환자가 죽었다고 확신을 가지게 되면 그 시체에 사랑의 담요를 덮어주겠습니다. 그러나 저는 이 교회의 생명력과 회복 가능성을 확신하기 때문에 여전히 이 교회의 일원으로서 하느님의 백성을 위해 교회의 실패들에 끝까지 도전을 제기해 나갈 것입니다."

예비회의 과정에 대한 신학적 분석

이 일은 20년 전에 일어났지만 위계적 교회가 보여오는 실패들로 인한 상처와 그런 실패들에 대한 분노가 예비회의 과정에 대한 말들을 통해 여전히 그때와 똑같이 되살아나고 있다. 오늘 우리가 이 회의를 열고 있다는 사실만으로도 기존 교회체제에 도전을 제기하고 있다면, 우리가 지금 이런 일을 하는 것은 어떤 분명한 확신이 있기 때문이다. 그런 상처들이 깨끗하게 나았을 때, 가부장적 성차별이라는 곪아터지기 일보 직전의 죄악이 척결되었을 때 비로소 치유와 위안이 가능하다는 확신 말이다.[2] 우리는 이 교회를 사랑하고, 복음의 가치를 실현하기 위한 사명에 뛰어든 사람들이다. 우리가 가톨릭의 남성 지도부에 이의를 제기하고 도전하는 이유는 바로 여기에 있을 따름이다. 그리고 이런 비판과 도전이 예비회의 과정에 관한 보고들 가운데 반향되어 있다.

예비회의 절차를 마련하면서 표명된 목표는 회의에 함께 참석하러 올 성찰 그룹들로 하여금 "자신들의 생활 속에서 체험한 내용들을 살피고, 그들이 지금까지 알고 있는 대로의 사제직에 대해 성찰하며, 오늘날 여자들이 수행하는 직무들을 분석하고, 서품이 그런 직무 수행에 어떤 도움이 될지를 파악"할 수 있도록 촉진하는 데 있었다. 이 과정의 후반부("서로를 잇는 고리들"에 관해 연구하는 그룹에 의해 이끌어질)에서는 쇄신된 교회와 직무는 과연 어떠해야 할 것인가를 묻게 될 것이었다. 따라서 이 예비회의 과정은 서품과 직무와 여자직무, 그리고 교회의 문제에 초점이 맞추어져 있었다.

우리가 받은 응답들은 우리의 설문들에 따라 작성된 것이었다. 그래서 이 과정에서 개진된 논의들에서는 응답뿐만 아니라 설문들도 당연히 분석되어야 했다. 예비회의 준비 설문들에 대한 응답들을 신학적으로 해석하기 전에 이 예비회의의 신학적 전제조건들과 의제들 자체를 먼저 성찰한다는 것은 중요한 일이다. 이 의제들을 형성했던 이들을 비판하기 위해서가 아니라, 이 회의 절차의 역동성과 한계들을 설정하기 위해 필요한 것이다.

이 예비회의 과정은 여자들이나 직무와 관련이 있는 여자들을 겨누고 있었을 뿐 아니라, 모든 "정의를 추구하는 사람들"[3]을 상대하고 있었다. 쉰세 그룹에서

---

2. 나는 "가부장주의"라는 말을 여성의 복종과 따돌려짐을 토대로 하여 남성의 지배와 특권을 지속시켜 나가는 구체적 사회체제 맥락 속에서 이해한다. "성차별"(sexism)이라는 말은 인종차별(racism)에 유비한 조어이다. 여자를 열등한 이차적 존재로 삼는 일체의 행위와 태도를 의미한다.

3. 예비회의 자료는 실제 경험에서 두 차례나 멀어지는 과정을 거쳤다. 그룹 토의와 응답들은 기록으로 남겨졌고, 그리하여 이미 각 그룹 지도자나 다른 그룹의 지도자에 의해서 해석되었다. 이어서 서품회의 특별 연구위원회 위원들에 의해서 요약되었다. 또한 나는 이 글에서 이름을 밝혀 사의를 표하지도 않은 채 인용한 이야기 주인공들에게 용서를 청하고 싶다. 그런데 내가 이 이야기들을 접한 것은 편집된 완본 형태로가 아니었고, 일부는 아예 이름이 밝혀져 있지 않았다.

거의 오백 명이 응답을 보내 왔다. 이 가운데 18%는 남자였고, 29%는 교회 내의 공동체에 속한 여자들이었다. 그리고 53%라는 다수가 다른 공동체에 속한 여자들이었다. 응답자 자료로는 수녀 그룹이 얼마나 많은지도, 참여한 여자들 중에서 얼마나가 직무에 능동적으로 참여하고 있는지도 알 수 없었다. 응답자 대다수는 고학력 중산 백인들로서 도시 거주자였고, 교회생활과 전례에 규칙적으로 참여하는 이들이었다. 그러므로 비록 이들의 응답들은 가톨릭 교회와 일체화한 정도가 부분적일 따름이고 이런 일체화에 대해 비판적 시각을 가지고 있음에도 불구하고 교회와 동일시되는 사람들인 것으로 보인다. 하지만 교회의 성차별적 성격으로 인해 이름만 가톨릭인일 따름인 여자들과 교회와의 일체 관계를 포기한 여자들이 어떤 대응들을 보였는가에 관한 정보는 충분히 나타나 있지 않았다. 그리고 예비회의 준비과정에서 여자 단체들에게 가톨릭 교회와 이 교회의 직무 내에서 **여자로서** 겪은 체험들을 성찰해 줄 것을 요청하지 않았기 때문에 이것은 **여자로서 여자가** 지금 이 교회와 사제직을 어떻게 체험하고 있는지를 드러내는 직접적 자료는 별로 제공하지 못하고 있다.

내가 참여한 소규모 지역 그룹은 교회직무와 신학교육에 종사하는 여자들이었다. 우리는 예비회의의 시각이 어느 정도 교회편향적이고 이른바 차별에 대한 역차별과 같은 식의 역"성직주의"의 징후를 드러내지 않나 하는 생각을 하게 되었다. 교회와 사회의 상호관계에 대해서는 물론이고, 극히 제한된 소수의 흑인에게 문호를 개방할 뿐이면서 흑인들에게도 동등권을 보장하는 것처럼 선전하는 명목적 동등론과 흡수당하는 사례에 관한 체험들에 관해서는 물음을 제기하지 않았고 이미 다른 교회들에서 서품받은 여자들이 체험한 차별과 따돌림에 관한 물음들도 빠뜨렸던 것이다. 더구나 가톨릭 교회 내의 특수한 구조적 문제들은 전혀 제기되지 않았다. 예컨대 가톨릭인들은 왜 일반적으로 수녀들을 준성직계급으로 체험하고 있는가? 성직자들과 주교들은 왜 교회 내 여성운동의 지도력이 수녀들 수중에 있어야 한다고 주장하는가? 교회구조 가운데서 현재 어떤 것들이 여자들에 대해 특히 비우호적인가? 직무의 새로운 구조들을 어디서 발견할 수 있는가? 그것들을 어떻게 식별할 수 있는가? 여자들이 전례와 성사 거행에서 현재 보이고 있는 지도력을 공적 차원으로 이끌어내기 위해 "개인적 영역에서 벗어나지" 않는 이유는 무엇인가? 어떻게 함으로써 교회와 직무에 대한 현재와 같은 체험으로부터 새로운 사제직과 새로운 교회가 성취될 미래에로 넘어갈 수 있을까?

예비회의 과정에는 가톨릭 교회 내의 성차별과 여성 혐오에 대한 분명한 물음들도 포함되어 있지 않았다. 그러므로 하느님 물음과 그리스도와 마리아에 관한 이해, 교회 전례와 상징과 언어에서 드러나는 남성중심적 태도에 대한 체험에 관한 정보들은 별로 찾아볼 수 없었다. 그리고 교회와 직무에 한정적으로 초점이 맞추어짐으로써, 직무와 교회의 변혁의 전제조건으로서의 여자 해방과 관련한 논제들을 충분히 파고들지 못했다는 인상을 주었다. 요컨대 이 예비회의는 여자들에게 가해지는 억압에 대한 "살아 있는" 체험 자료를 충분히 제공하지 못했다. 이번 예비회의 절차 자체는 개인적 체험들에 그칠 뿐 구조적 논제들에 초점을 맞추지 못했고, 가부장적 교회와 직무 속에서 **여자로서** 여자들이 겪는 체험들을 밝힐 만큼 충분하지는 못했다. 결국 응답들은 교회론과 직무와 관련해서 상당한 도움이 되지만, 현재와 미래의 교회 직무에 대한 여자들의 기여에 관해 그다지 비판적 통찰을 보여주지는 못했다.

예비회의 주최자들은 성찰 그룹들을 구성하는 이외에, 사제직에 불렸다고 믿는 여자들에게 그 부름의 개인적 체험과 신학적 이해를 글로 적어 제출해 줄 것을 요청했다. 나는 예비회의 과정의 둘째 단계에는 직접 참여하지 못했다. 한 친구가 이 문제에 대해 물었을 때, 나는 조금은 익살맞게 답했다. "나는 사제가 되어 주교의 명에 복종하면서 아무 남자도 맡기 싫어하는 일에 종사하며 살도록 불렀다고 느끼지 않아요." 다른 교회들에서 서품받은 여자들의 체험들은 가톨릭 교회 안의 여자 역할이 사회에서의 그것, 즉 제2 계급의 시민과 똑같음을 확인해 준다. 더욱이 어린아이 때 나는 미사를 거행한 일은 없으나 실제로 고백들을 들었다! 일곱 살 때 쓴 글에서는 확신에 차서 언젠가 교종이 되리라고 했다! 나는 분명히 첫째 자리에 접근할 가능성이 원천적으로 차단된 채 둘째 자리에 안주할 의사가 전혀 없었다.

좀 지독한 이 반발은 깊은 신학적 의구심 때문에 촉발되었다. 여자서품운동은, 성사될 리도 만무하지만, 결국 몇몇 여자를 현재의 성직구조에 끌어들이려는 그런 관심으로 그치고 말 것인가? 이 운동은 제2차 바티칸 공의회 후 신학적으로 약화된 사제직에 대한 제의적 이해를 전제하는 경향을 보이고 있는만큼 신학적 퇴보가 아닌가? 현재의 성직구조들을 강화하고 여자들을 성직주의화하는 도구 구실을 하지는 않을까? 권력에 대한 신학적 물음들을 회피함으로써 엔진 없는 자동차 격이 되어 여자들의 창조성과 은사들을 현재의 성직체제를 위해 이용하는 위험에 빠지지 않을까? 여자들의 응답을 읽어 본 후 나의 의구심은 사라졌거나 적어도 완화했다고 해야겠다. 하지만, 이 여자들이 표명한 상처와 용기가 비판적·신학적 분석과 건설적 신학적 개념화 작업에 뿌리내리게 할 필요가 있음이 한층 분명해졌다. 여자들이 교회에서 사목적·신학적 영향력을 행사할 수 있기 위해서는 여자들의 이 체험들이 탈개인화해야 한다.

여성론 신학적 성찰

일반적으로 생각하는 것과는 달리 가톨릭 신학을 대표하는 유일한 논술체계란 존재하지 않는다. 오히려 다양한 신학적 체제나 접근방법, 신학을 하는 다양한 방식, 그리스도교적 희망과 믿음과 사랑을 말하는 여러 방식이 존재할 따름이다. 성서 연구들은 다양한 형태의 신학적 성과 표현들이 신약성서에 수용될 길이 모색되었음을 밝혀주었다. 초기 그리스도교 신학은 시간을 뛰어넘는 원리들을 형성하고 무류성을 띠는 교의들을 형성하기보다는 다양한 사목적 상황들에 대처하는 방안들을 모색하는 데 관심을 기울였다. 제2차 바티칸 공의회는 신학과 교도권에 관해 이와같이 사목적 접근방법을 재천명함으로써 그리스도교의 진리와 신앙을 성찰하고 표현할 다양한 길을 새롭게 열었다. 이제는 신스콜라 신학이 가톨릭 신학의 유일한 형태가 아니다. 이제는 하나인 가톨릭 신학이나 가톨릭 신학자를 규정하는 단일한 유형이란 존재하지 않는다.

따라서 모든 신학자와 신학이 그들 자신의 전제와 개념과 투신에 책임을 져야 한다. 성서학자로서 나는 추상적 원리나 교의에 입각해서보다는, 그리스도교의 공동체와 그 실천적 필요의 견지에서 신학적 성찰을 익혀 왔다. 묵시록은 "우리(여자들)의 구원을 위해" 주어진 책이다. 여성론 신학자로서 나는 여자들과 나를 하나로 인식하고 있고, 나의 충실성은 여자들을 향해 있다. 그러나 나의 여성론신학 이해에서 구원과 해방은 여자들의 본질, 이를테면 여성 특질이나 여자의 생물학적 힘들로부터가 아니라 오로지 여자들의 억압에 대한 체험과 해방 투쟁에 대한 비판적 성찰로부터 도출될 수 있다. 그러므로 여성론 신학은 "비판적 해방신학"이라는 것이 나의 이해이다.

여성론 신학은 근본적으로 억압에 대한 여자들의 체험에 관심을 기울이며, 남녀 모두의 해방을 목표로 한다. 그래서 여성론 신학은 동등성에 관한 여자들의 체험과 투쟁이 가지는 신학적 의미를 밝혀 낼 도구와 방법들을 개발해 나왔다. 현재 세 가지 여성론적 접근방법이 형성되어 있다. 이들은 배타적이기보다 서로 변증법적으로 연관되어 있다. 세 접근방법 모두 교회와 직무에서 여자들이 현재 처한 상황을 불평등하고 불의한 것으로 파악한다. 여자가 성사직무로부터 배제되는 것은 여자가 세례에 근거하여 교회의 온전한 구성원으로서 가진 동등권을 훼손하는 것이다. 성직계는 여자를 서품에서 배제하는 현재와 같은 정책을 바꾸어야 한다.

첫째 접근방법은 "여성이 교회에서 지도력과 직무와 관련하여 제공할 수 있는 독특한 은사들"을 강조한다.[4] 이런 신학적 접근방법은 남녀의 보조성을 전제하며, 예비회의 설문에 응답한 상당수의 사람들이 이런 견해에 동참하는 듯하다. 응답자들은 현재 여자들이 수행하는 직무들을 기술하거나 미래의 "새로운 사제직"을 특성지으면서, 종종 이른바 여성적 특질들을 사용하고 있다. "더 친밀한 생활방식, 가정적이다, 실제적이다, 온유하다, 연민, 감수성, 양육하는 자질, 지원력, 민감, 온정, 헌신, 사람들을 연결짓는 능력, 더 이해심이 많다, 유연함, 좀더 부드럽고 원만하다, 덜 이기적이다, 더 수용적이다, 직무에서 더 큰 천부적 직감력" 등등. 이 응답자들은 여자 직무들이 개인화해 있음도, 침묵

---

4. 참조: F. Ferder, *Called to Break Bread* (Mt. Rainier 1978) 48. 저자는 사제직에 불린 여자들에 대한 심리학적 평가를 시도하면서 이 접근방법을 전제하고 있는 듯하다.

만이 허용되는 종속적 협력관계에서 어떤 일을 주체적으로 수행할 권한은 없음도 어느 정도 의식하고 있다. 하지만 그런데도 자신들이 수행하는 직무들을 남성들에 의해 수행되는 직무보다 더 인간적이고 더 그리스도교적 것으로 구축해 나가야 하는 이유를 더 깊이 천착하지 않는다. 어떻게 해서 여자들이 이른바 여성다움이라는 "허위의식"을 내면화해 왔는가를 성찰하지 않기 때문에, 성차별적이고 순전히 부정적인 특성들을 남성 직무에 투사하는 위험에 처해 있다.

여자 사제 서품에 반대하는 바티칸 선언을 옹호하는, 예컨대 데이비드 버렐이나 마이클 노박 같은 신학자들은 더 나아가 남녀 성별이 성에 따라 규정된 직무와 "두 성으로 나뉜" 성찬의 정당성을 제공한다고 주장한다.[5] 이들은 성사적 사제직 외에는 교회의 모든 직무에 여자가 참여할 것을 주창한다. 버렐에 따르면 성사적 상징체계에서 여자가 배제되도록 요청되는 이유는 다음과 같다.

> 교회는 다양한 직무를 통해 하느님의 원래 계획의 남성성과 여성성을 비추어낼 수 있었다. 여기서 서품받은 사제는 그 자신을 저 선언이 사제를 이해하는 것과 같은 존재로서 이해할 수 있을 것이다. 즉, 행위들(이 안에서 계약의 주관자, 신랑 그리고 교회의 머리이신 분, 바로 그리스도 자신이 대리되시는데)의 수행자는 그분의 구원의 직무를 이행하고 있는 것이다.[6]

바티칸 선언의 남성중심주의에 대해서 보이는 이런 신학적 지지는, 교회의 남성직무를 보완하기 위해 여자들이 서품되어야 한다는 주장이 종국에는 교회 내 여자 동등성 확립에 치명적 결과를 초래할 수 있고, 교회의 비성차별적 미래를 위태롭게 할 수 있다는 의구심에 사로잡히게 한다. 여자들의 특수한 본질과 특별한 여성적 은사들에 근거하여 여자 서품을 주장하는 이들은 여자를 성사적

---

5. Michael Novak, "Dual-Sex Eucharist": *Commonweal* 103 (1976.12.17) 813-6: "사제는 한 '다른 그리스도'(*alter Christus*)로 서임되었다. 여자는 한 다른 에끌레시아로 축성될 수 있을 것이다. 양성의 전례는 이전 세기들에서라면 거의 불가능한 방식으로 그리스도와 그분의 교회를, 남성들과 여성들을 상징적으로 일치시킬 것이다."

6. David Burrell, "The Vatican Declaration: Another View": *America* (1977.4.2) 291-2.

사제직에서 배제하고 종속적 직무로 내모는 행태에 대한 신학적 정당화를 제공할 위험이 있다.[7] 이른바 여성적 특질들은 **그리스도교적** 가치들이므로 여자와 남자 모두의 사제직에 필수불가결하지만, 성차별에 의한 이것들의 왜곡과 개인화 현상이 먼저 직시되어야 한다.[8] 사랑・연민・온유・민감・양육 등의 특질들이 계속 여자와 여자 직무에 제한되어 있어야 한다면 성차별에 의해서 계속 왜곡될 수밖에 없다. 이런 상황 속에서는 계속 교회와 사회 내에서 여자 직무들을 현재와 같이 불평등한 구조에 순응시키고 그것이 요구하는 준거에 따라 수행하도록 만드는 심리적 도구 역할을 할 것이다.

여성론 신학의 둘째 유형은 그리스도교는 가부장적 종교이고 따라서 본디 성차별적이라고 주장한다. 그리스도교 신학이 신학적으로 여자들의 종속적이고 열등한 지위를 정당화하는 한, 여자들을 현재와 같은 가부장적 교회 구조 속으로 이끌어들이려는 어떤 시도도 성차별적 착취를 더욱 강화할 따름이다. 여성론자인 동시에 가톨릭 교회의 성직계의 일원이 된다는 것은 흑인이면서 KKK(Ku Klux Klan)의 일원이 되는 것에 견줄 수 있다. 남성 신과 남성 구세주에게 기도하고 교회의 아버지들("신부들")에게 복종함으로써 "성차별의 허위의식"이 제시하는 가치들을 계속해서 내면화하면서 그 의식을 떨쳐버릴 수는 없다. 탈그리스도교적 급진 신학자 메어리 데일리는 이런 견해를 아주 극명한 방식으로 갈파하고 있다. "하느님이 남성이기 때문에 남성이 하느님이다. 하느님 아버지는 지상의 모든 하느님 아버지들을 정당화한다. 한 남성에로의 유일회적 하느님의 육화사상은 본디부터 성차별적이고 억압적이다. 한마디로 그리스도 숭배는 우상숭배이다."[9]

---

7. 참조: 인류복음화성성의 위원회 보고서 "The Role of Women in Evangelization": *Origins* 5 (1977) 702ff; N. Foley, "Women in Vatican Documents: 1960 to the Present"; J. A. Coriden 편 *Sexism and Church Law*(New York 1977) 82-108.

8. 특히 R. R. Ruether, *New Woman, New Earth: Sexist Ideologies and Human Liberation* (New York 1975 〔손승희 역 『새 여성, 새 세계』 현대사상사 1980〕.

9. M. Daly, "The Qualitative Leap beyond Patriarchal Religion": *Quest* 1 (1974) 21. 참조: *Beyond God the Father: Toward a Philosophy of Women's Liberation* (Boston 1973).

여자 사제 서품을 반대하는 바티칸 선언은 그리스도의 남성성을 역설하고 있는데, 결국 메어리 데일리의 말을 그대로 확증할 따름이다.

> 성찬에서의 그리스도의 역할이 성사적으로 표현되어야 한다고 할 때, 만일 그리스도의 역할을 남자가 취하지 않는다면, 그리스도와 그분의 직무자 사이의 "자연적 닮음"이 존속할 수 없을 것이다. 그럴 경우 직무자에게서 그리스도의 모습을 찾기 어려울 것이다. 그리스도는 남자였고 여전히 남자이기 때문이다. 물론 그리스도는 남자도 여자도 포함하는 모든 인류의 맏이이시다. … 그럼에도 불구하고 말씀의 육화는 남성에 따라서 발생했다. 그리고 이것은 참으로 한 사실 문제이며 이 사실은 비록 이른바 문제의 여자에 대한 남자의 우월성을 의미하지는 않는다 하더라도, 구원의 경륜에서 분리될 수 없는 것이다.[10]

이 말은 신학적 분기점을 이룬다. 처음으로 교회 문헌이 인간론적이 아니라 신학적·그리스도론적인 근거에서 여자 사제직 배제를 정당화하고 있다.[11] 그리스도론은 남성숭배로, 따라서 우상숭배로 변질했다. 교회 당국은 이단 위험마저 무릅쓰고 여자의 성사직무 배제에 진력했고, 이는 위계적 교회가 여자 서품을 제1 순위의 신학적·구조적 논제라고 느끼지 않을 수 없었음을 드러내고 있다.

바티칸 선언에 나타나는 남성숭배는 여자 서품 문제를 재규정하게 되었다. 이전에 이 문제는 성직계가 여자들을 계급구조들 안에 받아들일 것인가와 관련된 것이었지만, 지금 신학적 논제로 떠오르고 있는 것은 여자가 **여자로서** 그리고 **그리스도인으로서**, 그리스도 같은 존재들로서 실존하는 여자의 정체를 파괴하는, 본디부터 성차별적 교회에 속할 수 있을 것인가와 관련한 것이다. 한 동료는 이와 관련하여 이렇게 표명한 적이 있었다.

---

10. "Vatican Declaration: Women in the Ministerial Priesthood": *Origins* 6 (1977) 518-24 422.
11. 참조: "Commentary on the Declaration of the Sacred Congregation for the Doctrine of the Faith on the Question of the Admission of Women to the Ministerial Priesthood". 이 문헌은 여자들을 배제하는 전통적 관례가 교부들의 "여자들에 대한 여러 형태의 편견"에 근거한 것이 아니라고 주장한다.

나는 정말 하느님과 그리스도교 복음에 대한 믿음을 포기하지 않고 싶다면 남성 중심적 미사에 참여할 수 없다. 여남은 남자들의 공동집전을 목격하는 것은 배타적 남성 권력의 시위를 목격하는 셈이다. 성찬은 왜곡되어 나의 그리스도교 신앙을 파괴하기에 이르렀다.

완전히 남성적인 성찬 거행 때 여자가 체험하는 깊은 비통과 소외를 직접 겪어보지 않는 한, 우리의 소외와 분노의 깊이를 인식할 수 없을 것이다. 베티 캐롤 수녀는 가톨릭 여성론자들의 깊은 고통과 소외를 적절하게 표현하고 있다.

> 오늘날 기도는 싸움터이다. 공적 기도, 특히 성찬은 거의 견디기 힘든 고통의 자리이다. 남성 사제직의 억압적 속성이 … 나를 질식시킨다. 속량의 구원행위에서 여자를 배제하는 언어에 대한 무감각이 성체를 받기에 충분한 평화를 거의 불가능하게 한다. 전적으로 남성인 신을 신뢰하기는 불가능하다. 기도 때마다 싸움이 있다. … 교회는 왜 여자를 하느님께 맞갖은 존재로, 기도와 예배에서 회중을 이끌고 성사적 모든 권한을 부여받을 수 있는 존재로 인정하지 않을까?[12]

그래서 여성론 신학의 셋째 접근방법은 희망을 걸고 하느님 백성과 연대하여 그리스도교 여성론자로 자처하는 가톨릭 여자들의 소외와 고통과 억압에 대해 신학적으로 성찰하고자 한다. 여기서는 "남성과 여성의 보족성"을 견지하는 입장과 탈그리스도교적 태도간의 매개를 추구한다. 나는 이 셋째 접근방법을 "비판적 해방신학"이라고 일컬어 왔다. 이것은 그리스도교 교회와 전통의 억압적 성차별적 구조들을 인지하고 비판적으로 분석하는 동시에, 그리스도교 신앙과 공동체가 가진 해방적 전통들과 요소들을 재발견하기 때문이다.[13] 이 접근방법

---

12. E. Carroll, R. S. M., "Prayer as Life's Alchemy": W. R. Callahan, F. Cardaman 편 *The Wind Is Rising: Prayer Ways for Active People* (Mt. Rainier 1978) 5.
13. 나의 논문 참조: "Feminist Theology as a Critical Theology of Liberation", *Theological Studies* 36 (1975.12) 605-26 (이 책의 5장에 수록되어 있다).

은 교회 안의 여자의 온전한 동등을 추구하도록 하는 한편, 종교로서의 그리스도교와 교회에 대한 탈그리스도교적 여성론적 비판을 진지하게 받아들이도록 이끈다. 여기서는 성차별 구조에 여자를 흡수·병합시킬 것을 요구하지 않을 뿐 아니라 유토피아적 분리를 주창하지도 않는다. 오히려 교회의 변혁과 더불어서 여자들의 변혁을 추구한다. 그러나 앞에서 본 두 접근방법과는 달리, 신학과 전략을 **특수한** 여성적 본질이나 힘이나 체험에 근거해서가 아니라, 교회와 사회에서 가해지는 **억압에 대한 여자들 자신의 체험과 투쟁**에 근거해서 구축한다. 첫째 접근방법은 여자들이 직무를 수행하면서 발휘할 수 있는 특질들을 통해 남성의 성직계 구조를 보충하고자 하고, 둘째 접근방법은 흡수당하지 않기 위해 교회 직무들로부터 여자들의 힘과 능력들을 회수하기를 바라는 데 비해, 셋째 접근방법은 여자들과 교회의 전환과 회개를 역설한다.

그렇다고 비판적 신학을 부정적이고 단죄적이라고 이해해서는 안된다. 예비회의 과정에 참여한 한 사람은 "편집자에게 보내는 편지"에서 이렇게 지적한다. "당신들의 설문지에 따르면, 이런 이야기들은 신학자들이 연구할 것입니다. 부디 내가 공부하고 있는 그 신학자들에게 조언해 주십시오. '복되다, 나에게서 아무 걸림돌도 찾지 않는 남자는.'" 이 여자는 신학자란 남자일 뿐 아니라 그 접근방법이 단죄적일 것이라고 추정하고 있다. 하지만 비판적 신학을 이렇게 이해해서는 안된다. 우리는 오히려 이것을 요한 복음서 저자가 생각하는 의미에서의 crisis*의 견지에서 보아야 한다. 비판적 신학으로서의 여성론 신학은 교회 내 여자들과 교회 자체의 크리시스 상황을 천착한다. 억압의 신학적 정당화에서 풀어내어 개인 의식과 교회 구조를 변혁시키는 방식으로 교회 내에서 여자들이 구조적으로 안고 있는 문제들을 끌어내고, 개인뿐 아니라 교회로서의 우리의 자기이해를 조명하고자 하는 것이다. 그러므로 이 접근방법은 여성적 가치나 이른바 평등하지만 서로 다른 직무에 입각해서 여자 서품과 관련한 신학적 문제를 다루지 않는다. 이것은 바로 가부장적·성차별적 억압과

---

* "위기"라고 번역되는 이 말은 원래 "심판", "판단", "정의" 등의 의미를 가지고 있는데, 우리가 "비판적"이라고 옮기는 critical이라는 영어는 바로 이 그리스어에서 나왔다.

예수 그리스도 안에서의 해방에 입각해서 이 문제를 체계적으로 추구하는 것이다. 이 문제를 재규정하기 위해 제시된 신학적 범주는 "구조적 죄로서의 가부장적 성차별"과 "참회와 교회와의 부분적 동일시"이다.

구조적 죄로서의 가부장적 성차별

일반적으로 죄를 하느님에 대한 개인적 배반 또는 불충행위로 이해한다. 하지만 해방신학자들은 개인만이 아니라 구조와 제도의 견지에서도 죄를 인식할 수 있어야 함을 역설한다.[14] 구조적 죄로서의 성차별에는 제도들을 통해 자행되는 갖가지 차별과 비인간화 경향, 불의현상과 제도를 합법화하는 신학과 상징체계가 내포된다. 그리고 성차별적 제도들에 의해 창출되고 사회화와 교육을 통해 내면화하는 집단적이고 개인적인 차원의 "허위의식"도 포함된다. 이 "허위의식"은 억압받는 개인과 집단이 억압을 받아들이고 억압자들에 의해 조작된 가치들을 내면화하도록 만든다.[15] 가부장적 성차별을 사회와 교회의 억압 구조 안에서 제도화된 구조적 죄와 악의 힘으로 보는 이런 이해는, 죄를 궁극적으로는 생명을 파괴하는 죽음의 힘으로 표출되는 초개인적 파괴력으로 파악하는 바울로의 이해와 맥을 같이하고 있다.

예비회의 응답들은 현재의 교회구조에 대한 성차별의 파괴적 영향을 다각적으로 진단하여 현재의 사제직을 "기리가 밀고, 난쇠적이고, 독선적이고, 의식儀式주의적이고, 사목적이기보다는 위계적이며, 사랑을 보일 능력이 모자라고, 경직되어 있고, 타당성이 모자라며, 소원하고, 배타적이고, 제대로 결실을 이루지 못하고, 고압적이고, 공격적이고, 간섭적이고, 남성지배적이고, (노골적 비어로 표현되어 삭제된 내용들)로 가득 차 있고, 가부장적이고, 비인격적이고, 좌절감을 느끼게 한다"고 특성짓고 있다. 현재의 사제직을 특성지은 이런 표현들은 다음과 같이 요약될 수 있을 것이다. "제도적 교회는 이제 하느님과 그분

---

14. 참조: G. Baum, *Religion and Alienation: A Theological Reading of Sociology* (New York 1975) 197-226.

15. P. Freire, *Pedagogy of the Oppressed* (New York ⁸1973) 48ff.

의 백성을 중재하지 못하고 있다." "교회 당국은 사회의 기존 구조를 강화하고 있고, 그래서 여자들과 그밖의 희생자 부류들을 억압하고 있다."
예비회의에 참여한 한 여자는 산체즈Roberto Sanchez 대주교에게 편지를 쓰면서 가부장적 성차별이라는 구조적 악을 파손破損이라고 명명하고 있다.

> 살아 계신 하느님과의 대면이 나에게는 허락되지 않습니다. 하느님이 아니라 법에 의해서 말입니다. 이 거부는 저의 성에 근거해 있고 가톨릭 전통 안에 퍼져 있는 성차별에 뿌리를 두고 있습니다. 세세대대로 성장하여, 저희를, 당신과 저를 이 파손의 순간으로 끌고 온 가톨릭 전통에 내재하는 성차별에 말입니다. … 이 파손은 제 안에서 하느님의 힘이 작용하게 하는 한 중요한 방식이 저와 저의 서품과 섬김을 갈망하는 공동체에게 허락되지 않고 있다는 것을 의미합니다.

가부장적 성차별을 초개인적 악의 힘으로, 구조적 죄로 파악하는 이해는 이 성차별이 현재 교회 성사의 상징체계에 미치는 영향을 추적하여 남성 제도권 교회가 여자를 성사적 사제직에 받아들이기를 그토록 철저히 거의 비이성적으로 거부하는 이유를 이해하는 데 도움이 된다. 엘리자벳 제인웨이는 성차별의 신화를 뿌리깊은 문화적 이해관계와 감정적 갈망의 산물이라고 갈파한다.[16] 그녀의 견해에 따르면, 신화나 신화체계가 실제로 아무 근거도 없다거나 우리의 체험에 상응하지 않는다거나 일체의 논리를 거스른다고 입증하려는 시도는 소용없는 일이다. 신화나 신화체계를 허상으로 규정지을 수는 없다. 이것들은 제도들의 이해관계에 상응하고 있고, 지배 집단의 감정들을 표출하기 때문이다.
그리스도교의 신화와 신학은 대부분이 남자들에 의해 창출되었기 때문에 남자들의 감정들과 이해관계를 반영하고 있다. 성차별에 의해 꼴지어진 이런 감정들과 이해관계는 종교와 신학의 가부장적 구조에 의해 영속화한다. 그러므로 우리는 여자 서품을 위한 신학적 논증이 논리적이고 지성적인 토대 위에 동의

---

16. Elizabeth Janeway, *Man's World, Woman's Place: A Study in Social Mythology* (New York 1971).

를 얻어 낼 수 없으리라는 점을 인식해야 한다. 오히려 논리적이고 지성적인 논증들은 기존의 성차별 구조들을 정당화하는 내용을 더욱 산출할 따름이다.

첫째, 바티칸 선언과 이 선언을 신학적으로 옹호하는 이들은 성사적 사제직이 남자에게만 제한되어야 한다고 주장하면서 현재와 같은 가부장적 교회구조와 이데올로기들을 견지하기 위해 그리스도론적으로 이단에 떨어질 위험까지도 무릅쓰고 있다. 여자를 온갖 직무활동에 받아들이면서도 성찬을 거행하고 사죄경을 발하는 일에서만은 배제함으로써 교회 지도부는 성사활동들을 법으로 보장된 주술의 차원으로 전락시키고 있는 것이다. 성사에 대한 이런 주술적 이해는 그리스도교 성사에 부합하지 않는다는 점이 예비회의를 위한 응답들에서 자주 지적되었다. 하지만 성사들에 대한 이런 훼손현상은 문화적 인간학의 견지에서 보면 더욱 총체적으로 드러난다.

부모 가운데 어머니만이 알려지고 임신이 바람이나 조상의 영들에 기인하는 것으로 여겨졌던 시기나 문화들에서는 여성의 생명 창조력이 주술적 능력으로 이해되었다. 아주 일찍 만들어진 여인상들에서는 풍만한 가슴과 배, 커다란 엉덩이가 생명을 가져다주는 힘을 표현하고 있다. 최근에 인류학자들은 아이를 낳는 데 난자와 자궁은 물론 정자도 필요하다는 사실을 전혀 모르는 상당히 많은 부족을 발견하기도 했다.

여성론 시각의 종교학자들은 신비로운 익싱 생명창조력의 신화가 여성 숭배 종교로 이어졌다가 후대에 가부장적 종교에 의해 점거당했으리라고 주장한다.[17] 가부장적 종교에서 의식행위는 임신과 출산 못지않게 인간 성숙과정에서 중요한 의미를 띤다. 부족의 한 원로가 소년에게 성인 신분을 부여하는 가부장적 입문예식은 남자에 의해 출산의식을 재연하려는 시도들이다. 여자는 정상적 과정에 따라 아이를 낳지만, 남자는 신성시되는 통과의식들을 실연함으로써 입문예식 신참자를 부족의 완전한 구성원으로 "재출산"하는 것이다.

---

17. 특히 M. Stone, *When God Was a Woman* (New York 1978 [이 책 198-223쪽의 발췌 번역: "신이 여성이었던 시대": 이우정 편 『여성들을 위한 신학』 한국신학연구소 1985, 18-31); C. P. Christ, "Why Women Need the Goddess": *Heresies* (1978) 8-13 (이 호의 제목은 "The Great Goddess").

그리스도교 성사들은 모두가 생명을 가져다주는 의식들이다. 세례는 영원한 새 생명에로의 재탄생이고, 성찬은 "생명의 빵"이며, 교리교육과 복음선포는 "어머니의 젖과 고형식품"에 견주어진다. 화해 성사는 생명을 충만하게 회복시키고, 혼인성사는 자연적 생명의 원천을 보호하고 축성한다. 이에 우리는 성사적 사제직을 가진 교회들이 왜 그처럼 집요하게 여자 사제 서품을 거부하는지를 알 만하다. 출산과 양육을 실연하는 남성 의식으로서의 성사들은 생명을 낳고 양육하는 여성의 힘을 모방하고 있기 때문에 남성의 성사체제를 견지하면서 성사들의 신비적·종교적 성격을 보존하려는 것이다.

둘째, 전례의 법적·주술적 이해도식이 남자 성직자들이 여자들의 사제직 서품 요구를 종교적 통제권을 장악하려는 투쟁으로 보는 주된 이유의 하나로 보인다. 여자들은 권력 문제를 피하려고 노력하면서 주로 공동체 섬김의 견지에서 사제직을 거론하는데도 남자 성직자들은 여자의 사제직 접근을 남자 특권의 손실로 보고 있다. 곧, 성사적 사제직의 주술적 뿌리와 신비적 성격이 현대 문화 속에서 "여성적" 것으로 인식되는 전문직에서 성직의 남성성을 재보증하는 요소로 작용하고 있는 것이다.[18]

여성이 문화적으로나 신학적으로나 "약한 성"이라고 간주되므로 여자의 서품 수용은 남성 성직자가 여자의 지위로 격하되고 교회가 "여성화"하여 2급으로 무력화하리라는 것을 의미한다. 이런 두려움이 여자 서품에 관한 토론 과정에서 거듭 표명되었다. 신학적 논증들이 모두 바닥나고 나면 미구에 여자 서품이 교회의 완전한 여성화를 의미하리라는 식의 문제가 제기될 것이다. 현재 가장 활동적인 교회 구성원은 여자들이고 소수만 남은 보수적 남자들은 여자 성직자를 존중하지 않을 것이므로, 여자 서품으로 여자들에게 교회가 완전히 장악되어 남자들에게나 사회에게는 한물 가고 말세라 두려워하는 것이다.

여자들은 하느님 백성을 섬기기 위해서 서품을 추구하는 데 반해, 남자 성직자들은 여자의 사제직 참여로 자기네 전문적 지위가 탈남성화하리라는 두려움

---

18. 참조: A. Douglas, *The Feminization of American Culture* (New York 1978).

때문에 여자들의 말을 들을 능력을 상실했다. 여사제의 남자 성직자에 대한 이런 심리적 위협은 우리의 문화가 사랑과 연민, 양육과 섬김 같은 그리스도교적 가치를 "여성적" 특질로 여긴다고 하는 사실에 의해 한층 증폭된다. 이런 특질들은 공공적 정치생활 영역을 결정해 나가지 못하고 개인적 영역에서나 통하고 있다. 그러나 이런 특질들이 상투적으로 "여성적" 가치로 고정관념화한 채 제도적이고 공공적인 힘으로 도야되지 않는 한, 남자들은 이 인간적이고 그리스도교적인 가치들을 여자에게 투사할 필요가 있을 것이다. 자신들의 남성화한 문화 속에서는 이런 가치들을 실천할 수가 없다고 여기기 때문이다. 그래서 교회는 "여성적" 가치들을 설교하지만, 그 실천은 우리 문화의 남성적 가치들에 의해 결정되는 상황이 유지되는 것이다.

사제직이 남성화 상태에 머무는 한, 양육하고 능력을 주며 섬기는 제도가 되지 못하고 "여성적" 역할을 수행하는 존재로 여겨지는 평신도의 영성 생활을 계속 통제하는 남성 성직자들의 권력을 대표할 것이다. 마찬가지로 여자들이 사제직에 받아들여지지 않는 한, 성사들은 주술적·남성적 성격을 떨쳐버리지 못하고 그리스도교 직무는 사람들을 섬기는 제도가 되지 못할 것이다. 가부장적 성차별의 구조악은 그리스도교 사제직의 본질을 타락시키고 있는 것이다.

셋째, 남성 성직계가 여자의 사제 서품을 거부하는 근저에 성차별이라는 구조악이 있다면, 합리주의적 신학 논증으로는 이 문제가 해소되지 못한다. 그리스도교가 보일 수 있는 유일한 응답은 회심이다. 뒤집어 말하면, 지금 우리에게 시급한 과제는 가부장적 성차별의 실체를 그 모든 자리에서 밝히는 일이다. 이렇게 하는 데는 무엇보다도 우리 자신이 우리 안에 내면화된 성차별의 "허위의식"을 인정하는 태도가 요청된다. 이런 회심은 여자와 남자에게 각기 다른 형태를 띠어야 할 것이다. 여자와 남자의 그리스도교적 자기이해와 교회 내 역할이 가부장적 성차별에 의해 각기 다르게 영향을 받아 왔기 때문이다.

가부장적 성차별의 구조적 죄가 여자들이 교회의 모든 직무에 서품되는 것을 가로막는 주된 장애라면, 우리는 제도교회가 공개적으로 신학적·상징적·제도적 성차별에서 돌아설 것을 역설해야 한다. 제도교회는 지금까지 공식적으로 민족간과 인종간 착취를 거부하고 유대인 적대 신학을 부정해 온 것처럼 이제 가부장적 성차별을 일체 포기하도록 요청받고 있다. 성직계가 이 부름에 주의를 기울이기까지 여성론 신학은 남성위계적 교회와 여자들을 완전히 동일시하기를 거부하고 "부분적 동일시"[19]를 견지하는 "비판신학"을 지켜나가야 한다.

제도교회가 이 회심의 부름에 귀기울이지 않는 한, 여자 서품은 해방적 현실이 될 수 없다. 가부장주의가 죄악이라면, 여자나 남자나 성차별적 죄로 물든 구조를 변화시키기 위해 그 구조 속에서 서품받을 수 있을 따름이다. 교회 당국이 참회의 부름에 귀기울이지 않는 한, 우리의 회심은 현재의 성차별 구조에 대한 "제도적 불복종"과 비성차별적 공동체의 시각에 "참여하는 복종", 이 두 형태로 표출될 수밖에 없다. 교회 당국이 공개적으로 회심하지 않는 한, 우리의 회심은 남성중심적 신학을 용인하고 성차별적 의식에 참여하기를 거부하면서 가부장적 교회구조에 끊임없이 항거하는 형태로 표출되지 않을 수 없다.

교회 당국이 성사 안에서의 그리스도의 대리를 남자에게만 제한하여 교회의 제도적 성차별을 굳혀 나가고 있는 한, 우리는 이 성차별이 무엇을 위해 존립하는지를 규명하고 모든 성사가 거행될 때마다 그 도입부에서 성차별의 죄를 공개적으로 고백할 것을 요구해야 한다. 여자들이 성찬 거행에서 그리스도를 대리할 수 없는 한, 주님의 식탁에 우리가 참여하는 것은 예수에 의해 의도된 성찬 공동체의 타락을 방치하는 것이다. 아마도 우리는 성차별의 죄에 의한 성찬의 왜곡을 폭로하기 위해 공개적 영적 단식 시위의 적합성을 생각해야 할 것이다.

우리들 가운데서 천성적으로 그리스도교의 대립을 회피하려는 사람들이 있다면, 나는 갈라디아서 2장을 다시 읽도록 촉구하고 싶다. 바울로는 베드로의 허위적 의식과 실천에 맞섰다. 베드로가 공동체의 일치와 성찬을 파괴했다는 이유로 바울로가 그를 면박했던 것처럼, 우리는 오늘 이 삶의 자리에서 성사적 사제직으로부터 여자를 배제하는 것은 성찬과 그리스도 교회를 타락시키고 있

---

19. 이 신학적 개념 참조: H. Schlette, "On So-Called 'Partial Identification' with the Church": J. B. Metz 편 *Perspectives of a Political Ecclesiology, Concilium* 66 (New York 1971) 35-49.

다는 점을 공개적으로 천명해야 한다. 사제직의 충만한 차원인 주교직에 여자를 서품하는 것은 단순히 "여자들의" 문제만이 아니다. 참으로 교회 전체의 신뢰성과 생활에 영향을 미치는 신학적이고 영성적인 문제인 것이다.

구조적 죄인 성차별에 대한 교회 전체의 참회는 남녀 모두가 사회와 교회에서 동등과 해방 투쟁에 동참하여 하나가 될 때 비로소 가능하다. 이런 참회에는 여자와 남자 모두가 신학과 직무에서 여자를 존중하고, 오늘 이 삶의 자리에서 여자들 가운데서 펼치시는 성령의 활동을 긍정하는 태도가 요청된다. 그러므로 이제 여자들은 서품을 간청한다거나 성차별적 교회 전통을 정당화하는 일이 없도록 경계할 필요가 있다. 그보다는 적극적으로 여자의 직무들과 영성적 힘들을 모든 곳에서 어김없이 확고하게 천명하고 인정받도록 해야 한다. 우리는 신학자와 사목자로서, 설교자와 성사 집전자로서, 교회 행정담당자와 지도자로서, 영성 지도자와 공동체 건설자로서, 치유자, 중재자 그리고 예언자로서의 여자 직무들을 공개적이고 제도적으로 천명하도록 불린 이들이다.

교회의 성차별로부터의 이 회심은 우리에게 "개인적 영역에서 벗어날" 용기를 요청한다. 우리는 그리스도교 신앙을 가진 여자들로서 성사적으로 예수를 표상하고, 공동체 안에서 빵을 떼며, 하느님과 그분 백성과 각 사람 서로를 화해시키고, 그리스도교 복음의 진리와 힘을 선포할 권한이 있다는 사실을 공론화公論化할 용기가 있어야 한다. 교회의 성차별로부터 우리가 보이는 회심이 진정한 것이라면, 우리는 하느님 영의 능력이 교회의 가부장주의를 존속시키기에 몰두하는 남성에 의해 완전히 장악되어 있는 위계적 체제의 그것보다 강함을 체험할 수 있을 것이다. 구조적 죄인 성차별에 대한 참회는 제도적 가부장주의로부터 해방된 쇄신된 교회를 위해 우리의 경륜과 삶을 걸고 제도적 교회에 부분적 복종의 모험을 감행할 자유를 허락해 줄 것이다.

쇄신된 교회를 향하여

예비회의 자료들은 많은 여자들이 성차별로부터 해방된 교회의 쇄신된 사제직을 위한 투쟁에 투신해 왔음을 보여주었다. 이 투신은 제도적 성차별에 대해 참회하지 않는 가부장적 성직계와 제도적 교회하고 자신들을 동일시하기를 거부하는 예언자적 결단으로 이끌어간다. 동시에 예비회의 많은 참석자들은 자신들이 수행하는 성사적이고 사목적 직무에서 해방되고 해방하는 교회의 성사적 은총을 현존케 해 왔음을 확인해 주었다.

예비회의 응답자 대다수는 사제직과 교회 구조에 대한 비판적 이해에도 불구하고 교회를 남성 주도의 억압적 위계 구조와 동일시하지는 않고 오히려 순례하는 하느님 백성이라는 시각에서 교회를 재규정한다. 그토록 불의하고 억압적 교회에서 여자들이 밀려나기를 방치하기보다는 교회와의 **부분적 동일시**를 선택하는 것이다. 이들은 남성 성직계의 구조와 선언들을 무비판적으로 하느님의 뜻이나 그리스도교 공동체와 동일시하지 않는다. 한 여자는 깊은 소외감과 부분적 동일시를 표현하면서 이렇게 자신을 소개한다. "저는 캐더린인데, 로마의 명에 따라서가 아니라 예수 그리스도의 명에 따라 한 사제랍니다."

그러므로 예비회의 응답자 대부분은 사제직 소명을 제도 교회나 개인 신심 혹은 제의적 희생제사의 견지에서 이해하지 않는다. 오히려 자신들의 부름과 권한을 하느님 백성의 요청을 받아들이기 위해 성령으로부터 온 것으로 인지한다. 다음과 같은 한 목소리는 이들 다수를 대변할 수 있을 것이다.

> 브라질에서 창녀 그룹과 함께 기도하러 불려간 일이 기억난다. 내가 불려간 것은 그들 가운데 한 동료가 죽었는데, 그 지역 "사제"가 장례에 필요한 교회 건물 사용을 거부했기 때문이었다. 우리는 그들의 마을에서 예식을 거행하고는 모두 함께 시신을 묘지까지 옮기고 나서 이 열다섯 살 소녀의 몸을 위해 기도하고 축복을 빌어주었다. … 그 후로 나는 여러 차례 그 사람들과 함께 생명과 죽음의 성사적 순간들을 나누기 위해 불려가게 되었다.

자신의 소명과 권한을 하느님 백성으로부터 오는 것으로 인지하는 이런 이해는 공식적 남성 교회에 의해 집중적으로 가해진 갖가지 방해에도 불구하고 이 여자로 하여금 그녀의 직무를 계속해 나갈 수 있도록 하고 있다.

요즘 나는 나 자신의 서품에 대해 전혀 걱정하지 않는다. 오로지 나의 직무를 수행할 따름이다. 어느 날 교회가 나를 공식적으로 서품한다면, 교회 당국자들에게는 모르지만 나에게는 전혀 달라지는 바가 없을 것이다. 지난 삼십 년 동안 나는 온전히 교회에 투신해 왔다.[20]

많은 여자들이 교회의 기존 구조 안에서 소명과 직무의 삶을 계속하는데도 교회 안에서 이들의 위치는 "점점 변두리로 밀려나 벼랑에 몰리게" 되었다. 덜리 포멀로는 가톨릭 교회의 여자들이 교회에 대해 "부분적 동일시"를 보이는 가운데 "벼랑"에서 전위대로서 산다는 것이 무엇을 의미하는지를 적절히 표현한다.

> 나는 가부장적 억압과 구조적 교회로부터 나 자신이 겪은 소외를 연계지어 왔다. 나는 공공연히 혹은 교묘히 자행되는 차별과 여자들을 갈라놓는 시도들, 약속은 해도 지켜지지는 않는 현상들을 인식하고 있다. … 한 "종교적 대상"으로 길러졌으나 … 지금은 한 "종교적 주체", 곧 자기 자신의 영성을 명명하고 창출하는 존재, 억압당하는 다른 여자들과 따뜻한 마음을 가진 남자들과 손잡고 쇄신된 교회를 창출하기 위해 연대하는 존재가 되어가는 과정에 있다.[21]

여자가 종교적 주체로 존재할 수 있는 쇄신된 교회를 실현하기 위한 이런 투신은 많은 여자들에게 오늘 이 삶의 자리에서 성사 거행을 통해 하느님의 은총과 신앙 공동체를 의식화하고 실현하도록 촉구하고 있다. 성사들, 특히 성찬은 그리스도교 공동체의 상징적 핵심이다. 그러므로 성직자 개인의 소유나 특권이 아니라 당연히 교회 전체에 속한다. 교회의 위계나 직책은 그 자체가 목적이 아니라 하느님 백성을 섬기기 위해 존재할 따름이다. 이 공동체는 성사들을 받을 권리가 있다. 여자 서품을 배제한다는 것은 하느님 백성에게서 성찬을 박탈하는 것이요, 이것은 중대한 범죄이다. 성사적 사제직으로부터 여자들을 배제

---

20. P. Fitzgerald, "Female Clerics – A Faraway View": *WOC Newsletter* (1977.10) 7.
21. Dolly Pommerleau, "Spirituality Has Its Trials": *The Wind Is Rising*, 17.

하는 것은 교회의 상징적 실현을 위한 전례의 구심적 차원과 교회에 대한 신학적 이해에 관한 교회 자신의 가르침에 정면으로 배치한다.

성직계의 여자 서품은 성사 은총을 남성이 거행하는 제도화한 의식에 한정짓는다는 점에서 성사의 보편성을 훼손한다. 칼 라너는 성사의 법적 이해로부터 존재론적 이해로 넘어가야 한다고 주장했다. 성사의 존재론적 이해에서 성사적 은총은 성사적 상징들이 실연되는 모든 곳에 현존하며, 다음과 같은 점을 강조한다.

> 성사를 받음은 신앙생활을 지속시키고, 바로 이 신앙이 자라나 충만상태에 이르게 한다. … 모든 은총이 **교회**에 대해 가지는 관계가 교회 자신의 볼 수 있는 역할 수행을 통해 지금 분명히 표현된다. 요컨대, 이미 발생해 온 그것이 지금 일정한 감지할 수 있는 사건이 되어 이미 이전의 사건들을 존속시켜 온 은총의 도구의 형태로 **공적으로** 나타나며 그것이 교회이다.[22]

그러므로 성사 거행은 개인의 사적 행위 안에 이미 현존하는 성사적 은총의 강화를 의미한다.

이 분석을 여자들이 현재 수행하고 있는 성사적 직무에 확장·적용한다면, 성사적 은총은 하느님과 그분 백성을 화해시키고 하느님의 은총을 사람들에게 매개하는 여자 직무자들의 모든 활동에 이미 현존한다고 말할 수 있다. 여자들이 교회 직무자로 활동하는 한, 이들은 "모든 은총이 교회에 대해 가지는 관계"를 가시화한다. 예컨대 사람들이 자기 죄를 여자에게 고백할 때, 혹은 여자 직무자가 공동체 안에서 빵을 뗄 때 그렇게 된다. 혹자는 여자 직무자의 이런 성사적 행위는 서품을 통한 법적 정통성이 없는만큼 교회의 **공적** 차원을 결여한다고 주장할 것이다. 그러나 이런 논증은 여자의 합법적 서품을 차단하는 것이 구조적 죄로서 가부장적 성차별에 의한 결과라는 점을 간과하고 있다. 성차

---

22. Karl Rahner, "Personal and Sacramental Piety", *Theological Investigations II: Man in the Church* (London 1963) 128-9. 내가 이 내용을 알고 이렇게 해석할 수 있게 된 것은 Francis Schüssler Fiorenza 덕분이다.

별이라는 상징적 죄는 성사의 보편성을 파괴한다. 오히려 거꾸로 여자들의 성사적 직무야말로 "그리스도의 행업과 교회의 생명력"이 성차별적 상징성에 의해 파괴되지 않는다는 점에서 교회의 성사적 은총을 충만하게 상징화한다고 주장할 수도 있다. 남성 성직계는 서품을 통해 여자의 성사적 직무를 공식적으로 인정하기를 거부함으로써 그리스도의 구원행업도 교회가 띠고 있는 구원의 보편적 성사로서의 성격도 왜곡시키고 있는 것이다.

결론: 예비회의 과정은 한편 대부분의 여자들이 남성에 의해 완전히 독점된 현재의 위계 구조에 서품되어 들어가고자 하지는 않음을, 또 한편 이미 성령과 하느님 백성으로부터 받은 것으로 자처하는 성사적 사제직 소명에 따라 살고 있음을 보여주었다. 예비회의 참여자들의 반응에 대해 내가 신학적으로 비판적 성찰을 하면서 추구한 것은 바로 여자들의 이 새로운 의식을 이해하는 것이었다. 또한 여자들을 서품함으로써 성사적 직무를 공적으로 인정하지 않으려는 남성 성직계의 신학적 거부를 정확하게 이해하는 것이었다.

현재와 같은 남성 전유물화한 교회 구조로 서품되어 들어가는 것이 아니라 쇄신된 직무, 쇄신된 교회를 위해 투쟁하는 모든 사람들에게 다음 두 가지 행동양식이 제시될 수 있을 것이다. 쇄신된 교회의 쇄신된 사제직을 실현하기 위한 이 투쟁은 무엇보다도 구조적 죄로서의 가부장적 성차별에 대해 참회하지 않는 남성 성직계 제도 교회와 자신들을 완전히 동일시하는 것에 대한 예언자적 거부를 요청한다. 둘째로, 교회가 드러내는 성차별이라는 구조적 죄에 대한 이 거부는 여자를 **여자로서** 확고하게 인정하려는, 특히 이미 자신들의 성사적 직무를 통해 쇄신된 교회의 성사적 은총을 현존케 하는 그런 여자들을 확고하게 인정하려는 노력을 수반해야 한다.

따라서 지금은 성차별을 그리스도교의 한 가치로 내세우는 모든 이들에게, 그들이 남자든 여자든, 성직자든 평신도든 상관없이 공개적으로 참회할 것을 요청할 때이다. 이것은 결코 여자들이 이 가부장적 교회구조 안에 서품되어 들어가서 "교회의 노른자위"에 끼고 싶기 때문이 아니다. 우리는 그리스도의 복음과 교회에 대한 신뢰성이 위기에 처해 있기 때문에 이 일을 하지 않을 수 없다. 이런 실천을 통해 우리는 예수를, 당신 자신의 생명을 다해 당대의 종교와 문화체제에 항거하신 그분을 뒤따라야 하는 것이다. 우리는 약한 이들과 병든 이들, 버림받은 이들과 여자들을 돌보고자 종교적으로 규정된 법을 어기셨던 그분, 예수를 따라야 한다. 이런 견지에서 루가 13,10-17은 예수와 우리 자신의 구원의 실제를 위한 전범이 된다.

예수께서 안식일에 한 회당에서 가르치고 계셨다. 마침 거기에 십팔 년 동안이나 병고의 영에 사로잡힌 여인이 있었는데 그는 허리가 굽어 도무지 펼 수 없었다. 예수께서는 그 여인을 보시고 가까이 부르시어 "부인, 당신은 당신 병에서 풀려났습니다" 하시고 여인에게 손을 얹으셨다. 그러자 여인은 당장 허리를 펴고 하느님을 찬양했다.

그런데 회당장은 예수께서 안식일에 병을 고치시는 것을 언짢게 여겨 군중에게 "일해야 하는 날이 엿새나 있습니다. 그때에 와서 고치도록 하시오. 안식일에는 안됩니다" 했다.

주님께서는 그에게 대답하여 말씀하셨다. "위선자들아, 너희는 누구나 안식일에도 자기 소나 나귀를 외양간에서 풀어내어 끌고가서는 물을 먹이지 않느냐? 이 부인은 아브라함의 딸인데, 보다시피 사탄이 그를 무려 십팔 년 동안이나 묶어놓았다. 그런데 안식일이라 하여 이 묶음에서 풀려나지 말았어야 한단 말이냐?"

예수께서 이렇게 말씀하시니, 그분에게 반대하는 사람들은 모두 망신을 당했으나 군중은 모두 그분으로 말미암아 이루어진 그 모든 영광스러운 일을 두고 기뻐했다.

예비회의 참여자들이 거듭 천명했듯이, 문제는 여자가 성차별적 구조 안으로 서품되어 끼여들여지는 것이 아니다. 복음과 교회의 복음선포가 지금도 여자들로 하여금 허리를 펴고 똑바로 서서 걸을 수 있게 하시는 하느님의 해방하시는 능력을 발로시킬 수 있는가, 바로 이것이 문제인 것이다.

11

"여러분은 아버지라고 불려서는 안됩니다"
여성론으로 본 초기 그리스도교 역사

【상황 설명】

　불행하게도 이 글의 "역사"는 지금까지 가부장적 학계와 그 제도들에 대한 나의 분석을 확증해 주었다. 나는 슈나켄부르그Rudolf Schnackenburg 교수의 65회 생일을 기념하여 1979년 1월에 열린 학술 심포지엄을 위해 이 논문을 준비해 달라는 청을 받았다. 그에게 박사학위 과정을 지도받았거나 받고 있는 학생들로 구성된 그룹에 의해 추진된 이 심포지엄의 주제는 "초기 그리스도교 역사와 관련된 문제들"이었다. 여기 소개할 논문의 주제를 제안한 뒤 완성하여 보내고 나서 나는 구두로는 물론 서면으로도 이것이 전체 주제와 잘 부합하기 때문에 슈나켄부르그 "기념 논문집"에 발표되리라는 확약을 받았다. 하지만 그후에 편집위원회는 이것을 발표하지 않기로 결정했다. 학문적 공과에 대한 전문적 평가가 전혀 없이 내려진 결정이었다. 이 결정 후에 편집자들은 이 예기치 않은 결정을 나의 글이 "그리스도교의 기원기의 역사로부터: 그 발전 양상과 원리들"이라는 주제에 의해 설정된 범위를 넘어가는 지극히 시사적이고 강렬한 논조를 보이는 유일한 논문이기 때문이라고 설명하는 것이었다.

　슈나켄부르그 제자 모임의 회원들에게 발송된 (1979.12.28. 기념논문집이 Questiones Disputatae 87로 출판되었음을 알리는) 편지에서 편집자들은 이 주장을 되풀이했다. "특히 우리 동료들의 다른 논문과는 구분될 정도로 지나치게 시사성을 띠고 있어서 편집자들은 발표하지 않기로 할 수밖에 없었다." 그러나 이들은 이 주제가 특히 "최근 아메리카에서의 교종 발언에 관한 보고서들"이 자기들의 판단을 확인해 주고 있으므로 좀더 논의를 확장해 나갈 만하다고 본다고 지적했다. 동시에

"초기 그리스도교에서의 여자들"¹에 관해 논의할 예정이던 다음 심포지엄을 위해 글을 써 줄 것을 청했다. 나의 연구가 단행본으로 출판될 예정임을 잘 알면서도 (아니면 그때문에) 말이다.² 확실히 기존 학계는 여자의 여자에 관한 연구를 희석시키고, 통제하고, 흡수해 버리지 않고는 못 배기나보다. 특히 그런 연구가 기존의 가부장적 틀들에 이의를 제기할 경우에 말이다.

많은 그리스도인에게 초기 그리스도교 역사의 재구성이란 문제가 아니다. 사도행전에 그리스도교의 발단기의 일들이 정확히 기록되어 있다는 생각이 널리 퍼져 있는 것이다. 하지만 주석가들과 초기 그리스도교 역사가들은 모두 실은 그렇지 않음을 잘 알고 있다. 대부분의 주석가들이 예수께 교회 조직 청사진이 있지는 않았다는 점에 동의하겠지만, 초기 교회사의 실제 발전에 관한 이해에는 상당한 차이들이 있다. 열둘의 역사적 중요성이나 카리스마와 직무의 관계, 바울로 사상과 초기 가톨리시즘의 병립, 사도 계승과 이단 논쟁, 초기 그리스도교 역사의 실천적·교회내적 의미 문제들은 여러 가지로 응답되고 있다.³ 나

---

1. G. Dautzenberg 편 *Die Frau im Urchristentum*, Questiones Disputatae 95 (Freiburg 1983 〔윤선아 역 『원시 그리스도교의 여성』 분도출판사 1992〕.

2. 이들의 책과 같은 해에 나의 *In Memory of Her: A Feminist Theological Reconstruction of Christian Origins* (New York 1983)이 나왔지만 이론적 접근방법은 확연히 구분된다. 단순히 초기 그리스도교에서의 여자들에 대한 것이 아니라, 여자들을 관심의 중심에 둠으로써 초기 그리스도교 역사의 재건을 추구하기 때문이다. 나아가 나의 책은 평등론적인 초기 그리스도교의 자기이해와 그 구조들과 가부장인 그것들 사이에 나타나는 "긴장과 갈등"을 중점적으로 파헤침으로써 이 글의 "평등론적인" 재건 모델을 보완하고 있다. 끝으로, 이 책은 이 투쟁의 역사가 그리스도교 전역사를 통해 추적될 수 있을 뿐 아니라 지금까지도 계속되고 있다는 사실을 밝히고자 하고 있다.

3. A. Meyer, *Die moderne Forschung über die Geschichte des Urchristentums* (Leipzig – Tübingen 1898); D. Lührmann, "Erwägungen zur Geschichte des Urchristentums": *Evangelische Theologie* 32 (1972) 452-67; R. Schnackenburg, "Das Urchristentum": J. Maier, J. Schreiner 편 *Literatur und Religion des Frühjudentums* (Würzburg 1973) 284-309; J. Blank, "Probleme einer Geschichte des Urchristentums": *Una Sancta* 30 (1975) 261-86; S. Schulz, *Die Mitte der Schrift: Der Frühkatholizismus im Neuen Testament* (Stuttgart 1976); F. Hahn, "Das Problem des Frühkatholizismus": *Evangelische Theologie* 38 (1978) 340-57; H. Paulsen, "Zur Wissenschaft vom Urchristentum und der alten Kirche – ein methodischer Versuch": *Zeitschrift für die neutestamentliche Wissenschaft* 68 (1978) 200-30.

아가 주석가들은 요즘 점점 초기 그리스도교의 본문에 대한 가치중립적 해석과 초기 그리스도교 역사의 객관적 재구성이 그 자체의 전제들과 학문적 모델들로 인해 실패할 수밖에 없는 학문적 허구임을 인정하는 경향을 보이고 있다.

여자들이 초기 교회의 발전과정에서 어떤 지도적 위치를 맡고 있었는가에 관한 문제는 해석과 관련한 이 모든 문제를 한층 심각하게 만들고 있고, 동시에 새로운 시각에서 성찰되는 논제들을 형성하고 있기도 하다.[4] 그럼에도 불구하고 대부분의 학자들은 이 문제를 주석학적·역사적 문제로 보기를 꺼리고 지금까지 계속 "여자 문제"로 이해해 왔다.[5] 이 문제는 지금도 여자들에 관한, 여자들을 위한 회의나 논문들의 대상일 따름이지, 주석학적 혹은 과학적 논구를 바탕으로 하는 심포지엄 프로그램이나 학문적 "기념 논문집"에는 들어설 자리가 없는 것이다. 대부분의 학자들은 이 문제를 이런 식으로 원론적이거나 시사적 주제로 인식할 뿐, 초기 그리스도교의 본문들과 역사 해석을 위해 새로운 사실을 발견하게 하는 가치있는 논제로는 여기지 않아 왔다.

이런 태도는 보통 여성론적 주제란 여성운동으로부터 고취되어 현대 교회와 사회의 관심사들에 의해 규정되므로 이데올로기 혐의가 있으며 역사학적 관심에서 비롯된 것이 아니라는 지적으로써 정당화된다. 그러나 이런 주장은 초기 그리스도교 역사에 관한 모든 학문이 우리 시대의 문제들과 관심들로부터 고취되고 있다는 사실을 간과하고 있다. 더욱이 성서는 고대 역사 기록만이 아닌 성서인만큼, 현대교회에서도 권위와 타당성을 띨 수 있어야 한다. 결국 **성서적** 탐구들은 언제나 교회와 사회의 관심들과 문제들에 의해 촉발되는 것이다.

역사비평적 연구가 현대 그리스도교와 사회에 뿌리를 두고 있음을 요제프 블랑크는 다음과 같이 지적했다. "다양하게 나타나는 우리 시대의 그리스도교 정

---

4. 이 논고는 고대와 초기 그리스도교 시대 여자들에 관한 연구와 더불어 초기 그리스도교 역사에 관한 방법론적 연구들을 전제로 하고 있다. 그렇기 때문에 이 주제와 연관된 문헌을 여기서 모두 인용하기란 불가능하다. 다양한 가설들과 견해들이 개진하는 논의를 포괄적으로 적절하게 다루려면 훨씬 많은 지면이 할애되어야 할 것인데, 이를 위해서는 나의 *In Memory of Her*를 보라.
5. 이 점은 초기 그리스도교 시대 여자들에 관한 연구들이 그동안 그리스도교 기원기의 학문적 재구성에 별로 영향을 미치지 못했다는 사실에서 분명히 드러난다고 할 것이다.

통성에 대한 관심, 그리고 교회에 관한 비판과 개혁에 대한 관심, 아마도 바로 이것이 초기 그리스도교 역사에 관한 연구를 촉발시키는 가장 근본적인 동기일 것이다."[6] 초기 그리스도교 운동들에서의 여자 역할 연구가 사회적이고 교회정치적인 관심들에 의해 크게 규정되었고 그래서 비과학적·비학문적이라는 반론은 우리 시대의 교회와 초기 교회와의 동일성과 계속성에 대한 물음으로부터 고취되고 있는, 초기 그리스도교 역사를 재구성하고자 하는 일체의 시도들에도 그대로 적용된다. 그러므로 초기 그리스도교 역사의 남성중심적 재구성은 가치중립적이지도 객관적이지도 않다. 오히려 의식적이든 아니든 우리 시대의 교회가 현재 드러내고 있는 위계적·남성적 구조들을 정당화하고 있다.

모든 역사적 재구성은 과거에 대한 선택적이고 현시대적인 분석에 토대를 두고 있다. 이 시도들은 현재까지 남아 있는 자료에 한정될 뿐 아니라, 현재의 사회적 시각에 의해 제약을 받는다. 과거에 대한 이해는 단순히 옛것의 추구만이 아니며 으레 역사서술자의 시대 상황과 연계되어 있다. 해석학적 논의는 역사가가 다른 학자들과 마찬가지로 자신의 실존적 전제조건과 체험, 이데올로기와 투신행위들로부터 완전히 자유로울 수 없음을 밝혔다.[7] 역사가와 해석자의 개인적 전제들과 사회적 위치가 과거에 중요했던 것은 물론 오늘 여기서 연구될 필요가 있는 것이 무엇인지를 선택하고 규정하는 일을 결정짓는다. 해석학과 지식사회학은 역사 서술이 역사를 쓰는 사람들의 체험과 관심들에 의해 결정된다는 인식을 충분히 이해할 수 있게 했다. 그러나 이런 해석학적 합의도 과학적 역사 서술과 신학이 "남성적"으로 제약되어 있음이 밝혀질 때마다 이를 외면해 버리려는 것 같다. 대부분의 학자가 남자일 뿐만 아니라, 실재에 대한 우리의 이해 자체가 남성중심적이라는 데 문제의 핵심이 있는 것이다.

---

6. Josef Blank, "Probleme einer Geschichte des Urchristentums", 262.
7. 이 점은 G. Heinz, *Das Problem der Kirchenentstehung in der deutschen protestantischen Theologie des 20. Jahrhunderts*, TTS 4 (Mainz: Mathias-Grünewald, 1974)에서 잘 입증되었다. Heinz는 초기 그리스도교의 발단기를 달리 재구성한 여러 시도들의 토대를 이루는 신학적 전제들에 주의를 집중하고 있다. 성서주석의 사회학적 차원: R. L. Rohrbaugh, *The Biblical Interpreter* (Philadelphia 1978).

그러나 남성 주석가들과 학자들의 실존과 관련된 차원에서 언급되는 전제들을 밝혀내는 것으로는 충분치 않다. 또한 그들이 초기 그리스도교 역사를 재구성하는 데 사용하는 해석 모델들을 분석해야 하는 것이다. 기술적記述的 역사 연구들은 초기 그리스도교와 관련한 활용 가능한 정보들과 본문들을 분석하는데, 여기서는 은연중에 초기 그리스도교의 역사에 대한 어떤 이해를 가정하고 있다. 하지만 역사의 재구성을 겨냥하는 역사 기술은 초기 그리스도교의 발전에 관한 총체적 이해를 구축할 수 있도록 하는 발견적이고 해석적인 모델들을 발전시켜 나감으로써 이런 가정을 밝혀준다.[8] 이런 해석적 모델들은 독자들이 특정한 시각에서 행위의 지적 맥락과 실천 양식들을 바라볼 수 있게 하는 일관성 있는 해석의 전체 틀 속으로 다양한 정보들을 끌어들인다. 그러므로 한 해석적 모델은 다양한 전통과 정보를 적절히 열거하는가에 따라 판단되어야 할 뿐만 아니라, 바로 이런 견지에서 초기 그리스도교 역사에 대한 종합적 전망을 제공하는가, 그리하여 그 해방적 실천과 신학을 오늘의 교회와 사회에서도 제대로 작용할 수 있도록 하는가와 관련해서도 엄정하게 검토되어야 한다.

남성중심적 해석과 편집

"성서의 여자들"에 대한 원론적 접근은 여자에 대한 성서의 언급이 남성중심적 해석과 편집을 거쳤다는 사실을 간과한다. 서양 문명의 세세석 남성중심주의는 그 누구도 남자가 교회에서 역사의 주체요 동인動因으로서 군림해 왔음을 의문시하지 않는다는 점에서 분명하다. 남자가 아니라 여자의 역사적 역할이 문제가 되는 것은 남성성은 그 자체로 이미 규범으로 자리잡고 있는 반면에 여성성은 이 규범으로부터 벗어나 있기 때문이다. 학문과 역사의 주체로서 "인간"man을 언급할 때마다 그것은 남성을 의미한다.[9] 실재에 대한 서양의 이해와

---

8. "모델" 개념: Th. S. Kuhn, *The Structure of Scientific Revolutions* (Chicago 1970) [『과학혁명의 구조』 이화문고 6, 이화여자대학교 출판부 1981]; I. G. Barbour, *Myth, Models and Paradigms* (New York 1974). Josef Blank, "Zum Problem 'ethischer Normen' im Neuen Testament", *Konzilium* 7 (1967) 356-62에서는 "모델"이라는 말을 위에서와 좀 달리 사용하고 있다.

언어적 표현에서는 남성의 실존이 인류 실존의 기준이다. "인류는 남성이고, 남자가 여자를 그 자체로가 아니라 남자와 관련지어 규정한다. 여자는 자율적 존재로 간주되지 않는다. 남자가 주체이고 절대자이며, 여자는 타자이다."[10] 그래서 우리의 사회적·학문적 구조는 여자를 남자로부터 파생된 존재, 남자를 기준으로 하여 이차적 존재로 규정한다. 인간에 대한 이런 남성중심적 규정은 남자뿐 아니라 여자에 대한 학문적 인식도 결정지었다. 이런 남성중심적 세계관에서는 여자가 역사상 주변으로 몰려날 수밖에 없다. 이런 남성중심의 학문적 패러다임은 여자의 역할을 사회·역사·철학·신학의 주제로 삼기는 하지만 패러다임 자체의 남성중심적 학문적 지평에 대해 물음을 제기할 수 없다.[11]

초기 그리스도교의 학문적 재구성들은 서양 문명의 남성중심적 패러다임을 공유하고 있으므로 초기 그리스도교의 여자들에 관해 긍정적으로 말하는 본문들을 전체적 해석의 틀 속에 통합해 들이지 못하고 일반적으로 여자가 아니라 남자만이 초창기 선교사업에서 중심적 지도력을 발휘할 수 있었다고 전제한다.[12] 그래서 이런 남성중심적 모델에 부합하지 않는 본문들은 즉시 자체의 남성중심적 시각에 입각해서 재해석된다. 이런 일은 다양한 방식으로 일어난다. 예를 들면 현대의 해석자 대부분이 로마서 16,7은 바울로에 앞서서 그리스도인

---

9. 참조: V. Slupik, "Frau und Wissenschaft": *Frauen in der Universität* 6 (München 1977) 8-20; I. Kassner, S. Lorenz 편 *Trauer muß Aspasia tragen* (München 1976); M. Janssen-Jurreit, *Sexismus: Über die Abtreibung der Frauenfrage* (München 1976) 11-93; H. Smith, "Feminism and the Methodology of Women's History": B. A. Carroll 편 *Liberating Women's History* (Urbana 1976) 368-84.

10. S. de Beauvoir, *The Second Sex* (New York: A. Knopf, 1953) 10; E. Janeway, *Man's World, Woman's Place* (New York 1971)에서는 이를 "사회적 신화"라고 성격짓는다.

11. 참조: 나의 두 논문, 즉 이 책의 9장과 5장: V. Saiving, "Androcentrism in Religious Studies": *Journal of Religion* 56 (1976) 177-97; B. W. Harrison, "The New Consciousness of Women: A Socio-Political Resource": *Cross Currents* 24 (1975) 445-62.

12. 참조: 나의 논문 "Die Rolle der Frau in der urchristlichen Bewegung", *Konzilium* 12 (1976) 3-9. 헬레니즘에서의 여자 해방: G. Delling, *Paulus' Stellung zu Frau und Ehe* (Stuttgart 1931) 2-56; C. Schneider, *Kulturgeschichte des Hellenismus* (München 1967) I, 78-117; L. Swidler, "Greco-Roman Feminism and the Reception of the Gospel": B. Jaspert, R. Mohr 편 *Traditio-Krisis-Renovatio aus theologischer Sicht* (Marburg 1976) 39-52; W. A. Meeks, "The Image of the Androgyne": *History of Religion* 13 (1974) 167-80.

이 되어 사도들 가운데서 큰 권위를 가졌던 두 지도적 남자에 관해 말한다고 추단한다. 그러나 "유니안"Junian을 남자 이름인 유니아누스Junianus의 축소형으로 이해할 이유란 전혀 없다. 당시에 유니아Junia라는 이름은 잘 알려진 여자 이름이다. 가부장적 성향의 주석조차 압도적으로 이것을 여자 이름으로 이해했다.[13] 안드로니고와 유니아는 사도들로 인정된 영향력있는 선교 팀이었다.

남성중심적 해석의 또 다른 예로 로마서 16,1-3에 관한 해석이 있다. 이 대목에서 페베는 고린토의 항구도시 겐크레아 지역교회의 *diakonos*요 *prostatis* 라고 일컬어진다. 주석가들은 이 두 호칭의 중요성을 깎아내리려 한다. 여자와 관련하여 사용되기 때문이다. 주석학자들은 바울로가 그 자신이나 아폴로나 디모테오나 디키고를 *diakonos*라고 일컬을 때는 언제나 deacon으로 옮기지만 여기서처럼 여자를 지칭할 때는 똑같은 말을 "종", "협조자" 혹은 deaconess 로 새긴다. 예컨대 퀴르칭거는 필립비서 1,1의 *diakonos*를 deacon으로 옮기면서, 페베에 대해서는 "공동체를 위해 봉사활동을 한다"고 설명하고 각주에서 "최초의 사목보조자 가운데 한 사람"이라고 특기한다.[14] 한스 리츠만은 페베의 직책을 후대의 여부제deaconess 제도에서 유추하여 이해하는데, 이 여부제는 부제deacon에 비해 매우 제한적인 역할만 수행했다. 리츠만은 페베를 "분명히 유복하고 사랑 깊은 부인으로서, 여성적 덕들로 하여 가난하고 앓는 이들을 위해 봉사활동을 했고 여자들의 세례 때에 협조했다"고 특기한다.[15] 오리게네스는 이미 페베를 바울로의 보조자요 종으로 딱지를 붙였다. 그는 훌륭한 일들을 수행하는 여자들은 여부제로 임명될 수 있다고 결론지었다.[16]

그러나 본문은 페베에 관한 이런 여성적 도식화를 허용하지 않는다. 고린토 전서 3,5-9에서 볼 수 있듯이, 바울로는 *diakonos*를 *synergos*(협력자)와 병용하

---

13. M.-J. Lagrange, *Saint Paul, Epître aux Romains* (Paris 1916) 366에서는 여자 이름 쪽을 택했다. 이런 독법을 프로테스탄트 주석가들은 거부했는데도 말이다.
14. Kürzinger, *Das Neue Testament* (Augsburg 1956) 214.
15. Hans Lietzmann, *Geschichte der alten Kirche* (Berlin 1961) I, 149.
16. *Commentaria in Epistolam ad Romanos 10, 26* (PG 14, 1281B) *10, 39* (PG 14, 1289A).

며, 이 호칭들을 가지고 서로 다른 방식으로 공동체 건설에 기여한 동등한 선교사로서 아폴로와 자신을 특기한다.[17] 페베는 겐크레아 교회의 *diakonos*라고 일컬어진다. 그녀의 봉사와 직책이 공동체에서 영향력이 있었기 때문이다. 페베가 초기 그리스도교 공동체의 선교활동에서 큰 권위를 받았다고 하는 것은 *prostatis/patronia*(보호자/후원자)라는 둘째 호칭으로 강력하게 뒷받침된다. 이와 비슷하게 데살로니카 전서 5,12와 로마서 12,8도 지도적인 인물들을 *prohistamenoi*로 특기한다. 그러므로 바울로가 페베를 *prostatis*라고 일컬을 때, 그것은 헬레니즘계 종교 단체 대표격인 보호자나 지도자 같은 영향력있는 사람들과 견주어 서술하는 것이다.[18] 하인리치는 고대에 종교와 개인 단체들이 출중하고 부유한 구성원들로부터 법적 보호를 받고 사회·정치적 영향력을 이끌어냈다고 지적한다.[19] 그럼에도 불구하고 저쥐는 초기 교회에서 여자들이 보이는 후원을 남성중심적 양식으로 해석할 것을 고집한다.

성 바울로를 후원한 여자들의 신분을 특히 주목할 필요가 있을 것이다. 이들은 분명히 자기네 집단 속에서 독립적이고 탁월한 역할을 수행하는 인물들로서, 바울로의 모임이 있으면 자신들이 가장 좋은 것으로 여기는 자리들을 마련하여 대접하고는 했다.[20]

이처럼 잘못된 해석은 초기 그리스도교 운동에서 나타났던 여자들의 영향력있는 역할을 바울로의 강론 끝에 커피 대접이나 하도록 허용되는 "가정주부"의 그것으로 돌려 놓는 것이다!

---

17. 참조: E. E. Ellis, "Paul and His Co-Workers": *New Testament Studies* 17 (1970-1971) 4939; M. A. Getty, "God's Fellow Workers and Apostleship": Arlene and Leonard Swidler 편 *Women Priests* (New York 1977) 176-82.
18. 이 점의 강조: R. MacMullen, *Roman Social Relations* (New Haven 1974) 74-6 124.
19. G. Heinrici, "Die Christengemeinde Korinths und die religiösen Genossenschaften der Griechen": *Zeitschrift für wissenschaftliche Theologie* 19 (1976) 465-526.
20. E. A. Judge, "St. Paul and Classical Society": *Jahrbuch für Antike und Christentum* 15 (1972) 28.

학자들은 초기 그리스도교 공동체들의 지도력이 남자들 수중에 있었던 것을 당연한 일로 여기므로, 바울로계 편지들에서 언급되는 여자들을 사도들의, 특히 바울로의 조력자요 협력자였다고 추정한다. 이런 남성중심적 해석 모델은 여자들이 선교사요 사도이며 바울로와 대등하게 독립적인 여러 공동체의 수장이었다는 대안적 가능성을 고려할 여지조차 남겨놓지 않는다.[21] 바울로의 위치도 때로는 불확실했고 당시 여러 공동체의 구성원 모두가 그를 전폭적으로 받아들인 것은 아니다. 그러므로 어떤 여자들의 영향력이 어떤 공동체에서는 바울로의 그것과 대등하거나 심지어 더 크기조차 했을 가능성은 얼마든지 있다. 로마서 16,1-3이나 16,7 같은 본문은 초기 그리스도교 선교운동에서 지도력을 발휘하던 여자들의 지위가 바울로에 의존한 것이 아님을 드러낸다. 오히려 바울로는 이 여자들과 협력할 수밖에 없었고, 이 공동체들 안에서의 이들의 권위를 인정할 수밖에 없었을 개연성이 더 높다.

따라서 우리는 문법적으로 남성형인 신약성서의 모든 지도자 칭호를 남성에게만 국한시키는 것이 타당한가를 물어야 한다. 충분히 예상할 수 있거니와, 남성중심적 주석은 문법적으로 남성형인 용어들을 두 가지 방식으로, 즉 총칭과 특수한 성으로 해석한다.[22] "성인"·"뽑힌 이"·"형제"·"자녀"를 의미하는 그리스어 명사들은 문법적으로 남성형이다. 그런데 그리스도교 공동체 구성원들을 특징적으로 설명하는 구실을 하는 이 용어들은 일반적으로 남녀 모두를 가리키는 것으로 이해된다. 주석가들은 그리스도교 공동체를 미트라 제의와 연관지어 유비적으로 이해하는 데까지는 나가지 않고, 교회 구성원 자격이라든가 신약성서의 권고들과 지시들의 적용 범위를 남자들에게 국한시킨다.[23] 신약성서는 그리스도교 공동체의 지도자 직분들을 가리켜 "예언자"·"교사"·"봉사자"·"선교사"·"공동협력자"·"사도"·"감독" 등 문법적으로 남성형인 칭호들

---

21. 참조: 나의 논문 "Word, Spirit and Power: Women in Early Christian Communities": R. R. Ruether, E. McLaughlin 편 *Women of Spirit: Female Leadership in the Jewish and Christian Traditions* (New York 1979) 29-70.
22. 이런 식의 구분: C. Miller, K. Swift 편 *Words and Women: New Language in New Times* (New York 1977) 특히 64-74.

을 사용하는데, 이런 칭호마다 주석가들은 남자들에게만 적용되는 것으로 추단한다. 학자들은 페베나 브리스카[24] 또는 유니아 같은 여자들의 위치나 영향력에 대해 공정하게 다룰 수 있는, 혹은 이들을 초기 그리스도교의 지도력에 관한 자신들의 이해에 합당하게 통합해 들일 수 있는 발견적 해석 모델이 없다. 이런 남성중심적 해석들은 우리 시대의 교회가 드러내는 가부장적 관습들을 정당화하는 데 너무도 쉽게 악용되고 있다.[25]

이런 비판을 거부하면서, 초기 그리스도교의 남성중심적 해석은 전해진 자료에 의해 조건지어지고 정당화되어 있다고 주장할 수도 있겠다. 이 자료들은 초기 교회에서의 여자들과 이들의 역할에 대해 아주 드물게 그것도 대부분이 위의 견해에 대한 반증으로 언급될 뿐이라는 것이다. 여자의 역사상 주변성은 우리 시대 주석가들의 창안이 아니라고 주장할 수도 있겠다. 그것은 애초부터 여자들이 예수의 제자 공동체와 초기 교회 안에서 변두리에 있었던 사실에서 비롯한다는 것이다. 예수도 사도들도 초기 그리스도교의 예언자·교사·선교사들도 남자였다. 모든 신약성서가 남자들에 의해 씌어진 것으로 추정되고, 초세기 신학이 "교부들의 신학"이라고 일컬어진다. 여자들은 초기 교회에서 별로 중요성을 띤 것으로 보이지 않으며 지도력이나 가르치는 역할이 허용되어 있지도 않다는 것이다. 그리스도교 안에서 여자의 주변성은 교회의 가부장적 태동기부

---

23. 작은 종파들은 스스로 이 세계로부터 분리해서, 자기네 구성원인 내부자와 "남들"로 인식되는 외부자를 갈라놓는다. 초기 그리스도교에서 "남들"은 여자가 아니라 비그리스도인이다. 일반적으로 그리스도인 호칭들은 문법상 남성형이지만, 교회 구성원 자격이 남자에게만 제한되었다는 증거는 없다. 참조: 나의 논문 "The Study of Women in Early Christianity: Some Methodological Considerations": J. T. Ryan 편 *Critical History and Biblical Faith: New Testament Perspectives* (Villanova 1979) 30-58; W. A. Meeks, "Since Then You Would Need to Go Out of the World: Group Boundaries in Pauline Christianity"; 같은 책 4-29.

24. H. Conzelmann, *Geschichte des Urchristentums* (Göttingen 1971) 부록 1에서는 바울로와 연관된 교회들의 지도자 가운데 여자로는 브리스카만을 언급한다.

25. 이미 지난 세기에 Elizabeth Cady Stanton, *The Women's Bible* (1895-1898; 재간 New York 1972)에서 이 점을 인식하고 통탄했다. 유감스럽게도 최근 바티칸의 여자 서품 반대 선언이 이러한 체험을 확인시켜 주고 있다. 이 문헌에 관한 국제적 맥락의 토론: L. Swidler, "Roma Locuta, Causa Finita?": *Women Priests*, 3-18.

터 비롯된 것이고, 그리스도교 계시의 남성중심주의에서 연원할 따름이라는 것이다.

그러나 이런 신학적 결론은 초기 그리스도교 저작들이 초기 그리스도교 역사와 발전에 대한 객관적이고 사실적인 기록이라는 가정 위에 서 있다. 초기 그리스도교의 자료에서 여자에 대한 언급이 드물다는 사실이 초기 교회에서의 이들의 활동과 관련한 실제 역사를 반영하고 있다고 전제하는 것이다. 그러나 이런 가정은 초기 그리스도교 작품들이 객관주의적 사실 기록이 아니라 사목적 관심이 개입된 저술들임을 지적한 양식·원전·편집비평의 방법론적 통찰들을 간과하고 있다. 초기 그리스도교 저자들은 전승된 원전과 자료들을 그들 자신의 신학적 의도와 실천적 목적에 입각해서 선별하고 편집하고 재구성했다. 초기 그리스도교의 저작과 전승 가운데 어느 하나도 이런 경향이 없는 것은 없다. 초기 그리스도교의 모든 저작이, 심지어 복음서와 사도행전도, 초기 교회가 실제로 직면한 문제와 상황을 신학적으로 조명하려 한다. 그러므로 이런 방법론적 통찰이 초기 그리스도교 여자들에 관한 전승과 자료에도 마찬가지로 적용될 수 있을 것이다. 초기 그리스도교 공동체들과 저자들은 전체적으로 가부장적 세계 속에 살면서 그 가부장적 정신을 공유하고 있었으므로 여자들에 관한 정보가 드문 것은 남성중심적 전승과 초기 그리스도교 저자들의 편집에 의해 야기되었을 것이다. 특히 복음서와 사도행전이야말로 그렇다. 이들은 1세기 말경에 씌어졌다. 초기 그리스도교의 여자 활동에 관한 전승과 정보의 상당수는 아마도 되찾기가 불가능할 것이다. 남성중심적 선별과 편집과정에서 중요치 않거나 남성중심적 사고방식에 위협적인 것으로 여겨졌기 때문이다.[26]

초기 그리스도교 자료들 사이에 나타나는 상충현상들은 이런 남성중심적 편집과정을 드러낸다. 곧, 이 과정에서 누락되어서는 안될 정보가 삭제되지는 않을지언정 수정되는 운명을 겪었다. 복음서는 여자들이 예수의 제자였고 부활의 증인이었음을 지적하지만, 어느 여자도 열둘 가운데 속하는 것으로 여기지는

---

26. 성서에 나타나는 여자들에 관한 많은 연구들은 이러한 과정을 인지하지 못하고 있는데, 흔히는 성서 저자들을 옹호하려는 동기가 있기 때문이다.

않는다. 예수께서는 여자들을 치유하셨고 이들과 함께 이야기를 나누셨으나, 복음서는 여자를 제자 직분으로 부르신 이야기를 전하지 않는다. 비유들에 사용된 표상들은 여자 세계와 이들의 체험에서 끌어온 것이 많지만, 예수의 하느님 언어는 압도적으로 남성적이다. 복음서들은 여자들이 빈 무덤을 발견했다고 전하나, 부활의 참된 증인들은 남자였던 것처럼 나타난다.

사도행전도 여자들, 특히 초기 그리스도교의 선교활동을 관대한 대접과 재력으로 지원한 부유한 여자들에 관해 전하지만, 루가의 역사 서술은 초기 그리스도교 선교의 지도력이 남자들 손에 있었다는 인상을 준다. 몇몇 과부와 예언녀에 관한 짧은 언급을 발견할 수 있지만, 루가는 이들의 활동이나 역할에 관해 아무 말도 없다. 그러므로 루가의 역사 이해는 모나지는 않다 하더라도, 초기 교회에서의 "여자 문제"를 인지하고 있었다는 면모는 드러나지 않는다.

그러나 바울로계 편지들을 읽어보면 문제가 뚜렷이 떠오른다. 여자들에 관해 직접 언급하는 바울로계 본문의 의미는 숱한 해석 시도에도 불구하고 아직 확연히 규명되지 않았다.[27] 초기 그리스도교에서의 여자 역할과 관련하여 바울로의 영향이 부정적이었는가 긍정적이었는가를 놓고 주석가들은 의견일치를 보지 못하고 있다. 바울로는 고린토 전서 11,2-16에서 여자가 공동체의 예배 때 예언자로서 발언한다는 사실을 전제한다. 그러나 이때 여자가 당시 관습을 따를 것을 요구한다. 하지만 바울로와 고린토인들 사이의 논전의 실질적 핵심이 무엇이었는지, 혹은 바울로의 개인적 논증들이 어떻게 평가되고 이해되었는지는 분명하지 않다. 고린토 전서 14,33-36에서는 이 문제에 관한 결론이 명확하게 부정적이지만, 주석가들은 유명한 "mulier taceat in ecclesia"(부녀자들은 교회에서 잠자코 있어야 합니다)라는 말이 후대의 삽입이 아닐까 하는 문제를 놓고 의견이 갈려 있다. 고린토 전서 11장과는 상충하는 것으로 보이기 때문이다.

갈라디아서 3,28에서 바울로는 유대인과 그리스인, 자유인과 노예, 남자와 여자라는 모든 구분의 소멸을 선포한다. 그러나 고린토 전서 12,13에서는 남성

---

27. 참조: 나의 논문 "Women in the Pre-Pauline and Pauline Churches": *Union Seminary Quarterly Review* 33 (1978) 153-66.

과 여성이 그리스도의 몸 내부에서 이제 별 의미가 없다고 되풀이하지 않는다. 그러므로 갈라디아서 3,28이 고린토 전서 12,13에서처럼 그리스도교 공동체에 적용되는지, 종말론적 미래에 적용되는지, 아니면 모든 영혼의 영적 동등성을 가리키는지, 주석학적 차원에서 의견일치가 이루어지지 못하고 있다. 바울로가 인사를 전하면서 열거하는 사람들의 목록에는 여자들이 지도적 선교사들이자 여러 교회에서 존경받는 수장들로서 언급된다. 이들이 지도적 위치와 관련하여 어느 정도로 바울로의 승인과 지지에 힘입고 있는지는 분명하지 않은데, 바울로가 여자들을 공동협력자로 평가하고 감사를 표한다는 점은 분명하다. 하지만 그로서는 그럴 수밖에 없었을 것이다. 유니아나 브리스카 같은 여자들이 이미 바울로 이전에 지도적 직분들을 맡고 있었고, 초기 그리스도교 선교운동에서 그와 대등한 수준에 올라 있었기 때문이다.

초기 그리스도교의 원천 자료에서 여자 역할이 불분명하고 갈려 있었음은 그 정보들을 비교해 보아도 분명해진다. 바울로계 서간들은 여자들이 사도·선교사·후원자·공동협력자·예언자·공동체 지도자들이었다고 전한다. 그러나 루가는 예언녀와 부유한 여자들의 개종에 관해 언급하면서도, 여자가 선교사나 교회 지도자인 예를 이야기하지 않는다. 브리스카나 리디아에 대한 언급에서 드러나듯이 그는 이런 여자 직분들에 대해 알고 있었던 것 같으나, 이것이 초기 그리스도교에 대한 그의 묘사에 영향을 미치지는 않는다. 모든 복음서가 막달라 마리아를 최초의 부활 증인으로 알고 있는가 하면, 고린토 전서 15,3-5의 바울로 이전 전승은 부활 증인 가운데 여자를 단 하나도 언급하지 않는다. 넷째 복음서와 그 전통은 사마리아 선교에서의 지도적 역할을 한 여자에게 돌리지만, 사도행전은 필립보를 이 지역 최초의 선교사로 알 따름이다. 마르코는 여자들이 제자가 됨*akolouthein*을 아는 데 비해, 루가는 예수를 따르는 여자들이 그분과 그분 남자 제자들을 자기네 재산으로 지원했다고 강조한다.

초기 그리스도교에 대한 지식의 중요한 원천인 루가의 작품들을 참조하면, 신약성서 저자들의 남성중심적 관심이 초기 그리스도교의 생활과 역사와 전승을 받아들이고 서술하는 작업을 얼마나 강력하게 규정지었는가가 입증된다.[28]

루가는 일반적으로 여자들에게 가장 호의적인 신약성서 저자로 여겨지므로[29] 이 가설은 이상하게 들리겠지만, 루가의 부활절 이야기들을 분석해 보면 남성중심적 경향이 분명해진다. 바울로와 반대자들 사이의 논쟁들은 사도의 지도자 역할이 교회 발전에 탁월한 중요성이 있었음을 말해준다. 바울로에 따르면 사도직은 열둘에 국한되지 않고 부활자의 발현을 체험했으며 부활자로부터 그리스도교 선교 사명을 받은 모든 이를 포함한다(1고린 9,4). 그러나 루가는 사도직을 열둘에 국한시킬 뿐 아니라 바울로의 기준을 수정하기까지 한다.[30] 즉, 갈릴래아로부터 예루살렘까지 예수의 공생활에 수행했고 그분의 죽음과 부활을 직접 목격한 남자만이 유다 대신 사도로 뽑힐 자격이 있었다(사도 1,21 이하). 이 기준에 따르면 바울로는 지상 생애중의 예수를 몰랐으므로 사도라고 일컬어질 수 없으나, 남자라는 것 이외에는 몇몇 여자야말로 자격을 갖춘 셈이다. 마르코에 따르면 여자들이 갈릴래아와 예루살렘에서의 예수 공생활의 목격자들이다.[31] 남자 제자들은 도망쳤으므로 그분 처형을 목격한 제자는 여자들뿐이었다. 부활 소식을 처음으로 전달받은 것도 여자들이었다(마르 15,40 이하.47; 16,1-8). 마르코는 부활자의 발현이 누구에게 있었는지 말하지 않으나, 마태오와 요한은 남자 제자들이 아니라 막달라 마리아가 부활자를 가장 먼저 본 사람이었다고 전한다.

루가는 부활자의 발현이 여자들에게 있었음을 모른다. 그의 남성중심적 편집은 교묘한 방식으로 여자들에게서 부활을 목격한 증인 자격을 빼앗으려 한다. 그는 여자들에게서 빈 무덤 소식을 들은 열둘이 이들을 믿지 않고 오히려 이들

---

28. 참조: 1978년에 샌프란시스코에서 열린 가톨릭 성서학회(Catholic Biblical Association) 연례 모임 본회의 때 행한 나의 연설 "Women's Discipleship and Leadership in the Lukan Writings".
29. 예: C. F. Parvey, "The Theology and Leadership of Women in the New Testament": R. R. Ruether 편 *Religion and Sexism* (New York 1974) 137-46.
30. 나의 글 참조: "The Twelve"; "The Apostleship of Women in Early Christianity": *Women Priests*, 114-22; 135-40.
31. P. J. Achtemeier, *Mark* (Philadelphia 1975)에서는 마르코 복음서의 저자가 여자일 가능성에 주목한다. 이 복음서는 여자들을 긍정적으로 묘사하기 때문이다. 교회 전통은 모든 신약성서 저자를 남자에 귀속시키지만, 역사비평학은 사실상 대부분 신약성서의 저자들을 우리는 모른다는 점을 밝혔다.

이 하는 말을 공연한 수다로 여겼음을 강조한다(24,11). 남자들이 이 여자들의 전언을 점검해 보자 사실임이 판명되었다(24,24). 하지만 이 일이 남자 제자들에게서 신앙의 응답을 불러일으키지는 못했다. 부활자의 발현이 시몬에게 있기까지는 남자들이 예수의 부활을 믿지 않았다. 베드로에게 일어난 이 발현은 이야기로 전해지는 것이 아니라 신앙고백 형식으로 선포된다. 이 고백형식은 고린토 전서 15,3-5에서 바울로가 인용하는 전승에 상응하는데, 이 전승은 부활의 증인들로서 게파와 열하나를 언급하면서 막달라 마리아와 여자들은 언급하지 않는다. 루가가 사도 신분에서 여자를 배제하려 했음은 남자 제자만이 유다를 계승하여 사도로서 뽑힐 수 있다는 조건 제시로도 뒷받침된다(사도 1,21).

베드로를 으뜸 부활 증인으로 강조하는 루가의 이런 시각은 베드로와 막달라 마리아 중에서 누구를 최초의 부활 증인으로 인정할 것인가와 관련한 초기 그리스도교의 논쟁의 맥락 속에 있다. 「토마스 복음서」는 베드로와 막달라 마리아 사이의 경합을 반영한다.[32] 영지주의 작품인 「지혜의 믿음」*Pistis Sophia*과 외경 「마리아(막달라 여자) 복음서」는 이 주제를 좀더 전개한다. 「마리아 복음서」에서는 그리스도께서 막달라 마리아를 그분의 계시들을 받기에 합당한 존재로 삼으셨는데 어떻게 감히 베드로가 마리아를 여자라는 이유로 맞설 수 있는가라고 묻는다.[33] 「사도들의 교회 규율」은 이 논쟁이 교회의 실제 상황을 전제하고 있음을 입증한다. 「마리아 복음서」는 그리스도께서 막달라 마리아를 다른 모든 제자보다 더 사랑하셨다는 근거로 그녀의 권위를 옹호하는 데 반해, 「사도들의 교회 규율」은 막달라 마리아 자신으로 하여금 약한 자인 여자는 강한 자인 남자에 의해 구함을 받아야 한다고 설명하게 함으로써, 여자 사제직의 배제를 정당화한다.[34] 부활의 최초 증인에 관한 이 논쟁은 베드로와 마찬가지로 마리아가 3세기와 4세기에 이르도록 그리스도교의 어떤 공동체들에서 사도적 권위를 가

---

32. 로기온 114, pl. 99, 18-26. 참조: Edgar Hennecke, Wilhelm Schneemelcher 편 *New Testament Apocrypha* (Philadelphia 1963) 1, 522.
33. 위의 책 343.
34. 참조: J. P. Arendzen, "An Entire Syriac Text of the Apostolic Church Order": *Journal of Theological Studies* 3 (1902) 71.

지고 있었음을 드러낸다. 또한 이로써 평등주의적 원시 그리스도교의 전승들에 대한 남성중심적 해석이 교회 내에서의 가부장적 실천을 촉진시키는 기능을 한다고 하는 사실도 분명해진다.

교부들의 해석과 성문화 작업

초기 그리스도교 전승의 이런 남성중심적 해석은, 교부들에 의해 정전으로 규정된 초기 그리스도교의 전승과 자료가 교회 안에서 여자의 역사상 주변성을 조장했던가 하는 물음을 촉발시킨다. 달리 말하자면, 초기 그리스도교 생활과 그 공동체는 처음부터 완전히 가부장적으로 규정지어졌던가, 아니면 초기 그리스도교 자료에 나타나는 여자들의 가부장적 주변성은 "교부"들의 선별과 정전화 과정의 부산물이었던가? 그리스도교의 기원기에서 해방적 전승을 발굴할 수 있을까, 아니면 그리스도교 신앙의 해방하는 추동력에 관한 물음이란 역사적으로 적절하지도, 신학적으로 타당하지도 않은 것은 아닐까? 이 물음은 고대 연구자들이 "여자 문제"가 고대에 상당한 논란의 대상이었을 뿐 아니라 여자의 법적 지위가 그리스-로마 세계에서 매우 양호했음을 지적하는만큼 한층 절실해진다. 이 문제를 논하기 위해서는 먼저 초기 그리스도교의 역사와 그 공동체를 정통과 이단 사이의 적대적 투쟁으로 이해하는 교부들의 해석 모델을 비판적으로 살펴보아야 한다.[35]

이단에 대한 고전적 이해는 정통 체계의 시간적 우선성을 전제한다. 오리게네스에 따르면 모든 이단자가 처음에는 정통을 따르다가 나중에 참된 신앙으로부터 벗어난 이들이었다.[36] 이 해석 모델에 따르면, 이단은 자유롭게 선택된 과실일 뿐 아니라 참된 진리에 대한 의도적 훼손이기도 하다. 역사의 정통적 이

---

35. 참조: A. Hilgenfeld, *Die Ketzergeschichte des Urchristentums* 신판 (Darmstadt 1963); W. Bauer, *Orthodoxy and Heresy in Earlist Christianity* (Philadelphia 1971); H. D. Betz, "Orthodoxy and Heresy in Primitive Christianity": *Interpretation* 19 (1965) 299-311; J. Pelikan, *The Emergence of the Catholic Tradition* (Chicago 1971).

36. 참조: Origen, *Commentary to the Song of Songs* 3.2.2. 유사한 견해: 1 Clem 42; Tertullian, *De Praescriptione* 20; Eusebius, *Eccl. History* 4.22.2-3; J. G. Gager, *Kingdom and Community: The Social World of Early Christianity* (Englewood Cliffs 1975) 76-92.

해는 예수께서 교회를 세우셨고 당신 계시를 사도들에게 전하셨으며 이 사도들이 온 세계에 그분의 가르침을 선포했음을 안다고 한다. 정통 교회는 자신의 증거를 통하여 예수 그리스도 안에서 계시의 계속성을 보존하고 사도직의 계승을 구축함으로써 예수와 그분의 최초의 사도들과 더불은 교회직무들의 계속성을 유지해 나간다는 것이다.

그리스도교 초창기에 대한 이런 이해를 초기 교회의 모든 그룹이 공유하므로, 이들 모두가 자기네 집단과 가르침이 예수와 맨 처음 사도들과의 사도적 계속성을 띠고 있음을 입증하고자 한다. 몬타니즘과 영지주의 집단들과 교부들의 교회는 저마다 정통성authenticity을 입증하(고 정당화하)기 위해 사도적 전통과 계시를 주장한다. 여자의 교회 내 지도력 행사에 대한 옹호자도 반대자도 모두 그런 지도력의 계승과 사도적 전승이 자기네에 속한다고 주장한다.[37] 옹호자들은 막달라 마리아나 살로메나 마르타 들을 사도적 제자로 지적한다. 이들은 히브리 성경과 신약성서에 나타나는 예언녀들의 사도적 계승을 강조하면서, 로마서 16장의 사도시대 여자들에 주의를 기울일 것을 요청한다. 그리고 갈라디아서 3,28로써 자신들이 주장하는 공동체의 평등 구조의 정당성을 논증한다. 「테클라 행전」을 정전으로 보존하는 이들도 있다.

이에 반해 가부장적 시각의 반박은 예수의 처신을 자신들의 논증을 위한 근본적 실례로 지적한다. 그분은 여자들에게 선포 사명을 부여하지도, 최후 만찬에 동석하도록 허락하지도 않으셨다는 것이다.[38] 이들은 창세기 2-3장, 고린토 전서 14장, 제2 바울로계의 집안 규범들, 특히 디모테오 전서 2,9-15 들을 원용한다. 평등주의 그룹들은 사도적 권위의 뿌리를 찾아 막달라 마리아에게로 거슬러올라가서 남자와 마찬가지로 여자도 죽음에서 일으켜지신 그리스도의 계시들을 받았음을 강조하는 데 반해, 이른바 교부 저자들은 베드로의 권위를 막

---

37. 더 자세한 설명과 참고 자료: 나의 논문 "Word, Spirit and Power": *Women of Spirit*.
38. 참조: *Didascalia* 15와 *The Apostolic Church Order*, III, 6,9; J. K. Coyle, "The Fathers on Women's Ordination": *Eglise et Théologie* 9 (1978) 51-101; C. Osiek, "The Ministry and Ordination of Women According to the Early Church Fathers"; C. Stuhlmüller 편 *Women and Priesthood* (Collegeville 1978) 59-68.

달라 마리아의 그것에 대립시킨다. 여자 지도력을 인정하는 그룹들은 여자들을 언급하는 대목들을 찾기 위해 유대 성서들과 그리스도교 작품들을 살펴가는 데 비해, 교부 저자들은 여자들이 언급될 때마다 이들의 역할을 얼버무리거나 평가절하한다. 예컨대 오리게네스는 여자들이 예언자로서 존재한 사실을 인정하지만 공개적으로, 특히 교회의 예배에서는 발언하지는 않았다고 역설한다.[39] 크리소스토무스는 사도시대에 복음 선포자로서 선교여행을 하는 여자들이 있었음을 확인하지만, 그러고는 곧바로 교회 발단기의 "천사적 조건"이 이를 허용했기 때문일 따름이라고 설명한다.[40] 몬타누스파는 여자들의 예언적 활동을 성서에 입각해서 정당한 것으로 규정하는 데 비해, 현재까지 전해지는 교회 규율들은 여부제 제도를 용인할 따름이다.[41] 여기서는 이스라엘과 초기 교회의 예언녀들을 인정하면서도 회피하는 가운데, 여자에게는 교회의 제한된 종속적 역할만이 허용된다.[42] 선포하고 세례를 주는 여자들은 테클라 사도를 따를 것을 주장하는 데 반해, 테르툴리아누스는 「테클라 행전」을 사기라고 탄핵하려 한다.[43] 이런 예는 초기 그리스도교 문헌의 정전화 과정이 교회 안의 여자 지도력에 관한 신학적 논쟁과 투쟁의 영향을 받았다는 사실을 드러낸다고 할 것이다. 우리가 정전으로 알고 있는 성서들은 가부장적 선별과정의 산물이었던 것이고, 여자들이 교회의 지도력을 수행하지 못하도록 가로막는 차단벽 구실을 해 온 것이다.

---

39. Origen, *Commentarii, in Iam Epistolam ad Corinthios* 14,34-35. 참조: C. Jenkins, "Origen on 1 Corinthians", *Journal of Theological Studies* 10 (1908-9) 41ff.

40. E. A. Clark, "Sexual Politics in the Writings of John Chrysostom": *Anglican Theological Review* 59 (1977) 3-20; D. F. Winslow, "Priesthood and Sexuality in the Post-Nicene Fathers": *Saint Luke's Journal of Theology* 18 (1975) 214-27.

41. 특히 A. Kahlsbach, *Die altkirchliche Einrichtung der Diakonissen bis zu ihrem Erlöschen* (Freiburg 1926); R. Gryson, *The Ministry of Women in the Early Church* (Collegeville, Minn.: Liturgical Press, 1976).

42. *The Apostolic Church Order* III, 6.1-29.

43. Tertullian, *De Baptismo*, 17; 테클라 행전에 관해서는 C. Schlau, *Die Akten des Paulus und der Thekla* (Leipzig 1877); W. M. Ramsay, *The Church and the Roman Empire*, 375-428; R. Kraemer의 매우 흥미로운 박사학위 논문 *Ecstatics and Ascetics. Studies in the Function of Religious Activities of Women* (Ann Arbor 1976) 142-9.

교부들이 여자 지도력의 수용을 거부한 신랄한 쟁론들에서 교회 내 여자 직책 문제가 2세기와 3세기까지 계속 격론의 대상이었음이 드러난다. 또한 이로써 교회의 지도력을 점점 가부장제화하는 시도가 반발 없이 진행될 수 있었던 것은 아닐 뿐만 아니라 여자의 지도권 주장을 정당한 것으로 용인했던 초기 그리스도교의 신학과 실천을 억눌렀음도 입증한다.[44] 이런 쟁론 덕분에 우리는 초기 교회의 다양한 집단들에서의 여자 지도력에 관한 역사적 정보를 얼마 안되고 편견으로 일그러진 것이나마 전해받게 되었다. 그러나 불행하게도 초기 그리스도교 역사가들은 이런 정보들을 격론의 산물로서가 아니라 신학적 권위를 가지고 역사적으로 타당하게 기술된 정보로서 알고 있다.

교회 내에서 여자들의 지도와 직책을 거부하는 가부장적 교부들의 쟁론들은 여자 지도력을 결국 이단과 연결짓기에 이르렀다. 여자와 이단을 동등시하는 시각이 점점 확립되면서 그 신학적 결과로 그리스도인 여자들에 대한 여성혐오적 비방을 야기했다. 예컨대 요한 묵시록의 저자는 이세벨이라는 이름으로 모욕을 가하면서 초기 그리스도교의 한 예언녀를 거슬러 예언을 한다.[45] 이 예언녀는 한 초기 그리스도교 예언 집단의 수장이며 티아디라 공동체에서 큰 영향력과 권위를 가지고 있었던 것으로 보인다. 묵시록 저자는 여러 차례의 경고와 질책에도 불구하고 그녀가 그 공동체에서 계속 적극적으로 활동했음을 강조한다. 그러므로 그녀의 권위는 적어도 그녀 입장에서 서슴 예언자라고 인식했을 요한의 권위와 대등했던 것으로 보인다. 티아디라가 2세기 중반에 예언녀들이 중요한 지도력을 행사하며 큰 영향력을 떨치던 몬타니즘 운동의 중심지였고 보면, 그녀의 영향력은 그후로도 계속되었을 것이다. 테르툴리아누스의 공격들은 2세기 말경까지도 여자들의 지도력이 얼마나 두드러졌던가를 입증한다. 테르툴

---

44. 참조: F. Heiler, *Die Frau in den Religionen der Menschheit* (Berlin 1977) 114. 저자는 이단 공동체들에서는 직무를 맡은 여자들이 충분히 교육을 받지 못했으리라고 생각한다.
45. 성적 부도덕에 대한 비난은 이방인과 그리스도인 서로의 전형적 비난이다. 참조: K. Thraede, "Frau": *Religion in Antike und Christentum* 8 (Stuttgart 1973) 254-66; L. Zscharnack, *Der Dienst der Frau in den ersten Jahrhunderten der christlichen Kirche* (Göttingen 1902) 78ff.

리아누스는 "가르치고 신학적 논의에 참여하고 악마를 쫓아내고 치유를 약속하고 세례를 베푸는" 일을 당당하게 수행하는 여자들을 무례하다고 여겨 격분한다. 그는 여자에게는 "교회 안에서 발언하고, 가르치고, 세례를 주고, 희생제사를 바치는 남자 직무인 사제직에 따르는 어떤 형태의 직무에 대해서도 권리를 주장할" 권한이 허용되지 않는다고 주장한다.[46] 그는 여성혐오적 경멸과 두려움의 신학을 도구로 교회의 모든 지도적 역할로부터 여자를 몰아내는 배타적 시도를 정당화한다. 테르툴리아누스는 남자만이 아니라 천사를 유혹에 빠지게 했다면서 여자의 유죄를 선언한다. 여자는 "악마의 출입문"이고 모든 죄의 뿌리라는 것이다. 이와 비슷하게 예로니모는 죄만의 기원만이 아니라 이단의 기원도 여자에게 귀속시킨다.

창녀인 헬레나의 도움을 받아 시몬 **마구스**는 종파를 세웠다. 여자 무리가 유혹자인 안티오키아의 니콜라스를 따라다니며 더할 수 없는 음란으로 치달았다. 마르치온은 남자들의 마음을 미리 자기 그물에 걸려들게 하려고 한 여자를 앞서 보냈다. 아펠레스는 거짓 가르침에 협력하는 필루메나라는 보조자가 있었다. 불결한 영의 대변인인 몬타누스는 먼저 많은 공동체들을 매수하고 나서 부패시키려고 귀족 출신인 두 부유한 여자, 곧 브리스카와 막시밀라를 이용했다. … 세계를 타락시키려는 아리우스의 기도 小圖는 황제의 자매를 그릇된 길로 이끄는 것으로 출발했다. 루칠라의 재력은 도나투스가 타락의 구렁으로 몰아넣는 재세례로 아프리카에서 그토록 많은 사람들을 비참에 떨어지게 하는 데 뒷받침이 되었다. 스페인에서는 눈먼 여자인 아가페가 엘리피디우스와 같은 남자를 무덤으로 보내 버렸다. 짜라투스트라와 마구스를 열렬히 옹호했던 프리스킬리안이 그를 계승하여 주교가 되었는데, 갈라이라는 여자가 그의 사업들을 뒷받침하면서, 좀 덜한 형태의 제2의 이단을 계속 펴나가기 위해 이복자매를 남겨놓았다.[47]

---

46. *De Praescriptione* 41.5; *De Baptismo* 17.4. 참조: J. K. Coyle, "The Fathers on Women's Ordination", 67ff.
47. Jerome, *Adversus Iovinianum*, 1.48.

가부장제화와 제도화

여자 지도력을 이단과 동일시하면서 절정에 달하는 교회의 가부장제화 과정은 정전으로 인정된 신약성서 작품들을 선별하고 최종적으로 틀짓는 작업에도 작용했다. 이런 현상은 신약성서의 후기 작품들에서 뚜렷한데, 이 작품들은 교부시대의 가부장제화 경향을 강화하고 정당화하는 도구 구실을 하게 된다.

바울로의 친서들은 교회 기원기에 여자들이 수행한 지도적 역할들을 알고 있고 주석가들은 고린토 전서 11,2-16[48]과 14,33-36[49]의 의미와 친저성에 관해 논란을 벌이고 있는데, 그래서 학자들은 가부장제화 과정이 바울로에 의해 시작되었는지, 아니면 적어도 뒷받침되었는지를 두고 논의를 거듭하고 있다. 아무튼 초기 그리스도교의 가부장제화 경향들이 바울로의 이름을 내세워 교회의 역사와 신학과 실천을 결정해 왔다는 것은 의문의 여지가 없다. 바울로계 신학의 이런 해석은 현대의 역사비평적 주석에 의해 계속 이어지고 있다. 학자들은 바울로의 반대자들에게 "영지주의"라는 꼬리표를 달 때 정통과 이단이라는 해석 모델을 전제한다. 이렇게 해서 공동체의 지도와 예배에서 분명히 남자들과 동등한 위치에 있었던 고린토 공동체의 여자들은 "이단"으로 규정되고, 한편 바울로의 신학적 권고와 주장들은 "정통"으로 이해되는 것이다.[50]

갈라디아서 3,28의 신학적·역사적 주장도 "영지주의" 세례 신앙고백문으로 분류되어 광신적 영성화요 환상이라고 폄하될 때 비슷하게 평가절하된다.[51] 초

---

48. 참조: W. Munro, "Patriarchy and Charismatic Community in Paul": Plaskow, Romero 편 *Women and Religion* (Missoula 1974) 189-98; W. O. Walker, "1 Cor 11,2-16 and Paul's View Regarding Women": *Journal of Biblical Literature* 94 (1975) 94-110; J. Murphy-O'Connor, "The Non-Pauline Character of 1 Cor 11,2-16": *Journal of Biblical Literature* 95 (1976) 615-21.

49. 참조: G. Fitzer, *Das Weib schweige in der Gemeinde* (München 1963); 나의 논문 "Women in the Pre-Pauline and Pauline Churches".

50. 바울로의 반응은 흔히 유대인으로서의 과거에 의해 촉발되었던 것으로 이해된다. 그런 주석학적 여성론 설명의 反유대교적 위험: J. Plaskow, "Christian Feminism and Anti-Judaism": *Cross Currents* 28 (1978) 306-9.

51. 참조: W. Schmitthals, *Die Gnosis in Korinth* (Göttingen 1956) 227 주 1; W. A. Meeks, "The Image of the Androgyne", 180ff; R. Scroggs, "Paul and the Eschatological Woman Revisited": *Journal of the American Academy of Religion* 42 (1974) 536.

기 그리스도교의 역사 서술로서 이 모델의 타당성이 의문시되면서도, 이 모델이 가부장적 사고방식과 연루된 실상은 아직 제대로 드러나지 않고 있다. 주석자들은 여자들에 대한 바울로 자신의 입장에 관해 의견의 일치를 보지 못하지만 제2 바울로계 작품들과 바울로 이후 문헌에서 가부장제화 경향들이 분명함은 인정한다. 제2 바울로계 문헌의 이른바 집안 규범은 가부장적 가정질서를 그대로 받아들이고 정당화한다.[52] 에페소서는 특히 남편과 아내, 혹은 노예와 주인 사이의 가부장적 관계를 신학적으로 정당화한다. 저자는 위계적으로 규정된 그리스도와 교회 사이의 관계에 입각해서 종속관계를 합법화하는 것이다.[53] 바울로의 영향권에 속한 베드로 전서는 여자의 선교 소명을 남편에 대한 복종으로 규정하여, 많은 말을 하지 않고도 남편을 그리스도교로 이끌 수 있으리라면서 히브리 성서 여자들의 순종을 본받도록 권고한다. 사라는 아브라함을 "주인"으로 받아들였기 때문에 그리스도교 여자의 으뜸 모범이 된다는 것이다. 그리고 남편에게는 아내를 이해심을 가지고 대하라고 권고하는데, 여자는 "더 연약한 성"이기 때문이라는 것이다. "더 연약한 그릇"(1베드 3,7)이라는 표현은 여자의 육체적·영적·지성적·사회적 열등성을 내포한다. 이 베드로는 여자도 "생명의 상속자"임을 인정하지만 신학적으로 부차적 위치를 정당화한다. 실제로 이 편지는 여자의 복종을 정당화하는 데서만 그치지 않고, 모든 그리스도인에게 가부장적 정치·사회질서에 복종할 것도 요청한다(2,13). 노예들은 그리스도의 고통에 입각해서 각별하게 가부장적 지배에 복종할 것이 촉구된다. 베드로 전서와 에페소서의 저자는 그리스-로마의 정치체제와 사회가 요구하는 가부장적·위계적 규율들을 뒷받침하는 그런 그리스도교 신학을 부끄럼조차 없이 전개하고 있는 것이다.[54]

---

52. 참조: J. E. Crouch, *The Origin and Intention of the Colossian Haustafel* (Göttingen 1972); W. Leslie, *The Concept of Women in the Pauline Corpus* (Ann Arbor 1976) 188-237.

53. 참조: J. P. Sampley, *And the Two Shall Become One Flesh* (Cambridge 1971); 나의 논문 "Marriage and Discipleship": *The Bible Today* (1979.4) 2027-34.

54. 탁월한 분석: D. Balch, "Let Wives Be Submissive ...": *The Origin and Apologetic Function of the Household Duty Code (Haustafel) in 1 Peter* (Ann Arbor 1974).

디모테오 전서 2,10-15는 가부장적 가족질서에 여자가 복종할 것을 말하지는 않지만 고린토 전서 14,33-36과 마찬가지로 공동체 안에서 침묵하고 복종할 것을 분명하게 요구한다. 이 대목의 목표가 교회 지도의 가부장제화임은 저자가 여자에게 완전한 복종을 엄명하고 가르치는 일과 남자에게 권위를 행사하는 것을 엄금하는 데서 분명히 드러난다. 이 가부장적 명령은 남자가 먼저 창조되고 여자가 먼저 죄를 범했다는 논증을 통해 신학적으로 정당화된다.[55] 여자의 역할에 대한 이런 부정적인 신학적 이해는 교회 지도와 직무에서 여자를 배제하는 것을 정당화하는 데 이용되어 왔다. 여자의 소명은 제자직이나 선교 소명에 있지 않다는 것이요, 여자의 구원을 성취시키는 것은 아내와 어머니라는 가부장적으로 규정된 여자 역할이라는 것이다.

여자의 복종을 요구하는 사목서간의 이런 요청들은 교회의 거의 대부분의 영역과 그 지도 역할을 점차 가부장제화하는 맥락에서 형성되었다. 사목서간들은 그리스도교 공동체의 지도구조가 가부장적 가족구조에 따를 것을 요구하며, 이것은 남자 지도자를 뽑는 기준에서 전면으로 부각된다. 곧, 한 여자와 결혼생활을 하면서 자기 집안에서 가부장적 지도자 자질을 실증할 수 있어야 한다는 것, 자녀를 다스리고 집안을 권위있게 이끌고 질서지어 나가는 법을 알아야 한다는 것이다.[56] 이런 가부장적 교회질서가 이제 명문으로 여자 지도력을 수용할 여지조차 남겨놓지 않는 것이다.

그러나 이런 가부장적 지도체제가 이를 원래 자리로 되돌려놓으려는 더 평등주의적인 교회 차원의 실천과 갈등을 일으키지 않은 채 주창될 수는 없었음도 분명하다. 이런 가부장제화는 교회 지도에서의 여자 배제의 이데올로기적 정당화와 병행한다. 따라서 소위 교부 신학의 여성혐오적 표현들은 여자에 대한 잘못된 인간론에 뿌리를 두고 있을 뿐 아니라 교회 직책들로부터의 여자 배제를

---

55. 참조: S. R. Liebermann, *The Eve Motif in Ancient Near Eastern and Classical Greek Sources* (Ann Arbor 1975).
56. 참조: A. Sand, "Anfänge einer Koordinierung verschiedener Gemeindeordnungen nach den Pastoralbriefen": J. Hainz 편 *Kirche im Werden* (Paderborn 1976) 215-37 220.

신학적으로 정당화하려는 교회체제적·가부장적 관심에 의해 촉발된다는 것도 분명해진다. 그러나 교회 직책들의 이런 주석학적·역사적 재구성은 이 과정이 역사적으로 필연적이고 불가피했음을 입증하지 못한다. 오히려 이것은 신학적 정당화가 아니라 비판적·신학적 분석을 요청하고 있는 것이다.[57]

오늘날 주석학자와 신학자들은 일반적으로 교회의 가부장제화를 카리스마에서 직책으로, 바울로 사상체계에서 가톨리시즘으로, 천년왕국론의 급진 기풍에서 "남성 주류" 특권 제도로, 유대 문화 속의 급진 예수운동에서 헬레니즘 도시 공동체에서의 통합적 사랑의 가부장제[58]로, 그리스도교 발단기의 평등주의적 카리스마 구조에서 그리스도교 교회의 위계 질서로 진전하는 필연적 과정으로 이해한다. 정통–이단 모델과 달리 이 해석적 틀은 신학적 근거로 초기 교회의 가부장제화를 정당화하기보다는 사회·정치적 요인과 관련지어 논증한다.

그런데 이 해석 모델은 사회·정치적 관점에서 초기 그리스도교 운동의 점진적 가부장제화가 불가피했다는 견해를 암묵적으로 유지하고 있다. 그리스도교 공동체들이 역사적으로 살아남아 성장하고 발전하려면 자신들이 속한 사회의 가부장제도적 구조에 적응하고 수용하지 않을 수 없었고, 이 과정에서 결국 카리스마적·평등주의적 초기 그리스도교 운동의 제도화는 교회 지도 직무들의 가부장제화로 귀결될 수밖에 없었다는 것이다. 곧, 여자들을 교회 직책에서 배제하거나 소위 여성적 것이라는 주변적인 것들에 한정시킴으로써 종속적 위치에 머물게 하는 결과를 낳을 수밖에 없었다는 말이다. 초기 그리스도교 운동이 당대의 지배적 사회 상황에 적응하여 가부장적 그리스–로마 사회의 진정한 일원이 되어 갈수록, 여자는 더욱 교회의 지도력과 직책에서 배제되었다. 여자들은 힘없는 주변 부류로 전락하고, 주도권을 장악한 가부장적 그리스–로마 문화

---

57. 이 전개과정의 긍정적 해석: W. Schrage, "Zur Ethik der neutestamentlichen Haustafeln": *NTS* 21 (1974) 1-22.
58. 이 표현에 관해서는 E. Tröltsch, *Die Soziallehren der christlichen Kirchen und Gruppen* (Tübingen 1923) I, 67ff; 특히 G. Theissen, *Sociology of Early Palestinian Christianity* (Philadelphia 1978)와 그의 여러 논문. 하지만 내가 볼 때 Theissen은 이 사랑의 가부장제를 그리스–로마 도심지의 초기 그리스도교의 선교운동들에 너무 성급히 귀속시킨다.

의 여성 정형에 획일적으로 맞춰졌다. 예컨대 교부시대의 과부나 여부제 직분은 여자들을 돌보는 일에 제한되었고, 마침내는 이것도 역사에서 사라졌다. 그나마 이런 지도 역할들이 있다 하더라도 이제는 모든 여자가 아니라 동정녀로 남음으로써 여성성을 뛰어넘은 여자만이 수행할 수 있을 따름이었다.

초기 그리스도교의 발전에 관한 이런 해석적 모델은 그리스도교 교회의 점진적 가부장제화의 결과와 원인을 정확히 기술하는 듯이 보인다. 그러나 초기 그리스도교 역사가 역사적 승자들의 시각에서 씌어졌음을 간과하는만큼, 이것은 그 자체의 남성중심적 신학적 전제들에 대한 성찰이 없다.[59] 실상, 그리스도교의 역사와 신학은 가부장제화 과정을 법전화 방식에 의해 신학적으로 항구화해 온 교회의 지체들을 반영하고 있다. 요컨대 사회·정치적 재구성 모델은 가부장제를 역사 속의 교회가 발전하기 위해 유일하게 선택할 수밖에 없었던 제도로 정당화하고 있다. 가부장적 교회 직책으로부터 여자를 내몰아 변두리로 따돌린 것을 무슨 역사적 필연으로 말하는 한, 이 모델은 가부장적 집안과 국가의 제도적 구조가 초기 그리스도인들이 선택하고 실현할 수 있던 유일한 제도가 아니었음을 간과하고 있다. 더러 철학파나 조합이나 밀교 등 사조직 집단들은 여자와 노예도 동등한 구성원으로 받아들였다. 이 집단들도 초기 그리스도인들이 겪었던 것과 마찬가지로 로마 사회의 가부장적 구조들에 도전하는 평등주의 기풍 때문에 언제나 정치저으로 의혹을 받고 있었다. 실제로 페베나 님과 같은 여자들은 초기 교회 때 가정교회를 세우고 지도했다. 이런 선교적 가정교회들은 가부장적 가정구조가 아니라 사조직 구조를 따랐을 것으로 보인다.

가부장 사회 모델이 초기 그리스도교 역사를 재구성하여 신학적으로 제시하려는 내용인즉, 여자는 초기 교회에서 종속적 자리에만 있었으므로 오늘날도 그럴 수밖에 없다는 것이다. 교회의 직책은 교회의 제도화와 더불어 가부장적 성격을 띠게 되었다면, 이제 교회의 직책과 지도 소명을 자처하는 여자는 교회

---

59. G. Gutiérrez, "Where Hunger Is, God Is Not", *The Witness* (1977.4) 6: "인류 역사는 지배계급 출신 백인 남자의 손으로 씌어졌다. 역사에서 패배한 이들의 시각은 이와 다르다. 이들의 정신에서 투쟁 기억을 지우려는 시도들이 있어 왔다. 이것은 에너지의 원천을, 역사적 항쟁의지를 박탈하기 위한 것이다."

의 전통과 제도의 본질을 훼손하는 존재가 되고 만다는 것이다. 남성중심 사회 모델의 초기 그리스도교 역사의 재구성은 부지중에 가부장적 교회구조가 하느님의 계시요 따라서 불가변이라는 신학적 주장을 뒷받침하고 있다.

남성중심적 신학 모델도 사회문화적 모델도 초기 그리스도교의 생활과 공동체를 재구성하면서 교회의 가부장제화 과정을 일종의 역사적 소여所與라고 전제한다. 여자를 동등한 그리스도인, 동등한 제자로 인정했던 초기 그리스도교의 신학과 실천은 "이단"이거나 "카리스마"였고 따라서 신학적으로나 역사상으로나 발전할 수 없었다는 것이다. 이런 모델로는 여자가 동등한 존재였던 교회란 상상도 못한다. 그러므로 초기 그리스도교 여자들에 관한 성서 본문의 해석만으로는 모자란다. 전통적 해석 모델의 초기 그리스도교의 재구성을 비판적으로 검토하고 이의를 제기할 필요가 있으며 평등주의 전통과 이른바 "이단" 전승들을 통합해 들일 수 있는 새로운 모델을 추구하는 일이 요청된다. 이런 해석 모델은 모든 그리스도인의 동등을 전제하고 토대로 삼는만큼 여성론적이라고 할 수 있을 것이다. 이런 모델이 초기 교회에서 모든 그리스도인이 누린 근본적 사회적 동등성을 포착해야 한다면, 사회학적 분석을 채용해야 한다.

평등주의 해석 모델

여기 제시할 해석 모델은 그리스도교가 처음부터 가부장적 형태로 결정된 것이 아니라는, 당대의 지배적인 가부장적 유대 사회와 그리스-로마 사회에 통합된 한 지체가 아니라는 통찰에 근거한다. 초기 그리스도교에서 아직 실현되지 않은 해방적 추동력 가운데 오늘도 여전히 전통과 교회의 가부장제화 경향에도 불구하고 역사적으로 수용될 수 있는 어떤 것이 있는지를 묻자면, 초기 그리스도교 운동뿐만 아니라 주변 유대와 그리스-로마 사회의 평등주의적 추동력도 역사의 표면에 이끌어낼 수 있는 그런 재구성 모델을 택해야 한다.

예수 전승의 전달·편집 과정에서 드러난 가부장적 경향에도 불구하고 신약성서 자료들은 여성혐오적 말씀들을 예수의 입에 담지 않는다. 그리스도교 공동체의 가부장제화 과정이 한창 진행되던 시기에 복음서들이 쓰여졌고 보면 이는 주목할 일이 아닐 수 없다. 신약성서에서 그리스도인 여자들에게 가부장적 복종을 역설하는 본문들조차도 예수의 언행이 아니라 문화적 관습이나 창세기 2-3장 같은 성서 본문들에 입각해서 자신들의 명령을 공고화하려고 한다.

예수 전승들은 여성혐오적이 아니다.[60] 오히려 그 반대다. 예수께서 여자를 진지하게 대해서 비판받으셨고, 여자들이 제자였을 뿐더러 초기 교회에서 가장 중요한 증인이었음을 드러낸다. 제자 공동체의 구성원이라는 것이 전통적 가족 유대를 넘어서 이를 대체했기 때문에, 이 여제자들은 결혼과 가족이라는 가부장적 질서에 의해 규정되지 않는다(마르 3,35). 이제 결정적인 것은 생물학적 모성이 아니라 충실한 제자직이다. 마르코 복음서에서는 특히 여제자들의 투신과 충실성이 강조된다. 예수께서 고난을 겪고 사형집행을 당하실 때 여자들은 끝까지 그분과 함께 있었다. 여제자들이 빈 무덤과 부활의 으뜸 증인이었다. 여제자에 대한 마르코의 세 대목은 여자들이 초기 그리스도교의 신앙과 케리그마의 세 가지 근본 내용, 곧 예수의 죽음과 묻힘과 부활의 으뜸 증인임을 증언한다. 이 세 본문은 고린토 전서 15,3-5의 "그리스도께서는 죽고 묻히셨으며 … 일으켜지셨다"는 신앙고백 정식에 상응하는 것으로 보인다.[61] 그리스도교 복음의 증인이자 보증자인 여제자들, 특히 막달라 마리아에 관한 복음서 전승들은 역사비평 학계에서 진정한 예수 전승으로 신뢰할 수 있다고 설정한 판단 기준에 부합한다.[62] 이 전승은 공관복음서와 요한계 전승에서 서로 다른 두 형태로 발견된다. 이것이 당대의 유대 문화에서 안출되었을 리는 없다. 우리가 알고 있는 한 이 문화권에서는 여자에게 증인 자격이 인정되지 않았던 까닭이다. 또 초기 그리스도교의 관심에서 기인했을 리도 없다. 우리가 이미 본 것처럼 후기 문헌들은 여제자의 중요성을 깎아내리기 때문이다. 더구나 막달라 마리아의 중요성을 강화는커녕 축소하기에 부심하는 교부시대와 후기 교회 전승에서도 그

---

60. 참조: Evelyn and Frank Stagg, *Woman in the World of Jesus* (Philadelphia 1978) 102.
61. M. Hengel, "Maria Magdalena und die Frauen als Zeugen": O. Betz, M. Hengel 편 *Abraham unser Vate* (Leiden 1962) 246.
62. 이 기준의 간략한 논의: N. Perrin, *What Is Redaction Criticism?* (Philadelphia 1971).

녀를 "사도들 중의 사도"라고까지 일컫는다. 물론 결국 그녀는 서방 전례와 서구인 기억 속에 "창녀"요 "죄인"이 되고 말았다. 현대의 해석자들조차 부활 신앙의 으뜸 증인이자 보증자로서의 중요성을 얼버무리려고 베드로와 대비시켜 막달라 마리아의 증거는 "비공식적"이었다고 강조한다.[63]

예수 제자직에서의 여자 역할에 관한 복음서 전승들은 초기 그리스도교에 대한 사회학적 해석이 연구해 낸 예수운동에 대한 이해와 부합한다.[64] 유대 문화 내 쇄신운동으로서의 예수운동은 당시의 주도적 가부장 사회와 갈등관계에 있고, 당대의 지배적 종교 공동체에 대해 "이단"이다. 최초의 예수 전승들은 하느님의 종말론적 개입을 통한 모든 사회조건의 역전을 예기한다. 그리고 이것이 예수의 공생활에서 비로소 실현되었다고 전한다. 그러므로 이 예수운동은 당대의 사회적 기준에 의해 변두리로 따돌려진 이들, 토라의 엄격한 해석에 의해 "부정하다"는 이들, 곧 가난하고 착취당하는 이들, 공적 죄인, 세관원, 불구자, 병자 그리고 당연히 이 모든 부류의 여자들을 받아들일 수 있었다. 이 예수운동은 꿈란 공동체 같은 유대교 문화권의 다른 쇄신운동들과는 달리 배타적이지 않고 포용적이었다. 종교적 법과 이데올로기 때문에 유대교에서 태어난 다른 쇄신운동들에서 받아들여질 수 없던 그런 이들과 연대할 수 있었다.[65]

각계각층 여자들이 사회적으로 따돌려지고 종교적으로 열등하고 제의적으로 오랜 기간 부정하다고 여겨지는 처지이면서도 예수운동에서는 제자가 될 수 있었다. 공관복음서에서 첫째와 지도자는 말째와 종이 되라는 예수 말씀을 전하는 일곱 전승[66]은 예수께서 종교적 위계의 가부장적 관계를 철저히 문제삼으셨

---

63. 예: R. E. Brown, "Roles of Women in the Fourth Gospel": *Theological Studies*, 692 주12.
64. 참조: G. Theissen, J. Gager, R. Kraemer, W. A. Meeks의 작품 외에도 R. Scroggs, "The Earliest Christian Communities as Sectarian Movement": Jacob Neusner 편 *Christianity, Judaism and Other Greco-Roman Cults* II (Leiden: Brill, 1975) 1-23; J. A. Wilde, "The Social World of Mark's Gospel": *SBL Seminar Paper 1978*, II (Missoula 1978) 47-70.
65. 참조: M. Völkl, "Freund der Zöllner und Sünder": *Zeitschrift für die neutestamentliche Wissenschaft* 69 (1978) 1-10; L, Schottroff, "Das Magnifikat und die ältesten Tradition über Jesus von Nazareth": *Evangelische Theologie* 38 (1978) 298-312; 특히 W. Stegemann 과의 탁월한 공저 *Jesus von Nazareth: Hoffnung der Armen* (Stuttgart 1978).

음을 드러낸다. 하느님이 아버지임은 교회의 가부장적 자기이해 일체를 철저히 금한다. 그리스도가 주님임은 그리스도교 공동체 내의 지배관계를 절대적이고도 무조건적으로 명확히 배제한다(마태 23,7-12). 복음서 전승에 따르면 예수께서는 종속과 지배 관계 일체를 철저히 거부하셨다.[67] 예수운동의 이런 포용성과 탈지배 요청은 여자를 완전한 제자로서 인정하는 신학적 근거를 제공한다.

예수운동의 이 기풍은 초기 그리스도교의 선교운동에도 나타난다. 이 운동에서는 종족·종교·계급·성에 근거한 사회 신분상 특권이란 이미 효력이 없다.[68] 모든 그리스도인이 공동체의 동등한 구성원이다. 갈라디아서 3,28은 바울로가 그리스도교 공동체에는 유대인과 이방인 사이의 종교적·사회적 구분이 효력을 상실했음을 입증하기 위해 인용하는, 바울로 이전에 이미 있던 세례 신앙고백문이다. 이 고백 정식은 당대 그리스-로마 문화의 가치체계와는 완전히 대립되는 가치들을 선포한다. 예수운동과 마찬가지로 그리스도교 선교 공동체들은 지배적 그리스-로마 사회를 특징짓던 불평등 종교·사회 구조를 용인하지 않았다. 이 새로운 그리스도교의 자기이해는 종교·계급·사회의 가부장적 지배관계 일체를 폐지하고자 했고, 이방인과 노예뿐 아니라 여자들도 도시를 중심으로 전개된 이 선교운동에서 지도적 역할을 맡을 수 있는 길을 열어놓았다. 이 운동에서는 여자들이 주변 존재가 아니다. 선교사로서, 공동체 창설자로서, 사도로서, 예언자로서, 여러 교회의 지도자로서 역할을 수행했다.

그러므로 오늘날 주석가들처럼 바울로 이전의 이 세례정식이 전통적 차별을 거부한다는 이유로 "영지주의"라는 딱지를 붙인다면, 이 본문을 정당하게 다루지 못한다.[69] 유대인은 그리스도 신앙을 가져도 종족적으로는 여전히 유대인이다. 마찬가지로 여자는 가부장적 여성 역할과 종속적 지위가 그리스도교 공동

---

66. 참조: 마르 9,35; 10,41-45; 마태 18,4; 20,25-28; 23,11; 루가 9,48; 22,24-27.
67. 참조: P. Hoffmann, V. Eid, *Jesus von Nazareth und seine christliche Moral* (Freiburg 1975) 199ff.
68. 예: H. D. Betz, "Spirit, Freedom, and Law: Paul's Message to the Galatian Churches": *Svensk Exegetic Arsbok* 39 (1974) 145-60.
69. 이 본문은 여자와 남자의 창조적인 차이를 배제하기 때문에 흔히 "영지주의적"이라고

체에서 사회·종교적으로 아무 의미도 없게 되었더라도 생물학적으로는 여전히 여자이다. 갈라디아서 3,28은 후기 영지주의나 교부들의 문장에서처럼 "남성"이 인간과 그리스도인의 완성된 존재양식이고 따라서 여자는 그리스도 안에서 "남성"이 되어야 한다고 주장하지 않는다. 갈라디아서 3,28을 순전히 영성적으로 혹은 종말론적으로 이해해서도 안된다. 이것은 유대인과 이방인의 그리스도교적 동등성을 영혼이나 종말론적 미래의 견지에서 주장하는 것이 아니다.

끝으로, 갈라디아서 3,28을 순전히 카리스마적 말씀으로 오해해서도 안된다. 그리스도교 공동체의 구조와 조직에 적용되는 것으로 보아야 한다. 당시에도 평등주의 구조란 상상할 수 없는 것이 아니었다. 노예와 자유인, 남자와 여자의 사회적 차별을 제거한 친교적 유기체 형태들은 당대의 종교와 세속 단체에서도 발견된다. 다만 이런 단체들은 으레 폭동을 부추기고 당시의 지배적인 가부장적 사회질서를 무너뜨린다는 의혹을 받고 있었다.[70] 다른 제의 단체, 특히 유대교와 이시스 제의를 따르는 집단과 같이 그리스도교 공동체들은 여자와 노예를 동등한 구성원으로 받아들임으로써 전통적인 가부장적 가정질서를, 따라서 결국은 로마 국가와 사회 질서를 뒤엎는다고 고발당하는 처지였다. 그러므로 반문화적 예수운동의 급진성은 헬레니즘 도시 중심의 초기 그리스도교의 선교 공동체들에 의해 "가족 형태의 사랑의 가부장제"로(사회적 구분들이 완화된 형태로나마 존립하면서) 동화되어 갔다는 타이쎈Gerd Theissen의 주장은 재고되어야 한다.

바울로계 전승의 집안 규범 본문들은 이런 사랑의 가부장제가 헬레니즘 도시 중심 그리스도교 선교운동의 시초에 이미 형성되었음을 입증하지 않는다.[71] 오히려 초기 그리스도교 선교운동이 그리스-로마 정치질서의 가부장적 구조를 위태롭게 해서 갈등을 유발한 반문화적 운동으로 보였기 때문에 가부장적 적응의

주장되었다. 그러나 이 판단은 내가 볼 때 생물학적 성과 사회적 성의 역할을 충분히 구별하지 못하는 데서 비롯한다. 이런 식의 구분과 이와 관련한 여러 문화권의 문헌 자료: A. Oakley, *Sex, Gender, and Society* (New York 1972).
70. 참조: D. Balch, "*Let Wives Be Submissive ...*", 115-33.
71. 사적 또는 종교적 단체와 가정교회의 조직형태 상호관계가 더 규명될 필요가 있다. 참조: A. J. Malherbe, *Social Aspects of Early Christianity* (Baton Rouge 1977) 92.

문화적 발전을 옹호한 것으로 이해된다. 요컨대 초기 그리스도교 역사를 재구성함에 있어 평등주의 모델이야말로 교회 안의 여자 지도력에 관한 평등주의적 전승들도 당대의 지배적 가부장적 그리스-로마의 문화와 사회에 적응해 가는 교회 신학적 정당화 과정도 바르게 다룰 수 있다.

요약해 보자. 나는 초기 그리스도교 역사와 신학의 재구성을 알려주는 남성 중심적 신학적·사회학적 모델을 비판적으로 분석하고 이런 모델이 평등주의적 재구성 모델로 대치되어야 함을 논증하고자 했다. 이 새로운 모델은 갈등이 드러나는 초기 그리스도교 전승을 바르게 접근할 수 있을 뿐 아니라, 예수운동과 초기 그리스도교의 선교운동의 여자 제자직과 지도력 전승을 제거하거나 평가 절하하지 않을 수 있다. 다른 역사 해석들과 마찬가지로 초기 그리스도교 역사에 대한 평등주의적 재구성과 해석 역시 서술적 성격은 물론 재구성적 차원도 있다. 과거에 대한 관심이라는 동기에만 그치지 않고 해방적 추동력을 활성화하여 현재와 미래에 대한 관심 속에서 잊혀졌던 전승들을 회복시키고자 하는 것이다.[72] 그리스도교 기원기에 대한 이런 재구성은 교회와 신학의 해방적 실천을 창출하고자 추구한다. 그리고 이런 해방적 실천은 그리스도교 종교의 변혁을 위해서만이 아니라 가부장적 사회와 문화를 변화시키기 위해서도, 팔레스티나에서의 예수운동과 초기 그리스도교 선교운동의 해방적 추동력을 역사적으로도 사회적으로도 되찾을 수 있어야 하는 것이다.

---

72. 참조: H. M. Baumgartner, *Kontinuität und Geschichte: Zur Kritik und Metakritik der historischen Vernunft* (Frankfurt: Suhrkamp 1972) 218.

12

우리는 아직도 눈에 띄지 않는다
여자와 직무에 관한 LCWR 연구의
신학적 분석

《상황 설명》

1978년과 1980년 사이에 여자수도회 지도자 모임LCWR (Leadership Conference Women Religious)의 교회 내 여자 역할 위원회ERWC (Ecclesial Role of Women Commission)와 그 운영위원회가 가톨릭 교회 직무와 관련한 여자 역할의 연구를 주선했다. LCWR은 이 연구 결과들을 발표하고 분석하기 위해 세 단계를 채택했다. 첫째, **직무에 종사하는 여자**들에 대한 전국 조사를 사도직 관련 조사원CARA (Center for Applied Research in the Apostolate)에, 둘째, **직무 대상**으로서의 여자들과 남자들에 대한 전국 조사를 프린스톤 종교조사원PRRC (Princeton Religion Research Center)에 맡겼고,[1] 셋째, 1981년 봄에 50명의 교회 지도자와 가톨릭 기구 대표를 초대하여 이 연구들을 성찰했다. 여기 소개되는 글은 이 심포지엄에서 발표되었던 것이다. 이 심포지엄은 『여자와 직무』라는 표제로 발행되었는데, 여러 발표자와 참여자들이 오해를 일으킬 수 있다고 반대하기도 했으나 그대로 채택되었다. 나의 견해로는 "가부장적 교회를 지원하는 여자 활동"*Women's Work in Support of the Patriarchal Church*이 더 적절했을 것으로 생각한다.

심포지엄 참가자들이 여러 교회 조직과 관련하여 마련한 열두 가지 권고는 신학교육과 직책 임명과 배치로부터 시작해서 여자 설교와 이런 연구의 보급에

---

[1] 이 두 조사는 1980년에 CARA에 의해 발행되었다. 이 글에서 제시되는 쪽수는 이 연구에 따른 것이다: *Women and Ministry: A Survey of the Experience of Roman Catholic Women in the United States* (Washington, D.C.: CARA, 1980).

이르기까지 여러 사안과 관련된 것이었다. 나는 이 가운데서 특히 가톨릭 교회 여자 직무에 속하는 것들을 가려내고자 했다. 지금같이 억압적인 교회 내 분위기에서는 그 누구도 이런 권고들이 LCWR과 같은 "공식적" 교회 조직에 의해 그대로 실시되리라고 기대할 수는 없을 것이다. 오히려 이 권고사항들에서 나오는 목표와 과제들은 LCWR의 재정적 지원을 받는 단체로서 여자서품회의 WOC (Women's Ordination Conference)나 신학과 윤리와 제의를 위한 여자 연맹WATER (Women's Alliance for Theology, Ethics and Ritual) 같은 여성론 운동 조직이나 그밖의 직무에 종사하는 여자들과 관련된 교회 조직이 추진해야 할 것이었다. 어떻든 이 권고들을 연구 검토한 결과 수렴된 사업들은 예컨대 다음과 같았다. 전국 규모의 자료 센터, 직무에 종사하는 여자들을 위한 전문지, 직무에 종사하는 여자들에 관한 여성론 연구와 출판 지원, 모든 여자 역사를 보존하기 위한 전국 규모의 기록 보관소, 지속적 신학교육, 지지와 중재활동, 직무에 종사하는 여자들을 위한 국제 조직의 구성, 그리고 끝으로 수녀와 평신도, 종족·인종·성에 대해 다양한 이해를 가진 집단들, 시간제와 전속제 직무수행자들, 가톨릭·유대교·회교·프로테스탄트 사목지도자들이 직무 체험을 함께 나누며 서로 지원할 수 있도록 하기 위한 후원체계.

내가 『여자와 직무』라는 LCWR의 연구를 신학적으로 성찰해 달라는 청을 서설할 수 없었던 까닭은 "직무에 종사하는 여자"란 내 신학작업의 핵심 주제 가운데 하나일 뿐 아니라 나의 삶과 자기이해를 결정적으로 형성하고 고취시켜 온 것이기 때문이다. 열세 살 때 본당 걸 스카우트의 팀장을 맡은 이래 나는 이런저런 방식으로 직무와 관련을 맺으며 교회의 맥락 속에서 다른 여자들을 대상으로 활동하는 일에 주로 몸담아 왔다. 물론 여자들에 대해 바로 이들이 특별히 책임을 느끼고 투신할 나의 사람들이라고 인식하기까지는 사실상 아주 오랜 시간이 걸렸지만, 나 자신이 직무에 관여해 온 것과 이 주제에 대한 나의 개인적 천착을 고려할 때, 나의 신학적 분석은 중립적이거나 추상적이지 않을 수 있을 것이다.

사회학적 방법론과 그 결론들을 논의하지는 않을 이 연구를 신학적으로 파악하기 위해 나 자신의 체험으로 시작하는 것이 좋겠다. 약 20년 전에 신학 석사학위를 위해 공부하기로 결정했을 때 나는 대학에서 신학을 공부하게 된 최초의 여자였을 뿐 아니라 시도 자체가 신학적으로 "불법"이기도 했다. 제2차 바티칸 공의회 문헌에 수용되기에 이른, 아우어Albert Auer나 라너Karl Rahner나 꽁가르Yves Congar 같은 나의 교수들이 전개하기 시작한 새로운 신학은 성직자와 "수도자"의 소명을 교회 직무로 규정했고, 이에 비해 평신도의 사명은 이 세계를 향해 있다고 했다. 여자인 나는 규정에 따라 당연히 평신도이므로 평신도인 내가 교회의 맥락에서 활동하기 위해 신학을 연구할 이유가 없었다. 하지만 나는 신학에 매력을 느꼈고, 언제나 직무에의 소명을 간직하고 있었다.

당시에는 아직 그 "새로운" 신학에조차 만연해 있었던 이른바 평신도-성직자 이원론에 대한 문제의식이 싹트지 않았기 때문에 나는 첫번째 책에서 이 주도적 신학이 20세기초 이래 교회의 제도적 구조 안에서 여자들이 전문적으로 전속근무해온 독일의 사목 상황에는 부합하지 않음을 밝히고자 했다. 그래서 나는 국제적이고 초교파적인 맥락에서나 독일 가톨릭 교회에서나 전속근무하는 여자들에 관한 가능한 모든 자료들을 수집했다. 동시에 성직자와 평신도 모두를 포용할 수 있을 직무에 대한 신학적 이해를 전개하고자 했다. 교회법에 따르면 여자는 "평신도"이고 성직자의 길을 선택할 권리가 없으므로 나는 나의 견해를 입증하기 위해 "여자 직무자들"을 그 예로 삼았다. 그러나 나 자신이 여자임에도 불구하고 나는 이 문제를 여자 문제로서 전개하지 않았다. 나의 모든 관심은 교회 안에서의 여자의 처지나 역할이 아니라 성직주의적이기보다 "모든 믿는 이의 사제직"에 근거한 교회의 신학과 직무 수행을 발전시키고 이와 관련한 자료를 제공하는 데 있었던 것이다.

하지만 이 논문을 쓰는 과정에서 나는 "여자"에게 신학과 교회법과 사목 실천에 따른 특별한 역할과 위치가 있음을 간과해 (혹은 억눌러) 왔기 때문에, "평신도" 문제를 제대로 다룰 수 없었음을 알게 되었다. 그래서 나는 점점 더 "여자"에 초점을 맞추게 되었고, 이렇게 해서 1964년에 이 책이 출판되었을 때는 여자 서품을 논증하기 위한 연구처럼 읽히게 되었지만, 처음부터 나 자신의 관심은 여자들의 성직자화가 아니라 교회의 탈성직에 있었다.

여기서 나의 저서에 관해 장황하게 이야기한 것은 내가 이 주제를 분석할 자격이 있음을 드러내기 위한 것이 아니라, 오로지 내가 어디서 출발했고 나의 신학적 평가와 비판적 분석이 어떤 방향을 취할 것인지를 밝히기 위한 것이다. 한마디로 말해서 교회 안의 여자 직무들에 대한 나의 작업이 그랬던 것처럼, 우리가 지금 추구하는 『여자와 직무』 연구는 신학적 모순에 봉착해 있는 것 같다. 그러므로 이 연구는 입증되는 것과 그렇지 않은 것이 무엇인지를 분명히 검토해야 한다. 나는 이 연구가 여자들의 체험과 직무들이 아니라 주도권을 쥔 교회론적 틀에 입각해서 출발했기 때문에 근본적으로 결함이 있다고 감히 말하고 싶다. 그 주요 관심사는 여자 직무가 아니라 교회와 직무의 진보인 것이다.

위의 책에서 나는 독일 교회 내 여자들의 사실상 성직자 신분을 규명함으로써 하느님 백성으로서의 교회 모델을 참여적 교회 모델participatory model of church 로서 정립하고자 했다. 그런데 LCWR은 공의회 이후 북미 교회에서의 여자 지도력과 창조적 직무들에 관한 자료를 정리하고 정보를 제공하기 위해 이 연구를 시작했다. 하지만 내가 보기에 이 연구는 그런 성과를 얻을 수도 직무 수행 여자들의 체험들을 충분히 파악할 수도 없었을 것이다. 그 발견적인 신학적·사회적 교회 모델로서 가부장적 성직계의 그것을 그대로 사용했기 때문이다. 이 가부장적 위계 모델model of patriarchal hierarchy은 법적 명문 규정에 의거하여 여자의 독립적 지도력을 배제하고 단지 종속적·부차적 위치에서 보조적 역할들을 통해서만 여자 직무를 용인할 따름이다.

흥미롭게도 이 두 연구에서 결정적 요소는 평신도에 대한 신학적 이해로 나타난다. 나는 이것을 성서와 전례 운동, 가톨릭 액션 들을 통해 형성된 나 자신의 신학적 자기이해를 가장 적절히 드러내는 발견적 연구의 출발점으로 활용한 데 비해, LCWR 연구의 주도자들은 이 연구를 통해 "수녀들"의 지도력에 관한 자료를 정리하고 관련 정보들을 제공할 수 있기를 기대하면서, 본당생활에의 "여자 평신도"의 기여에 관한 정보 제공으로 이 연구를 마무리짓는다.[2]

신학적 교회 모델들

어떤 류의 신학과 교회의 실재가 CARA 연구의 토대를 이루고 있는가를 묻는다면, 평신도의 "평"이라는 말이 오늘의 교회에 대한 전혀 다른 두 가지 체험과 신학적 교회 모델에 우리의 주의를 돌리게 한다. 이 말은 교회 직무의 능동적 참여만이 아니라 성직주의적 계급화를 함축하고 있다. 때로 상충하지는 않더라도 엇갈리는 "평"이라는 말의 이런 의미들은 금세기, 특히 제2차 바티칸 공의회 이후로 병존 또는 교차하면서 갈등을 일으켜 온 다른 두 신학적 교회 모델에 의해 발생했다. 이 두 교회 모델은 실제의 교회와 이상적 교회처럼 상관관계를 가지지 않지만 그렇다고 그 구체적 형태에서 완전히 배타관계에 있는 것도 아니다. 오히려 이 두 모델은 교회에서의 여자들의 지도와 직무에 관해 "중립적"이지 않은, 교회의 선택적 자기이해와 자기실현 형태이다.

첫째 모델에서 "평신도"laity라는 말은 그리스어 *laikos*에서 유래하는데, 이 부류에 구조적 대칭을 이루는 것이 우리가 성직자로 옮기는 이른바 *kleros*이다. 이런 의미에서 평신도란 사목 대상으로 존재하는 비서품자, 비전문가, "보통" 신앙인들이다. 이들은 서품과 전문 교육과 독신생활 양식에 의해 따로 존재하는 "성직자"와 구분된다. 나 같은 사람은 전문 교육을 받고 독신생활을 하면서 교회 안에서 직분을 수행하더라도 여자인만큼 이 틀에 "맞지" 않는다. 이 모델에 따르면 교회는 평신도와 성직자의 위계로 구성되는데, 여기서는 평신도는 으레 낮은 종속적 계층이다. 평신도가 성직자의 직무 영역에 들어가면 예외없이 보조 역할, 종속적 대리인 역할이 맡겨질 따름이다. 성직 사제직의 위계구조는 법으로 여자 자체를 배제하는만큼 성차별적이요(즉, 성을 근거로 여자를 차별하고) 가부장적이다(즉, 남자만의 직급으로 사회체제를 이루고 있다).

---

2. 여기서 또 한 가지 언어 문제를 짚어둘 필요가 있다. 이 연구는 일관해서 "여자 평신도"(lay-women)라는 말을 사용하지만 수녀(nuns)라는 말은 교회법적이 아니라 수도자라는 의미에서 사용한다. 그러므로 나는 여기서 "여자 평신도"와 "여자 수도자"(nun-women)를 사용한다. 두 그룹을 교회구조적 범주로 특성짓기 위해서이다. 서로의 소외를 심화하려는 것이 아니라 자매들에게 이 연구에 스며들어 있는 소외하는 언어에 주의를 환기시키기 위해서이다. "여자 수도자"라는 호칭이 달갑잖으리라는 것은 이해할 수 있다. "여자 평신도"라는 딱지가 나에게 그런 것처럼.

이 첫째 교회 유형은 본당과 교구 단위의 지역교회에서, 혹은 바티칸과 여기에 위계적으로 종속된 조직들에서 가장 교회법적이고 전통적인 형태로 발견된다. 그 구조는 가부장적이다. 서품받은 한 남자(통상적으로 연장자)가 피라미드의 정점에 있고, 남녀 평신도는 물론 그에게 순명하도록 매인 젊은 성직자들에 대해 "재치권"을 행사한다. 새 교회법전도 마찬가지로 재치권을 성품에 의해 법적으로 유효한 "통치권"으로 규정한다(제126조).[3] 이 교회 모델은 꼭대기로부터 밑바닥까지의 통제에 의해 공동생활을 유지한다. 교종과 주교, 본당신부, 장상과 남편에 대한 순명과 충성이 "하급자들"에게 요구되는 응답이다.

이 가부장적 교회 모델은 여자가 가부장적 가족 형태로 규정된 "아내 역할"을 받아들일 때만 서품 서열에 수용할 수 있다. 이 사실은 여자를 서품하는 교회들의 정책과 관례에서도 우리가 여기서 살펴보고 있는 CARA의 연구에서도 입증된다. 제2차 바티칸 공의회 이후로 자유주의적 가톨릭 신학은 교회 직책의 위계적 성직주의 성격을 비판적으로 분석했지만, 지금까지 이 교회 모델의 가부장적 측면과 그 신학적 작용에는 충분한 관심을 기울이지 않았다. "교회 안의 여자"에 관한 논의 과정에서, 이 가부장적 요소가 교회의 토대 자체에 완전히 배어든 결정적 요소임이 점점 분명히 드러났다. 그러므로 비판적 해방신학으로서의 여성론 신학은 여성론자들이 성차별을 구조적 악이자 죄의 문제로 제기하도록 촉구하고 있다. 그럼으로써 여자가 교회 직무에 이끌어늘여지는 것이 녀사의 소외와 억압을 심화하는 쪽으로 귀결되지 않도록 하려는 것이다.

교회의 둘째 모델은 평신도를 성직자와 대칭으로 규정하지 않고 그 의미를 그리스어 *laos*(백성)에서 이끌어내므로 교회를 하느님 백성으로 이해한다. 이 신학적 교회 모델에서 본질을 구성하는 성사는 서품이 아니라 세례이다. 순례하는 하느님 백성인 교회는 이스라엘과의 연속선상에 있고, 세계의 모든 사람과 연대를 이룬다. 구약과 신약 백성의 근본적 분리가 성과 속, 교회와 세계의 분

---

3. 참조: *National Catholic Reporter*, 1981.2.6, 10 [이 새 교회법전이 공표된 것은 1983년인데, 이 새 법전에 따르면 위에서 제시된 규정은 제129조에 나타난다. 『교회법전』, 한국주교회의 교회법위원회 역, 한국천주교 중앙협의회, 1989 참조].

리와 더불어 예수 그리스도를 통해 그분 안에서 극복되었다. 세례받은 모든 이가 교회를 구성하며 교회를 건설할 권한과 책임을 부여받았다. 직무는 하느님 백성 전체가 세계 전체와의 관계 속에서 세계를 대상으로 수행할 역할이다. 신앙 공동체의 "건설"과 성장을 지향하는 이 직무는 세례받은 모든 이의 고유 권한이자 소명이다. 이 교회 모델에서 직무는 이중의 기능을 띤다. 즉, 밖으로는 복음을 선포하고 힘없는 이들을 돌보면서 "세계"를, 동시에 안으로는 신앙공동체를 건설하고 성장시키며 힘을 북돋우고 능력을 신장시키면서 "교회"를 향한다. 여기서는 어떤 형태의 직무도 평신도와 성직자의 것으로 구분짓지 않는다. 이 이중의 직무가 모두의 책임이다. 성직계급이나 한 성의 고유한 특권이 아니라 모든 믿는 이의 세례에 그 뿌리가 있다. 지난 약 20년 사이에 이 교회 모델은 매우 다양한 신앙공동체와 직무 형태를 발생시켜 왔다. 이것은 교회의 모든 구성원, 특히 여자가 사회·정치적 직무는 물론 교회 내 직무에도 능동적으로 참여할 가능성을 열었다. 그러므로 나는 이 모델을 참여적·포용적 (가톨릭적) 교회 모델participatory-inclusive (Catholic) model of church이라고 일컫고자 한다.

교회법으로 인준된 여자 수도 공동체들은 구조적·경제적 변화문제를 강력히 제기하면서, 그들 자신의 제도와 의사결정 체계 내에서 이 둘째 교회 모델을 구현하고자 노력해 왔다. 「권위와 복종의 형태」Patterns in Authority and Obedience라는 LCWR의 연구(1978년 5월 15일 발행)는 교회법으로 인준된 공동체들이 가부장적 혹은 모계적(실권은 여전히 "숙부"가 장악하는) 위계적 모델로부터 참여적 의사결정과 참여적 공동체 모델로의 철저한 구조적 변화를 겪어 오고 있음을 확인했다. 참여적·포용적 교회 모델을 향한 이런 구조적 변화는 이 연구가 다음과 같이 말하듯이, 흔히 가부장적·위계적 모델과 충돌하는 과정을 겪는다.

> 많은 수도회에 확산되어 있는 능력을 일깨우는 참여적 지도력/의사결정 양식들은 제도적 교회 내에서 아직도 작용하는 전통적 권위 양식들과 직접적 갈등 상태에 있는 것으로 보인다. 어떤 주교들은 새롭게 떠오르는 협력적 구조들에 대해 충분히 파악하지는 못하면서 깊은 의혹을 품고 있음을 드러내고 있다(13쪽).

이 연구는 권위/복종의 이 전환이 교회를 "각자 성령의 은사를 받은 이들의 공동체"(9쪽)로 파악하는 신학적 인식에 토대를 두고 있음을 지적한다. 이 새로운 교회 인식은 "스스로 자신을 규정하고 자신의 삶의 양상을 꼴짓는 의사결정에 자유롭게 참여할 수 있는 여자 기본권의 확고한 긍정"(11쪽)을 촉발시켰다.

그러나 LCWR 연구는 분명히 이런 구조적·신학적 변화들을 교회법으로 인준된 여자 수도 공동체들에 한정지어 언급하고, 이런 변화를 새로운 유형의 구조적·신학적 교회 모습의 출현으로 천착하지 않으므로 교회 전영역의 변화를 추적하는 노력이 없다. 이 연구는 성직주의적·가부장적 위계 모델에 의해 유발된 수녀의 특권 지위에 물음을 제기하지 않기 때문에, 교회법으로 인준된 여자 수도 공동체들이 오늘 여기서 스스로의 처지로 발견하는 구조적 모순을 충분히 이해하지 못한다. 교회 내 직무와 지도의 능력을 일깨워주는 참여적 양식들은, 이 연구도 그토록 강력하게 증언하는 것처럼, 무엇보다도 먼저 가부장적 위계 모델에 의해 유발된 평신도와 수녀 사이의 교회법적 이원론을 퇴치해야 한다. 다른 곳에서도 역설했듯이 나는 여기서 다시 한번 이 둘째 교회 모델의 실현을 위해 투신하는 여자들이 교회의 자매들인 우리를 갈라 놓는 이 수도자-평신도 이원론의 극복을 첫째 목표로 삼아야 한다는 점을 강조하고 싶다.

이 두 교회 모델 모두가 제2차 바티칸 공의회 문헌에 수용되어 있고 둘 다 가톨릭적이고 정통적이다. 지난 20년 동안 이 둘은 어느 정도 긴장과 갈등을 일으키며 공존해 왔다. 그러나 교회와 직무에 관한 이 두 모델의 공존은 이제 결정적 위기의 시점, 어떤 전환점에 다다른 듯하다. 우리는 둘째 모델의 참여적 "가톨릭성"을 향해 나아갈 것인가? 아니면 첫째 교회 모델의 성직주의 위계 구조를 더욱 공고히하는 쪽으로 나아갈 것인가? 이것은 우리 자신이 이 "여자 문제"를 어떻게 해결하는가에 달려 있을 것이다. 『여자와 직무』 연구는 이 두 방향에서 모두 활용될 수 있다. 따라서 이것을 비판적으로 평가하는 것이 특히 중요하다. 현대 가톨릭 교회의 역사적 발전 속에서 볼 때 이 CARA 연구는 확실히 가부장적·위계적 교회 모델 안에 위치해 있다. 비록 그 추동력과 목표는 참여적 가톨릭 모델에서 도출되었지만 말이다.

『여자와 직무』에 관한 연구

이 연구가 교회와 직무의 가부장적 위계 모델에 빚지고 있음은 그 연구 수행 방식, 특히 직무의 정의에서 분명하게 드러난다(30쪽). 이 연구를 실시하면서 방문자가 제일 먼저 접촉한 사람도, 이어서 면담할 여자 직무자를 지목한 사람도 본당신부였다. 그러므로 집 없는 여자 보호시설을 운영하는 앤이나 창녀들과 함께 활동하는 캐트린이나 이민 노동자들과 함께 일하는 마르가리타 같은 내 친구들이 언급되지 않는다는 것은 놀랄 일이 아니다. 위계적 교회체제 내에서 활동하지 않는 나 같은 여자들은 이 연구에서 "눈에 띄지" 않는다.

하지만 나는 직무의 새로운 형태를 모색하는 대부분의 여자들이 가부장적 교구 본당의 활동 영역에서는 발견될 수 없다고 말하고 싶다. 따라서 단순히 이 연구의 통계적 방법론이 아니라 이것이 가부장적 위계적 교회 모델에 기반을 두고 있다는 것이야말로, 저자도 시사하듯이, 교회의 직무와 지도에서의 여자들의 창조적 자발성이 부각되지 않는 이유를 설명해 준다고 생각된다. 바로 이런 신학적 입장과 교회체제 내에서의 위치로 하여 이 연구는 성직계의 위계적 지도에 순종하면서 남자 성직자의 보조자로 활동하려 하지 않는 여자들을 배제하고 따라서 결국 북아메리카 교회 여자 지도자의 상당 부분을 연구 대상에서 배제하고 있다. 이 연구에서 인식되는 직무는 여자 지도력에 대해 배타적이다. 로젠베르그Rosenberg 박사의 설명에서도 이와같이 인정한다. 직무와 지도의 새로운 형태에 능동적으로 투신하는 우리 모두가 이 연구를 읽을 때 깊은 실망을 느끼는 것은 당연한 일이다. 우리는 아직도 눈에 띄지 않고 우리의 이야기는 아직도 귀기울여지지 않고 있다. 아무튼 이 연구도 우리의 이야기가 가부장적 위계 교회 모델의 틀과 전제 속에서는 발설될 수 없음을 입증하고 있다.

한층 놀랍게도, LCWR 사업 시작 단계를 보면 CARA 연구는 가부장적 위계 교회 모델에 신학적 기반을 두고 있음이 발견된다. 그러므로 조사자들이 먼저 접근한 대상이 LCWR의 공동체나 개인 회원 혹은 교회 직무 투신으로 이미 널리 알려진 여자들이 아니라 본당신부들이었다는 것은 뜻밖의 일이 아니다. 이 여자들이라면 이 연구에서 이른바 눈뭉치기식 접근방법을 취할 만한 직무자 목록을 제공할 수 있었을 것이다. 처음부터 실제로 직무에 종사하는 여자들을 식별하는 방법을 사용했더라면, 수도자-평신도 이원론은 물론이고 가부장적 위계구조를 주요 원천으로 삼기를 피할 수 있었을 것이다. 그랬더라면 직무에 종사하는 여자들에 대한 **여자들의** 인식에 토대를 둘 수 있었을 것이다. 나의 견해로는 오직 이런 접근방법만이 신학적으로 타당하고 사회학적으로 실현가능한 것이었다. 더러 이것의 사회학적 적절성을 문제삼는 사람도 있었겠지만, 이것이 오히려 방법론적으로 현재의 연구보다 결함이 덜했을 것이다.

이 연구에 침투해 있는 둘째 신학적 병인病因은 종국에는 훨씬 치명적임이 판명될 평신도-수도자 이원론이다. 가부장적 위계 교회 모델은 **모든** 여자를 (수녀도 포함해서) 평신도로 규정하므로, 조사자들은 평신도 직분과 구분되는 것으로서의 수녀 직분을 엄밀히 기술하기 위해 또 다른 발견적 신학 범주를 도입해야 했다. 이 연구에 도입된 발견적 신학 범주는 (가톨릭) 교회와 세계 혹은 성과 속의 이원론이다. 이 이원론 형태는 수녀들을 (**여자** 평신도임에도 불구하고) 교회 성역의 구성인자로 인정하는데, 하지만 교회는 구조적으로 가부장적 위계체제와 동일한 영역인 성직계로부터 여자를 배제하고 있다. 그러므로 이 연구는 이런 신학적 틀 안에서, 여자들의 보조적 직무 확장을 전에 수녀들이 맡았던 영역(학교와 병원 등)이 이제 주로 평신도의 "전속근무" 쪽으로 옮겨가는 것과 연관지어 해석한다. 그리고 다시 수녀들에 대해서는, 전에 남자 성직자가 독점했던 일로서, 상주하면서 본당사목을 돌보는 준성직자적 전문직 쪽으로 움직여 왔다고 말한다. 그러므로 이 연구는 교회에서 전적으로 전문직을 수행하는 나 같은 평신도에 관해서는 언급조차 없이, 통계적으로 두드러지지 않음에도 불구하고 수녀에 관해서는 논의를 개진하면서 성직계의 남자 구성원과 동일한 경제적 보수나 교회 내 지위를 얻지 못함을 지적한다.

따라서 이 연구의 직무에 대한 규정이 교회와 세계, 직무와 그리스도교 생활 사이의 경계들을 가족과 관련하여 설정하고 있다는 것은 전혀 놀랄 일이 못된다. 이 연구에 따르면, 본당의 성서교육 프로그램의 일부로서 자기 이웃의 아이들에게 성서를 가르치는 여자는 어떤 직무를 수행하는 여자이지만 이들과 비교할 때 자기 자녀에게 성서를 가르치는 여자는 그렇지 않은 것으로 나타난다. 그리스도교 직무와 그리스도인 의무 사이의, 그리고 교회와 세계 사이의 이런 경계는 (이것은 이 연구의 직무 규정에서 전면에 부각되어 있는데) 가부장적 위계적 교회 모델이 성직주의적 시각에서 설정해 놓은 경계에 상응한다. 물론 이 가부장적 위계적 교회 모델에서는 서품받은 이들의 직무 수행 전제조건으로서 가족 없이 살 것과 독신을 실천할 것을 요구하고 있기도 하다. 어떻든 이 연구에서는 가족이라는 경계가 어떤 기능적 역할을 띠고 있는 데 비해서, 성직계에 대한 교회의 규정에서는 이것이 삶의 양식을 결정하는 요소로서의 성격을 띠고 있다. 수녀와 성직계의 삶의 양식이 동일한 형태를 취하고 있기 때문에, 이들은 준성직자로서 용인될 수 있고, 또한 그래서 본당 교구의 위계 안에서 종속적 위치에서 활동하게 되는 것이다. 그러므로 가부장적 위계적 교회 모델의 틀에서의 경우 "직무에 종사하는 여자들"에 대한 존중은 곧 "직무에 종사하는 수녀들"에 대한 그것을 의미한다.

그렇다면 『여자와 직무』라는 CARA 연구의 긍정적 결과는 어떤 것인가? 내가 볼 때 이 연구의 가치는 가부장적 위계 교회를 위해서 일하는 여자들에 관한, 그리고 특히 인정받지 못하고 있는 여평신도들의 본당에의 기여들에 관한 광범위하고 포괄적 자료들을 제시하고 있다는 데 있다. 내가 이 결과를 "긍정적"이라고 공언하는 것은 익살을 부리기 위해서가 아니다. 이 연구가 여자들의 무보수활동으로 연명해 가고 있는 가부장적 위계 교회가 앓고 있는 이 중병에 관한 자료를 낱낱이 제공하고 있는만큼, 이것은 직무에 종사하는 여자들의 지도력에 관한 어떤 연구가 이룰 수 있는 것보다도 훨씬 크게 이 교회의 쇄신에 기여할 수 있겠기 때문이다. 이제 이 질병은 반드시 정확하게 치유되지 않으면 안 될 것이다. 하지만 만일 이 연구가 가부장적 위계적 교회 모델(이것은 재치권을 가지는 직무와 성사적 직무에서 여자들이 지도력을 행사할 가능성을 배제하고 있다)에 의해서 유발된 이 교회의 성차별에 관한 한 중요한 자료로서보다는, "직무에 종사하는 여자들"에 관한 연구의 **결정판**임을 자임하고 나선다면, 이는 치명적 잘못이 될 것이다. 한마디로 이 연구는 교회의 세 차원, 곧 경제-

사회적·신학적·개인적 차원에서 총체적으로 나타나고 있는 교회의 구조적 죄로서의 성차별과 관련한 자료들을 포괄적으로 제공해 주고 있는 것이다.

경제적·구조적 차원

이 연구는 이 교회가 여자 사도들과 예언자들뿐만 아니라, 여자들이 무보수로 인정받지도 못하면서 하는 활동을 토대로 구축되어 있다는 사실을 압도적으로 입증하는 풍부한 증거 자료들을 제공하고 있다. 나의 견해로는, 이 연구의 결론은 가부장적 교회에 대한 가장 통렬한 신학적 고발이 될 것으로 보인다.

> 한 집안의 가장인 저소득층 여자들은 직무에 참여하고 싶더라도 그럴 힘이 거의 없다. 이들은 자신들은 물론 다른 사람들을 부양해야 하는데, 대부분의 직무는 다른 수입이 없는 여자들에게 충분한 보수를 지불하지 않는 것이다(33쪽).

무보수 혹은 최소한의 보수를 받는 일로서의 직무는 중상류층의 여자만이 얻을 수 있는 일종의 상품이다. 여자들이 전속근무자로서 가장 낮은 직급에 끼어 가부장적 성직위계의 보조적 위치에 속하게 될 경우, 이들은 최소한으로 보수를 받게 된다. 그러므로 가부장적 위계적 교회구조는 그 자체의 목적을 위해 여자들의 일과 수도자들의 투신을 착취하고 있는 것이다. 가리나 기부장직 교회에 의해 행해지는, 무보수의 낮은 지위에 있는 일꾼으로서의 여자들에 대한 이런 착취는 수녀와 평신도에게 각기 다르게 영향을 미친다. 이 연구에 따르면 수녀들은 가부장적 체제에 대해 훨씬 비판적이고 여자로서의 정체성이 더 뚜렷하게 확립되어 있다. 그런데 이들은 이런 착취를 통해 경제적 재원을 교회의 변화를 위해 사용하는 것으로부터 효과적으로 차단당하게 된다. 설령 참여적이며 포용적 교회 모델에 의해 고취된다고 하더라도, 이들은 이를 구현해 나갈 수 있는 이들 자신의 경제적·제도적 힘을 잃어버리고 마는 것이다.

결혼한 평신도는 훨씬 심하게 착취를 당한다. 활동에 대한 보수를 전혀 받지 못하거나 최소한으로만 받고 있다. 이들의 경제적 지위는 완전히 남편의 그것에 의해 결정되고, 따라서 "남편 없는" 여자는 직무를 수행할 능력이 없다. 이 연구는 결혼한 여자들의 직무를 신학적으로 제한시키고 있으며 여자들이 당하는 경제적 착취에 대해서는 인식하고 있지 않다. 여기서는 여자들이 이들의 남편들에 의해 경제적으로 부양되는 것으로 추정되고 있다. 그러므로 직무와 관련된 일에 참여하는 것은 여자들에게 있어서 분명히 보수적인, 그리고 생활에 지장을 초래하는 역할을 맡는 것으로 나타나고 있다. 이런 상황은 훌륭하게 교육을 받아 자격을 갖추었으나 경제적으로 남편에게 의존해 사는 기혼 여자들의 분노와 좌절을 남자의 결정과 권한에 종속된 종교 영역에서의 보조적 활동들 속으로 이끌어들인다. 따라서 여자들의 많은 시간과 정력을 요구하면서도 합당하게 보수를 지불하지는 않는 직무는 기혼 여자들의 경제적·개인적 의존을 더욱 강화하게 된다. 교육받은 많은 중년층 여자들이 경제적 독립이나 개인적 자율을 얻기 위해 이 시장으로 움직여 올 때는 더욱더 그러하다. 그러므로 이 연구에 나타나는 여자들이 남자들보다 훨씬 보수적이고 변화에 대해 덜 개방적 현상은, 그리고 이들이 여성론 운동에 대해 공감하지 못하고 있는 것은 전혀 놀랄 일이 아니다. 직무가 여자들의 삶 속에서 해방하는 힘으로 작용할 수 있어야 할진대, 여자들에 대해 사회적 차별과 경제적 착취를 강화하기보다는 경제적으로나 개인적으로나 한층 독립적이게 할 수 있어야 할 것이다.

신학구조적 차원

여자들의 재능과 정력에 대한 경제·사회적 착취와 이것들을 신학적으로 흡수해 버리려는 시도는 직무를 "봉사"로서 파악하는 이 연구의 직무규정이 겨누고 있는 목표이다. "봉사"나 "헌신" 혹은 "희생" 같은 범주들은 언제나 이 사회와 교회가 여자들을 착취하고 낮은 지위와 낮은 보수, 종과 같은 일거리들에 만족하면서 지내도록 잡아두는 행위를 허용해 왔다. 하지만 이 연구가 여자들의 일과 관련한 이런 식의 사회적 이해를 공유하고 있다고 하는 사실은 이 연구가 직무에 대해 부여하고 있는 특성과 미래에 대한 예측 발언들에서 분명하게 드러난다. 직무를 "헌신적 봉사"로 규정하는 이 연구에 따르면 직무는 "그 자체로 목적"이라든가 "더 높은 지위나 보수 혹은 부수적 보상을 얻기 위한 수단"이어서는 안된다(30쪽). 어떤 사람이 직무자인가 아닌가가 미심쩍을 때마다 이 부가적 기준이 그것을 결정할 수 있도록 해준다는 것이다. 예를 들어, 이 연구의 정의에 의하면 내가 여기서 행하는 강연은 강연료를 지불받는 나의 교수 신분으로 인해서 나는 한 여자로서 직무를 수행하는 것이 되지 못한다. 이에 비해 나와 함께 강단에 서 있는 서품받은 동료 교수는 똑같이 급료를 지불받으면서도, 이들은 여전히 자신들의 직무를 수행하는 것이 되는 것이다.

이 저자들은 직무에 대한 이런 신학적 이해와 동일선상에서, 미래에는 여자들의 직무적 역할들이 공식화되는 현상이 점점 증폭될 것이라고, 하지만 이런 직무에 대한 보수는 없는 채로 예측하고 있다. 공식적 교육과 유자격자 양성 프로그램들은 아마도 더 높은 "공식적" 지위를 얻을 수 있을 전문직 지원자들이 점점 확산되도록 하는 결과를 낳을 것이다. 그러나 이런 발전은 "보수를 받는 일자리"로서의 직무로 이어지지는 않을 것이다. 나는 물론 이 연구의 저자들이 보이는 것만큼 여자들이 점점 더 무보수의 보조적 직무들을 수행하기 위해 지원할 것이라는 확신을 가지고 있지는 않다. 하지만 나는 이런 발전이 여자들에 대한 점점 더 큰 착취를 야기시킬 것이고, 또 그럴 수밖에 없다는 점을 지적하고자 한다. **서품받은** 남성의 직무는 "보수를 지불받는 일자리"이고 또 그런 일자리일 것이기 때문이다. 한 걸음 더 나아가서, "공식적" 교회의 의식화儀式化를 통하여 꾀해지는 여자 직무들에 대한 경제적 착취와 이들의 보조적 지위를 정당화하기 위한 일체의 계획들이 구조적 죄로서 교회체제적으로 자행되는 성차별을 심화시키는 것으로 귀결되고 말 것이다.

여자 직무를 보조적 봉사로서 파악하는 이 연구의 정의와는 달리, 직무에 종사하는 많은 여자들은 직무를 어떤 권력과 관련된 것으로 이해한다. 이 점은 발티모어에서 열린 제2차 여자서품회의에 앞서 수집된 경험적 표현들에서 분명하게 드러난다. 뉴욕의 여자서품회의에 의해 수집된, "여자들의 직무수행: 서품받지 않고 직무를 수행하는 뉴욕 여자들의 증언"에서도 마찬가지다. 이 여자들은 직무에 불린 체험을, 자신들의 직무가 수행되는 자리를 형성하는 그 공동체, 그 자리에 존재하는 여자들에 의해 "권한이 부여된" 것으로서, 그리고 이 신앙 공동체의 힘을 북돋우기 "위한 권한"으로서 명언하고 있다. 직무는 여자들과 교회 전체를 착취하기보다는 힘을 북돋아야 한다. 오로지 다른 이들을 "위한 권한", 그 다른 이들"에 대한 책임"으로서 파악되는 직무 이해만이 "다른 이들을 다스리는 권한"으로서 이해되는 가부장적·위계적 모델을 재규정하기에 이를 것이다. 예수께서는 첫째인 존재들, 권력을 장악하고 있는 이들에게 "봉사"를 요청하셨다. 하지만 약한 이들, 그리고 자신들의 사회와 제도화된 종교에 의해 착취당하는 사람들에게는 힘을 북돋아주셨다. 다른 존재들을 "위한 권한으로서의" 직무는 구원을 위한 하느님의 능력을 실현해 주는 것이다.

개인적 차원

직무에 관한 이 연구와 그 규정의 신학적 위치를 숙고할 때 우리가 조사 대상이 되었던 여자들이 교회 안에서의 제2계급적 지위를 내면화해 왔다는 점을 확인하게 된다고 해서 놀랄 것은 없다. 이 연구는 본당신부가 거명한 여자들만을 표본으로 삼고 있기 때문에 "본당신부와 직무에 종사하는 여자들의 태도가 매우 유사하다"(90쪽)는 사실을 발견하게 되는 것은 당연한 일이다. 더 나아가 연령으로나 혹은 낮은 교육수준으로 해서 경제적으로 극히 종속적 위치에 있는 여자들이 교회 안의 변화에 가장 반발하는 이들이라고 예측될 수도 있다. 그 어떤 변화도 그렇겠지만 특히 교회·종교적 변화는 이 세계에서 이들이 그나마 불안정하게 붙들고 있는 것들을 위협할 것이기 때문이다. 이에 비해 카리스마적 그룹들 가운데서 이들이 펼치는 활동은 이런 여자들까지도 능동적이고도 적극적 종교생활에의 참여를 갈망하고 있다는 사실을 암시해 주고 있다. 비록 이들이 자신들의 삶의 현상status quo에 대해 가장 위협이 적고 이를 가장 잘 수용할 수 있을 그런 영역에서 이런 역할을 수행하고 있기는 하지만 말이다.

직무를 보조적 봉사로서 규정하는 이 연구를 전제하면, 교회체제에 따라 꼴짓고 제어하는 이런 직무를 위한 교육은 여자의 자기소외와 가부장적 가치들과 종속성들의 내면화를 더욱 조장하게 될 것이다. 그러므로 직무를 위한 여자 교육은 무엇보다도 먼저 의식화 또는 의식 제고로서 기획되고 착수되어야 한다. 이 연구는 수녀들은 여자로서의 정체성이 더 뚜렷하게 확립되어 있고, 점점 많은 재원과 지원을 확보해 나가고 있다는 것을 분명하게 밝혀주었다. 이에 나는 정말이지 LCWR이 이와같이 의식 제고 그룹들을 조직할 것을 권고하고자 한다. 교회의 가부장적 모델 속에서 경제적 착취와 보조적이고 종속적인 지위가 직무를 수행하고 있는 여자들의 공동체험이라면, 이 체험이 평신도와 수녀 사이에 연대가 구축될 토대가 될 수 있어야 한다. 가부장적 교회 안에서 일과 성과 관련한 공동체험을 천착해 나가는 여직무자들로 구성된 의식 제고 그룹들은 반드시 전국적으로 조직되어야 한다. 이런 견지에서 미국 전역의 수녀들로 구성된 NAWR(National Assembly of Women Religious)이 좋은 출발을 보이고 있는 것은 사실이지만, 이런 노력들은 직무에 종사하는 여자들 모두(이 가운데 일부는 CARA의 연구에 의해 포착되고 있는데)에게로까지 확장될 필요가 있다.

가장 중요한 점이 되겠는데, 역사상 처음으로 여자들이 신학과 영성을 "우리 자신의 일"로서 주장할 수 있는 상황을 맞고 있다. 그러므로 우리는 온 힘을 다해 여자들의 영성적·신학적·전례적 예속을 종식시키고, 신학교육과 영성교육을 위한 우리 자신의 기관들을 우리의 능력들을 생산해 내는 센터들로서 발전시켜야 한다. 우리는 여자들을 남자들로부터 분리시키고 단절시키기 위해서가 아니라, 구조적으로 참여적·포용적 교회 모델을 발전시키기 위해서 이런 시도들을 해나가야 한다. 남성중심적이고 남성지향적인 신학교들에서 현재 실시되고 있는 것과 같은 형태의, 여자들이 직무를 수행하기 위해서 받는 전문적 교육은 결국에 가서는 우리 자신들로부터이거나 교회로부터이거나 점점 더 심화되는 소외를 야기시키고 말 것이다.

맺음말

지금까지 『여자와 직무』의 신학적 전제와 방법론을 분석한 것은 완료된 대작업을 비판하기 위해서가 아니라 이 연구의 소산을 "신학적으로" 자리매김하기 위해서였다. 가부장적 교회 모델 속에서 여자들의 정력과 재능이 전용되는 정도에 관한 자료를 제시함으로써 이 연구의 저자들은 북아메리카 교회에 크게 이바지했다. 우리 가운데 어떤 이는 이 연구의 결실과 결론에 투영된 직무와 교회에 대한 체험을 우리 자신의 것으로 인식하지 않기 때문에 이 연구를 배격하는 경향을 보일지도 모르나, 나는 우리 자신의 모습을 비추는 거울을 더 주의깊게 들여다보도록 주의를 환기시키고 싶다. 그렇게 할 때 비로소 우리 자신을 제대로 인식할 수 있을 것이다. 하지만 나는 동시에 이 연구가 비판적으로 새롭게 규명될 필요가 있음을 강조하고자 한다. 이것이 직무에 종사하는 여자들에 대해 심각하게 역기능적으로 작용하지 않도록, 우리 모두를 고쳐시켜 왔고 수녀들이 지난 20년 동안 자기네 공동체 안에서 정착시켜 온 참여적·포용적 교회 모델을 위태롭게 만들지 않도록 말이다.

이 연구는 여자들이 종속적 보조자로서 전용당하고 착취당함에 대한 자료를 제공할 뿐, 참여적 교회 모델 안에서 의사결정에 참여하는 구성원으로서 행동함에 대해서는 알려주지 않으므로, 성령의 능력 안에서 일하는 여자들의 직무에 대해서도 이런 식으로 밝혀줄 수 있는 연구에 의해 보완되어야 한다. 직무적 지도력을 수행하는 여자들에 관한 이야기가 이야기와 노래와 축제들을 통해 입에서 입으로 전해질 필요가 있다. 선배 자매는 물론이고 지금 성령의 능력 안에서 활동하는 모든 자매도 초대되는 우리 자신의 "만찬 잔치"가 필요하다. 그리고 교회 안의 여자 지도력을 기리기 위한 이런 축제는 참여적·포용적 교회 모델에 그 뿌리를 내려야 한다. 이것은 통계를 통해 말할 수 있는 일이 아니다. 통계는 이른바 수용된 현실을 입증할 따름이다. 통계는 예수의 직무도 브리스카의 직무도 포착하지 못한다. 러키저Muriel Rukeyser는 콜비츠Käthe Kollwitz에 대한 한 시에서 "한 여자가 자기 삶에 관한 진리를 말한다면 어떤 일이 벌어질까?"라고 묻고 나서 이렇게 답한다. "이 세계의 미래가 열리게 되겠지, 짝 갈리는 현상을 겪으면서 말이야." 필경 이와 동일한 일이 교회에서 발생할 것이다 — 만일 직무에 종사하는 여자들의 진리(진리 전체)가 발설된다면.

13

내 이름으로 모여라[*]
그리스도교 여성론 영성을 향하여

〖상황 설명〗

    1981년 봄에 CC(Center of Concern)는 "교회를 움직이는 여자들"Women Moving Church이라는 주제로 회의를 열었다. 이 회의의 목적은 미국 내에서 가톨릭 교회에 미친 여성운동의 영향을 정확히 평가하는 데 있었다. 이 회의를 준비하기 위해 약 500명의 미국 가톨릭 지도자들이 이와 관련한 상황에 대한 평가서를 제출해 달라는 요청을 받았는데, 응답들은 크게 엇갈렸다. 어떤 이들은 여성운동이 교회에 큰 영향을 미쳤음을 강조했고 또 어떤 이들은 여성운동의 효과가 극미하거나 아예 없었다고 생각하기도 했다. 그러나 응답자 모두가 여성운동이 가톨릭에 심대한 영향을 미쳤다는 데는 의견을 같이했다.

    주최자인 뉴Diann Neu와 릴리Maria Riley는 여성론 진행의 한 모델을 제시하고자 기조 강연들이 아니라 여러 차례의 공개토의를 계획했다. 조직위원들은 응답들에 근거하여 생동적인 회의를 준비하기 위해 초대된 발표자들을 불러 발표 모임을 가졌다. 하지만 참석한 그룹은 이 문제에 초점을 맞추어 프로그램의 목표들을 구성하는 데 상당한 진통을 겪었다. 응답들이 크게 상충했기 때문이다.

    논의중에 드러났지만, 내가 볼 때 우리는 분명히 이 문제를 잘못된 방식으로 꼴짓고 있었다. 이 회의가 제기한 문제와 주제는 교회가 성직계와 동일시되며 여자들이 그 일부가 아니라는 것을 전제하고 있었던 것이다. 이 전제에 따르면 교회는 여기 있고 여자들은 저기 있다(이와 유사하게 남성중심적인 시도를 우

---

[*] 이 제목은 흑인 시인 Maya Angelou의 표현을 빌렸다.

리는 세계교회협의회가 여자의 해를 기리기 위해 소집한 모임에서도 마주치게 되는데, 여기서는 교회들이 여자들과 연대를 이룰 것을 요청받고 있었다). "교회를 움직이는 여자들"이라는 말은 여자들이 워싱턴 내셔널 성당이나 로마 베드로 성전 같은 교회 건물을 움직이려고 밀어대는 것을 떠올리게 한다. 내 생각에는 그랬다. 하지만 설령 기적이 일어나 교회가 몇 미터쯤 움직였다 하더라도 달라진 것이라고는 아무것도 없을 것이다. 그것은 이 물음과 관련한 남성중심적 틀을 바로잡고, 여자들이 관심의 중심으로 움직여갈 수 있을 그런 방식으로 그 문제를 끌지어 나가야 하기 때문이다. "교회를 움직이는 여자들"이라는 주제를 "움직이고 있는 교회로서의 여자들"Women as Church on the Moving로 바꿔야 한다는 것이 나의 주장이었다. 그래야 비로소 "움직이는" 힘들에, **교회로서의 여자들**이 이룩해 나가고 있는 변화들에 초점을 맞출 수 있으리라는 것이었다. 그래서 나는 "교회로서의 여자들"이라는 개념을 "여자교회"로 표현해 보았다(독일어로 Frauenkirche, 다이앤 뉴는 이것을 영어로 women-church라고 옮겼다). 이 표현은 1960년대 신학에서 교회의 "여성화" 현상을 특성짓기 위해 경멸조로 사용된 적이 있지만, 그럼에도 나는 이를 긍정적인 말로 되살려야겠다고 생각했고 그래서 그리스어 "퀴리아케"*kyriakē*(주님께 속한)에서 유래하는 "키르헤"Kirche(교회) 대신 "에클레시아"*ekklēsia*(백성의 모임), 곧 성서에서 "교회"를 가리키는 말을 사용했다. "성도들"의 민주적 회중會衆으로서의 에클레시아는 역사적으로 온전히 실현되지 못했으므로 나는 "여자"라는 수식어를 달았는데, 이는 에클레시아가 여자들이 온전히 포용될 때 비로소 역사적 실재로서 존재하리라는 점을 드러내기 위해서다.

여성운동이 가톨릭 교회에 미친 영향과 관련한 우리의 물음에 답변한 이들 가운데 한 사람은 자신의 답변을 다음과 같이 요약한다.

> 분명한 것은 동등한 인격체로서의 기본적 존엄성에 대한 여자들의 의식을 높이는 데 여성운동이 중요한 역할을 수행했다는 점이다. 이것은 장터와 교회 모두에서 나타나는 동등의 결핍에 대해 이의를 제기할 용기를 주고 뒷받침하는 원천

이 되어 왔다. 이것은 교회 안에서 여자들을 세례 소명, 곧 성을 차별하지 않는 실재로서 존재하고 그런 실재를 실현하기 위해 투신할 것을 요청하는 부름을 인식하고 그 부름에 응답하도록 촉매 구실을 해 왔다.[1]

다른 토론자가 여자로서의 인격적·개인적 자기이해와 자기확인, 그리고 여자로서의 부름과 관련한 여성론 영성의 영향을 개진할 것이므로, 나는 여기서 여자들의 영성에서 "움직이고 있는 교회"가 된다는 것이 무엇을 의미하는지를 신학적으로 천착하고자 한다. 나는 여자 권리를 구축하기 위해 여자들의 결속을, 곧 공동체와 교회의 새로운 비전의 "탄생"을 위해 여자 모임을 촉발시킬 수 있는 여성론 영성을 밝히고자 한다. 여성운동에서의 이런 "에클레시아 영성"은 한 의학부 학생의 다음과 같은 답변에 잘 드러나 있다.

> 여성운동은 교회 제도를 위협하여 … 이전의 의무감들을 뛰어넘도록 촉구하고 있다. … 이것은 정말로 이 정신을 따르는 데 필요한 용기와 비전을 갖추고 있을진대 이 교회가 변용될 **수 있는** 통로다. … 이것은 지금까지 이 교회에게 과거의 교회보다 훨씬 확대된 공동체 의식과 경험적 영성을 제시했고 … 많은 사람들을 종교적 단계에서 영적 단계로 움직여 가게 했으며 … 그 교회에 대처해 나가는 데 활용될 수 있는 토대를 제공했다. … 그리고 우리 자신의 삶에서 체험하는 초월적 신비를 직시하고 명명할 수 있는 다른 길들을 열어 주었다.[2]

그러나 많은 여자들이 그렇듯이 이 가톨릭 여자 역시 자신의 영성을 찾는 데 있어 자신이 변두리로 움직여감을 보고 있고 자신을 교회 내에서 "고립된" 존재로 인식하고 있다. 지난 이삼 년 동안, 공동체 안에서의 여성론 영성 체험은 여성론 시각을 견지하는 가톨릭 사람들로 하여금 점점 서로가 함께 나누고 서로에게 힘을 부여해 주는 근본적으로 영적인 공동체들을 형성하기 위해 기존

---

1. 대학 봉직자인 Nadine Koza, O.S.F.의 응답.
2. Loie Lenarz가 전달한 Kathi Antolak의 응답.

제도교회에 대한 "부분적 동일시"로 움직여가게 했다. 그렇다면 우리는 과연 어떻게 자매관계에서 비롯될 연대에 대한 우리 자신의 여성론 체험을 형성해 나갈 수 있을 것인가? 또 과연 어떻게 세례를 통해 받는 동등자 제자직 소명을 이 교회의 변두리가 아니라 "쇄신된 교회"의 중심적 구현체로서 여성론 운동을 구축하는 새로운 가톨릭 그리스도교적 비전으로 성숙시킬 길을 발견할 수 있을 것인가? 이 세계에서 억압받는 "가장 보잘것없는 사람들"(그 대부분이 여자들과 여자에게 의존하는 어린이들)과 연대를 이루는 가운데 말이다.

일반적으로 영성은 "영혼"의 생명이라든가 기도생활과 예배, 혹은 명상과 신비적 결합 합일체험, 하느님의 뜻이 전달되기를 "기다림", 또는 신적인 것에 대한 종교적 체험 등과 연관된 것으로 여겨지고 있다. 영성을 이렇게 이해할 때, 그것은 무엇보다도 기도와 명상, "영적" 지도 그리고 영혼 안에 그리스도가 머무심 같은 것들에 집중된다. 그리고 영혼이 한 단계에서 다른 단계로 나아가는 영적 발전을 위한 전제조건으로서 금욕적 수도에 몰두한다. 이와 비슷하게 여성론 영성 역시 묵상과 주문, 주술과 분향, 자궁 예찬과 촛불 응시, 신적 존재와 관련한 여성적 상징들과 탈혼상태 등에 몰두할 수도 있을 것이다. 종교 의식들과 관련해서 이런 영성 이해는 그리스도교만이 아니라 모든 종교에서 볼 수 있다. 어떻든 한마디로 이런 영성은 예수가 가지고 있던 특수한 비전과 그에 의해 시작된 운동을 제대로 포착하지 못하고 있다.

복음은 개인의 영혼 문제가 아니다. 성령, 곧 지혜의 생명을 가져다주는 힘에 대한 공동체적 차원의 선포다. 대안적 공동체와 세계에 대한 하느님의 비전이다. 성령의 창조력 체험은 구조적 죄의 생명 파괴력으로부터 우리를 해방시킨다. 성령의 창조력은 우리 자신과 서로를 위해 대안적 삶을 자유롭게 선택할 수 있게 한다. 초기 그리스도인 자기이해의 핵심은 무슨 거룩한 경전도 제의적 의례도 아니고 신비적 체험이나 마술적 주문도 아니었다. 일련의 관계, 곧 서로의 사이에서 서로를 통해서 나누는 하느님의 현존에 대한 체험 바로 그것이었다. 복음을 받아들인다는 것은 공동체에 들어선다는 것을 의미한다. 한 존재는 다른 존재 없이 존립할 수 없다. 복음은 에클레시아가 동등자 제자직을 구현하는 모임으로서 지속적으로 성령의 힘 안에서 재창조되어 갈 것을 요청한다. 예수의 활동, 치유와 구마, 가난한 이들에 대한 약속과 부자들에 대한 도전, 종교적 율법을 어기심과 내쳐진 죄인들과 함께하신 식탁 공동체, 이 모든 것이 하느님의 새로운 세계를 흔히 우리가 생각하는 것과는 달리, 우리들 **안에서**within가 아니라 우리들 **가운데서**among 경험적으로 체험할 수 있게 했다. 하느님의 현존은 "우리 가운데"서 발견된다(루가 17.21). 예수의 이름은 임마누엘, 곧 "하느님이 우리와 함께"다. 예수의 하느님은 신적 "지혜-성령"으로서, 그분의 힘은 부드럽고 그분의 멍에는 가볍다.

예수 자신의 활동이 그랬듯이, "신적 지혜"의 사자使者 예수에 의해 불린 공동체는 그 자체로 목적이 아니다. 제자들은 성령의 힘 안에서 그분이 행하셨던 바를, 곧 굶주린 이를 먹이고 병든 이를 치유하고, 억압받는 이들을 해방하고 지금 여기 하느님이 뜻하신 세계와 인류가 돌입함을 선포하는 일을 수행하도록 파견된 이들이다. 모든 세대에 "신적 지혜"는 예언자(남자와 여자)들을 불러 사명을 부여하고 있고 하느님의 친구요 자녀가 되게 하고 있다. 복음을 받아들인다는 것은 구체적 운동에 들어서서 그리스도의 죽음으로부터 영광 속에 이루어질 그분의Her 돌아오심 사이의 여정을 걷고 있는 하느님 백성의 구성원이 된다는 것을 뜻한다. 교회를 나타내는 그리스어인 에클레시아는 그리스도교 공동체의 이런 역동적 실재를 표현한다. 어떤 지역에 고정된 정적인 말이 아니고 종교적 표현도 아니며, 사람들의 **실제** 모임을, 곧 자기네 행복에 영향을 미칠 일들을 결정하기 위해 한데 불러모아진 한 마을의 자유시민 회중을 의미한다.

첫번째 성서에서 에클레시아란 "하느님 앞에 모인 이스라엘 회중"을 뜻한다. 두번째 성서에서는 에클레시아가 성령의 작용을 통해 가시적이고 지각 가능한 표현이 된다. 그리스도의 수난과 부활을 기억하면서 함께 식사하며 빵을 떼고 잔을 나누는 가운데 식탁에 둘러앉은 하느님 백성의 모임 안에서, 그리고 그 모임을 통해서 에클레시아가 실현되는 것이다. **그리스도교** 영성은 함께 먹고 마시며 함께 나누는 것을, 서로 이야기를 주고받는 것을, 서로가 서로를 받아들이는 것을, 서로가 서로를 통해 하느님의 현존을 체험하는 것을, 이렇게 하는 가운데 복음을 모든 이들, 특히 가난하고 버려진 이들과 생활고에 지친 이들(그 대부분이 여자들과 여자에게 의존하는 어린이들)을 위한 하느님의 대안적 비전으로 선포하는 것을 뜻한다. 그리스도교 여자들이 함께 빵을 떼고 자신의 영적 행복과 투신을 결정하는 데서 배제되어 있는 한, 동등자 제자직을 구현하는 모임으로서의 에클레시아는 결코 실현되지 못할 것이고 복음의 힘은 크게 약화된다. 바울로 성인에 따르면 참으로 영적인 존재는 성령 안에서 **걷는** 사람이다. 노예화하는 이 세계의 가부장적 구조에 대항하고 뛰어넘어 하느님의 대안적 세계와 가족을 이끌어들이는 바로 그런 여자다.

그러므로 여성론적 그리스도교 영성은, 성령의 분노한 힘 안에서 백성(여자들)을 먹이고 치유하고 해방할 사명을 위임받아 파견된 **여자 에클레시아**ek-klesia of women를 이루기 위해 함께 모이도록 우리를 부른다. 구조적 죄는 물론, 성차별과 인종차별과 착취로 인한 소외를 폭로하고 우리를 이런 것들로부터 해방한다. 우리를 하느님 자녀가 되고 그분 대변자가 되도록 이끈다. 남성숭배를 거부하고, 여성의 실존과 언어를 통해 "신적 표상"을 밝힌다. 기만과 강요로 내면화된 이타주의와 자기희생의 요구들로부터 우리를 자유롭게 한다. 우리 자신과 다른 여자들의 행복과 소명을 해치면서 남자들의 행복과 업적을 추구하도록 구조화된 틀로부터 우리를 해방한다. 우리가 "서로를 위해" 살고 여자들의 모임으로서의 에클레시아에서 하느님의 현존을 체험할 수 있게 한다. 이런 부름을 들은 우리 모두는 여자들과 모든 사람들을 해방하기 위한 투쟁에 투신함으로써, 여자들과 이들의 미래에 책임을 지는 존재가 됨으로써, 그리고 여자 에클레시아 안에서 연대를 촉진시킴으로써 여기에 응답한다. 공동체 안에서의 투신과 책임과 연대는 우리의 부름과 투쟁을 보증하는 특질들이다.

이 점에 관해 보통으로 다음 두 가지 주요한 반론이 있다. 첫째, 여자 에클레시아는 교회에 온전히 참여하지 않고 있다는 것이다. 이것은 옳다. 하지만 하느님 백성의 실제 모임으로서의 남성지배적 위계 역시 이 점에서는 마찬가지다. 가톨릭의 전통 속에는 여자 수도 공동체들이 언제나 있어 왔다. 지역교회의 구조가 가부장적이 되고 위계적이 되면서, 여자에게는 종속적 역할만 맡기거나 교회 직책으로부터 여자를 완전히 거세해 버리는 즉시 이런 공동체들이 탄생했다. 그러면 남성이 지배하는 위계적 교회는 으레 다시 남성지배적 신학과 전례와 법과 영성을 통해 이런 공동체들을 식민지화함으로써 통제하려고 했다. 결코 완전히 그렇게 할 수는 없었지만 말이다. 프로테스탄트 종교개혁은 이런 여자 수도 공동체들을 제거함으로써 가부장적 교회구조들을 공고히했고 근대의 여자 공동체들에 대한 남성의 성직주의적 통제를 강화했다. 하지만 최근 몇 세기 동안 거듭거듭 여자들을 모아 공동체를 이루고 성직계와 수도회의 통제로부터 벗어날 수 있도록 헌신하는 여지도자들이 떨쳐일어났다. 가톨릭 여성론 영성은 이런 여자 공동체들과 그 역사를 우리 자신의 유산으로 천명하고 있으며, 우리 자신의 영적 힘과 재능을 주장함으로써, 우리 자신의 행복을 스스로 결정함으로써, 우리의 결정에 스스로 책임을 짐으로써, 요컨대 성적 기준에 따라 우리를 평신도와 수녀로 철저히 갈라놓는 가부장적 구조를 거부함으로써 이들을 여자 에클레시아로 변형시키고자 하고 있다.

여자 에클레시아라는 표현에 대한 둘째 반론은 여자들이 여자 에클레시아의 이름으로 함께 모일 때마다 "남자들과의 상호성"은 어떻게 되느냐며 역성차별이라고 지탄한다. 그러나 이런 반론은 가부장적 억압과 권력 문제가 얼마나 심각한가를 충분히 인식하지 못하고 있다. 남미나 중미의 가난한 사람들이 한 민족으로서 함께 모인다고 해서 "역제국주의"라고 지탄할 수 있는가? 아프리카나 아시아 사람들이 한 민족으로서 함께 모인다고 해서 "역식민지배"라고 지탄할 수 있는가? 결코 그렇게 말하지는 않는다. 착취당하는 사람들이 함께 모이는 것이 부자들에 대한 억압을 초래하지 않으리라는 것을, 그리고 억압당하는 사람들이 서양의 백인 남자들과 국가들에 대해 지배권을 획득하지는 않으리라는 것을 잘 알기 때문이다. 오히려 그것은 경제적·문화적 생존을 위해 투쟁하는 억압받는 이들의 정치적 결속을 의미할 따름인 것이다. 그렇다면 남자들이 해방투쟁을 벌이는 여자들의 결속에 의해 위협을 느끼는 까닭은 무엇인가? 그리고 그리스도교 여자들이 그리스도인이자 여자로서 영적 생존을 위해 함께 모이는 것을 교회의 남자 지도자들은 왜 이해할 수도 받아들일 수도 없는가? 우리가 함께 모이는 것은 남자들에게 반대하거나 군림하기 위해서가 아니다. 오로지 우리 자신의 영적 행복과 투쟁에 영향을 미치는 일들을 스스로 결정하는 가운데 하느님 앞에서 에클레시아가 되기 위해서일 따름이다.

남자의 여자에 대한 영적 식민지배는 신적 존재를 남성으로 내면화해 온 과정과 더불어 나타났다. 그러므로 상호성이 실제로 구현 가능하려면, 남자들이 하느님 백성으로서의 교회는 물론 여자들에 대해서도 행사해 온 영적·종교적 통제를 버려야 한다. 그리고 여자들 편에서도 상호성이 구체적 실재가 될 수 있기 이전에, 자신들의 영적 힘을 재천명하고 남성 숭배에 사로잡혀 있던 자신들을 풀어내어야 한다. 참으로 "공동언어의 꿈"은 성령의 힘에 의해 비로소 이룩될 공동인간성co-humanity이 실현되는 하느님의 대안적 세계에 속하는 것이 아닐 수 없다. 하지만 이것은 남성숭배와 그 악마적 구조가 성차별이라는 개인적이고 구조적인 죄에 대한 고백을 통해 거부될 때만 하느님 백성 가운데서 구현될 수 있다. 에클레시아의 충만함이 개인과 교회 구조의 진정한 회심을 통해 구체적으로 실현될 가능성으로 들어설 수 있어야 한다. 여자들이 아니라 바로 이 교회의 남자 성직자들이 성찬의 식탁 공동체에서 "빵을 떼고 잔을 나누는" 데서 여자를 배제하고 있다. 이 교회의 여자 아닌 남자 성직자들이 우리 가운데서의 하느님의 현존을 선포하지 못하도록 우리를 방해하고 있는 것이다.

표상은 우리의 삶에서 큰 힘이 있다. 거의 200년 동안 두 가지 성서 표상이 제도종교 안팎에서 미국 여성운동에 깊이 영향을 미쳐 왔다. 오늘날까지 "에덴가정"Eden-Home이라는 표상이 (신우익 보수정치적 종교단체인) "모럴 머조리티" Moral Majority의 주장과 호소를 규정하고 있는가 하면, "출애굽"Exodus 표상은 가정과 교회의 억압적 영역을 거부할 것을 요청하는 급진 여성론을 고취시켜 왔다. "진정한 여성다움의 예찬"은 여자들의 소명이 "가정을 가꾸는 일"이라고 천명한다. 여자의 진정한 본성과 행복의 성취는 가정을 소외화된 사회라는 바다에서 평화로운 섬으로 창출하는 데 있다는 것이다. 남자들이 일의 세계의 착취와 유혹으로부터 피난할 수 있는 "에덴 낙원"으로 말이다. 이에 따르면 여자는 가정 안에서 "가족을 지키고 구하기" 위해, 평화와 행복의 분위기를, 자기

희생적 사랑과 자기를 죽이는 온유함의 분위기를 제공해야 한다. 그래서 여자의 영적 소명은 남자의 그것보다 우월하다는 것이다. 하지만 이런 여성 예찬은 그야말로 멋대로, 가난한 여자들과 미혼 여자들의 경우 "가정"에 머물러 있을 수 없다는 사실과 가정에서 여자들과 어린이들에게 가해지는 폭력을 간과하고 있으며 가부장적 의존을 그리스도교 가정과 완전히 혼동하고 있다.

반면에 "출애굽" 표상은 여자들에게 애지중지하던 모든 것, 이를테면 남자와의 애정 공동체, 보호와 행복, 자녀와 유복한 환경과 종교를 떠날 것을 종용한다. 이 모두가 가부장적 가족과 교회 체제 안에서 억압과 착취에 기여했으므로 여자들은 가부장적 종살이의 "고기 가마"(출애 16,3)에서 떠나 "새로운 공간과 시간 안에" 살아야 한다는 것이다. "출애굽" 표상은 여자들에게 이른바 신성한 가정 의무들에서 벗어날 것을, 가부장적 가족체계의 종살이를 탈출하고 가부장적 종교의 보증들을 거부할 것을 요청한다. 그런데 이런 "출애굽" 영성은 "이집트"의 가부장적 억압이 모든 삶의 자리에 배어 있다는 사실뿐 아니라, 하느님은 변두리에도 중심에도 존재하신다는 사실을 간과하고 있다. 하느님은 우리가 해방을 위해 투쟁하는 모든 곳과 모든 때에 "우리 가운데" 계신 것이다.

이 두 성서 표상(에덴과 출애굽)이 우리를 선택 앞에 직면하게 한다. 가정 안에서 예수의 시중을 드는 마르타가 될 것인가, 아니면 자기 겨레를 광야로 인도하는 모세의 누이 미리암이 될 것인가 하는 선택이다. 하지만 이들은 우리의 투쟁과 연대를 통해 진정으로 남자와 여자가 함께 이룰 공동공동체co-community에 대한 하느님의 비전을 "낳고" 이룩하면서 우리를 가부장적 사회와 교회의 중심으로 이끌어가지는 않는다.

선택을 요청하는 이런 성서 표상의 가톨릭적 변형체가 먼저 가정 안에서 예수와 가족에게 시중드는 평신도로서의 마르타 표상으로 나타난다. 그리고 그 둘째 표상의 변형체는 가족과 성의 세계를 떠나 가부장적 교회체제의 명령에 따르는 "수도생활"로 예수께 시중드는 수녀로서의 마리아 표상이다. 에덴과 출애굽 표상의 이 이분법은 삶의 양식들에서의 이분법을 통해 구조적으로 표현된다. 이를테면 동정녀-어머니, 수도자-평신도, 영성적-생물학적, 이런 식이다.

여자가 남자와 맺는 성적 혹은 영적 관계의 존재 혹은 부재가 그리스도교적 소명의 본질적 자격요건이 되기에 이르는 것이다. 성인축일표에서 남자말고 여자들의 경우 그 성덕을 기려 "동정녀"라고 명기되는 것도 이때문이다.[3]

　여성론적 그리스도교 영성은 하느님에 대한 여자의 관계를 남자에 대한 성차원의 관계나 가족과 교회의 가부장적 구조들을 통해 규정하지 않고, 여자가 동등자 제자직에로, 자신의 영적 행복을 결정하는 자유시민 모임에로 불린 체험 안에서 그 체험을 통해 규정한다. 여자 에클레시아, 곧 자유로이 스스로 자기 일을 결정하는 하느님 백성 회중으로서의 여자들의 모임이라는 표상이 앞에서 말한 다른 성서 표상, 곧 에덴-가정, 탈출-세계, 동정녀-어머니 표상들을 한데 통합함으로써 대치한다. 그러나 이런 선택적 표상들이 영성적 뿌리를 내리고 있는 구조적·가부장적 이원론이 극복될 때만 이런 상태에 도달할 수 있다. 평등 교회 모델로서의 여자 에클레시아는 모든 여자의 연대를 통해서 또 그런 연대 속에서 평신도와 수녀, 가정주부와 직업여성, 신체적 어머니와 영적 어머니, 교회와 세계, 성과 속, 이성애 여자와 동성애 여자 같은 이원론을 극복할 때만 존속될 수 있다. 여자들을 갈라놓는 가부장적 구분의 틀 속에서 부추겨지는 경쟁들은 하느님 백성으로서의 여자들의 운동으로 변혁되어야 한다. 여성론적 그리스도교 영성은 여성 해방 투쟁의 구체적 역사 안에 육화되어야 한다. 예언자적 투신과 아픔을 함께하는 연대와 지속적 항거와 자신들을 확인하고 긍정하는 잔치, 그리고 여자 에클레시아의 풀뿌리 조직 안에서 영위되어야 한다.

　하느님 백성으로서의 여자들의 이 운동이야말로 일치운동적이다. 이것은 가부장적 교회의 성차별 체험을 공유할 뿐 아니라, 일체의 차별을 넘는 중심적 통합 표상, 그리스도교와 유대교에 공통된 하느님 백성이라는 성서 표상도 공유한다. 나아가 이른바 세속 여성운동과 구분되면서도 분리되어 있지 않다. 성공회 여자건 유대교나 몰몬교 여자건 이들이 성차별의 구조적 죄와 맞서 얻는 모든 승리는 모든 여자의 해방에 기여할 것이고, 그렇지 않으면 결과는 반대로

---

3. 이 점을 Joyce Brogan가 논문 "Christian Feminist Theology: Liturgical Implications"에서 지적했다.

나타날 것이다. 가난한 여자와 유색인 여자, 제3세계 여자와 동성애 여자, 혼자 살며 자녀를 기르는 여자나 나이 든 여자와 불구가 된 여자 들과 더불은 투쟁의 연대는 우리의 일치운동적인 영적 투신과 책임을 구성하는 것이다.

대부분 여자들의 삶은 자녀를 낳고 키우는 것으로 그친다. 그럼에도 불구하고 여성론 운동은 전반적으로 자녀가 있는 여자에게 필요한 것들에 충분한 주의를 기울이지 못한 것이 사실이다. 그러므로 하느님 백성으로서의 여자들의 이 운동은 여자 에클레시아, 곧 어린이와 젊은이를 키우고 사회화하는 일에 긴밀하게 관련되는 "하느님 어머니들"을 준비케 할 수 있는 공동체에로의 입문으로서 세례가 가지는 의미를 회복해야 한다. 이로써 여성론적 성도 공동체로서, 어린이들이 신체적·영적 자양을 공급받을 수 있는 동등자 제자직이 구현되는 교회 모델이 구축될 수 있을 것이다. 어린이에 대한 책임은 어머니 두 부모에게만 있는 것이 아니다. 어린이의 안녕과 권리는 우리 모두가 돌보아야 한다. 우리가 여자이기 때문이 아니라 그들이 우리의 미래이기 때문이다.

하느님의 에클레시아로서의 여자들은 예수와 초기 그리스도교의 운동이 그 뿌리요 기원임을 주장할 수 있는 오랜 역사를 가지고 있다. 하느님 백성으로서의 여자들의 이 역사는 억압의 역사로서 있는 그대로 밝혀지고 회심과 해방의 역사로서 재구축되어야 한다. 여자 에클레시아에 관해 언급할 때 나 자신이 상기하는 것은 과거와 현재의 여자들, 생명을 가져다주는 "성령-지혜"의 힘 안에서 행동했고 지금 행동하고 있는 그런 여자들이다. 연령과 민족과 대륙을 막론하고 모든 여자를 포용하는 그야말로 "가톨릭적인" 자매관계에 대한 이런 이해는 우리가 겪은 상처와 분노를 부인하거나 하느님과 그리스도의 이름으로 여자들에게 가해진 불의와 폭력을 덮어버릴 이유가 없다. 또한 구원 능력이 있다고 내세우거나 뽑히고 거룩한 이들이라는 여자들에 한정지을 이유도 없다. 여자들로부터 구원이 실현되리라고 기대할 이유는 없다. 여자들 역시 성차별이라는 구조적 죄를 내면화해 왔고, 그래서 우리 자신의 영적 관심과 유익들에는 물론 지도자들에 대해 반발할 수 있다는 사실을 우리는 잘 알고 있다. 이것은 우리에게 현재와 과거의 모든 여자와 연대를 이룰 것을 요청하고 있다. 자매관계

속에서 추구되어야 할 그런 연대는 우리 자신이 그리스도교 여자로서 그리고 가톨릭 여자로서 우리 유산을 소중히 여기고 재발견하게 할 것이다. 시카고Judy Chicago가 지적했듯이, 우리 문화의 모든 제도는 우리의 역사와 유산을 탈취함으로써 우리 자신이 대수롭지 않은 존재들임을 설득시키려고 기를 쓰고 있다. "그러나 우리의 유산이야말로 우리의 힘이다."

마지막으로, 여성론적 그리스도교 영성은 "그리스도의 몸"으로서의 여자 에클레시아에 그 뿌리를 두고 있다. 몸의 실존은 우리가 영적으로 에클레시아를 이루는 데 해롭거나 주변적인 것이 아니다. 몸 역시 우리가 영적으로 에클레시아를 이루는 데 본질적 핵심 요소다. 영혼이나 정신 혹은 내밀한 자아가 아니라 바로 몸이 우리가 교회로서 존재하는 것을 표현하는 표상이자 모델이 된다. 여자의 몸들이 폭행당하고 겁탈당하고 불임을 강요당하고 불구화되고 창녀로 전락당하고 남성의 목적을 위해 이용당하는 한, 어떻게 성찬의 빵을 가리켜 "이는 내 몸입니다"라고 말할 수 있는가? 남자들이 우리에게 주어진 생산의 자유와 도덕적 행동을 취할 가능성을 제한하거나 아예 부인하는 한, 어떻게 그리스도의 몸 안에서의 "남자들과의 상호성"을 선포할 수 있는가? 과거와 마찬가지로 오늘도 남자들은 우리 몸을 신체적 또는 영적 폭력의 전쟁터로 삼아 이데올로기적·종교적 전쟁을 수행하고 있다. 여자 에클레시아는 여자의 몸을 "그리스도의 표상이요 몸"으로서 재천명하고 여자들에게 가해지는 일체의 폭력을 신성모독으로서 고발할 수 있어야 한다. 그렇게 하면서 몸과 영혼, 마음과 자궁, 이 모든 것과 관련한 우리 자신의 영적 행복을 결정하는 데 있어 여자 자신의 윤리적 권한과 책임을 견지할 수 있어야 한다.

여자 에클레시아는 우리들 자신 안에 도사리고 있는 남성 숭배를 거부하고 그리스도교의 형제관계에 있는 모든 이에게 회심을 요청하기 위해 함께 모인다. 그러나 우리의 일차적 과제는 서로가 서로를 길러주고 뒷받침해 주는 일이다. 우리는 빵을 떼고 잔을 돌려 함께 나누는 가운데 그리스도의 수난과 부활뿐 아니라 우리네 여자들의 수난과 부활도 기억하고 기리는 것이다.

14
기 도

《상황 설명》

독일에서는 여자용 기도책들이 아주 대중화되어 있다. 수잔 칼-파쏘트가 편집하여 1984년에 출판된 여성론적 기도책[1]의 기고 청탁을 받았을 때 나는 다음 묵상과 기도들을 골랐다. 이들을 여기 옮겨 싣는 것은, 말하는 양식이 색다를 뿐더러, 기도란 하느님만이 아니라 우리 자신의 영적 과제와 비전에 대해서도 말하는 것이 있기 때문이다.

창조적 어둠

창조적 어둠
당신은 우리에게 정의의 태양을 보내셨습니다
당신 진리를 당신 백성 모두에게 제시하는 그분을

해방하는 힘
당신은 알리셨습니다
당신 전언자들과 예언자들을 통해
세세대대로
당신은
죽음이 아니라 생명의 하느님이심을

---

1. S. Kahl-Passoth 편 *Was meinst du dazu, Gott? Gebete von Frauen*, GTB Siebenstern 485 (Gütersloh 1984).

예속이 아니라 자유의 하느님이심을
지배가 아니라 사랑의 하느님이심을
분열이 아니라 창조의 하느님이심을

당신 백성에게 힘을 주소서
붙들어 주시는 거룩한 분이여
우리에게 싸울 힘을 주소서
착취에 맞서 희망을 위해
불의에 맞서 해방을 위해
몸과 혼의 온갖 침탈에 맞서

그리고 언제나 우리가 알게 하소서
당신 힘을
당신 사랑을

우리를 길러 주소서
온유한 지혜여
이제와
우리 절망의 때에

아멘

우리와 함께 계신 하느님께 영광

또한 그녀 백성에게 평화

    우리는 당신께 영광을 돌립니다
    우리는 당신을 찬양합니다
    우리는 당신께 감사 드립니다
    넘쳐흐르는 당신 은혜에

거룩한 분

> 모든 생명의 원천
> 힘없는 존재들의 힘
> 정의의 태양
> 투쟁 속에서 붙들어 주시는 비전이여

우리 기도를 들으시고
당신 얼굴이 우리 위에 빛나게 하소서

아멘

모든 생명의 어머니이신 거룩한 분

우리는 당신께 죄를 지었습니다
> 자기 존중을 결함으로써
> 자기 긍정을 결함으로써
> 자기 사랑을 결함으로써
> 다른 여자들과의 연대를 결함으로써

어떻게 당신을 예배할 수 있겠습니까
> 당신 모상이요 닮은꼴인 우리가
> 우리 자신을 존중하지 않는다면

어떻게 당신을 예배할 수 있겠습니까
> 당신 모상이요 닮은꼴인 우리가
> 우리 자신을 긍정하지 않는다면

어떻게 이웃 자매를 사랑할 수 있겠습니까
> 우리 자신을 사랑하지 않는다면

우리 범행들을 용서하소서
    우리가 우리에게 범행한 저들을 용서하듯이
    우리를 하찮게 여기는 저들을
    우리를 존중하지 않는 저들을
    우리를 약하게 하고 우리 힘을 앗아가는 저들을
    우리 마음과 정신 속에 자기 혐오를 심는 저들을

그리고 우리를 유혹에 빠지지 말게 하시고
가부장적 지배의 악에서 구하소서

아멘

어미가 자식들을 버릴지라도

어미가 자식들을 버릴지라도
나는 너희를 버리지 않으리라

이 세상 가난한 자
이 세상 굶주린 자
이 세상 겁탈 희생자
이 세상 매맞는 자
이 세상 권리 침해당하는 자

여자들입니다

착취당하고 희롱당하는 여자
붙들려 가 정신병동에 갇히는 여자
창녀 되고 학대받는 여자
미인 표준으로 불구 되는 여자
불법 낙태로 죽임받는 여자 들입니다

그래도 여자들은 자식들을 버리지 않습니다

주림과 추위로 병든 자식
쥐들에게 뜯기는 자식
희망 없이 옥에 갇힌 자식
부르좌 입양을 위해 도적질당한 자식
놀이터도 햇살도 없는 자식
복지 관료의 볼모로 붙들린 자식
우리 사회 노리개들인 자식 들을

여자들은 부르짖고 있습니다
    여자의 권리와 자식의 행복
    여자의 몸과 혼들에 대한 권리
    자식이 "적자"適者일 권리
    일하고 동등한 보수를 받고 집을 가질 권리
    자유와 책임으로 사람다울 권리 들을 위해

하느님 우리 하느님
여자 얼굴을 지닌 거룩한 분이여
    겁탈낭하고 창녀 된 분
    가난뱅이 되고 착취당하는 분
    굶주린 채 희망도 없는 분
    우리 세계 빈민굴 속에 임신된 분이여

당신은 우리 모두에게 물으십니다
    너희 자매들은 어디 있느냐

너희가 내 자매 가운데 가장 보잘것없는 이들에게 해 준 것이
곧 나에게 해준 것이니라

하느님 지혜

거룩한 분

수만 가지 이름으로 간구되는 분

우리 어머니 하느님

우리 자매 하느님

우리 여신 하느님

    거룩한 분이여 우리에게 자비를 베푸소서

우리 친구 그리스도

우리 음식 그리스도

우리 정의正義 그리스도

    거룩한 지혜여 우리에게 자비를 베푸소서

생명의 성령

용기의 성령

진리의 성령

    거룩한 분이여 우리에게 자비를 베푸소서

하느님 우리가 당신을 몰록 신으로 바꾸어 놓았습니다

하느님 우리가 당신을 노인으로 바꾸어 놓았습니다

하느님 우리가 남성을 하느님으로 바꾸어 놓았습니다

    우리의 죄를 용서하소서

당신은 아버지도 어머니도 아닙니다

당신은 남성도 여성도 아닙니다

당신은 신도 여신도 아닙니다

우리 언어는 부족합니다
우리 지력은 당신을 파악하지 못합니다
우리 상상력은 당신을 포착할 수 없습니다
우리는 당신을 어떻게 부를지 모르지만
당신은 우리를 부르십니다

당신 지혜가 우리를 품어안습니다
당신 신실하심이 우리 가운데 머뭅니다
당신 정의가 우리를 지탱합니다
당신 복된 세계가 우리에게 약속되었습니다
당신 투쟁이 우리를 저버리지 않을 것입니다

여자마다 당신 눈에는 소중합니다
여자마다 당신 가슴에 다가 있습니다
여자마다 당신 힘과 함께합니다
여자마다 존엄과 정의를 주장해 마땅합니다
여자마다 자유롭게 될 것입니다

거룩한 분, 지극히 자비로운 분이여
우리 죽을 때 우리를 집으로 데려가소서
아멘

15

가부장구조와 동등자 제자직

축복의 노래

복받아라 내 누이야
복받아라 네가 걷는 길에 …
그러니 사뿐사뿐 걸어라 내 누이야
용기 내어 네 노래를 불러라
너는 네 길을 가며 할 말이 있지
별들이 밤길을 비추어 주리니
   혹 기운이 빠지더라도
   가슴속 노래가 이어지지 못해도
   부디 잊지 마라 우리가 기다리리니
   다시 힘을 북돋아 주리니
우리가 우리 누이인 너를 축복하리니 …

― Marsie Silvestro

《상황 설명》

  1981년, 여자서품회의woc의 위원들은 지역과 지구 회의들에 여자들을 불러 모아 다음번 국제회의를 "풀뿌리" 차원에서 개최하기로 결정했다. 이는 여비와 숙박비 등 필요한 경비를 확보하지 못한 여자들도 회의에 참여할 수 있도록 하기 위해서였다. 이 전략은 다수의 여자들이 속한 소규모 풀뿌리 모임들과 "기초" 공동체들의 성장을 가져왔다. 그 목적은 반드시 여자 서품을 추진하기 위해서만은 아니었다. 이와 더불어 정치적 조직을 이루고 정의를 실현하기 위해서, 의식을 높이고 상호부조를 도모하기 위해서, 또 전례와 신학적 연구와 영적 성찰을 추구하기 위해서였다. 주로 백인 중산층 가톨릭 평신도 여자들과 수녀들을 모은 것은 사실이지만, 일부는 민족과 인종이 혼합된 그룹도 있었다. WOC 회원에만 한정되지 않은 이 풀뿌리 모임들이 1983년 11월 시카고에서 제1차 국제 여자교회회의가 개최될 길을 닦았다. "세대에서 세대에로 여자교회는 말한다"라는 이 회의의 주제는 "교회를 움직이는 여자들"이라는 주제로 열렸던 워싱턴 회의의 여자교회women-church 개념을 취했으나, women이라는 복수 형태를 woman이라는 단수 형태로 바꿈으로써 여자교회라는 정의에 본질주의적 경향을 띠게 해놓았다. 비록 두번째 회의에서는 복수 형태로 되돌아갔지만, 본질주의적 "여성"feminine 개념과 사회정치적·교회적 여자 개념 사이의 긴장은 여전히 여자교회운동의 자기이해에 각인되어 있다.

이 회의에서 나에게 가장 기억에 남는 경험의 하나는 축복예식이었다. 이것은 가톨릭 여자기구들의 대표자들과 주교들간에 나눈 대화와 여자교회 모임, 그 양자의 본원적 유대관계를 표현하기 위해 거행되었다. 제2차 여자교회회의에도 참석했던 나는 이 대화에 참석하여 발언하도록 초대받은 여자 가운데 한 사람으로서, 서품과 관련한 일체의 예식을 수행하는 여자교회의 이름으로 발언하도록 모임에 의해 위임받고 축복받았다. 청중 가운데 한 여자가 직접 나에게 과테말라에서 짠 영대를 줌으로써 이 해석을 자발적으로 받아들였다. 여러 빛깔로 표현된 이 영대의 상징성은 마르시 실베스트로의 축복의 노래("사뿐사뿐 걸어라, 내 누이야. 용기 내어 네 노래를 불러라 …")와 더불어 나와 함께하면서 큰 교회적 의미를 담고 있는 이 두 사건을 잘 넘어서도록 용기를 주었다.

미국 가톨릭 주교회의NCCB의 사회와 교회의 여자들에 관한 특별위원회는 11월 같은 주말에 광범한 영역에 걸쳐 여자들을 대표하는 13개 기구(WOC도 포함)를 불러모았다. 이 대화의 착상은 몇몇 주교가 WOC 대표자들과 대화를 한 경험에서 생겨났지만, 그럼에도 불구하고 서품이 워싱턴에서 중심 논제가 될 것은 아니었다. 전국적 대화 모임의 일정이 이미 정해진 후, 교종 요한 바오로 2세는 로마 방문중의 미국 주교들에게 여자 서품을 지지·추진하는 단체나 개인을 지원하지 말도록 훈계했다. 하지만 그런 압력들에도 불구하고 WOC 대표자들과 (양차 WOC 회의의 연설자로서, 또 이 조직의 핵심위원으로서) "공식적으로" WOC와 관련된 이들 가운데 유일한 발언자인 나에 대한 초대가 취소되지는 않았으므로, 나는 나 자신에 관한 이야기를 함으로써 "뼈있는 말로" 이 뜨거운 감자를 토론 마당에 끌어들이기로 마음먹었다.

여성론 신학은 여자들의 경험에 대한 체계적 천착으로 시작한다. 그래서 나는 가부장제 같은 어려운 주제(나의 강연 주제)를 풀어나가기 위해 나 자신이 겪었던 일의 이야기를 여러분과 함께 나누고자 한다.

내가 석사과정을 마치고 학위를 받는 데 필요한 시험들을 통과한 1963년에 있었던 일인데, 이 해는 제2차 바티칸 공의회가 여자 서품을 숙고해 달라는 청원서를 받게 되었던 해이다. 나는 뷔르쯔부르그의 신학 분야에서 학위를 받은 최초의 여자였으므로, 교수단은 공의회가 그 청원을 받아들일 경우 내가 서품되도록 추천하겠다고 다짐했다. 그때 나는 내가 외딴 마을 본당신부가 될 소명을 가지고 있다고 생각지는 않으나 주교가 될 소명은 분명히 가지고 있다고 밝혔는데, 그러자 학장은 "그런 일은 결코 일어나지 않을 것"이라고 단언했다. 내가 "왜 그렇습니까?" 하고 묻자 그는 이렇게 설명했다. "그렇게 되면 우리가 당신한테 의존하고 복종할 의무가 생길 것이기 때문이오."

I

나 자신의 이 경험을 이 시간에 함께 나누기로 선택한 것은 내 논의의 초점을 서품에 맞추려는 의도에서가 아니다. 그보다는 이 경험이 권력을 장악하고 있는 남자들에 대한 의존과 그들에 의한 통제라는, 가부장제의 핵심을 구체적으로 드러내기 때문이다. 복종은 가부장제의 본질이다. 나는 고전적 가부장제에 앞서 벌어진 역사적 상황을 탐구하거나 가부장제를 단순히 모든 여자에 대한 모든 남자의 지배로 규정하는 태도를 취하기보다는, 가부장제에 대한 고전적 규정, 곧 가부장제는 아테네의 민주주의에서 그 고전적 표현을, 아리스토텔레스 철학에서 그 체계적 표현을 찾아볼 수 있는 정치적·경제적·법적 복합 체계라는 규정을 바탕으로 해서 연구작업을 개진하는 것이다.[1]

아리스토텔레스의 정치철학은 가정과 국가에서 지배자와 피지배자 사이에 형성되는 관계와 관련되어 있다.[2] 아리스토텔레스는 고대 그리스에서 철학과 수사학을 가르치던 교사들에 맞서서, 가정과 국가의 가부장적 관계들은 경제적 기능과 사회적 관습이 아니라 "본성"에 기반하며 정치윤리에 관한 논의는 일차적으로 가정과 결혼에서 시작되어야 한다고 역설했다(그는 결혼을 "본성적" 지배자와 종속자간의 결합으로 규정한다). 노예제도는 인간 본성에 어긋난다는 주장에 거슬러 아리스토텔레스는 "모든 인간은 영혼이 육체와 다른 것만큼이나 서로 다르며 … 본성적으로 노예인 인간은 육체가 영혼에 의해 지배되는 것이 자연적이고 합당한 것처럼" 가부장적 권위에 의해 지배되어야 한다고 주장한다 (정치학 12.60a). 가부장적 지배가 충실하게 행사되지 않을 경우 가정질서는 물론 국가질서도 위험에 빠질 수 있으므로, 완전한 시민이요 참된 인간은 바로 자유인으로 태어나 경제적 실권을 장악하고 있는 남성 가장이라는 것이다.

재산과 사회적 역할과 독립성 같은 범주들이 고전적 가부장제에서 결정적 요소라는 사실은 플라톤의 유토피아 사상에서 이미 명백하다. 플라톤은 『국가론』에서 수호자들에 의해 다스려지는 이상적 도시국가를 묘사한다. 그는 이 도시국가를 개인 재산의 공유화로 통일된 가부장적 가정으로 이해한다. 여기서는

---

1. "가부장제"는 흔히 "성차별주의"나 "남성중심주의"와 교환 가능한 말로 쓰인다. 나는 둘 다 구별하여 남성중심주의와 성차별주의 이원론을 가부장제에 의해 배태된 이데올로기적 사고의 틀 또는 정당화로서, 인종차별과 성차별과 계급주의를 가부장적 사회와 이데올로기의 구조적 구성요소들로서 이해한다. 가부장제를 남성 패권주의와 여성 혐오의 관점에서만 이해해서는 현대사회의 인종차별과 계급주의와 성차별의 상호작용을 명확히 진술할 수 없다. 가부장제의 여러 의미: V. Beechey, "On Patriarchy", *Feminist Review* 1 (1979) 66-82.
2. E. Barker 편 *The Politics of Aristotle* (New York 1962); 그리고 세 논문 L. Lange, "Woman Is Not a Rational Animal: On Aristotle's Biology of Reproduction"; E. V. Spelman, "Aristotle and the Politization of the Soul"; J. H. Steihm, "The Unit of Political Analysis: Our Aristotelian Hangover": S. Harding, M. B. Hintikka 편 *Discovering Reality: Feminist Perspectives on Epistemology, Metaphysics, Methodology, and Philosophy of Science* (Boston 1983) 1-15, 17-30, 31-43.

노예뿐 아니라 자유인 여자와 아이들도 한 남성 가장이 아니라 모든 엘리트 남자들의 재산이 된다. 개인적 가정이 폐지되므로 상류계급 여자들은 가정에서의 "본성적" 사회·경제적 역할에서 벗어나 도시국가라는 가정의 관리에 참여할 수 있고 남편 개인의 성적 소유물이 아니지만, 모든 자유인 남자의 성적 소유물이 된다. 결국 상류계층 여자들의 상대적 정치적 해방은 이들의 성적 해방으로 귀결되지 못할 뿐 아니라 모든 여자의 경제적·시민적 해방으로 귀결되지 못한다. 이상적 도시국가의 운영을 위해서는 노예와 외국인 거주자(여자와 남자)들이 여전히 결정적으로 중요하기 때문이다. 일부 상류계급 여자들의 상대적 해방이 가부장적 지배로부터 모든 여자들을 해방하는 것으로 이어지지 못하는 것이다.

고전학자인 마릴린 아더는 양성간의 양극성과 본성적 차이에 대한 명료한 표현은 귀족정치 시대의 저서들에는 아직 명확하게 나타나지 않지만 아테네가 민주정치를 도입한 시기에 비로소 출현하기 시작한다고 논증했다.³ 그 전에는 여자의 열등한 지위가 명료하지 않는 반면, 그때부터 국가의 정치적 구조와 법적 구조에 의해 여자의 종속성이 규정되고 자유인 여자가 시민권에서 배제되기 시작한다. 다신론적이거나 유일신론적인 가부장적 종교가 아니라 정치와 종교가 바로 가부장적 지배를 지탱하는 근거가 되고 있다. 가정에서의 종속적 구성원들이 띤다고 주장되는 특수한 "본성들"에 대한 분명한 표현은 완전한 시민권을 유산有産계층으로서 자유인으로 태어난 남성 가장에 제한하는 아테네식 민주주의의 사회·정치적 구조와 도시국가의 중산층 민주주의에서 최초로 표현된 인간의 존엄과 자유에 대한 민주적 이상 사이에서 나타나는 모순을 유발시키고 있는 것이다.

요컨대 노예와 자유인으로 태어난 여자들이 고유하게 띠고 있다고 주장되는 특수한 인간 "본성들"에 기반을 두고 있는 사회적·가부장적 역할들에 대한 철

---

3. Marilyn B. Arthur, "Women in the Ancient World": *Conceptual Frameworks of Studying Women's History*, Sarah Lawrence College Women's Studies Publication (New York 1975) 1-15; "Liberated Women: The Classical Era": R. Bridenthal, C. Koonz 편 *Becoming Visible: Women in European History* (Boston 1977) 60-89.

학적 정당화뿐만 아니라 이데올로기적 양극성과 여성혐오적 이원론이 구체적 사회·정치 상황에 의해 발생된 것으로 보이는데, 이런 사회·정치 상황에서는 모든 인간의 동등성과 존엄성이 표현되기는 하지만 여자들이 정치적·사회적 자기결정에 실제로 참여하는 것은 금지되어 있다. 이들은 여전히 자유인 남성 가장들의 경제적 또는 성적 소유물로 머물러 있기 때문이다.

민주주의 이상과 가부장적 사회의 정치적·법적 구조 사이에 드러나는 바로 이런 모순이 현대 서양사회도 특징짓고 있다. 여성론 정치철학자들은 아리스토텔레스의 가부장적 철학이 서양 민주주의 사회와 법·정치철학도 뒷받침하고 있음을 분명하게 밝혔다.[4] 가부장적 가족체계가 역사의 과정을 통해 부분적으로 수정된 것은 사실이지만, 그렇다 하더라도 산업화를 통해 사적 영역과 공적 영역간의 균열은 더욱 심화되었다. 자본주의는 가부장제도를 대체한 것이 아니라 수정하고 보강했다.[5] 우리 시대의 정치철학과 법은 여전히 아리스토텔레스의 전제 위에서 작용하고 있다. 이런 틀 속에서, 자유인으로 교육받은 유산계층인 남성은 완전한 시민인 데 비해, 나머지 구성원(여자들, 식민지역 사람들 그리고 "노동자 계급들"[6])은 우리의 경제·정치생활을 결정하는 소수의 자유인 유산계층, 일반적으로 나이 든 백인 남성들을 떠받치고 있는 것이다.

자유주의가 비록 사회를 독립적이고 자유로운 개인들로 구성된 것으로 이해한다고 하더라도, 비자유주의 철학뿐 아니라 자유주의 철학에서도 기본 정치 단위는 성인이 된 인격 주체로서의 인간이 아니라 바로 가족이다. 아내는 사적 영역에서의 경제적 및 정서적 분위기에 책임을 지고 있다. 그러므로 아내의 위

---

4. 특히 S. M. Okin, *Women in Western Political Thought* (Princeton 1979); H. Schröder, "Feministische Gesellschaftstheorie": L. F. Pusch 편 *Feminismus: Inspektion der Herrenkultur,* Suhrkamp NT 192 (Frankfurt 1983) 449-76; Schröder, "Das Recht der Väter": *Feminismus,* 477-506.
5. 특히 Z. L. Eisenstein, *The Radical Future of Liberal Feminism* (New York 1981); H. Hartmann, "Capitalism, Patriarchy, and Job Segregation by Sex": E. Abel, E. K. Abel 편 *The Signs Reader: Women, Gender & Scholarship* (Chicago 1983) 193-225.
6. Zilla Eisenstein에 따르면, 자본주의와 가부장제의 이해관계 긴장은 돈벌이 일하는 아내와 어머니의 경우에 특히 두드러진다. 참조: A. Oakley, *The Sociology of Housework* (Bath 1974).

치에 있는 여자는 가사 책임을 성공적으로 완수하고 나서야 비로소 밖에서의 책임을 맡을 수 있을 따름이다. 집에 머물러 집안일을 돌볼 여유라고는 없는 소수민족 여자들과 노동자 계급 여자들조차 집안 관리와 자녀 기르기 의무를 지고 있다. 한 여자가 수행하는 역할이 아무리 전문적이거나 공적 것이더라도 집안일과 자녀 돌보기는 제1의 책임인 것이다.

공적 남성 분야와 사적 여성 영역으로 갈라놓는 가부장적 분리는 여자에게 분리된 경제체제를 안겨준다.[7] 이것은 모든 가족이 생계를 위해 일하는 이상적 아버지의 돈벌이에 달려 있다는 가정에 근거해 있다. 또 이것은 여자란 결혼을 하고 임신을 할 것이므로 직업을 가지더라도 임시로나 아니면 용돈 정도를 벌기 위해 일한다는 가정에 의해 정당화된다. 여자의 상대적으로 낮은 임금과 지위가 정당화되는 것은 여자의 벌이가 보충적이고 부수적일 따름이라고 전제되기 때문이다. 집안일과 자녀 돌보기는 여자의 "본성적" 소명이라고 여겨지므로 이런 일들은 보수가 지불되거나 국민 총생산에 계산될 필요가 없다는 것이다. 여자에 대한 이같은 분리적 경제체제는 여성 가장 집안들의 극빈 상태와 가난의 여성화를 심화시키는 결과를 가져왔다.[8]

1980년에 86개국을 (미국을 포함하여) 대상으로 실시된 유엔의 조사에 따르면, 세계 인구의 절반을 차지하는 성인 여자들과 소녀들이 세계 노동시간의 3분의 2를 일하면서 세계 수입의 10분의 1을 받고 있고, 전세계 여자의 소유 재산이 세계 자산의 100분의 1에도 못미치며, 세계 문맹 인구의 3분의 2가 여자다. 서양 과학기술과 "개발"의 도입은 여자의 경제적 지위 개선에 이바지하기는커녕 전통적 경제 자원과 공공적 생활 영역에서의 여자의 영향력을 잠식하고 있다. 설상가상으로 여자들을 둘러싼 가부장적 경제체제에 인종차별도 가세하고 있다. 모든 통계가 유색인종 여자는 백인 여자보다 벌이가 적다는 사실을 일관되게 보여준다. 미국의 모든 남자가 모든 여자보다도 많은 보수를 받고 있

---

7. 참조: *Fact Sheets on Institutional Sexism* (New York 1982); L. Leghorn, K. Parker, *Women's Worth: Sexual Economics and the World of Women* (Boston 1981).
8. 특히 "Who Is Poor in America? The Feminization of Poverty": *Probe* 11, no.4 (1982.5/6).

는 한, 인종차별이나 가난 문제가 경제적으로 성차별에 의해 가려진 채, 유색인종 여자들은 다중적인 가부장적 억압으로 고통받을 수밖에 없을 것이다.[9]

마지막으로 이 분리적 경제체제는 여자의 "성적 종살이"를 지속시키며 인종과 계급과 문화의 모든 영역에 영향을 미친다.[10] 가부장적 인종차별은 특정한 사람들의 노동을 착취하기 위해 그들을 인간 이하의 존재로 규정하는 데 비해, 가부장적 성차별은 여자의 출산력을 통제하기 위해 진력한다. 가부장제에서 자녀는 아버지와 주인의 재산으로 간주되며 그렇기 때문에 "적출"摘出을 보장하기 위해 혼전 여성의 동정성과 기혼 여성의 정조가 엄격하게 강요된다. 고대 풍습에 따르면 아버지는 아내와 자녀의 생명에 대해 권리를 행사했다. 남편은 무제한 육체관계를 가질 권리가 있었고, 주인은 종인 여자와 남자에 대해 권리를 행사했다. 강간은 자유인으로 태어난 남편이나 아버지나 주인의 재산권을 침해하는 범죄로 간주되었다. 곧, 여자의 출산력에 대한 통제와 이들의 경제적 의존이 가부장제의 중심에 자리잡고 있는 것이다.

여자의 출산력에 대한 가부장적 통제와 착취는 오늘도 여자와 자녀에 대한 지배와 폭력을 유발하고 있다. 이 나라 여자의 3분의 1이 일생중에 강간을 겪고 있다. 강간당하는 희생자 가운데 50%가 18세 이하이고, 25%가 12세 이하다. 아내들 가운데 2분의 1이 자신의 남편의 구타를 당하고 있다. 남편에 의해 살해당한 아내들의 85%가 한 번 이상, 50%가 폭력 직전의 상황에서 다섯 번 이상 경찰에 구조를 요청하는 전화를 걸었으나 아무런 도움도 받지 못했다. 모든 여자아이 가운데 4분의 1이 어린 시절에, 대개 자신들의 가까운 가족 구성원들이나 친구들에 의해 성적 학대를 당하고 있다. 젊은 창녀 가운데 70%가 집에 있는 동안에도 아버지나 다른 친척들에 의해 성관계를 가지도록 종용되고 있다. 그리고 가정 밖에서 일을 하는 여자들의 80%가 직장에서 성적으로 시달리고 있다고 말한다.[11]

---

9. 흑인 소수민족 여자의 이중 危難: D. K. Lewis, "A Response to Inequality: Black Women, Racism, and Sexism": *The Signs Reader*, 169-91.

10. K. Barry, *Female Sexual Slavery* (New York 1979).

여자와 어린이에 대한 폭력은 여자들이 남성 시민에 상응한 온전한 인권과 존엄을 주장하는 데 비례하여 증가하는 추세다. 남녀평등 헌법 수정안(ERA)을 반대하는 정치적 우익이 낙태를 하는 여자와 의사에게 다시 유죄판결을 내리게 하기 위해 벌이는 투쟁과 이들이 "아메리카 가족의 보호"를 내세우며 펼치는 설득은 모두가 여자의 경제적 의존과 여자의 출산력에 대한 통제를 강화하여 가부장적 가족체계를 가부장적 국가의 대들보로 견지하려는 것이다.[12]

II

가부장구조 속에서 나타나는, 모든 시민의 완전한 동등성 주장과 어떤 사람들의 종속적 지위 사이의 모순은 아테네와 현대 서양의 민주주의 모두의 근본적 모순으로서 바로 우리 시대의 그리스도교도 특징짓고 있다. 동등자 제자직 소명과 가부장적 교회구조 사이의 이런 모순은 1세기말에 교회가 그리스-로마의 사회와 문화에 적응하는 과정에서 끌어들여졌다. 우리는 아리스토텔레스의 가부장적 철학이 1세기 여자들의 점점 큰 해방과 독립에 대한 반작용으로 신(新)피타고라스 철학과 스토아 철학 속에 되살아났음을 입증할 만한 충분한 자료를 가지고 있다. 아마도 비슷한 이유로 아리스토텔레스의 가부장적 철학은 필론이나 요세푸스 같은 헬레니즘 영향권의 유대 작가들에게도 받아들여졌을 것이다.

---

11. 여자와 어린이에게 가해지는 성폭력에 대한 자료와 분석은 여기 열거하기에는 너무 방대하다. 특히 참조: E. Morgan, *The Erotization of Male Dominance / Female Submission* (New York 1981); D. Lewis, L. M. G. Clark, *Rape: The Price of Coercive Sexuality* (Toronto 1977); C. A. Mackinnon, *Sexual Harassment of Working Women* (New Haven 1979); A. Dworkin, *Pornography: Men Possessing Women* (New York 1981); J. Herman, *Father-Daughter Incest* (Cambridge 1981); F. Rush, *The Best Kept Secret: Sexual Abuse of Children* (New York 1980); D. Russell, *Rape in Marriage* (New York 1982); R. Emerson Dobash, R. Dobash, *Violence against Wives* (New York 1979); W. Brines, L. Gordon, "The New Scholarship on Family Violence": *Sign* 8 (1983) 490-531.

12. 참조: D. English, "The War Against Choice: Inside the Antiabortion Movement": *Mother Jones* (1981, 2/3) 16-32. 미국 우익 정치 논변과 독일 나치 선전의 비교: F. Conway, J. Siegelman, *Holy Terror: The Fundamentalist War on America's Freedoms in Religion, Politics, and Our Private Lives* (Garden City 1982). 정의로운 그리스도교적 사회질서를 위한 여성론적 제안: B. W. Harrison, *Our Right to Choose: Toward a New Ethic of Abortion* (Boston 1983).

아리스토텔레스의 이런 가부장적 기풍을 받아들이고 수정하여 적용시키려는 시도는 헬레니즘계와 로마 사회가 드러내던 더 평등주의적인 열망에 대응하기 위해 나타났다. 당시 일반적인 경제적 발전이 노예계층 남녀들에게는 신분 상승을, 그리고 자유인 여자들에게는 가부장적 통제로부터의 더 큰 독립을 이룰 수 있게 했기 때문이다. 실제로 아우구스투스의 법안은 전통적 가부장 체제를 강화하는 한편, 그런 여건을 붕괴시켜 나갔다. 황제가 점증적으로 가부장 paterfamilias의 권력을 자신에게 귀속시키는 한, 이는 필연적 귀결이었다. 그리고 이와 동일한 아리스토텔레스식 가부장적 복종 형태가 신약성서에도 유입되었다.[13] 아내와 자녀와 종에게 종속과 복종을 요구하는, 이른바 가정규범 본문들은 우리의 그리스도교 시대 초세기들에 나타난 가부장적 정치철학의 수용을 통한 이런 체제의 안정화에 동참하고 있는 것이다.

초기 그리스도교 세계의 사회에 대한 연구들을 통해서, 당시 그리스도교 공동체들이 그 삶의 토대이던 사회와 종교의 가부장적 정신 풍토와 구조를 처음부터 그대로 따르지는 않았음이 드러났다. 팔레스티나에서의 예수운동에 관한 연구들은 이 운동이 유대 문화권 안에서 전개된 운동으로서, 예외없이 이스라엘에 있는 모든 이의 온전함을 원하시는 지혜-창조자 하느님의 은혜로우신 선하심을 강조하는 개혁운동이었음을 밝혔다.[14] 온전함과 포용성이 예수운동의 두드러진 특징이다. 예수는 하느님 나라 *basileia*를 부자나 경건자니 식자들에게가 아니라 가난한 사람과 버림받은 사람과 창녀들에게 약속하셨다. 예수운동의 이 포용성은 남자도 여자도, 부자도 가난한 사람도, 율법을 엄수하는 사람도 제의적으로 깨끗하지 못한 사람도 예수를 따르는 사람이 될 수 있게 했다. 막달라 마리아와 같은 여자들은 탁월하고 신실한 예수의 제자에 속했다. "교부들"은

---

13. 참조: K. Thraede, "Zum historischen Hintergrund der 'Haustafeln' des NT": *Jahrbuch für Antike und Christentum*, Ergänzungsband 8 (1981) 359-68; D. Balch, "Household Ethical Codes in Peripatetic, Neopythagorean and Early Christian Moralists": P. J. Achtemeier 편 *SBL Seminar Papers II* (Missoula 1977) 397-404.

14. 문헌 개관과 논의: E. Schüssler, *In Memory of Her: A Feminist Theological Reconstruction of Christian Origins* (New York 1983) 69-84 105-59.

막달라 마리아를 "사도 중의 사도"라고 일컬음으로써 핵심적 증거자요 제자라고 인정하고 있다.

예수운동에서의 제자직은 자연적 혈연과 가족관계를 파기할 것을 요청했다. 예수를 따른 사람들은 그 대신 새로운 가족 공동체를 부여받았다. 예컨대 마르코 3,31-35에서는 예수의 자연적 가족이 집 "밖"에 있고, 집 "안"에서 그분 주위에 둘러앉은 새로운 가족과 대비된다. 마르코 10,28-30에서 예수는 제자의 대표자인 베드로에게 가족과 혈연의 유대를 떠난 사람들이 훨씬 큰 가족을 얻게 되리라고 확약하신다 — 물론 갖가지 박해를 받을 수밖에 없지만. 마르코 13,12에 의하면 박해들과 고통과 형집행들을 바로 그들 자신의 가족들이 선동하게 될 것이다.

동등자 제자직의 이 새로운 "가족관계"에는 "아버지들"이 들어설 자리가 없다. 오히려 "아버지들"은 뒤에 남겨진 이들에 속하는 것으로 언급되며, 제자들이 "지금 이미" 얻은 예수운동의 새로운 가족관계에는 포함되어 있지 않다. "아버지들"이 들어설 자리가 없는만큼 이 새로운 "가족"은 함축적으로 저들의 가부장적 권력과 지위를 거부하는 것이고, 이로써 지배와 종속의 가부장적 구조 일체가 폐지되었음을 천명하는 것이다. 예수운동은 고대 "가정"의 가부장적 관계를 재생산하기보다는 오히려 철저한 단절을 요청하는 것이다.

가부장구조 속에서 가장 낮은 위치를 차지하는 어린이/종이 참된 제자직 공동체를 위한 제1의 패러다임이 된다. 참된 제자직이 아버지/주인이 아니라 어린이/종의 자리에 입각해서 헤아려지는 이런 상황을 우리는 역설적인 예수의 말씀에서 확인할 수 있다. "어린이/종처럼 하느님 나라를 받아들이지 않는 사람은 결코 그곳으로 들어가지 못할 것입니다"(마르 10,15). 이 말씀은 어린아이 같은 무고함과 순진함에 이르도록 하라는 초대가 아니다. 이것은 바로 다른 사람들에 대해 권력과 지배를 행사하는 일체의 권리 주장을 포기하라는 도전이다.

예수운동에서 이 말씀이 가지는 중요성은 공관복음서 전승에 일곱 차례에 걸쳐 매우 다른 상황과 형태를 통해 전해지고 있다는 점에 의해 시사된다. 이에 대한 교회의 해석과정에서 원래는 이스라엘에서 사회 부유층에게 발설되었던 이 말씀이 동등자 제자직 관계에 적용되었다. 예수의 제자 공동체 내에서는 지배구조가 용인되어서는 안되며 제자들 가운데서는 크게 되거나 첫째가 되고자 하는 사람들은 모든 사람의 종이 되어야 한다는 것이다. 그래서 마태오 23,8-11에서는 일체의 가부장적 역할과 호칭이 거부된다. 동등자 제자직 공동체는 선생이라는 호칭을 거부한다. 오로지 한 분의 선생을 모시고 가르침을 받기 때문이다. 마찬가지로 동등자 제자직 공동체의 새로운 가족관계는 다른 어떤 "아버지"도 받아들이지 않는다. 예수의 제자들은 그들이 "아버지"라고 부르는 단 한 분이신 하느님(루가 11,2-4; 12,30; 참조: 마르 11,25) 그분의 은혜로운 선하심에 의해 지탱될 따름이기 때문이다. 여기서 "아버지" 하느님을 찾는 것은 제자 공동체 속의 가부장적 구조와 관계를 정당화하기 위해서가 아니라, 오히려 바로 그런 가부장적 주장과 권력구조 일체를 거부하기 위해서다.

바울로는 단 한 번 그리스도인들을 "신앙으로 한집안이 된 사람들"(갈라 6,10)이라고 일컫지만, 가족이라는 은유는 바울로계 공동체들에서 관건이 되는 표상이기도 하다. 그리스도인들은 형제자매로 일컬어진다. 이들은 입양된 자녀로서 그리스도와 공동상속자다(로마 8,14-17). 하느님은 친밀한 가족적 호칭인 "압바"라는 말로 불린다. 선교운동 지도자들은 집안의 관리자(1고린 4,12; 9,17), 혹은 집안의 종들이라고 일컬어진다. 동시에 바울로는 양육하는 부모로 자처할 수 있다. 그리스도인들은 새로운 "가족"의 동기들로서 공동의 식사를 함께 나누고 서로 "거룩한 입맞춤"으로 반겨 인사한다. 회심은 예컨대 노예로 하여금 이를테면 교회의 맥락에서뿐만 아니라 가정교회 내의 일상적 사귐에서도 "사랑받는 가족 구성원들"로 받아들여지게 한다(필레몬서 참조).

사실 우리는 히브리 성서와 유대교 신학에서도 이와 유사한 가족언어를 찾아볼 수 있다. 이스라엘은 아주 일찍부터 하느님의 집안의 형제자매요 아들딸이라고 일컬어졌지만, 이것이 가부장적 관계의 폐지를 의미하지는 않는다. 유대교의 자기이해와 초기 그리스도교의 그것 사이의 근본적 차이는 "낱말 연구"를 통해 드러나는 것이 아니다. 유대계 학자 라파엘 로우는 이 점을 다음과 같이 간명하게 지적한다.

그리스도교의 사회적 토대는 유대교에서와는 달리 혈연이 아니라 그리스도 안에서의 동료라는 유대다. 이것은 혈연을 한 가능성으로서 받아들일 수도 … 거부할 수도 있다. … 그리스도교에서는 혈연이란 결국 희생시켜도 무방한 것이다.[15]

그리스도교 운동은 유대교에서 태어났으면서도 오로지 회심에 토대를 두므로 가부장적 구조의 자연적·인종적·사회적 신분의 특전들을 연장시키지 않는다. 회심자들은 세례를 통해 다양한 종교적·문화적·사회적 배경과 가부장적 관계를 가졌던 사람들과 새로운 가족관계에 들어선다. 이전의 신분적 차이들은 이 새로운 공동체의 사회적·종교적 구조에 아무 영향도 미치지 못한다.

오늘날 갈라디아서 3,28은 바울로 자신의 신학적 표현 가운데 절정이라기보다 바울로가 유대계와 이방계 그리스도인의 동등을 천명하기 위해 인용한 바울로 이전의 세례 정식이라는 점이 폭넓게 받아들여지고 있다. 크리스터 스탕달은 이 정식의 셋째 짝이 가족과 출산이라는 주제를 이끌어들이기 위해 하느님의 모습에 따라 창조된 인류를 남성과 여성으로 규정짓는 창세기 1,27과 연관되어 있다고 지적했다.[16] 유대계의 주석은 이런 규정을 일차적으로 남녀 양성이 아니라 결혼의 견지에서 이해했다. 마르코의 신학이 첫 부부의 모습을 일깨우기 위해 이 표현을 인용하는 것처럼 말이다(마르 10,6). 그러므로 갈라디아서 3,28c는 필경 결혼과 가족에서 비롯되는 신분은 그리스도 안에서의 새로운 공동체에서 본질적 요소가 아님을 천명한다고 할 것이다. 각 인격 주체가 결혼이나 가정과는 상관없이 세례 안에서 세례를 통해 그리스도교 운동의 완전한 구성원이 되는 것이다.

갈라디아서 3,28은 유대인과 이방인, 종과 자유인, 기혼자와 미혼자 등 일체의 종교적·가부장적 신분상 차이가 그리스도의 공동체 안에서의 신분과는 아무 상관도 없다고 선언하면서, 자유인으로 태어난 (유대인) 남성 가장의 종교

---

15. Raphael Loewe, *The Position of Women in Judaism* (London 1966) 52ff.
16. Krister Stendahl, *The Bible and the Role of Women* (Philadelphia 1966). 참고 문헌 개관: H. D. Betz, *Galatians* (Philadelphia 1979).

적 특전과 가부장적 특권을 거부한다. 왜냐하면 갈라디아서 3,28은 그리스인이나 로마인, 페르시아인이나 유대인 속에서 남자의 종교적 특권이 일반적으로 수용되던 시대상에 역행하기 때문이다. 고대에는 사회적·가부장적 특권이 종교적 특권을 함축하므로 자유인 엘리트 남자가 그리스도교 운동에로 개종하는 것은 곧 고대 가부장적 가족체제의 사회적 신분에 근거하여 누리던 종교적 특전을 포기하는 것을 의미했다. 초기 그리스도교의 선교운동은 가부장적 신분과 상관없이 누구나 완전한 구성원으로 받아들이고 가부장적 특권을 거부했으므로 당시 지배권을 행사하던 그리스-로마 사회와 갈등관계에 있었다.

"종말론적 기대의 쇠퇴" 혹은 노예나 여자들의 "지나친 열광"이 아니라 대안적 평등주의 시각과 평등주의 공동체 구조의 실현이 바울로 이후 저작들의 규정적 표현에 아리스토텔레스식 가부장적 복종 형태가 나타나는 계기가 되었다. 골로사이서와 베드로 1서의 가부장적 복종 명령들은 이방인 가정의 그리스도인 노예들과 아내들에게 발설되는 데 비해, 에페소서와 사목서간들의 경우 그리스도인 가정의 노예들과 아내들에게 발설된다. 나아가 사목서간들은 그리스도교 공동체 전체를 가부장 체제의 견지에서 이해하기 시작한다. 당대 사회를 주도하던 그리스-로마의 가부장적 기풍의 견지에서 자신이 탁월한 "가부장"임을 입증할 수 있어야 한다는 것을 그리스도교 지도자의 요건으로 명문화하는 것이다. 그러나 당시 이런 가부장적 지시들이 필요하게 되었다는 사실이야말로 1세기 말경의 소아시아 교회들의 공동제식 실천과 생활이 아직 가부장적으로 구조화되어 있지 않았음을 말해준다.[17]

가정규범들은 아리스토텔레스에 따르면 지배받아야 할 이들의 가부장적 복종을 재강화함으로써 초기 그리스도교의 동등자 제자직 기풍에서 가족과 국가의 가부장적 질서를 구조적으로 변혁시킬 능력을 빼앗는다. 이 후기 신약성서 본문들은 그리스도교 공동체를 당대의 가부장적 사회에 순응시키고자 로마 제국

---

17. 나의 논문 참조: "Discipleship and Patriarchy: Early Christian Ethos and Christian Ethics in a Feminist Theological Perspective": *Papers of the American Society of Christian Ethics* (Waterloo 1982) 131-72; 再刊 *Bread Not Stone: The Challenge of Feminist Biblical Interpretation* (Boston 1984) 〔김윤옥 역 『돌이 아니라 빵을』 대한기독교서회 1994〕.

에 의해 이 공동체가 정치적으로 흡수될 길을 열어놓는다. 이 흡수 과정에 여러 세기가 소요되어야 했다는 사실은 초기 그리스도교의 동등자 제자직 기풍이 얼마나 생명력이 강했는가를 단적으로 말해준다. 그러나 이 과정에서 그리스도인들 사이의 아가페*agapē*와 섬김, 공감과 연대라는 시각은 "새로운 실재"를 함축하는 것이 아니라 단지 도덕적 호소로 귀착하고 말았다. 이제는 평등과 정의가 아니라 복종과 순종이 이 가부장적 기풍에 의해 제도화되기에 이른 것이다.

이런 복종 기풍이 가정만이 아니라 이후 세기들의 교회에 의해 그대로 받아들여져서, "아래로부터의 평등"이라는 그리스도교의 시각과 실천은 가부장적 그리스-로마 문화에 대해 구조적·정치적 대안을 제공할 수 없게 되었다. 그 복음설교와 그 가부장적 구조는 모순이 되어 복음에서 오는 역사적·구조적 변혁력을 탈취해 버렸다. 그리스도교 운동의 로마 제국 가부장구조에로의 점진적 순응이 종국에는 교회를 그리스도적이기보다는 더 로마적이게 만든 것으로 보인다.

III

초기 그리스도교의 동등자 제자직 공동체 전통과 아리스토텔레스식 가부장적 복종 전통 둘 다가 그리스도교 정경으로 끌어들여져서, 세세대대로 그리스도교의 자기이해와 그리스도교 공동체에 영향을 미쳐 왔다. 그 이래 점점 가부장제화와 위계화가 교회를 로마 제국 구조에 순응시킬 문을 열어놓아 가부장적 교회 모델이 역사상 주도적인 것이 되었다. 그러나 역사적 분석을 통해 우리는 이 가부장적 교회 모델이 그리스도교의 동등자 제자직 시각보다는 로마의 제국주의적 구조에 의해 훨씬 결정적인 영향을 받았음을 분명하게 인식할 수 있다. 정치신학과 해방신학이 비판하는 콘스탄티누스 이후 제국주의적 교회는 자체의 통제구조를 그리스-로마의 가부장제에서 이끌어내고 있다.

사회적 가부장제와 마찬가지로 그리스도교의 종교적 가부장제도 여자와 피지배 민족과 인종들을 남자 권력자들에 의해 착취당하고 지배받아야 할 "타자"他者로, 또 그런 "본성"을 타고난 존재로 규정해 왔다. 여자는 남자의 "타자"만이 아니라 남자에게 종속되고 지배되어야 하는 존재로 규정되어 왔다. 가부장제는 사회의 구조와 이데올로기는 물론이고 교회의 구조와 신학도 규정해 왔다. 흔히 그리스도교 교회와 신학은 인종과 계급만이 아니라 성과 가부장적 결혼의 견지에서도 여자 억압을 합리화하는 사회적 가부장제를 정당화할 뿐 아니라 영속화해 왔다. 오늘날 사회에서 여자운동에 대항하는 정치적 우익의 "성전"[18]은 다시 가부장적 성서 종교를 무기로 삼고 있다. 여성론 해방신학은 사회와 교회 내에서 가부장제의 권리주장에 정면으로 맞서서, 지상에서 가장 가난하고 가장 멸시당하는 여자들의 희생과 비인간화야말로 죽음을 가져오는 가부장적 악의 세력의 발로인 반면에 여자들 자신의 생존과 자결권 투쟁이야말로 우리 가운데서의 하느님의 은총에 대한 차고 넘치는 체험의 표현이라고 갈파하고 있다.

우리는 가부장적 교회 모델 내에서 뚜렷이 구분되는 두 개의 위계적 하부체제, 곧 여자들의 그것과 남자들의 그것을 발견하게 된다(다음 쪽의 도표를 보라). 가부장적 남성체제는 독신 요건을 통한 성적 통제와 더불어 성직계의 순종과 복종(위계에 따른)에 토대를 두고 있는 데 비해, 여자들의 그것은 가부장적 결혼이나 교회법적으로 인준된 여자 수도 공동체들에 대한 남성의 통제 위에 구축되어 있다. 이 가부장적 교회 모델에서 교회의 실재는 남성의 위계와 동일한 영역에 걸쳐 존립한다. 이것은 여기서 이 교회 모델을 분류하기 위해서가 아니라 이것을 정확히 규정하기 위해서 사용된 용어로서의 가부장적 위계로서 서술될 때 가장 제대로 서술될 것이다. 이것은 그 구조들에 있어서 가부장적이다. 서품받은 한 남성(일반적으로 나이가 많은 사람)이 피라미드의 정상에 있다. 그리고 그는 평신도인 여자들과 남자들에 대해서는 물론, 자신에게 순종의 의무를 지는 자신보다 젊은 남성 성직자들에 대해서도 "재치권"jurisdiction을 가진다. 교회의 이 모델은 정상으로부터 맨 밑바닥으로 향하는 통제를 통해서 공동체적 생활을 견지해 나간다. 교종이나 주교, 본당신부, 장상 혹은 남편에 대한 순종과 충성이 "하위자들"에게 요청되는 응답 태도다. 교회의 가부장제를 지탱

---

18. 참조: C. Spretnak, "The Christian Right's 'Holy War' against Feminism": *The Politics of Women's Spirituality* (New York 1982) 470-96; S. R. Radl, *The Invisible Woman: Target of the Religious New Right* (New York 1983).

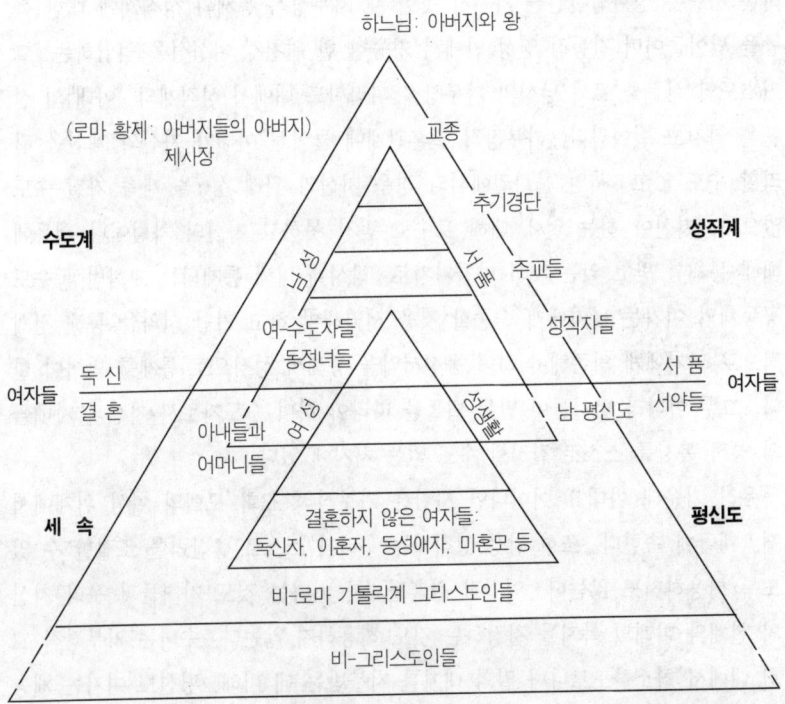

시키는 원동력은 바로 종교적 순종과 경제적 의존이다.

가부장적 성직 위계체제로 이해되는 교회는 지도력에서 여자를 배제할 뿐 아니라 성의 통제와 독신을 통해 경계선들을 구축한다. 이런 위계체제로서의 교회는 그 구성원이나 인류가 필요로 하는 것이나 그들의 능력에 주의를 집중하지 않는다. 이런 형태의 교회는 책임있는 교회 내 참여자이자 의사결정자로서가 아니라 단지 사목적 "배려"의 객체나 성사 전례의 고객 혹은 보조적 활동대원으로서의 평신도를 필요로 할 뿐이다. 여자는 남성의 통제를 받아들이고 가부장적 가족과 사회에 의해 규정된 "아내 역할"을 수행할 준비를 갖추었을 때만 그 자체의 가부장적 계급체계 내로 받아들이는 것이 허용된다.

우리 가운데 "수도자"의 신분으로 교회법에 의해 통제되는 단체들에서 생활하는 사람은 성사집전권을 가지지 못한 채 가부장적 통제와 성직계에 대한 복종을 받아들이며 전통적 영성 안에서 가능한 한 원천적 여성성을 억압하는 "그리스도의 신부들"로서 남성의 가부장적 피라미드 내에서 성직계의 "아내"의 신분을 가지고 살아간다. 가부장적 결혼관계에 들어선 아내가 자신의 재산을 관리할 수도 없고, 서양 문화권에서의 경우 자신의 원래 성姓을 계속 가질 수도 없으며, 자신이 하는 일에 대해 보수도 받지 못하고 자신의 차림이나 행동에 대해 통제를 받고 있는 것과 마찬가지로, 남성에 의해 통제되는 교회법상 수도 공동체의 여자는 남자에게 순종할 것을 서약해야 하고 가난 서약을 통해 경제적으로 남자에게 의존해야 하며 동정서약을 통해서 성적으로 통제를 받아야 한다. 그뿐 아니라 남자들이 만든 법들을 따라야 하며 수도자로서 자신과 자매들의 영적 복지를 스스로 결정할 수도 없는 처지에 있다.

우리 가운데 아내요 어머니인 사람은 가부장적 교회 모델의 여성 위계에서 제2 계급에 속한다. 또한 남성 성직계는 우리가 스스로 출산력을 조절할 수 있도록 허용하지도 않는다. 억압적 결혼관계를 떠나는 것도 자녀들과 우리 자신의 현재와 미래의 복지를 결정하는 것도 허용하지 않는다. 수녀는 가부장적 교회 내에서 최소한도로나마 일의 대가를 지불받는 데 비해, 평신도 여자는 재능과 노고를 자원 봉사할 것이 기대되며 그래서 가부장적 결혼관계 내에서 경제적으로 독립하지 못하게 된다.[19]

우리 가운데 교회법상 수도 공동체에서 살지도 않고 가부장적 결혼관계 속에 살지도 않는 사람은 로마 교회 가부장적 피라미드 속에서 아무 지위도 없다. 수도 예식이나 성사 의식의 그 어떤 것도 이 가부장적 교회의 여성 피라미드 내에서 이런 여자를 눈에 띄게 하지 않는다. 독신녀나 미혼모, 동성애 여자나 이혼녀는 최선일 경우 눈에 띄지 않고, 최악일 경우 공적 죄인으로 선언된다.

---

19. LCWR/CARA의 "Women and Ministry" 연구: D. Gottemoeller, R. Hofbauer: *Women and Ministry: Personal Experience and Future Hopes* (Washington 1981); 나의 기고 "We Are Still Invisible: Theological Analysis of 'Women and Ministry'", 29-43 (이 책 12장).

우리는 서품을 통해 남성의 가부장적 피라미드에 이끌어들여지기보다는 교회의 가부장적 모델의 영적 예속과 경제적 예속에서 해방되기를 추구해야 한다. 그럴 수 있으려면 우리는 교회체제나 혼인관계 신분의 견지에서 가부장적 의존에 입각하여 스스로를 규정짓기를 멈추어야 하고, 그리스도 제자직 소명을 통해서가 아니라 남성중심 구조 안에서 남성에 의한 규정을 통해 우리 자신의 정체성을 인식하기를 그만두어야 한다.

동등자 제자직 공동체의 가부장제화에 관한 역사적 천착을 통해 밝혀진 대로, 여자 지도력의 배제와 남성 통제 독신녀 공동체의 고립은 가난의 영성화뿐 아니라 노예 예속의 공고화와 병행했다. 그러므로 신학과 교회가 가난하고 따돌려진 여자들에 대한 사회적·가부장적 억압의 영속화를 그친다면, 가부장적 교회는 자기 정체성을 인식하기에 이른 여자들과 이들의 투쟁에 동참하는 남자들의 교회로 변혁될 것이다. 종교적·교회적 가부장제에 맞선 투쟁은 인종차별과 식민지주의, 군국주의 혹은 가난에 맞선 사회적 해방투쟁의 중심부에 자리잡고 있으며, 거꾸로도 그렇다.

제2차 바티칸 공의회에서 절정에 달한 금세기의 교회개혁 운동은 그리스도교 역사 전체를 통한 여러 개혁운동과 특히 초기 그리스도교 운동에서 실현되었던 공동체적·참여적 교회 모델을 재발견했다. 교회를 가부장적 위계조직이 아니라 하느님의 백성으로 규정하는 이 교회 모델에서 본질적 성사는 서품이 아니라 세례다. 순례하는 하느님 백성으로서의 교회는 이스라엘과 연속선상에서 세계의 모든 백성과 연대관계에 있다. 직무는 세계 전체를 마주보며 교회 전체가 수행하는 역할이다. 공동체의 성장과 "건설"을 지향하는 이 직무는 세례받은 모든 사람의 특전이자 권한이다. 이 교회 모델에서 직무는 이중의 역할을 띠고 있다. 복음을 선포하고 곤경에 처한 무력한 사람들을 찾아가 직무를 수행하면서 "세계"를 향하는 외부지향적 차원을 가짐과 동시에 신앙공동체를 성장시키고 강화하고 촉진하면서 "교회"를 향하는 내부지향적 차원을 가지는 것이다.[20]

---

20. 유사한 강조: E. J. Kilmartin, "Lay Participation in the Apostolate of the Hierarchy": *Official Ministry in a New Age*, ed., James H. Provost (Washington 1981) 89-116. 저자는

이 이중 직무는 남자 성직자 계급의 특권이 아니라 모든 믿는 이의 세례에 근거한다. 이 교회 모델은 지난 약 20년 동안 가톨릭 내에서 매우 다양한 공동체와 섬김들을 촉발시켜 교회의 모든 구성원, 특히 여자들로 하여금 사회·정치는 물론 교회의 직무에서도 능동적으로 참여하게 했다. 나는 이 모델을 참여적·포용적 가톨릭(그리스-로마식이 아닌) 교회 모델이라고 이름짓고자 한다.

이 둘째 교회 모델은 우리가 몸담은 교회로부터 우리가 선택하는 교회로의 교회적·사회학적 변화는 물론 우리 시대의 민주사회적 이해에 의해서도 결정적으로 영향을 받고 있으므로 복고적 성서주의가 아니다. 그러나 참으로 교회의 신약성서 교회구조의 어떤 것을 빼어닮고 있어 예수에 기원하는 사도적 계승을 주장할 수 있는만큼 지극히 "보수적"이기도 하다.

제2차 바티칸 공의회는 교회의 단체적·가족적 "형제관계" 차원을 면밀하게 개진했다는 점에서 교회의 가부장적 모델을 변혁하고자 했다. 신약성서에 따라 모든 믿는 이의 사제직을 강조했고, 교회의 직무를 섬김으로 규정했고, 교회의 사명이 세계에로 향해져 있음을 강조했으며, 제도적 구조가 다른 그리스도교 교회들도 "교회" 공동체임을 확인했다. 공의회는 "성직 위계"hierarchia보다는 "교회 직무"ministerium ecclesiasticum라는 표현을 사용하며, 이것이 "신적 서품" divina ordinatio보다는 "신적 제정"divinitus institutum임을 강조함으로써 직무의 모델을 재규정하고자 했다. 트렌트 공의회는 교회의 직무체계가 주교와 사제와 부제의 위계로 구성된다고 가르치는 데 비해, 제2차 바티칸 공의회는 교회의 직무가 이 여러 품계 안에서 "수행"된다고 가르친다.[21]

"법적 교회론"과 "그리스도 일원적 친교 교회론"을 제2차 바티칸 공의회 문헌에 나타나는 교회의 대항 모델로 식별하되, "삼위일체 교회론"이라는 제3의 교회론 모델을 제안한다. 그는 주장하기를, 공의회는 "성령의 역할을 '교회'의 그리스도론적 차원으로" 통합하고자 했지만 "평신도와 서품받은 이의 직무가 어떻게 성령으로 충만한 '교회'의 신비로부터 비롯하며 단순히 다른 사람의 통제하에 놓여 있지 않고도 서로 질서지어져 있는지를 밝히고자 한 일은 없다"고 한다(107).

21. 「교회헌장」 28항: "이렇게 하여 하느님께로부터 제정된 교회의 직무는 여러 계층의 사람들이 수행하게 된 것이다. 예로부터 이들을 주교, 사제, 부제들이라고 불러 왔다." 또한 「교회헌장」 32항은 갈라디아서 3,28에 입각하여 "그리스도와 교회 안에는 민족의 차별도 국가의 차별도 사회적 지위의 차별도 남녀의 차별도 있을 수 없다"고 역설할 뿐

1978년의 NCCB/LCWR의 연구는 이 둘째의 참여적 교회 모델이 교회법상 여자 수도 공동체들 내에서 가장 잘 실현되어 왔음을 입증하는 자료들을 제공한다. 이 공동체들에서는 피라미드식 위계 통치 모델로부터 순환적 통치 모델로의 전이현상이 일어났다. 여기서는 통치가 현시대에 우리가 필요로 하는 것과 연계되어, 책임성과 참여와 의사소통이 강조되고, 권위는 공동체의 위로부터가 아니라 공동체의 **내부**로부터 행사되며, 지도력은 공동체와 관련하여 직무를 통합하고 강화하고, 초점을 설정해 주고, 촉진시키고, 고취하고, 힘을 부여해 주고, 도전적으로 요청하는 역할을 수행한다.[22] 그러나 제2차 바티칸 공의회의 신학이나 미국에서 일고 있는 수녀들의 쇄신운동 그 어느 쪽도 직접적으로 이 가부장적 교회의 남성 종속체제와 여성 종속체제들을 언급하지 않고 이 종속체제들에 의해 요구되는 경제적·영적 의존관계와 순종에 대해 이의를 제기하지 않는 한, 이 둘째의 교회 모델은 그 충만한 변혁력을 아직도 제대로 다 발휘할 수 없을 것이다.

결론: 지금까지 교회체제의 가부장제가 파생시키는 결과들을 지적하기 위해서 그리스-로마와 현대사회의 가부장구조와 그 파괴력을 개관해 보았다. "여자문제"를 사회와 성직계의 가부장제라는 더 넓은 맥락에 자리잡게 하는 시도를 통해 우리는 여자들을 성직주의적 가부장구조 속으로 이끌어들이는 것이 가부장적 교회 모델의 변혁을 낳지 못하리라는 것을 확인하게 된다. 이 사회와 교회 내에서 가부장구조에 항쟁해야 한다는 명령은 인종차별과 성차별과 식민주

만 아니라, 교회 직무의 권위를 공동체에 대한 섬김과 육성이라는 견지에서 설명한다. 비록 교회론적 의미가 도출되어 있는 것은 아니지만 적어도 간접적으로나마 공의회는 여기서 그리스-로마식 가부장적 구조를 거부하는 듯하다. 참조: E. Schillebeeckx, *Ministry: Leadership in the Community of Jesus Christ* (New York 1981) [정한교 역 『교회직무론』 분도출판사 1985]. 여기서도 성직 위계구조의 "가부장적" 측면에 대한 언급은 없다.

22. NCCB/LCWR 공동위원회의 *Patterns in Authority and Obedience*는 Lora Ann Quinonez 수녀가 조사연구하여 저술했다. 이 연구는 공동체적·참여적 교회 모델이 유토피아적인 것만이 아니라 오늘 이 시대 교회 공동체들 안에 이미 실현되고 있음을 보여준다. 이러한 현상은 특히 라틴아메리카와 아프리카는 물론 북아메리카와 유럽과 아시아의 기초 공동체들에서도 발견될 수 있다.

의적 제국주의를 조장하는 가부장구조의 비인간화에 대한 자각으로부터 비롯한다. 가부장제의 죽음을 가져다주는 힘을 극복해야 한다는 이런 자극은 여자들의 이런 투쟁과 동시에 비인간화하는 가부장구조에 대한 체계적 분석으로부터 비롯한다. 그리고 초기 그리스도교의 동등자 제자직 기풍이야말로 우리가 어떤 자리에서 맞닥뜨리든지간에 가부장적 지배와 비인간화에 맞서 펼치는 이런 투쟁 속에서 우리와 우리의 투쟁을 지탱하는 시각을 제공하고 있다.

우리는 가톨릭 교회와 이 사회 속에서 결정적인 역사적 기로에 서 있다. 교회의 미래뿐 아니라 우리 행성의 운명도 우리가 인류 공동체의 힘없는 구성원들에 대한 지배와 착취를 낳는 가부장제도적 구조와 이데올로기적 틀을 극복할 수 있는가에 달려 있다. 지구의 전멸을 막는 이 과정에서 가장 결정적 것은 힘없는 모든 이를 경시하는 억압의 언어들(성차별, 인종차별, 계급착취, 식민주의, 군국주의)을 거부하는 일이다. 교회가 그리스-로마식 가부장구조와 지배언어를 영속화하는 시도를 계속한다면, 이 교회는 이 세계의 평화와 정의와 구원에 아무 기여도 할 수 없을 것이다. 군국주의적 식민주의와 지배당하는 "타자들"의 비인간화, 바로 이런 것들이 가부장제를 특징짓는 표지들이다.

우리가 여기 모이는 것과 동시에 1,250명의 가톨릭 여자들이 시카고에 모여 이 교회가 "아래"로부터의 교회, 여자교회, 하느님의 대안적 세계로서의 해방하고 구원하는 성사가 되는가가 바로 우리에게 달려 있음을 깨달았다. 나는 이 대화에 참여한 사람들이 사회와 교회 내의 가부장제라는 구조적 죄를 거부하는 데 동참하여 이들 모두가 가부장제의 억압구조와 언어에 의해 비인간화되고 있는 사람들이 자신들의 생존과 해방을 위해 벌이는 투쟁에서 모든 사람들을 뒷받침할 수 있게 되기를 바라마지 않는다. 이 지상에서 더할 수 없이 참혹하게 비인간화되어 있는, 착취당하고 있는 가장 가난한 여자들Redstockings과 연대하여 행동할 때에야 비로소 이 교회는 인류 모두를 위한 구원의 효과적 성사가 될 수 있을 것이다. 가부장적 통제나 순종 혹은 복종이 아니라, 오로지 회심과 연대만이 오늘 이 시대의 우리의 제자직과 투신을 특징짓는 것이 아니면 안되는 것이다.

뒷글

　이 논문이 발표된 후에 이어서 개진된 토의는 「사회와 교회의 여자들」이라는 미국 가톨릭 주교회의 사목교서의 문제제기를 중심으로 이루어졌다(미국 가톨릭 주교회의 연례회의에서 곧바로 "사회와 교회의 여자들에 관한 위원회" 설치안이 승인되었다). 이런 방식은 물론 좋은 뜻에서 폭넓은 토대 위에 "여자 문제"에 관해 토의할 수 있도록 하는 수단으로서 마련되었겠지만, 우리가 가부장적 체제로 인해 겪는 곤경을 한층 가중시킬 수도 있었다. 여자들은 주교직에 끼여들 수 없으므로 이것은 힘있는 남자들의 여자들에 관한 또 다른 권위주의적 표현일 뿐만이 아니다. 여기서는 예컨대 교회의 규율로 하여 여자 서품이나 출산의 권리 혹은 동성애 같은 결정적인 문제들도 논의하도록 촉구받을 일이 있을 리 없다. 결국 이런 함정들은 오로지 주교들의 논의가 "문제로서의 여자들"로부터 교회의 문제요 죄스러운 구조로서의 가부장제에 대한 체계적·신학적 분석으로 움직여감으로써만 극복될 수 있으리라는 것이 나의 생각이다.

16

투쟁 속의 축제

〖상황 설명〗

　여자서품회의 WOC는 매년 "새 여자, 새 교회, 새 사제직무"*New Woman, New Church, and New Priestly Ministry* 운동에 기여한 인물들을 시상하고 있다. 나는 이 상을 받는 첫번째 사람들 가운데 드는 영예를 누리게 되었고, 수상 만찬은 1984년 12월 12일에 열렸는데, 이때의 초대장에는 다음과 같은 수상 목적이 적혀 있었다.

　　WOC상은 우리에게 예언자 모습인 여자들, 곧 각자가 투신하는 분야에서 새로운 존재방식을 보여준 이들을 기리기 위해 주어지고 있습니다. 우리는 우리가 살아가기로 택하는 새로운 삶을 꿀지어 온 세 여자의 은사恩賜를 경축합니다. 한 분은 활동가, 한 분은 포용적 평등주의 공동체의 구성원, 한 분은 자신의 은사를 충만하게 나누어주고 있는 지성인입니다. 우리 자매들과 형제들이 직무를 위한 투신으로 하여 박해받고 있는 억압의 해에 희망의 표지가 되어 온 이 여자들에게 이목을 집중하는 것은 합당한 일입니다.

다음은 1989년에 아빌라의 데레사 상을 준 데 대해 내가 롱아일랜드의 WOC에 표시한 감사의 연설이다.

　자매요 친구요 함께 일하는 일꾼이신 여러분,
　테레사 케인Theresa Kane과 쉘리 파라보Shelly Farabaugh와 함께 이 상을 받게 되다니 깊이 감사를 표하지 않을 수 없습니다. 특히 루쓰 피츠패트릭Ruth Fitzpatrick과 이 축제를 준비하신 그밖의 여자분들께 감사드리고 싶습니다. 여러분은 성서가 틀렸다는 것, 곧 더러는 예언자가 자기 고향과 자기 사람들에게 인정받는다는 것을 입증했습니다. 나는 언제나 WOC 안에서 "비판적 좌파"에 속했으므로 이런 인정을 특별히 고맙게 여깁니다. 우리는 우리 모두가 함께 교회의 성직주의화와 여자들에 대한 가부장적 착취에 항거해야 하며 교회가 그런 교회 대신 동등자 제자직 공동체가 되도록 여성론적 회심과 변혁을 위해 노력해야 한다고 일관되게 역설해 온 것입니다.

나와 같이 언제나 부제나 사제가 아니라 주교가 될 소명을 주장해 온 테레사와 함께 이 축제에 참여하게 되어 흐뭇합니다. 나는 교종이 이 도시를 방문한 1979년에 그녀를 직접 알았으면 싶었습니다. 그때 크리스는 1학년이었습니다. 교종이 여자 서품 거부를 재천명했다고 프랜시스가 전해준 것은 우리가 아침식사 때였습니다. 나는 다른 교회들은 이미 오래 전부터 여자들을 서품해 왔고 반가톨릭 정서가 아직도 학계에 널리 퍼져 있는 이 나라에서 교종이 그런 민감한 문제에 대해 발설할 이유가 무엇이냐며 열을 올리기 시작하자, 크리스가 끼여들며 물었습니다. "엄마, 무슨 얘기예요?" 나는 좀 진정하고서, 가톨릭 교회의 우두머리인 교종이 이 나라를 방문하고 있는데 텔레비전에서 여자는 신부나 주교나 교종이 될 수 없다고 했다고 설명해 줄 수 있었습니다. 주의깊게 듣고 나서 숟가락을 내리고는 이 여섯살배기가 어른스레 선언하는 것이었습니다. "그분이 뭘 잘 모르나봐! 소녀들이 원하면 뭐든지 될 수 있다는 걸 모른다면, '네가 되고 내가 될 자유가 있어'라는 내 레코드를 잘 듣고 배워야죠!" 상상만이라도 해 보십시오, 만일 테레사가 교종에게 다 배울 때까지 하루에 세 번씩 들으라는 보속과 함께 이 레코드를 주었다면 하고!

우리는 어려운 시대에 살고 있을 뿐 아니라 또한 여자교회라는 역사적 순간에 살고 있습니다. 우리는 가부장적 성직 위계가 다시 폭력으로 2천년 묵은 권력을 유지하려 하는 위험한 시대에 살고 있습니다. 동시에 우리는 그들이 더는 우리를 고문할 수도 화형에 처할 수도 없는 시대에 살고 있습니다. 그들은 우리를 이단자라고 힐난하거나 눈에 띄지 않게 그리고/혹은 따돌려지게 하려고 애를 쓰겠지요. 하지만 우리가 복음의 권위도 여자들의 의식과 마음과 지성을 위한 투쟁을 지탱하는 공통되되 상이한 체험의 권위도 둘 다 주장할 수 있는 한 그들이 성공할 수는 없을 것입니다. 우리 여자들은 교회입니다. 언제나 교회였고 또 언제나 교회일 것입니다. 서품을 받았건 안 받았건 우리는 여자교회에서 직무를 수행하도록 소명과 권한을 부여받은 것입니다.

나는 오늘 밤 이 영대를 나의 "서품"의 표지로서 두르고 있습니다. 이것은 "여자교회는 말한다"라는 시카고 회의 때 내게 주어졌고, 나는 이것을 나의 여성론적 사명과 책임의 표지로서 지난 11월 주교들과의 대화 때 두르고 갔습니다. 우정 어린 말로 이 책임을 상기시켜 준 메어리 헌트Mary Hunt에게 진심으로 감사를 표합니다. 나는 여러분 없이는, 이곳과 이 나라와 전세계 도처의 여자 공동체가 없이는 나의 일을 할 수 없었을 것입니다. 이 여자 공동체가 — 가톨릭과 프로테스탄트, 백인과 흑인과 갈색인, 수녀와 성직자, 학자와 활동자, 유대인과 이방인과 불가지론자 등 여성론자들이 — 내가 여자교회 내에서 직무자가 되도록 또 내가 외국인의 억양을 띠고서도 나 자신의 신학적 목소리를 발견할 수 있도록 힘을 주었습니다.

나는 여기 워싱턴에서 WOC, WATER, Network, Catholics for a Free Choice, Center of Concern, Quixote Center, LCWR 들에 속한 분들, 그리고 Sisters Against Sexism의 격주 전례를 거행하는 분들과 함께 일하면서 마치 "집"에 있는 것 같은 체험을 했습니다. 진문식의 큰 어려움에 직면하여 나는 언세나 동병상련하는 조언과 전략적·교회체제적·신학적 문제들에 관한 훌륭한 논의를 기대할 수 있었습니다.

오늘 밤 나는 이 자리에 참석한 여러분과 여기 오지 못한 분들 모두가 내게 귀기울여 주시고 넬 머튼Nelle Morton이 즐겨 쓰는 표현대로 나를 "발설"하도록 부추겨 주신 데 대해 감사를 드릴 특전을 받았다고 느끼고 있습니다. 나를 정직하도록 붙들어 주시고 "염세적 본성"에도 불구하고 웃을 수 있도록 해 주신 데 대해 감사를 표하고 싶습니다. 오로지 나의 일에 반응을 보여 주신 수많은 여자들 때문에, 여자교회라는 실재 때문에, 함께 투쟁해 온 자매 여러분 때문에 나는 지금까지 나의 일을 계속해 올 수 있었습니다.

오늘 밤 우리는 함께 축제를 지내기 위해 여기 모였습니다. 우리보다 복을 덜 누리는 수많은 여자들의 용기와 투쟁을, 여자들의 종교적 임무와 상상력을, 사회와 종교 속에서의 여자해방운동을 기리기 위해 모였습니다. 이것이 해방과 구원을 위한 하느님의 힘을 우리의 삶의 자리에 현존케 하는 것입니다. 또한 우리는 오늘 밤 동등자 제자직을 기리기 위해 이 자리에 모였습니다. 동등자들의 시각이 우리를 부르고 고취하고 지탱하고 있는 것입니다. 몇 달 전에 나는 성공회에서 여자 서품 10주년을 경축하는 자리에 초대된 적이 있습니다. 오늘 밤 우리는 가톨릭 여자로서 모든 교회와 회당의 여성론적 여사제와 직무자와 랍비와 주교들의 서품을 긍정하고 있습니다. 여자교회는 이들을 우리 자신의 서품받은 직무자요 주교요 지도자라고 주장하고 있습니다. 하지만 아직은 아닙니다. … 성공회 잡지 *The Witness*의 편집자 바바라 해리스Barbara Harris는 필라델피아에서 열린 10주년 기념제에 관한 보고의 제목을 「아직 이루어지지 않은 꿈을 기리며」*Celebrating a Dream Yet to Come True*라고 달았었습니다. 아직은 실현되어야 할 그 꿈은 무엇입니까? 가톨릭 교회 여자들이 마침내 우리 자신들을 사제(Reverend)라고 부르거나 성직자의 로만 칼라를 착용할 수 있게 되는 그런 것입니까? 제의를 입거나 성직록을 받거나 여행의 특권들을 누리는 그런 것입니까? 교회만이 아니라 하늘에서도 "높은" 신분으로 올라간다거나 본질적 다른 "인호"를 받는다는 그런 것입니까? 숨통이 막히는 한이 있더라도 성직자의 밥상에 끼일 수 있게 되는 것이 그 꿈입니까? 가부장제도에 순종과 충성을 서약하고 남성중심 전례를 거행하는 대가로 신부Father라고 불리기를 우리가 원하는 것입니까? 아니면 지금과는 다른 직무와 사제직을 창출하여 가부장적 성직 위계를 동등자 제자직으로 변혁시키는 것이 그 꿈입니까?

이 나라에서 "여자서품회의"의 진수는 여자들을 "쇄신된 교회에서 새로운 사제직"에 서품할 것을 시종일관 주창해 왔다는 데 있습니다. 첫번째 서품회의 때도 그랬고 두번째도 그랬습니다. 우리는 오늘 밤 아직은 다 이루어지지 않은 꿈을 기리고 있습니다. 가톨릭 교회의 성사직무로부터 여자들이 배제당하고 있는 것은 가부장적 성차별이라는 구조적 죄의 가장 강력한 한 표지입니다. 동등자 제자직, 여자 에클레시아와 관련한 초기 그리스도교의 운동과 시각은 사회와 교회 내에서의 가부장적 지배에 맞선 우리의 투쟁에 있어서 그 투쟁을 지탱해 주는 시각을 제공해 주고 있습니다.

나는 디트로이트에서 열린 제1차 서품회의에서 "(자매관계에 대한 인식에서 비롯되는) 자매애가 힘을 가져다준다"는 내용으로 나의 응답 강연을 끝맺은 적이 있었습니다. 어떤 이들에게는 이상하게 들릴지 모르지만 이것은 여전히 진실입니다. 자매애는 우리의 동등자 제자직투쟁을 고취하는 여자 에클레시아의 꿈에 의해 추동될 때 힘이 있습니다. 우리는 이 꿈을 따르며 우리의 그리스도교적 천부의 권리를 바로 세우고 주장하는 맨 처음 사람들이 아닙니다. 그리고 우리는 외롭게 투쟁하고 있는 것도 아닙니다. 우리에게는 "큰 증거자 무리"가 있습니다. 그들은 세세대대로 동등자 제자직에 있어 우리를 앞서갔던 것입니다. 실로 우리는 존엄과 생존을 위해 우리 선대 어머니와 자매들의 투쟁 기억에서 힘과 용기를 얻고 있는 것입니다.

지난 10년 동안 나와 함께 이 여정을 동반해 온 여러분 모두에게 나의 감사와 고마움이 전해질 수 있기를 기원합니다. 성령-소피아의 힘이 우리 모두와 함께할 것입니다.

17

우리의 권위와 권력을 주장한다
여자 에클레시아와 교회 가부장구조

《상황 설명》

1984년에 나도 속해 있던 다원론과 낙태에 관한 가톨릭 위원회CCPA(Catholic Committee on Pluralism and Abortion)는 「뉴욕 타임즈」에 유료 광고를 실었는데, "실제로는 투신하는 가톨릭인들 가운데 낙태에 관한 다양한 견해가 존재한다"[1]는 것이었다. 미국 주교들이 민주당 부통령 후보 페라로Geraldine Ferraro를 임신중절 합법화를 지지한다는 이유로 공격한 데 대해 「다원론과 낙태에 관한 가톨릭 선언」이 주교들의 견해와 다른 가톨릭 내의 견해를 공개한 것인데, 97명의 서명자 가운데 교회법으로 인준받은 14개 수도회의 수녀 26명이 포함되어 있었다.

여기에 이어서 나타난 사건들은 이견을 가진 이들에 대한 가부장 종교적 폭력과 억압에 관한 사례연구감들이다. 유명한 신학자들에 대한 바티칸의 견책과 통제는 이미 잘 알려져 있지만 바티칸의 이런 신속한 억압 조처들은 서명자들도 더러 놀랄 정도였다. 1984년 11월 30일 바티칸의 수도자 및 재속회성성 SCRIS의 해머Jerome Hamer 추기경은 수녀 서명자들의 "장상들"에게 서신을 보내어, 서명자들이 복종하지 않고 자신들의 행동을 공개적으로 철회하지 않으면 이들을 수도 공동체에서 내보라고 위협했다.

특히 수녀 서명자에 대한 이 보복 조치에 대한 응답으로서 위의 위원회는 전면에 걸친 "연대선언"을 1986년 3월 2일자 「뉴욕 타임즈」에 발표했다. 위원회는 가톨릭 신자들이 "법으로 보장되는 낙태나 그밖의 어려운 쟁점 문제들에 대

---

1. 문안 참조: M. E. Hunt, F. Kissling, "The New York Times Ad: A Case Study in Religious Feminism": *Journal of Feminist Studies in Religion* 3 (1987) 115-27.

해" 책임의식을 가지고 "양심적으로 교회의 공식 입장과 다른 입장을 취하는" 것을 지지하고, 이들은 "가톨릭 신자이자 시민으로서 모든 권리와 책임의 주체로서 존재한다"고 역설했다. 그 이후로 해를 거듭할수록 "책임의식에 입각한 이견"을 말할 권리 문제는 한층 격렬한 논쟁을 촉발시켜 왔지만, 아무튼 한 가지 분명한 것은 이 권리야말로 사회와 교회의 민주적 존재양식에 있어서나 신학의 지적 통합에 있어서나 필수불가결한 것이라는 점이다.

수녀들의 서명, 특히 페라로Barbara Ferraro와 허시Patricia Hussey의 투쟁은 널리 알려졌다. 이들은 공개적 철회도 암묵적 타협도 거부했다. 바티칸은 수녀회들 전체를 대상으로 이들의 개혁정신에 억압을 가했고, 개인적 서명자들을 특별히 탄압했다. 안정에 연연하지 않고 동등자 제자직 수도공동체를 실현하고자 확신을 가지고 투신하는 이들은 난타를 당하고 권리를 침해당한다고 느끼지 않을 수 없었다. 그럼에도 불구하고 바티칸 탄압의 파괴적 영향에 대해서는 거의 논의가 이루어지지 않았다. 가톨릭 교회 내 여성운동에 이 사건이 미친 영향도 충분히 천착되지 않았다. 바티칸의 폭력적 분리·정복정책은 깊은 상처들을 남겼다. 아래의 신학적 분석은 이 투쟁의 초기 단계에 씌어졌는데, 가정에서 혹 사당하며 치욕적 삶을 영위하고 있는 여자들이 체험하는 상황과 연결되어 있다. 『콘칠리움』Concilium의 "신자들의 교도권" 특집호에 처음 실렸다.

20년 전에 요한 23세는 회칙 「지상의 평화」Pacem in Terris에서 노동자의 경제적·사회적 진보, 식민지 민족과 인종의 평등성, 여자의 공적 생활 참여 들을 "우리 시대의 표징들"로 지적했다. 여자들이 인간 존엄에 대해 의식하게 될수록 더욱 우리는 인격 주체로서의 이 존엄에 맞갖은 권리와 의무를 주장해야 한다. 인종차별로 고통받는 여자와 남자들이 자기네 권리를 존엄의 표지로 주장해야 하는 것과 마찬가지로, 모든 여자는 다른 사람들이 우리의 권리를 인정하고 존중할 의무가 있다고 주장해야 한다. 교종은 여자의 공적 영역 진입만 언급했지만, 여자들은 여기에 교회의 공적 영역도 포함된다고 이해했고, 실제로 우리의 인간적 **그리고** 교회적 존엄과 권리를 천명하기 시작했다.

제2차 바티칸 공의회는 「사목헌장」에서 비슷한 말을 했다. "인간 기본권에 대한 차별대우는 사회적 차별이든 문화적 차별이든 혹은 성별·인종·피부색·지위·언어·종교 등에 기인한 차별이든 모두 하느님의 뜻에 어긋나므로 극복되고 제거되어야 한다"(29항). 「교회헌장」은 "성교회는 하느님의 제정으로써 기묘한 다양성을 지니고 통치되어 간다"고 천명한 다음, "그러므로 그리스도와 교회 안에는 민족의 차별도 국가의 차별도 사회적 지위의 차별도 남녀의 차별도 있을 수 없다"고 하고, 갈라디아서 3,28을 인용하여 뒷받침한다(32항).

지난 20년 동안 교회의 여자들은 "이 가장 성스러운 공의회의 교부들"의 이 말들을 진지하게 받아들여, 우리가 가부장적 권력의 종속적 대상으로서보다는 인간적이고 교회적인 주체로서 인정받을 수 있어야 함을 주장해 왔다. 그러나 교회의 가부장적 권력으로부터 회심해야 한다는 우리의 부름은 바티칸으로부터 점점 큰 거부에 직면하게 되었다. 가톨릭 여자들은 가부장적 성차별이라는 구조적이고도 개인적인 죄를 거부하면서 교회에서의 우리의 존엄과 권리와 책임을 천명해 온 반면에, 바티칸은 성에 근거하여 성사적이고 교의적 권한, 그리고 통치권한으로부터 여자들을 배제시키는 가부장적 교회구조들을 정당화하기 위해 지금까지 그리스도와 사도들과 전승의 권위에 호소하고 있다.

교회 안에서의 여자들의 존엄과 권리를 위한 투쟁은 서품 안에서 서품을 통해 가부장적 성직 위계구조 내로 몇몇 여자를 이끌어들이기 위한 투쟁을 훨씬 넘어서는 것이다. 가부장적 권위와 "군림하는 권력"이 사회와 교회 내의 여자해방투쟁 중심에 있다는 사실이 다른 그리스도 교회들에서 서품받은 여자들에 의해서도 점점 분명히 인식되고 있다. 이런 견지에서 예일 대학 신학교수로서 서품받은 레티 러쎌은 이렇게 지적한다. "여자들과 남자들이 여자 성직자에 관해 마주치는 실질적 문제인즉 여자가 권위, 이를테면 '아버지 권리'의 적절한 대표자가 되지 못한다는 것이다."[2] 그러므로 이 땅의 여자서품운동은 지금까지 늘 교회와 직무의 쇄신을 목표로 삼아 왔다. 우리는 여자서품투쟁이 왜 꼭대기

---

2. Letty M. Russell, "Women and Ministry: Problem or Possibility?": J. Weidman 편 *Christian Feminism: Visions of a New Humanity* (San Francisco 1984) 80.

로부터 "아버지들"에 의해서 행사되는 지배, 이런 이들에 의한 "권위적 직무"의 가부장적 피라미드 체계 내로 몇몇 여자를 끌어들이기 위한 그런 투쟁이 아닌지를 신학적으로 밝혀 왔다.[3] 우리는 지금까지 교회 전체가 예수께서 시작하셨고 사도적 교회들이 계승해 왔으며 제2차 바티칸 공의회가 재확인한 동등자 제자직 공동체에로 돌아설 것을 요청해 왔다. "여자 에클레시아" 또는 "여자교회"라는 표현은 여자들이 교회요 또 언제나 교회였음을 의식시키고자 한다. 이 표현은 대다수가 가난하고 인종차별과 빈곤과 성차별에 의해 삼중으로 억압당하고 있는 여자들의 인간적이고 교회적인 권위와 권력을 재천명하고 있다.

가부장적 권위: 폭력과 복종

이 글을 쓰는 지금 우리는 이 투쟁의 새로운 단계에 들어서 있다. 열세 수도회의 "장상들"이 수도자 및 재속회 성성으로부터 결정적 요청을 명령받았다. 즉, "다원론과 낙태" 선언에 서명한 97명 가운데 24명의 수녀에게 공개적 철회를 요구하고, 복종하지 않으면 공동체에서 제명된다고 통고하라는 것이다. "다원론" 선언은 먼데일/페라로Mondale/Ferraro 대통령 선거전 진행중에 유료 광고로 「뉴욕 타임즈」(1984년 10월 7일)에 실렸다. 제럴딘 페라로는 미국의 주요 정당에 의해 부통령 후보로 지명된 최초의 여자였고, 다원적 사회에서 낙태의 합법성을 옹호한다는 이유로 뉴욕과 보스턴의 대주교들에 의해 공박을 받았다. 민주당이나 공화당의 남자 가톨릭 후보자가 이와 유사한 입장을 주창했다고 해서 남성 성직계의 신랄한 비난을 받은 사람은 없다. 더욱이 고위 성직자 가운데 인위적 산아조절의 불법화를 주장한 사람은 없다. 바티칸은 이것도 마찬가지로 금지했고 1921년에는 뉴욕의 대주교들이 생거Margaret Sanger를 비슷한 방식으로 공격했음에도 불구하고 말이다. 끝으로 레이건 정부의 "생명" 침해 문서화가 입증되고 있음에도 불구하고 이 정부는 질책을 당하지 않고 있다. 「보스턴 글로브」의 기고가 굿맨Ellen Goodman은 페라로가 왜 성직계의 특별한 표적이 되었는지를 이

---

3. 1975년과 1978년에 디트로이트와 볼티모어에서 열린 1차와 2차 서품회의 과정을 보라.

렇게 지적한다. "로우Law와 오커너O'Connor와 크롤Krol 같은 주교들은 페라로가 일요일에는 교회에 가고 월요일에는 임신중절 합법화를 지지하는 것으로 보았다. 그녀는 주교들이 가톨릭 여자들에 대한 통제권을 상실했음을 드러내는 증거로서 이들의 권위에 대한 도전이 되었던 것이다."[4]

「뉴욕 타임즈」광고는 성직계의 공식 가르침을 인정하면서, 투신하는 가톨릭인 가운데 견해의 다양성이 "존재"한다(조사 대상 중 11%만이 어떤 상황에서도 낙태를 거부한다)는 것을 한 사실로서 말한다. 서명자들은 그래서 특히 사제와 수도자, 신학자와 입법자 들에게 비방이나 제재 없는 공개 토론을 요청한다. 우리는 책임있는 성생활과 출산에 관한 솔직하고 정중한 토의를 요청하고, "가톨릭인은 종교와 양심의 자유의 합법적 행사를 위축시키거나 가난한 여자들을 차별하는 입법을 시도해서는 안된다"고 말한다. 서명자들은 "책임있는 윤리적 의사결정은 강압에 대한 두려움으로부터 자유로운 분위기에서만 이루어질 수 있다"고 역설한다. 서명자 대다수가 1968년처럼 기존체제의 남성 신학자나 성직자가 아니라 지도적 가톨릭 여자들(발표된 서명자 중 사제는 두 명, 수사는 한 명뿐)이라는 사실은 출산의 자유가 여자의 기본권 문제라는 인식이 가톨릭 여자들 사이에 확산되고 있음을, 또한 남성 신학자와 성직자에 대한 바티칸의 갖가지 조사와 제재가 이미 이 어려운 윤리 문제에 관한 책임있는 신학적 논의를 차단해 왔음을 분명히 보여주고 있다. 전쟁이나 핵무기, 사형제도나 경제체제 문제에 관해서는 다양한 의견 표출이 용인되면서도, 출산 권리에 대한 윤리적 토론에는 이런 자유가 허용되지 않고 있는 것이다.

1984년 11월 30일자 수도자 및 재속회 성성의 서한은 수도회 대표들이 의사결정 동반자보다는 단순히 제도적 도구 역할을 하기를 기대하고 있다. 서한 발송에 앞서 어떤 협의도 없이 "장상들"에게 가부장적 제재를 요청하여 자기네 자매들에게 제명이라는 심리적·경제적 폭력으로 위협하기를 기대하고 있는 것이다. 수도자 및 재속회 성성의 이 최근 조치는 그동안 바티칸이 예컨대 케인

---

4. *Boston Globe*, 1984.12.27, 13.

Theresa Kane 지도 아래의 자비회 자매들이나 밀워키 성 프란치스코 학교 수녀들에 대해 가해 온 탄압정책의 계속이다. 수도자 및 재속회 성성은 이 수도회의 한 관구에 대한 총장 직권을 제한하기 전에 교회법적 소송절차를 허용하거나 이 수도회의 고위급과 사전 토론을 가지지 않았다. 매맞는 아내들이나 우익 여자들이 생존을 위해 가부장적 억압과 폭력에 협력하는 것과 마찬가지로 수녀 장상들도 수도회의 생존과 "입을 수도 있는 상처"로부터의 회원 보호를 위해 침묵하고 협조할 수밖에 없다고 생각하는 예는 허다하다.

바티칸의 최근 조치는 여자들의 곤경을 그대로 드러내고 있다. 이들은 가부장 체제 내에서 자신들은 그 형성과정에 참여가 허용되지도 않은 교회의 법들과 "아버지 권리"를 견지할 권한 외에는 없다. 이 조치에 직면하여 어느 수도회의 전 "장상"은 익명의 기고문에서 자기네 처지를 "매맞는 여자들"에 견주었다.

> 교회 내에서 대다수에게 알려지지 않은 중요한 사실이 있다. 곧, 미국 수도회 장상들은 많은 경우 매맞는 여자들과 같은 처지에 있다는 사실이다. 폭력의 형태는 일부 혼인한 이들 사이에서처럼 요란한 것은 아니지만 그 신체적·정신적 고통은 놀랄 만큼 비슷하다. 명백히 가정 폭력에 비견될 만한 상황에서 침묵해야 하는 이유들도 동일하다. 이런 침묵은 깨뜨려져야 한다. 그리하여 교회의 모두가 정의와 화해와 회심의 직무에 동참할 수 있어야 한다.[5]

이와 동일한 통찰은 멕시코 푸에블라에서 열린 제3차 라틴아메리카 주교회의 중 1979년 2월 7일에 "대화하는 여자들"Women in Dialogue이라는 단체가 발표한 절박한 선언문에 이미 잘 요약되어 있었다.

> 지금까지 교회 내에서 가장 억압받는 여자들은 수도자 신분의 여자들이었다. 이들은 헌신적 봉사와 병자·노인·어린이 속의 활동을 통해 제도교회에 엄청난

---

5. "Nuns: The Battered Women of the Church?": *National Catholic Reporter*, 1984.12.21, 25.

기여를 해 왔건만 자신의 생활과 활동을 스스로 결정하고 운영하지 못하고 있다. 수도자 신분의 여자들이 책임의식을 가지고 전력으로 투신함에 있어 꼭 달성해야 할 가장 중요한 단계의 하나는 경제적 독립이다.[6]

교회법적으로 인준받은 미국의 수녀 공동체들이 제2차 바티칸 공의회에 의해 선포된 참여적 교회 모델을 이행하려고 노력해 왔으므로 가부장적 제도폭력의 주요 표적이 되어 온 것은 우연한 일이 아니다. 공의회 교부들은 하느님의 백성이 교회요 세계와 교회에 대한 섬김이 교회의 직무라고 선언하고 대화와 참여적 책임성을 권장했다. 수녀 공동체들은 공의회 교부들의 이런 말들을 진지하게 받아들여 왔고, 이런 맥락에서 수녀들은 지금까지 성을 떠난 수도적 상징존재 혹은 이중삼중의 보호를 받으며 "인형처럼 곱게 길려진 딸들"로부터 책임의식을 가지고 공동체 안에 사는 성인 여자들로서 적극적 자기인식과 자기긍정으로 움직여 왔다. 그러므로 수녀들이 가부장적 통제와 억압에 맞서 모든 여자들의 투쟁에 공개적으로 참여하며 그들과 자신들을 동일시하는 거기에 가부장적 제도폭력이 공개적으로 개입하고 있는 것은 우연한 일이 아니다. 작년에 바티칸은 미시건 복지기구 책임자 맨쉬Agnes Mansour 수녀를 소속 수도회에서 몰아내도록 압력을 가했다. 이유는 이 복지기구가 가난한 여자들을 위해 낙태기금을 내놓았다는 데 있었다.

으레 바티칸은 수녀를 "평신도"로 물러나게 하는 것을 "과오"에 대한 "처벌"로서 위협한다. 여기서 드러나는 "모순"은 명백하다. 실제로 수녀는 성을 이유로 성사나 교회 정책 결정권에서 배제되어 있으므로 교회법상 "평신도"일 따름인데도 가부장적 규율체계 속에서는 "성직자"로 다루어지는 것이다. **교회법적 신분은 가부장적 신분**이다. 아내가 가족 안에서 가부장적 권위와 정책과 처벌을 따르고 견지할 것으로 추정되듯이, 수녀도 수녀 가족 안에서 이의 없이 "교회의 가르침과 권위", 곧 "교회의 아버지들"의 가르침과 권위를 따르고 견지할

---

6. R. Fitzpatrick 편 *Women in Dialogue*, (Mujeres para el Diálogo)(Notre Dame 1979) 127ff.

것으로 추정되고 있다. 수도자 및 재속회 성성의 서한은 이 점을 집약하여 "광고 서명자들은 교도권에 '수도자로서 복종하는 의지와 정신'을 중대하게 결여하고 있다"[7]고 말한다. 결국 바티칸의 "아버지들"이 위협할 목적으로 거론하는 처벌인즉 "가부장적 교회 가족"인 교회법상 공동체로부터의 추방인 것이다.

1984년 12월 19일에 발표한 선언에서 수녀들도 "가족 유대"에 호소하고 있다. 많은 수녀들이 "수도 공동체는 가족 관계와 매우 비슷하게 가깝고도 거룩한 관계"임을 강조하고, "수도 공동체 회원들은 흔히 양심 속에서 공공 차원의 문제들에 대해 입장을 표명할 부름을 받고 있다고 느끼며 그런 양심적 입장 때문에 공동체 관계가 깨어지지는 않으리라는 확신에 이르렀다"고 지적하면서, 자기네 "소속 공동체가 이 과정의 최종적 결과에 관해 결론을 주저하기는 했지만 그래도 공동체로부터 개별적으로 강력한 지원을 받았다"고 말하고 있다. 수녀 서명자들은 개별적 지원에 호소하면서 공동체에 대해서도 호소하고 있다. "장상들"이 가부장적 폭력을 막을 힘이 없다는 사실도, 그런 제도적 무력함이 이런 폭력을 수평적으로 작용하게 만들어 "희생양들에게 죄를 뒤집어씌우는" 것으로 귀결되고 말 수 있다는 사실도 잘 알고 있는 것이다.

신학적 연구: 권위, 동의, 권력

위에서 여자교회와 바티칸 사이의 최근 갈등에 관해 폭넓게 천착한 까닭은 여성론 신학이란 가부장적 억압에 맞서서 투쟁하는 여자들의 체험에서 시작하기 때문이다. 비판적 해방신학으로서의 여성론 신학은 여자교회의 신앙체험과 해방투쟁에 관한 제2차의 성찰이다. 교회 내의 "권위와 동의와 권력"이라는 주제를 개진하기 위해 이런 갈등 상황을 선택하여 거론한다는 것은 내가 이미 비판적 자세와 "변론적 입장"을 취하고 있음을 드러낸다. 나는 가부장적 폭력이 제도화한 상황 속에서는 "언론과 양심의 자유"가 실현될 수 없음을 밝히고자

---

7. F. A. Sullivan, S. J., *Magisterium: Teaching Authority in the Catholic Church* (New York 1983)에서는 여자들이 性 때문데 공식적인 신학적 가르침에서는 물론 교도권에서도 배제되고 있다는 사실을 거론하지 않는다. 교도권의 권위와 "믿는 이들의 동의"(consensus fidelium)와 관련하여 차별적인(죄스러운) 교회구조의 신학적 의미들은 과연 무엇인가?

바티칸의 권위주의적 행동을 "매맞는 여자들"의 체험과 연결지었다. 그러므로 이제 가부장적 교회와 여자교회의 이런 갈등의 핵심부에 있는 신학적 규정들과 제도적 논점들을 비판적으로 "명명"할 필요가 있다. 가부장적 권위와 권력의 신학적 신화화와 종교적 정당화를 붕괴시켜야 비로소 교회의 주체인 여자들로서의 우리 자신의 존엄과 권위와 권력을 재천명하고 되찾을 수 있다.

성직자 및 재속회 성성 서한의 교도권 개념은 절대주의적이다. 이견이나 토론을 허용하지 않는다. 찬반 양론이나 예외란 있을 수 없는 획일화된 표어를 제시할 따름이다. 마치 공산당처럼 교회의 대표자들(주교·사제·수녀)이 공식 노선을 주장하여 일치된 표를 고작 겉치레로라도 지켜 나갈 것을 요청한다. 그것은 가부장적이다. 여자에게는 가르침의 형성이나 의사결정 과정에서 실질적 발언권을 주지 않는다. 위로부터 아래를 다스리며 "정신과 의지의 복종"을 요청할 뿐 아니라 강제력으로 복종을 얻어낼 준비를 갖추고 있다. 이의제기가 불가능하며 합당하게 제도화한 절차가 없다. "믿는 이들의 동의"consensus fidelium란 필요하다면 강요로라도 신자들이 무조건 승복하고 복종하는 것을 의미한다. 사실상 이제 바티칸은 우리를 화형에 처하거나 봉쇄구역에 가둘 힘은 없지만, 그럼에도 불구하고 바티칸의 법령이나 조치들은 여전히 설득과 협의보다는 위협과 폭력을 사용하고 있다. "취소하라, 아니면 떠나라"라는 바티칸 명령의 권위와 권력 개념은 로마 황제의 사절에게 아우구스티누스가 요청했던 "Coge intrare"(도나투스파 사람들을 교회에 "들어오도록 강제해 주시오")의 그것과 동일하다.[8]

로마 공화정 때는 권위auctoritas와 (아버지) 권력(patria) potestas이 개념상으로나 제도적으로나 구별되었지만 아우구스투스 때부터는 황제의 인격에 통합되기 시작했다. 이 황제는 가족의 생사를 관장하는 부권patria potestas이 바로 자기에게 있다고 주장했다. 그는 아버지들의 아버지pater patrum, 곧 절대권력을 가진 최고의 아버지였다. 권위는 개인적이고 사회적인 통합성과 능력과 탁월함에 근거한 협의나 설득력으로 이해되지 않고 절대적 황제의 통치와 강제력을 정당화하는

---

8. 참조: Th. Eschenburg, *Über Autorität* (Frankfurt 1976) 47, 그리고 다음 대목을 위해서는 11-39.

도구 구실을 하게 되었다. 로마 제국으로부터 물려받은 이런 정치적·법적 개념은 권위와 권력을 "군림하는 부권"으로 이해하는 가톨릭 신학 전통에 결정적 영향을 미쳐 왔다.

2세기와 3세기 동안 교회 구조의 점진적 가부장제화로 해서 권위와 복종의 로마 제국적 개념이 신학적으로 적용될 수 있었다. 이른바 사목서간들은 처음으로 그리스-로마의 가정 구조들에 입각해서 교회와 직무에 대한 이해를 주창한다. 그리스도교 공동체의 점진적 가부장제화는 여자의 지도와 가르치는 권위를 여자에게만으로 제한하려 하고 여자가 남자에게 가르치고 권위를 행사해서는 안된다고 주장하기에 이른다(디도 2,3-5와 1디모 2,11). 이 저자는 이 금령에 대한 반발을 예상한 모양이다. "아담이 아니라 여자가 속아넘어가서 죄를 범했다"는 입증되지 않는 주장으로 성서적 정당화의 필요를 느끼고 있는 까닭이다.

그 후대에 확인되듯이 여성혐오적 신학과 교회 지도로부터의 여자 배제는 손잡고 나아간다. 교회 내 가부장적 교도권은 여자의 침묵과 여자 억압의 대가로 확립되었다. 여자는 신자 가운데 "발언권을 잃은 다수"가 되었고, 교회 교도권은 물론 최근까지 신학자의 권위에서도 배제되었다. 토마스 신학은 가정과 국가의 가부장 질서를 위한 아리스토텔레스 이론을 논거로 삼아 "여자는 종속의 신분에 있으므로 여성이란 서열의 우위를 의미할 수 없다"고 주장한다(Summa Theologiae *Suppl.* 39, 1 ad 1).

교회이 권위와 권력은 "군림하는 권력"으로 이해되므로 여자는 종속적 지위로 인해 서품성사의 영적 권한을 받을 수 없다고 한다. 사실 더 최근의 바티칸 선언들은 여자의 열등성에 근거하여 여자를 교회의 지도와 권한에서 배제하는 논증을 거부했다. 그 대신 여자의 "특수한 본성과 소명"을 주창하면서 그리스도와 사도들의 적극적 의지에 대해 언급하는 쪽으로 돌아섰다. 여성론 신학은 역사적 근거에서 후자의 논증이 그릇됨을 입증했는가 하면,[9] 여성론적 이론은 아리스토텔레스가 이른바 "여자의 특수한 본성"이라는 개념을 발전시켜 왜 여자가 이성

---

9. 나의 책 참조: *In Memory of Her: A Feminist Theological Reconstruction of Christian Origins* (New York 1983).

적 인간인데도 완전한 시민권에서 배제되는가를 논증하려 했음을 입증했다.[10] 이 아리스토텔레스의 개념을 바티칸 선언들은 "여성다움"이라는 근대어로 대치하여 여자의 신체적 모성과 영적 모성을 추켜올리지만, 그런다고 해서 신체적·영적 모성을 경시하는 쪽보다 덜 억압적이냐 하면 결코 그렇지 않다.

따라서 우리는 묻지 않을 수 없다. 바티칸의 "받아라, 아니면 버려라"(가부장적 교도권에 무조건 의지하고 복종 정신을 보이라, 아니면 교회를 떠나라)는 선택의 강요가 자기긍정을 보이는 여자에게 유일하게 가능한 성숙한 선택 대안인가? 가톨릭을 떠난 많은 여성론자가 바티칸과 뜻을 같이하려 했다. 그리스도교 신앙과 교회의 가부장제화 현상을 알 만큼 알고 나서는 유일한 여성론적 선택으로서 "교회 탈출"을 선택했다. 그러나 앞에서 말한 서명자들과 그밖의 많은 이들은 많은 경우 교회체제적 불의와 폭력을 훨씬 깊이 체험했음에도 불구하고 다른 길을 택했다. 우리는 그리스도교 신앙과 공동체가 여자에게 본디부터 억압적이라며 단념하기보다는 여자와 남자 모두의 해방과 온전함을 위해 그 역동성을 재천명하고 그 권리를 되찾고자 하고 있다. 우리는 모든 여자의 자기이해와 해방투쟁에서의 가톨릭 신앙과 교회의 해방적 영향력도 억압적 영향력도 잘 알고서 교회 내에서의 우리의 권위를 공고히하면서, 가부장적 교회가 남자도 여자도 복음의 권위와 권한을 함께 동등하게 행사하는 교회로 변화되어야 한다는 것을 역설하고 있다. 흑인 신학자 제임스 콘의 말을 인용하자.

> 주교와 목사 등 교회 지도자들은 자기가 섬기는 백성과 자기가 섬길 권리가 있다고 주장하는 하느님에 대해 특별한 책임이 있다. … 그 지도자들이 섬겨야 할 이들을 예속시키는 한, 교회는 해방의 도구가 되지 못할 것이다. 흑인 교회 구성원들은 떨쳐일어나 인간답고 해방하는 교회구조를 꼴지을 권리를 주장해야 한다.[11]

---

10. 예: S. M. Okin, *Women in Western Political Thought* (Princeton 1979) 15-96; M. B. Arthur, "Review Essay: Classics": *Signs* 2 (1976) 382-403.

11. James H. Cone, *For My People: Black Theology and the Black Church* (Maryknoll 1984) 198.

동등자 제자직 공동체로서의 교회 내의 권위는 지배와 복종의 틀 속에서 "군림하는 권력"으로서는 실현될 수 없다. 그것은 구원의 복음을 선포할 뿐 아니라 억압받는 이들을 해방하고 백성을 온전하고 행복하게 할 힘도 있는 정행正行 (orthopraxis)의 창조적 권위로서만 실현될 수 있다. 예수는 제자들에게 설교 사명만이 아니라 악의 세력에 의해 지배당하고 비인간화된 이들을 치유하고 해방할 사명도 주셨다. 제자들의 공동체 내에서의 지도는 지배와 군림이 아니라 섬김과 해방으로서 수행되어야 한다. 공동체의 그 누구도 아버지나 스승이나 주님의 지배권을 주장할 수 없다. 그러므로 우리는 바티칸에 의해 현재 표명되고 있는 가부장적 권위에 복종하기보다는 그 그리스도교적 정당성에 의문을 제기하는 것이다. 바티칸의 가부장적 실천은 의문의 여지 없이 로마 제국의 권력 이해와 권력 행사에 상응한다. 그러나 이것이 과연 "예수 그리스도의 권위"를 대표하는가? 역사적·신학적 연구는 그렇지 못함을 쉽게 입증할 수 있었다.[12]

그러나 만일 변화와 회개의 실질적 가능성이 실재하지 않는다면, 교회의 권위와 권력에 대한 여성론 신학의 재규정, 곧 여자교회에 관한 우리의 모든 말도 감상적 멜로 드라마나 낭만적 소설들이 학대받는 여자들에 대해 작용하는 것과 유사한 기능을 교회 안에서 띨 수 있다. 바티칸의 최근 억압 조치는 회개의 부름과 변화의 요청을 침묵시키기 위해 가부장적 교회가 취한 한층 강화된 공격이다. 바티칸은 제1세계와 제3세계 신학자들, 아프리카와 유럽과 북아메리카의 주교와 사제와 수도자들에 대해 견책하고, 여자 수도 공동체들을 통제하에 두고, 교회 내의 성사적 권한과 의사결정 권한에서 여자를 배제하는 것을 신학적으로 정당화하고자 해 왔다. 하지만 이런 일련의 시도야말로 로마 관료 체제가 얼마나 수세에 몰림을 느끼고 있는가를 드러내는 지표들이다. 가부장적 교회는 사회의 억압세력과 제휴함으로써 일부 사람들을 통제하고 지배할 권력들을 조금은 더 유지할 수 있을지는 모르지만, 그 종교적·윤리적 권위와 그 가톨릭성을 상실할 위험마저 무릅쓸 수는 없을 것이다.

---

12. 예: L. Boff, *Church: Charism and Power* (New York 1984) 〔유종순 역 『교회의 권력과 은총』성요셉출판사 1986〕.

우리는 두려움에 떨며 폭력이 자행되는 가정에 남아 있는 "매맞는 여자들"과 같이 행동할 수도 있을 것이다. 즉, 변화의 가능성과 하느님 은총의 힘을 믿지 않음으로 해서, 가부장적 교회의 폭력을 참거나 부인할 수도 있을 것이다. 변화 가능성에 대한 여자교회의 믿음은 모두를 위한 구원과 해방의 효력있는 성사로서의 교회의 참여적 모델을 위해 활동하는 모든 이와의 연대와 연합을 통해 뒷받침되어야 한다.[13] 최근 워싱턴의 강연에서 한 주교가 수사법적 질문방식으로 이렇게 물었다. "거의 1,800년이나 된 가부장적 교회 전통과 제도를 우리가 폐지시킬 수 있겠습니까?" 하고 묻자 청중은 그 주교도 놀랄 만큼 큰 소리로 응답했다. "예, 우리는 그래야 합니다!"[14]

---

13. 참조: M. Fiedler, S.L., "Catholic Feminists and Church Repression": *New Women, New Church* (1984.7) 6-11.
14. 청중들은 자신들의 답변을 뒷받침하기 위해 제2차 바티칸 공의회를 인용할 수 있었을 것이다(「사목헌장」 44항을 보라).

18

말 못하던 다수가 말하는 쪽으로

… 우리의 자유가 그대의 유일한 출구라오
지하 선로 위에서
우리와 함께 달릴 수 있소만 아니면 수감자가 되오
해리엇 터브먼은 맡은 이를 잃은 일이 없다오
우리도 그럴 것이오[1]

〖상황 설명〗

  나는 여러 해에 걸쳐 신학을 하는 새로운 제도적 방식의 개발을 모색하는 여성론 탐구와 모임들에 관여해 왔다. 학계의 신학자에게 출판활동과 학문적 교류는 매우 중요한 일이므로 유대계 여성론 신학자인 플라스코프Judith Plaskow와 나는 여성론 잡지를 창간하기 위해 자금과 전문가 접촉을 쌓았다. 이 잡지는 여자 학자들에게 여성론 연구를 출판할 길을 제공하는 것을 목표로 삼았다. 사회와 종교 내의 여자해방운동에 뿌리를 둔 지적 학문으로서 종교 내 여성론 연구를 발전시킬 토론 마당을 제공하자는 것이었다. 우리는 종교와 종교, 학문와 학문이 서로 터놓고 대화할 일치운동적 잡지가 필요하다고 느껴 왔다. 기존의 신학 잡지들은 여성론 연구를 발표하는 데 그다지 열성을 보여주지 않았고, 나아가 당시의 주도적 여성론 잡지들은 대부분이 종교에 관한 연구에 별반 관심

---

1. Renny Golden – Sheila Collins, *Struggle Is a Name for Hope*, Worker Writer Series 3 (Mineapolis 1982)에 실린 Renny Golden의 "Women behind Walls for the Women in Cook County Jail and Dwight Prison"이라는 시에서 인용했다. 〔Harriet Tubman은 미국 노예 출신 여성운동가로서, "지하 선로", 곧 흑인 노예들의 탈출을 돕던 지하 인권운동 조직인 Underground Railroad의 지도자였다.〕

이 없었던 것이다. *JFSR(Journal of Feminist Studies in Religion)*의 첫호는 1985년에 나왔고, 같은 해에 *Concilium*은 처음으로 여성론 신학 특집호를 선보였다. 국제적 가톨릭계 잡지인 *Concilium*은 제2차 바티칸 공의회의 신학적 시각을 살려 나가기 위해 창간되어 매년 7개 국어로 6회 발간되고 있다. *Concilium*의 국제 재단과 편집위원회는 격론 끝에 전통적 신학 학과들을 대표하는 전체 12개 부를 재편성하기로 하고는, 제3세계 신학과 여성론 신학을 관장하는 두 "특별"부를 신설했다. 아메리카 가톨릭 대학의 전례학 교수인 콜린스Mary Collins, O.S.B. 수녀와 내가 이 부문의 첫 특집호의 공동편집자로 지명되었다. 이때 설정된 주제는 "여자: 교회와 신학에서 눈에 띄지 않는 존재"였는데, 여기 소개할 논문의 일부는 이 특집호에 실렸던 것이다.

*JFSR*은 종교간 대화를 추구하면서 학문적 **여성론**에 접근한 데 비해, 분명히 가톨릭 신학의 맥락에서 형성된 *Concilium*은 "진보적" 가톨릭 신학의 틀 속에서 세계 독자에게 여성론 해방신학의 시각을 밝힐 기회를 제공하고 있다. 여성론 해방신학의 이런 틀과 접근은 *Concilium*의 여성론 특집을 위해 전통 신학과는 **다른** 구성과 **다른** 방법을 요청한다. 우리는 이 첫 특집호와 그 이후 이어지는 기획들을 통해 이 논문에서 제시되는 신학작업의 여성론적 개념과 방법론을 개진·보완해 왔다. 이것은 교회나 교의 또는 교리의 문제나 역사를 다루는 데서 시작하는 것과는 달리 여자들의 체험에서 출발하여 여성론적으로 체계적 분석과 비판적 신학을 개진하는 방법이다. *Concilium*의 자유주의적 신학 위원회가 대부분 유럽과 북아메리카의 백인 남성 신학자로 구성되어 있고 여성론 신학 특집에 실릴 주제들에 대해 다소 간섭을 하는 것은 사실이지만,[2] 그럼에도 불구하고 우리는 폭넓은 독자의 관심 논제들을 선별하는 행운을 누리고 있다. *Concilium*의 여성론 신학 특집들은 특히 남유럽에서 종종 교회 내 여자들에게 유일한 여성론 자료로서 중요한 구실을 하고 있다.

---

2. 이어서 시카고 대학의 Anne Carr, B.V.M. 교수와 내가 편집한 특집 주제들: "Women, Work and Poverty"; "Motherhood: Experience, Institution, Theology"; "A Special Nature of Women?". 그리고 예일 신학대학의 Mary Shawn Copeland, O.P.와 함께 편집한 "Violence against Women"은 준비중.

이번 호부터 *Concilium*은 여성론 신학이라는 새로운 부문을 시작한다. 여기서는 여성론 신학이 기존의 신학 부문들과 똑같은 수준에서 다루어지고, 여성론 시각에서 기존 신학 문제들을 설명하고 분석하고 재론하는 시도가 보장된다. 이런 신학적 논의로 움직여가는 것은 교회에서 침묵해 온 다수인 여자들이 스스로 발언할 힘을 북돋기 위해서이다. 그러므로 이 부문의 범위와 접근방법은 분명히 전세계 가톨릭 여자들에 대해 특별히 책임을 느끼되 그러면서도 학문간 대화를 추구하며 일치운동적 지향을 띠고 있다.

여자들은 "침묵하는 다수"만이 아니라 교회 내에서 "침묵하게 만들어진 다수"다. 오늘날까지 세세대대로 사도 바울로의 권위를 내세워 교회 내에서 여자가 설교하고 가르치는 것을 막아 왔다. "여자들은 교회에서 잠자코 있어야 합니다. 그들에게는 발언이 허락되지 않습니다"(1고린 14,34). "여자는 언제나 순종하며 조용한 가운데 배워야 합니다. 그래서 나는 여자가 가르치거나 남자를 다스리는 것을 허락하지 않습니다. 오히려 여자는 침묵해야 합니다. 아담이 먼저, 그 다음에 하와가 빚어졌기 때문입니다. 그리고 아담이 속은 것이 아니라 여자가 속아넘어가서 죄를 범하게 되었습니다"(1디모 2,11-14).

이 케케묵은 성서 구절을 또다시 인용하는 것은 티베르나 찰스 강에 물을 붓는 격으로 보일지 모른다. 아무튼 교회 내에서 여자의 신학적 침묵은 오늘날도 여전히 재강화되고 있다. 예컨대 지난번 요한 바오로 2세의 네덜란드 방문 때는 유럽의 여성론 신학을 대표하는 가톨릭 "중진"인 할케스Catharina Halkes 교수가 교종에게 발언하는 것이 금지되었다. 여자는 신학을 연구할 수 있다 하더라도 영향력있는 신학대학이나 신학부에서 교수가 되기는 거의 가망없다. 설교나 교회 정책이나 교리 설명에서 배제된다. 주교나 추기경에 끼이지 못하므로 어떤 여성론 신학자도 공식적 "가르치는 권위"를 가지고 말할 수 없다. 국제적 혹은 교종청의 신학위원회에 속하거나 주교 대의원회의의 "전문위원"perita인 사람도 전혀 없다. 드물게나마 자기 능력으로 "신학적 권위자"로서 인정받고 있을 따름이다. 신학교·신학부·신학위원회·신학연구소 들도, 심지어 "진보적" 해방신학과 정치신학 들도 여전히 우리의 신학작업을 외면하고 있다.[3]

고의든 아니든 교회 안에서 여자를 침묵시키는 현실은 우리를 교회와 신학계 내에서 보이지 않는 존재로 만들고 있다. 교회 활동자의 다수도 수도 공동체 입회자의 다수도 여자이건만, 교회의 공식 대표자는 남자뿐이다. 교회는 어머니라고 일컬어지고 여성대명사(she)로 지칭되건만, 교회를 체현하고 통치하는 것은 아버지들과 형제들이다. 그래서 교회를 말할 때마다 눈앞에 떠오르는 것은 로마 교종·교구장 주교·본당신부·추기경·몬시뇰·부제·복사 소년 등 모두 남자들이다. 성찬례 공동집전, 텔레비전에 나오는 주교회의, 서품식 때의 합동안수 들은 "남자 동문회" 같은 교회의 위용을 떨친다. 이러고 보면 실로 많은 그리스도인들이 하느님을 한 남성 가장으로, 예수 그리스도를 한 남성 구원자로 믿고 있다는 사실은 전혀 놀랄 일이 아니다.

교회로서의 여자들이 눈에 띄지 않는 것은 우연한 일도 우리 자신의 결함 때문도 아니며, 성을 근거로 우리를 교회의 직책에서 완전히 배제시키는 가부장적 법체계 때문이다(오늘날 이것은 일반적으로 성차별로 인정되고 있다). 로마의 성직 위계가 제시하는 현행 교회 지침과 공식 신학은 "여자는 교회에서 침묵하라"는 바울로계 명령을 여전히 강화하며 신학적으로 정당화하려고 애쓰고 있다. 이런 맥락에서 여자 서품에 반대하는 1977년의 바티칸 선언은 여자들은 그리스도의 남성성에 대한 "본성적 닮음"이 없다고 주장한다.[4] 그러나 이런 주장을 한다는 것은 그리스도인이 된다는 것이란 세례를 통해 그리스도의 (남성) 몸의 지체가 되는 것이므로 여자들은 세례를 받을 수 없거나 아니면 세례 받은 사람들은 "완전한 남성"에 합치된 것이므로 우리가 더 이상 여자로서 남아 있을 수 없다는 말이 되는 셈이다. 어떻든 그런 신학은 교회의 가부장적 구조를 유지하고 정당화하기 위해 육화와 구원의 보편성을 부인하고 있는 것이다.

---

3. 참조: Ch. Schaumberger, "Die 'Frauenseite': Heiligkeit statt Hausarbeit: T. R. Peters 편 *Theologisch politische Protokolle* (München 1981) 244ff; 신학교육에 관해 M. F. Collective, *God's Fierce Whimsy: Christian Feminism and Theological Education* (New York 1985).

4. "Vatican Declaration: Women in the Ministerial Priesthood": *Origins* 6 (1977) 522.

여성론 이론과 신학

여성론 신학은 이런 가부장적 신학의 억압적 실체를 밝히고자 사회와 종교 안의 억압과 차별에 대한 여자들의 체험을 천착하면서 해방과 행복을 위한 투쟁 속에서 체험하는 우리의 희망과 사랑과 믿음도 추구한다. 여성론 신학을 낳은 부모는 사회와 교회의 여자해방운동 그리고 학계와 신학연구소 들이다.

여성론 연구와 신학은 여성운동의 딸들임을 긍지로 여기는 동시에, 학계 혈통에 대해서는 양면적 감정을 느끼고 있다. 지난 세기에는 특별한 "여성적" 기여들을 지적함으로써, 이번 세기에는 여자의 온전한 인간임과 "동등권"을 주장함으로써 여성운동은 학계와 직무에 접근하고자 했다. 그러나 여자들은 여자의 특수 영역을 주장하거나 여자가 남성 지배 사회와 교회에 흡수·통합되는 것으로는 모자라며, 정말 필요한 것은 가부장적 국가와 교회가 변혁되어 남자만이 아니라 여자도 온전히 참여하도록 보장하게 되는 것임을 깨닫기 시작했다.

여자들은 지난 세기에 처음으로 특수한 과정과 특수한 신학교 교육을 통해 학문 활동과 신학 연구에 접근할 수 있게 되었고, 이어서 남자 동료들보다 낫지는 않더라도 대등함을 입증할 수 있으면 완전한 학문적·신학적 연구 분야에 받아들여지게 되었다. 하지만 여학자들은 학문적으로 탁월한 자격들을 갖추었더라도 극소수만 교수 자격을 획득하거나 학문적 영향력을 발휘하고 있을 따름이다. 오늘날 여성론 신학자들은 남성중심적 학계와 신학연구소에 받아들여지기를 주구하기보다는, 이런 기관과 연구 분야가 여자를 학문과 신학 연구의 주체로서 완전히 참여하도록 보장할 수 있으려면 지성계의 모든 기관과 연구 분야가 재규정되고 변혁되어야 함을 깨닫기에 이르렀다. 그러므로 여성론은, 쿤Thomas Kuhn의 말을 빌리자면, 가부장적 학계와 교회가 낳은 남성중심적 학술 연구로부터 세계와 인간 삶과 그리스도교 신앙에 대한 여성론적 이해로의 패러다임의 전이를 성취하고자 노력하고 있는 것이다.

여성론 연구가 일반적으로 학문의 전영역에 영향을 미친 것처럼, 여성론 신학도 신학의 변혁에 진력하면서 종교적 시각과 그리스도교 신앙과 신학적 성찰로 사회와 교회의 가부장제를 종식시키는 해방 투쟁들을 통합하고자 애쓰고 있다. 신학이 "이해를 추구하는 신앙"이라면, 여성론 신학은 가부장적 억압에 맞선 투쟁에서 겪는 그리스도교 신앙체험에 관한 성찰로서 가장 잘 이해될 수 있다. 칼 라너가 지적하듯이 참으로 신학은 교회 전체를 자기비판에 참여시킬 소명을 가지고 있다면, 여성론 신학은 교회의 남성중심주의에 대해서도 교회의 역사적 가부장적 구조에 대해서도 교회 자신의 자기비판을 이끌어내야 한다.

따라서 여성론 신학은 가부장적 배제에 맞서서 해방과 인간 존엄을 위해 펼치는 여자들의 투쟁체험과 더불어 시작된다. 다른 해방신학들과 마찬가지로 해방을 지향하는 비판적 여성론 신학도 이런 체험에 관한 체계적 천착이자 "제2차" 성찰로서 자처한다. 그러므로 비판적 분석과 구성적 연구와 개념의 변혁을 방법으로 취한다. 비판적 신학으로서의 여성론 신학은 그리스도교의 성서와 전승과 신학의 여성혐오적 요소와 남성중심적 역학관계도 교회 안팎의 인종·계급차별과 식민주의와 가부장적 성차별을 영속화하는 교회구조도 분명히 인식하고 있다. 이에 구성적 신학으로서의 여성론 신학은 동등자 제자직 공동체로서의 교회의 해방적 신앙체험, 여자들로 이루어진 하느님 백성의 체험을 반영하는 신학적 상징과 표현 일체를 발견하고 재구성하고자 하는 것이다.

그러나 여성론 연구들이 다양한 철학적·사회학적·정치적 분석의 도움을 받아 해방적 투쟁과 시각을 밝히고 있음이 명기되어야 한다.[5] 자유주의 여성론은 개인의 자율성과 동등권을 강조하는 데 비해, 사회주의나 마르크스주의 여성론은 서양 자본주의 내의 사회적 계급과 성의 관계를 여자 억압의 결정적 요인으로 본다. 또 한편 제3세계 여성론은 인종차별과 식민주의와 성차별이 여자 억압과 해방 투쟁을 규정짓고 있다고 주장한다.[6] 분석과 관점의 이런 다양성은 여성론과 여자 해방과 세계 내 인간 존재에 대한 서로 다른 개념화로 귀결된다.

---

5. 참조: D. G. Crowder, "Amazons and Mothers? Monique Wittig, Hélène Cixous and Theories of Women's Writing": *Contemporary Literature* 24, no.2 (1983) 117-44. 저자는 프랑스와 미국 여성론에 관한 논의에서 이 차이들을 강조한다.
6. 예: S. A. Gonzales, "La Chicana: Guadalupe or Malinche?": B. Lindsay 편 *Comparative Perspective of Third World Women: The Impact of Race, Sex, and Class* (New York 1980) 229-50.

접근방법의 다양성과 여성론 시각에서의 지적 표현의 다양한 목소리는 여성론 신학과 종교 연구에도 나타난다.[7] 그러므로 여성론 신학을 한 정형화된 여성론 신학처럼 언급하는 것은 오도하는 것이다.[8] 여자들 체험의 다양한 전제와 이론적 분석에 기반해 있을 뿐 아니라 신정통주의, 자유주의 신학, 과정신학, 복음주의 신학, 해방신학 같은 다양한 신학적 틀을 통해 개진되는 이들 신학적 설명과 논술은 다양한 교회론적 시각과 다면적 정치적·종교적 맥락 속에 뿌리를 두고 있다. 나는 나 자신의 접근방법을 비판적 여성론 해방신학이라고 규정해 왔는데, 이것은 역사비판적이며 비판정치적인 해방신학 분석에, 또한 한 가톨릭 여자로서의 나 자신의 체험과 투신에 뿌리를 두고 있다.[9]

여성론 신학은 하느님과 계시에 관한 교의 또는 교리로 시작하지 않고, 가부장적 억압으로부터 해방을 이루기 위해 투쟁하는 여자들의 체험으로 시작하므로, 다면적 시각이 여러 인종·계급·문화·민족 출신인 수많은 여자의 목소리를 통해 표현된다.[10] 이 신학적 목소리는 남성중심 해방신학에 대해 가난하고 억압받는 이들에 대한 우선적 "선택"을 가난하고 억압받는 **여자들**에 대한 선택으로서 명시할 것을 요청한다. 오늘날 가난하고 착취당하는 이들의 다수는 여자들과 여자들에게 생존을 의지하는 어린이들이기 때문이다. 아프리카 신학자 오두요예Mercy Amba Oduyoye는 이렇게 지적했다.

---

7. 참조: A. B. Driver, "Review Essay: Religion": *Signs* 2 (1976) 434-42; C. P. Christ, "The New Feminist Theology: A Review of the Literature": *Religious Studies Review* 3 (1977) 203-12; C. P. Christ, J. Plaskow 편 *Womanspirit Rising: A Feminist Reader in Religion* (San Francisco 1979) 1-17.

8. 참조: C. Halkes, *Gott hat nicht nur starke Söhne: Grundzüge einer feministischen Theologie* (Gütersloh 1980) 〔정은순 역 『아들만 하느님 자식인가? 여성신학개론』 분도출판사 1994〕; E. Gössmann, *Die streitbaren Schwestern: Was Will die feministische Theologie?* (Freiburg 1981).

9. 이 책의 여러 장 외에도 나의 글 참조: "Claiming the Center": M. Buckley, J. Kalven 편 *Womanspirit Bonding* (New York 1984) 293-309.

10. 특히 M. Katoppo, *Compassionate and Free: An Asian Woman's Theology* (Geneva 1979); E. Tamez, *The Bible of the Oppressed* (Maryknoll 1982).

〔여성론 신학은〕 단순히 자본주의 서양의 주도적 신학에 대한 도전만이 아니다. 그것은 전승 및 우리네 관계 전체의 가부장적 전제와 전세계 그리스도교 신학의 남성성에 대한, 남자가 남녀노소의 공동체를 위한 삶 전체를 반영하는 그런 상황에 대한 도전이다.[11]

해방신학의 일차적 문제는 "우리가 어떻게 하느님을 믿을 수 있는가?"가 아니라 "가난한 이들이 어떻게 자신의 존엄을 성취할 수 있는가?"라면, 비판적 여성론 해방신학은 여자의 존엄과 해방 추구를 궁극적 하느님 추구로서 말할 수 있어야 한다. 가난한 이의 해석학적 특권이 가난한 여자의 해석학적 특권으로서 밝혀질 수 있어야 한다. 모든 피부색의 해방신학이 가부장적 지배와 여성에 대한 착취를 상대로 말할 수 있어야 한다.[12]

요컨대 여성론 신학자는 여자 연구나 학문에 한정하여 여자 신학을 개진하고자 하지 않고, 신학하기 위한 다른 방법과 대안적 시각을 도모한다. 그러므로 비판적 여성론 해방신학은 전통적 분류체계의 견지에서 하느님·그리스도·창조·교회·성사·종말론 같은 식으로 교의적 정형화 주제들 *topoi*에 입각해서 신학을 구축하지도 않고,[13] 학문적 종교 접근방법에 입각해서 그렇게 하지도 않는다. 이 두 접근방법은 물론 가치있고 또 필요하지만 교의적 혹은 학문적 기존 신학의 낡은 지도에다가 새로운 시각과 새로운 길을 그리려는 것이다.

비판적 여성론 해방신학은 그 대신 학문과 학문이 서로 지원하는 형태의 접근과 틀을 채택한다. 여기서는 다양한 신학 과목의 전문적 구분이 그대로 재수

---

11. "Reflections from a Third World Woman's Perspective: Women's Experience and Liberation Theologies": V. Fabella, S. Torres 편 *Irruption of the Third World* (Maryknoll 1983) 250.
12. 특히 J. Grant, "Die schwarze Theologie und schwarze Frau": B. Brooten, N. Greinacher 편 *Frauen in der Männerkirche* (München 1982) 212-34 〔영역본: "Black Theology and Black Woman": G. S. Wilmore, J. H. Cone 편 *Black Theology: A Documentary History* (Maryknoll 1979)〕.
13. 이런 접근: C. J. M. Halkes, "Feministische Theologie: Ein Zwischenbilanz": *Frauen in der Männerkirche*, 158-74; R. R. Ruether의 탁월한 작품, *Sexism and God-Talk: Toward a Feminist Theology* (Boston 1983).

용되는 것이 아니라 여자들의 신학적 물음을 천착하는 도구로 사용된다. 비판적 여성론 해방신학은 신학을 교의적 체계로가 아니라 해방투쟁에 관한 능동적인 신학적 성찰로, 신학"하기"의 해방적 길로 그린다. 따라서 여성론 신학은 모든 이의 은사와 재능을 함양하는 과정, 곧 연구와 교육의 대화적·참여적·비위계적 과정을 추구한다. 한마디로 여성론 연구는 여자들이 학계에 받아들여져 과거와 현재의 지적 기여를 인정받기를 요구하는 데서 그치지 않고, 아주 근래까지 거의 전적으로 "지식인" 남자의 체험과 연구에 근거하여 당연히 받아들여진 이론적 가정과 틀들을 재개념화하고 재수정할 것을 요청한다.

여성론적 체계분석

비판적 여성론 해방신학은 신학적·교회적 자기이해에서의 패러다임의 전이를 요청한다. 이것은 서양 대학과 신학교들의 남성중심 성직주의 신학은 여자와 남자, 평신도와 성직자 모두를 포용하는 신학이 되고자 하지 않는만큼 가톨릭 그리스도교 신학의 정형이라고 주장할 수 없다고 역설한다. 현재 주도권을 장악하고 있는 신학은 성차별적·인종차별적·자본주의적 가부장제의 모든 형태를 근절시키는 새로운 신학이 될 소명을 진지하게 받아들이지 않는다면 구원의 "기쁜 소식"을 선포하는 그리스도교 신학이라고 주장할 수 없다.

비판적 해방신학으로서의 여성론 신학은 여성론을 이론적 세계관이나 분석만이 아니라 사회적·교회적 변화를 위한 여자해방운동으로 자처한다.[14] 이런 시각에서 가부장제는 단순히 "이원론적 이데올로기"나 언어 차원에서 남성중심적 세계형태만도, 모든 여자에 대한 모든 남자의 지배만도 아니며, 갖가지 형태의 종속과 지배가 응축된 사회·문화·정치적 체제다. 성차별과 인종차별과 군국주의적 식민주의는 가부장제의 근원이자 중심축을 이루고 있다. 가톨릭 여자들이 침묵하고 눈에 띄지 않는 것은 교회의 가부장적 법체계와 구조에 의해 초래

---

14. 이 논의의 개판: C. I. Heyward, "An Unfinished Symphony of Liberation: The Radicalization of Christian Feminism among White U.S. Women": *Journal of Feminist Studies in Religion* 1 (1985) 99-118.

된 것이고 남성중심 신학에 의해 지속되는 것이므로, 비판적 여성론 해방신학은 남성중심적 언어와 이론 틀과 신학계가 사회와 교회 내에서 가부장구조를 어떤 방식으로 지탱하고 영속화하는가를 규명하고자 진력한다.

"가부장제"라는 용어는 자주 "성차별"이나 "남성중심주의"와 교환 가능한 말로 쓰이고 있다. 그러나 여성론적 분석에서 이런 용어들은 구분될 필요가 있다. 남성중심 이원론은 언어에서 남성중심 세계형태로 이해되어야 한다. 이것은 가부장제를 정당화하는 틀 혹은 이데올로기를 가리킨다. 그리고 가부장제는 동성애 차별로 나타나는 이성애주의heterosexism와 인종차별, 국수주의 그리고 계급차별에 의해 구조화된 지배와 착취의 사회체제다.

가부장적 성차별은 인종·계급·문화의 모든 부문에 배어든 여성의 "성적 노예 상태"에 의해 강화되고 있다.[15] 가부장적 인종차별은 노동을 착취하기 위해 특정한 사람들을 종속적 존재로 규정하는 데 비해, 가부장적 성차별은 여자의 출산 능력과 노동을 통제하고자 한다. 여자들이 남성 시민과 상응하는 온전한 인간적 권리와 존엄을 주장하면서, 여자와 어린이에 대한 폭력이 증가되고 있다. 보수 우익 정치세력은 여성론에 공격을 가하면서, 여자와 여박사에 대한 법적 제한조치에 필사적이다. 이들은 "그리스도교 가정의 보호"를 내세우며 화려한 논변을 늘어놓지만 이것은 여자의 경제적 의존성을 강화하고 여자의 출산 능력을 가부장적 통제하에 묶어두고 가부장적 가족체계를 가부장적 국가의 대들보로 유지시키기 위한 것일 따름인 것이다.[16] 가정 안팎에서 여자들과 어린이들에게 가해지는 성폭력은 남성 지배의 가부장적 질서를 지속시키는 기능을 수행하고 있다.

---

15. 참조: K. Barry, *Female Sexual Slavery* (Englewood Cliffs 1977). 성폭력에 대한 자료는 여기 열거하기에는 너무 많다. 개관: W. Brines, L. Gordon, "The New Scholarship on Family Violence": *Signs* 8 (1983) 490-531.
16. 참조: S. Rogers Radl, *The Invisible Woman: Target of the Religious New Right* (New York 1983). 미국 우익 정치 논변과 독일 나치 선전의 비교: F. Conway, J. Siegelman, *Holy Terror: The Fundamentalist War on America's Freedoms in Religion, Politics, and Our Private Lives* (Garden City 1982).

익명의 언어적·신체적 폭행: 폭행(일반적 폭행, 인종적 폭행, 결혼 폭행, 전쟁 폭행, 집단 폭행, 어린이 폭행); 아내와 여자 구타; 낙태와 산아조절 법률; 강제적 불임조치; 불필요한 자궁 제거; 음핵 절제와 성기 절단; 매매춘과 여성 노예; 직장 상사의 성희롱; 노골적 포르노.[17]

이 모두가 여자에 대해 인정된 폭력 형태들이다. 사회생물학자들은 성폭행을 남성의 자연적·생물학적 경향, **생물학적** 명령으로 보는 반면에, 여성론 연구는 성폭행과 더불어 여자에 대한 모든 제도적 폭력 형태가 강제력을 통해 가부장제를 지탱하는 데 필요한 **사회적** 명령임을 입증하는 자료를 제공해 왔다.

서양의 사회적·종교적 가부장제의 폭력과 비인간화에 맞선 투쟁은 인종차별과 식민주의, 군국주의와 가난에 맞선 모든 해방투쟁의 중심에 있다. 여성론 신학은 이런 투쟁을 단지 성찰하는 데서 그치지 않고, 이런 투쟁에 의해 끌어지며 다시 이런 투쟁을 고취한다. 동등과 자결권 주장이 폭넓게 지지를 얻을수록 가부장적 지배와 침탈의 남성중심적 합리화가 자주 역설된다. 이들에 의해 여성론 사고는 극단주의·체제전복·비합리·비정상이라는 딱지가 붙는다. 이것이 유럽-아메리카 사회나 교회의 토대를 이루는 가부장제에 대한 대안을 제시하고자 하기 때문이다. 이것은 남성의 지배와 종속이라는 문화적 혹은 종교적 (지금도 합리성과 확실성과 지식의 기준이 되고 있는) 가치체계를 비신화화할 뿐 아니라 거부하는 것이다.

여자 서품을 "찬성"하는 자유주의 신학자들과 남성 성직자들은 이런 이유로 자주 여자 해방을 사고의 중심에 두는 "여성론 신학"에 반대한다. 이들은 여성론 신학을 고작 남성 증오나 여성답지 않은 반란을 선동하는 "소위 신학"일 뿐이라면서, 대신 "여자에 대한 신학", "여성에 관한 신학"을 주창한다. 그래서 이들은 여성론 신학자(스스로 근본적인 물음을 제기하는 "악한 여자")에 맞설 명목적 여신학자(남성신학계와 전문지식을 존중하는 "착한 여자")를 급조한다.

---

17. R. Bleier, *Science and Gender: A Critique of Biology and the Theories on Women* (New York 1984) 184.

여자가 서품되어 성직계에 받아들여질 수 있다면, 그것은 교회의 가부장구조를 떠받치고 남성중심적 신학과 상징체계를 영속화하는 데 기여하기로 약속하는 한에서다. 자유주의 교회들과 신학자들이 여자가 교회 내에서 설교하고 가르치며 눈에 띨 수 있도록 허용할 용의가 있다면, 그것은 우리가 이 가부장적 교회의 남성중심적 신학과 전례를 대표할 준비가 갖추어져 있는 한에서다.

가톨릭 여성론자들은 다른 그리스도교 교회들에서 서품받은 여자들의 체험과 우리가 신학과 직무에서 겪은 체험을 통해 얻은 교훈이 있다. 그래서 미국 가톨릭 여자서품운동은 명목상 몇몇 여자가 가부장적 성직위계로 이끌어들여지는 것으로는 충분치 않음을 역설해 왔다. 가톨릭 여자들은 매일 분노와 고통을 체험하고 있다. 우리의 교회가 가부장적 성차별이라는 구조적이고 개인적인 죄로 인해 부패되어 있기 때문이다. 그러므로 몇몇 여자가 서품되어 가부장적 성직위계의 하위계급에 이끌려들어가는 것으로는 가부장적 성차별이라는 악을 척결할 수 없다. 그렇게 되면 오히려 그 파괴력을 감추어 놓을 따름이다. 오늘의 가톨릭 여성론자들은 교회의 "여자 문제"가 단순히 서품과 관련한 문제에 그치지 않으며 오히려 남성중심적 세계관과 신학으로부터 세계와 인간의 삶과 그리스도 종교에 대한 여성론적 개념화로의 패러다임의 전이를 요청하고 있음을 정확하게 이해하고 있다.

사회적·교회적 가부장제가 여성혐오적 정당화와 남성중심적 현실 인식을 낳는 것이라면, 여성론 이론체계가 아니라 정치적 여권 투쟁이 요청된다고 본다. 그래서 사실 자주 여성운동의 일부 유파는 이론과 학문을 가부장적 목적에 여자들을 흡수해 버리는 남성적 "사변 놀음"으로 경원했다. 많은 여자들이 그동안 학계의 연구와 논증과 추상적 사상이 자신들의 일상체험과는 너무도 멀다는 사실을 확인했다. 여학생들은 흔히 학문적 교육이 그들을 자신의 지적 물음과 통찰에서 소외시킬 뿐 아니라, 그들의 지적 능력과 자기확신을 남성적인 것들 속으로 흡수하고 약화한다는 사실을 체험했다.

종교와 신학에 몸담은 여자들에게도 이런 상황은 그대로 나타났다. 우리들 대부분은 아직도 여성론 시각을 견지하는 교수들과 함께 연구할 수 없고, 교과

과정의 추천도서 목록에도 여성론 작품은 매우 드물다. 우리가 제기하는 문제들은 흔히 "문제되지 않는 것들"로 묵살되었다. 그래서 신학교에 있는 여자들은 당연히 학문적 교육과 신학적 체제에 대해 회의적 태도를 보일 수밖에 없었다. 하지만 남성중심적 학계에 대한 이런 건강한 회의도 자칫 저도 모르는 사이에 여성론적 반지성주의로 빠져들기 쉽다. 그런 여성론적 반지성주의는 가부장적 지배세력이 그런 문제를 규정하는 작업에서 여자를 배제시키고자 하는 관심사를 관철시키는 데 일조하게 된다. 나는 1972년에 종교계 여자 직무자와 학자들이 참석한 한 회의를 기억하고 있다. 그때 나는 우리 모두가 신학을 하고 있다는 말을 들었기 때문에 신학자라고 지칭했는데, 이것이 무슨 엘리트주의로 비쳐졌다. 그러나 우리들 사이에 성적적 구분을 이끌어들인 "직무자"나 "사제"라는 호칭에 대해 문제삼은 이는 아무도 없었다. 이를테면 서임받은 직무에 접근하는 것은 여성론적 성취로 여겨지면서도 신학에 접근하는 것은 남성적 엘리트주의로 간주된 것이다.

하지만 시간이 흐르면서 우리들 대부분은 지식이 힘임을, 그리고 남성중심적 언어와 가부장적 이데올로기가 지배를 지탱하는 데 필요한 의미를 산출하고 있음을 인식하게 되었다. 그러므로 가부장제에 맞서서 사회와 교회 차원의 투쟁이냐 아니면 남성중심적 언어와 학문에 대한 비판적 분석과 변화냐 하는 식의 양자택일은 잘못이 아닐 수 없다. 세계에 대한 지적 해석에서 여자가 눈에 띄지 않는 것과 학계와 교회에서 우리에게 강요된 침묵은 가부장제를 위한 것이다. 세계와 인간 삶의 의미와 사회를 규정하는 일에서 우리가 배제되는 것은 우리에 대한 억압의 필수요소다. 그러므로 침묵을 깨뜨리고 "강탈당한 명명 능력"을 우리의 것으로 재천명하는 일(메어리 데일리)은 가부장구조로부터의 해방을 위한 투쟁의 필수요소다.

여성론 연구는 남성중심적 학계에 의해 생성되고 영속화되는 지적·학문적 틀들의 가부장적 기능을 규명한다. 가부장적 학계는 세계와 인간 삶과 문화사 혹은 종교사에 관해 우리가 알고 있는 것에 있어 여자를 눈에 띄지 않게 주변 존재들로 만들어 버리고 있다. 여자들의 체험과 주관을 지적 천착의 중심에 두려는 시도는 모든 학문 분야에 대해 도전을 제기했다. 여성론 연구들은 모든 연구 분야에서 학문적 혁명 또는 패러다임의 전이를, 남성중심적 세계관과 논술 틀로부터 세계와 인간 문화와 역사에 대한 여성론적 이해로의 전이를 개시하는 과정에 있다.[18]

언어에 대한 여성론적 분석

남성중심적 학계는 여자를 남자나 남성 하느님의 "타자"他者로 규정하여 우리를 남성 학문의 "객체"로 귀착시키는 데 반해, 여성론 연구는 남자만이 아니라 여자도 인간의 문화와 학술의 주체가 되도록 우리의 지적 틀도 언어도 새롭게 개념화한다. 남성중심적 언어와 학식의 이데올로기적 기능에 대한 여성론적 비판 분석은 남성 학계의 보편성 주장에 이의를 제기할 뿐 아니라 그 가부장적 편견도 밝혀낸다. 남성중심적 본문들과 지식은 객관적이고 있는 그대로를 서술하기보다는 가부장적 사회와 교회에 의해 야기된 여자들의 침묵과 눈에 띄지 않는 상황을 지속시키고 있다. 그러므로 남성중심적 문화 속에서 여자들이 눈에 띄지 않는 것과 서양의 언어와 종교적 상징체계들, 역사 기록물과 학적 이론에 감추어진 우리의 억압이 여성론 연구의 핵심 문제이자 초점이 되어 왔다.

여성론에서 가장 근본적인 해방적 통찰은 모든 인격 주체가 정치적 존재요 우리 자신의 물음들이 단순히 사적 문제가 아니라는 것이었다. "여자는 태어나는 것이 아니라 만들어진다"라는 시몬느 드 보봐르의 명언은 어린이들을 문화적 남성 역할과 여성 역할로 사회화하는 성과 성별의 구조화에 대한 여성론 연구를 크게 자극했다. 우리 딸 크리스는 이른바 질문기에 들자 끝없이 물었다. 왜 남자만 대통령이 될 수 있어? 왜 신부님은 다 남자야? 왜 여자는 남자보다 적게 벌어? 하느님은 왜 딸은 없고 아들만 있어? 여자들이 왜 여자 동등권을

---

18. 이와 관련된 참고자료는 너무 방대해서 여기 일일이 열거하기란 불가능하다. 총체적 논의: A. M. Jaggar, *Feminist Politics and Human Nature* (Sussex 1983). 여성론 시각을 견지하는 흑인 학자인 bell hooks는 상당수의 여성론이 특권층 여자들의 체험에서 비롯한 이론이기 때문에 폭넓고 포괄적인 분석이 모자란다고 강력하게 주장한다. 그녀의 책: *Feminist Theory: From Margin to Center* (Boston 1984).

반대해? 남자애는 왜 드레스를 입을 수 없어? 역사에서 위인은 왜 다 남자야? 선생님은 왜 언제나 "소년 소녀 여러분"이라 하고 "소녀 소년 여러분" 하지는 않지? 하느님은 왜 "그분"He인 거야? 여자가 결혼을 하면 왜 성姓을 바꿔? 제시카 엄마는 왜 집안일을 도맡아 해야 해? 모든 아이들이 다 충분히 먹을 수 없는 건 무엇 때문이야? 여자는 왜 화장을 해야 해? 왜, 왜, 왜?

이런 물음들은 가부장적 사회와 교회 안에서 여자들이 일찍부터 겪게 되는 열등성과 "타자성"에 대한 체험을 드러낸다. 이것은 "세계"가 의식하지 않는 체험이다. 우리가 따돌려진 채 문제삼지 않고 세계의 모습을 우리 자신의 표상에 상응하여 규정하고 변화시켜 나갈 힘이 없음을 드러내는 체험이기도 하다. 그러나 가부장적 사회와 교회에서 여자들이 겪는 이런 비판적 체험은 가부장적 언어와 가치체계에 통합되도록 꾀해지는 사회화와 교육을 통해 침묵 속에 갇히고, 그래서 소녀들은 이런 소외체험을 내면화하여 가부장구조로 인한 분노가 단순히 개인적 문제요 **자기에게** 잘못이 있음에 틀림없다고 여기게 되며, **자기네가 처해 있는 그대로**를 받아들이고 적응해야 한다고 믿게 된다.

"제2 신분"의 내면화에서 결정적인 것은 케이지 밀러와 케이트 스위프트가 "어의적 장애물들"semantic roadblocks이라고 일컫고,[19] 삐에르 부르되가 "상징적 폭력"[20]이라고 명명한 바로 그것이다. 언어는 세계를 반영하는 데서 그치지 않고 우리의 자기이해와 세계이해를 꼴짓는 것이므로, 말하는 방식을 배우는 과정 자체가 우리를 남성과 남성적 것이 인간의 기준을 이루는 그런 세계에로 사회화한다. "인간이라는 의미에서는 men이면서도 남자라는 의미에서는 men이 아니라는 그런 언어와 더불어 성장해 온 우리들은 성이 아니라 인간 신분과 관련해서 양가 감정에 직면한다."[21] 실제로 여성론 연구는 지금까지 언어 안에서

---

19. Casey Miller, Kate Swift, *Words and Women* (Garden City 1977). 참조: D. Spender, *Man Made Language* (Boston 1980); S. Trömel-Plötz 편 *Gewalt durch Sprache* (Frankfurt 1984); L. F. Pusch, *Das Deutsch als Männersprache* (Frankfurt am Main 1984).
20. Pierre Bourdieu의 연구에 대한 비판: J. B. Thompson, *Studies in the Theory of Ideology* (Berkeley 1984) 42-72.
21. Miller, Swift, *Words and Women*, 34ff.

언어를 통해 이루어지는 숱한 남성중심적 세계 구성 시도들이 남자들의 자기긍정과 여자들의 자기소외를 주입하고 있음을 거듭 입증했다.

소년·소녀들은 여자를 남자에 포함시켜 문법상 남성 "총칭"으로 자신을 표현하고 세계를 규정하는 법을 배우면서 가부장적 상하관계, 지배와 복종, 중심이냐 변두리냐의 견지에서 자신을 이해하는 법을 익힌다. 그래서 여자 억압이 서양 사회와 문화에서 그렇게 "당연시"되는 것이다. 여자나 남자나 모두 여자를 눈에 띄지 않고 변두리로 처지게 하는, 문법적으로 남성적인 언어의 억압적 성격을 인식하기가 매우 어렵다. 나아가 남성중심적 언어는 가난한 여자, 유색인종 여자, 식민지 여자 들을 이중으로 눈에 띄지 않게 만든다. 아메리카·아프리카·아시아의 가난한 흑인 원주민으로서 **그리고 여자로서** 가부장적 억압하에 있는 사람들은 남성중심적 언어로 말미암아 이중으로 눈에 띄지 않는다.

종교 언어는 남성중심 언어구조 속에서 여자의 소외를 정당화하고 강화했다.[22] 오랜 세월 여자들은 남자들의 신학적 이야기와 설교를 "잠자코 들어야" 했다. "형제", "교부들의 신앙", "형제애", "하느님의 아들들"이라는 표현이 우리를 가리키는 말인지 아닌지를 새삼 식별해야 하는 것이다. 예컨대 다음 선언을 보라.

> 만인을 아버지같이 돌보시는 하느님께서는 모든 사람이 한 가족을 이루고 서로 형제 같은 마음으로 대하기를 원하셨다. 모든 사람이 하느님의 모상을 따라 창조되었고 하느님께서는 "한 사람에게서 온 인류를 창조하시어 온 세상에 살도록 하셨으므로" 사람은 모두 다 단 하나의 같은 목적에로 불리었으며 그 목적은 하느님 자신이시다.[23]

여자는 "모든 사람"에 속하며 우리는 "형제 같은 마음"에 참여하는가? 여자는 신적 실재의 언어와 "세계"에 대한 신학적 논술에 끼여들지 못하는 것이다.

---

22. 특히 Nelle Morton의 논문집: *The Journey Is Home* (Boston 1985).
23. 「사목헌장」 2장 24항.

여자들의 지적·종교적 유산

언어의 사회화만이 아니라 지식의 교육과 습득을 통해서도 여자들과 남자들은 남존여비를 체득한다. 이런 과정들을 통해 모두들 지배와 종속의 가부장적 가치를 내면화하고 세계와 인간 삶에 대한 가부장적 해석을 받아들이는 법을 익히게 된다. 그러나 우리는 교육받은 **남자들**이 남성중심적 해석과 지식을 생산해 왔고 세계와 인간 삶을 규정해 왔음을 잊지 말아야 한다.

> 짐작컨대 우리는 여자와 남자가 영의 숭고한 공화국에 동등하게 참여하고 있으며 두 성이 모두 "수천 년 서양 문화"의 동등한 상속자라고 믿어 왔다. 그러나 **여자들**과 **남자들**의 문화 재독再讀을 통해 우리는 이미 알고 있거니와, 성에 의한 압력과 억압은 공기처럼 눈에 띄지 않을지언정 어김없이 실재하며 우리 삶의 형태와 움직임을 감지할 수 없는 방식으로 꼴짓고 있다. … 서양 문화의 보화들은 처음부터 남성 저자들의 상속분인 것처럼 나타났다. 달리 표현해서, 서양의 문화 자체는 교육받은 남자들이 지적 선친들에게서 물려받은 전래의 거대한 자산이었다. 이에 비해 이들의 여성 친척들은 오스틴Jane Austen의 소설에 등장하는 인물들처럼 상속지 끄트머리의 자그마한 오두막집으로 쫓겨나 있다.[24]

울프Virginia Woolf가 60년쯤 전에 우리의 거의 모든 책이 여자에 관한 것조차 남자가 쓴 것이라고 지적한 말은 지금도 맞는 말이다. 교육받은 남자들은 가부장제의 충복으로서 (의식적이든 아니든) 자신들이 가치롭지 않다고 판단하는 모든 특성을 여자에게 귀속시키고 있다. 우리는 모두 다음과 같은 정형화된 사고방식을 알고 있다. 남자는 지적이고, 단호하고, 논리적이고, 능동적이고, 강하고, 지도자 자질을 타고났고, 유능하고, 권위를 가지고 있다 등등에 비해, 여자는 정서적이고, 직관적이고, 수용적이고, 수동적이고, 아름답고, 동정적이고, 종교적이고, 수다스럽고, 복종적이고, 자기희생적이고, 어리석고, 경박스

---

24. S. M. Gilbert, "What Do Feminist Critics Want?": E. Schowalter 편 *The New Feminist Criticism* (New York 1985) 33.

럽다 등등. 어떤 남자들은 여자를 매춘부요 죄인, 유혹자, 올가미로 여겨 두려워해 왔던 데 비해, 또 어떤 남자들은 "영원한 여성"을 남자들의 유일한 구원으로서 예찬해 왔다.

우리가 듣기로 여자들의 종속과 무력함은 우리 여자들의 열등한 본성의 결과이거나, 아니면 삶에서 특수한 역할을 수행하게 하는 여자다운 특수한 자질로 해석된다고 한다. 전통적 교리나 신학의 대답인즉 죄는 여자를 통해 왔다고, 가부장제는 하느님 아버지의 뜻이며 그분 아드님은 남자만을 그분 계승자요 교회 지도자로 서품하셨다고 한다. 어떻든 여자들은 일찍부터 "제2의 성"이라고 배우고 있다. 그리고 우리 자신은 우리 자신의 열등성과 눈에 띄지 않는 상태를 내면화하고 있다. 여기서 자기존중과 권력은 남자와/혹은 남성 신으로부터 도출될 따름이다. 그러므로 신학과 전례에서 고수되는 하느님 언어의 남성성은 단순히 문화적 우연이 아니라 선포와 기도 내에서의 지배행위다. 남성적 언어와 지적 틀은 가부장 지배를 "당연한" 것으로 삼는 한편, 전례와 신학의 남성적 하느님 언어는 가부장 지배를 "하느님에 의해 제정된" 것으로 선포한다.

여자들은 수세기에 걸쳐 이런 식의 설명과 여성성(소위 여성다움)의 내면화에 이의를 제기했다. 그럼에도 불구하고 우리는 지금까지도 우리 자신의 지적 전통과 선대 어머니들에 대해 무지한 상태에 있다.[25] 모든 "위대한" 철학자·과학자·신학자·시인·정치가·예술가·종교지도자가 남자였던 줄로 여긴다. 오랜 기간 이들이 하느님과 세계와 인간 공동체와 실존을 "자기네가 본" 그대로 규정하기 위해 저술하고 거론해 왔다. 그러나 더 설명을 할 필요도 없겠지만 이런 사실이 곧바로 여자로서 "위대한" 사상가나 지도자가 없었다는 것을 뜻하지는 않는다. 다만 이들의 사상과 작품들은 전수되어 내려오지 않았고, 우리의 문화와 종교 내에서 고전으로 받아들여지지 않았다. 가부장제가 세계의 모든 개념화에서 남자와 남자의 권력이 중심 자리를 차지해야 한다고 요구했기 때문이다. 여자들의 사상과 문화, 역사와 종교가 그토록 효과적으로 사라져버

---

25. 특히 D. Spender, *Women of Ideas (And What Men Have Done to Them)* (Boston 1983).

리거나 변두리로 내몰려 하찮은 것으로 전락해 버린 원인은 바로 여기 있다. 여자들의 언어와 표현들이 남성 지배 사회 속에서 검열당하고 와전되고 조소받고 제거되었건만, 여자 가운데서는 "위대한" 사상가·과학자·예술가·신학자가 나타나지 않았다 하여 여자가 힐난당하는 것이다.

남성중심적 본문들과 신학과 교회 권위가 사회적·종교적 가부장제를 지속시키는 이데올로기 기능을 수행해 왔다는 사실을 이해한 사람이라면, 가부장제하에서 여자에 대해 거론되는 것과 거론되지 않는 것이 무엇인지, 가부장적 억압에 맞선 우리의 역사적 투쟁을 포착하기 위해 "의심의 해석학"hermeneutics of suspicion을 전개해야 한다. 여자들은 역사와 신학 저술 속에서 등한시되면서도 여자들의 삶과 사상과 투쟁이 미치는 영향들은 우리에게 감추어진 역사적 실재와 신학적 의미의 일부를 이루고 있다.

다른 여성론 학자들과 마찬가지로 여성론 신학자들은 남성중심적 기록들과 학문 분야의 이데올로기적 매커니즘과 우리의 침묵과 모순과 일관되지 못한 갖가지 현상들을 척결하여 가부장제에 의해 몰수당한 과거를 되찾고자 애쓰고 있다.[26] 여자들은 가부장적 억압으로 인한 고통과 비인간화를 겪어 왔지만, 거기서만 그치지 않고 가부장제에 대한 사회적 변혁과 예언적 비판에 참여해 왔으며, 가부장제에 대한 대안적 공동체로서의 교회에 대한 새로운 비전도 제시해 왔다. 우리의 선대 어머니들의 해방 투쟁과 해방적 종교체험을 눈에 띄게 만들고자 할 때, 우리 자신의 종교적 의식意識과 영적 체험과 역사적 투쟁의 정당성을 확고하게 천명할 수 있을 것이다.[27]

모든 세대에 여자들은 실재에 대한 가부장적 규정에 대해 새로이 문제성을 지적해야 한다. 가부장제는 억압받는 이들의 의식화를 참지 못하므로 우리는 이를테면 거듭 다시 "바퀴를 재발명해야" 한다. 여성론 신학은 우리의 사회적

---

26. 참조: E. Gössmann, *Das wohlgelahrte Frauenzimmer*, Archiv für philosophie- und theologiegeschichtliche Frauenforschung, I (München 1984).
27. 나의 책 참조: *In Memory of Her: A Feminist Theological Reconstruction of Christian Origins* (New York 1983).

억압과 교회에서의 배제가 여자들의 "잘못"이 아님을 밝혔다. 사회와 교회 내의 이런 현상들은 하와의 죄의 결과도 아니고 하느님의 뜻이나 예수 그리스도의 의도도 아니며, 사회와 교회의 가부장제에 의해 초래되어 언어와 상징체계를 통한 남성중심적 세계 구성에 의해 정당화되고 있을 따름이다. 종교언어와 상징체계가 여자들에 대한 사회적 억압과 문화적 소외 상황을 정당화하고 있는 한, 교회 내의 강요된 침묵과 눈에 띄지 않게 만들어진 상황에 맞서는 투쟁은 정의와 해방과 온전함을 위한 투쟁의 중심에 자리잡고 있다.

여성론 신학은 이 투쟁을 성찰하는 데서 그치지 않고 종교와 교회가 이 투쟁에서 요청되는 자원과 시각을 제공할 수 있는지, 또한 우리 안에서 또 우리 가운데서 희망을 불러일으켜 키워갈 수 있는지를 천착하고자 진력한다.[28] 이것은 하느님의 현존과 계시가 여자들인 하느님의 백성 가운데서 발견됨을 밝히고자 애쓴다. 언제나 여자들은 교회였고 언제까지나 교회다. 하느님에 의해 불리고 뽑힌 이들이다. 세세대대로 오늘날까지 가부장적 교회와 남성중심적 신학은 여자들을 침묵시켜 왔고 변두리로 따돌려 왔다. 단지 여자라는 이유만으로 우리를 눈에 띄지 않게 만들어 왔고 신학적으로나 교회체제적으로나 아무 힘도 없게 해 왔다. 그럼에도 불구하고 여자들은 언제나 하느님의 부름을 듣고 하느님의 은총과 현존을 매개하면서 지금까지 삶 속에서 동등자 제자직 공동체로서의 교회를 이어 왔다.

요컨대 비판적 여성론 해방신학은 여자들이 강요된 가부장적 침묵을 깨뜨리고 은총과 해방을 전달하는 하느님의 대리자로서 눈에 띄고 귀기울여질 수 있도록 하고자, 여자들을 침묵시키고 남성적 언어체계와 신학적 틀 속에서 눈에 띄지 않게 만들 필요가 없게 될 조건이 무엇인지를 밝힌다. 즉, 교회가 여자들을 배제하는 지배와 복종의 가부장적 상하관계 구조를 변혁시킬 때라야 그렇게 되리라는 것이다. 그런 가부장적 구조들을 변혁시키지 않는다면, 교회는 우리

---

28. 참조: E. Moltmann-Wendel, *A Land Flowing with Milk and Honey: Perspectives on Feminist Theology* (New York 1986); E. (Helga) Sorge, *Religion und Frau: Weibliche Spiritualität im Christentum* (Stuttgart 1985).

를 변두리의 종속적 지위에나 받아들일 수 있을 따름이다. 여자들의 완전한 참여를 성취하기 위해서는 가부장적 교회와 그 직무가 동등자 제자직 공동체와 그 직무로 전환되고 변혁되는 새로운 신학을 밝혀 나가야 한다.

이런 여성론 해방신학은 교회와 사회 안에서 가부장적 억압에 맞서는 모든 여자의 투쟁에 참여하여, 가부장적 억압을 신학체계로 끌어들여서 정당화하는 남성중심 성직주의 신학을 변혁시키고, 그리하여 여자들이 다수를 점하는 하느님 백성의 해방을 촉진하고 고양시키고자 한다. 마틸다 저슬린 게이지는 1백년 전에 여성론 신학의 이 과제를 다음과 같이 적절히 천명했다. "교회의 역사에서 가장 중요한 투쟁은 자유와 사상을 위한, 그리고 그것을 세계에 전달할 권리를 위한 여자들의 투쟁이다."[29]

거의 50년 전에 버지니아 울프는 우리 여자들이 "지식인 남자들의 행렬"에 참여하고자 한다면 이 행렬이 우리를 어디로 이끌어갈 것인가를 물어야 한다고 주장했다. 그것은 우리를 전쟁과 착취, 엘리트주의, 권력에의 욕망, 인류와 우리의 자연환경 훼손으로 이끌어갈 것이라고 그녀는 결론지었다. 그리스도교 신학과 교회는 오늘날 똑같은 물음을 제기해야 한다. 그리스도인들이 믿는 하느님이 비인간화와 파괴의 신이 아니라 **모두**를 위한 해방과 구원의 신이라면, 그리스도교 신학은 점점 더 여성론 해방신학이 되어야 한다. 그렇게 되지 않은 한, 그런 가톨릭 그리스도교 여성론 신학을 전개하는 특별 분야가 계속해서 *Concilium*에 필요할 것이다.

---

29. Matlda Joslyn Gage, *Woman, Church & State* (초판 1893; Watertown 1980) 237.

19

코이노니아
합의의 동반자관계

이 논문을 준비하기 위해 나는 [1985년의] 겨울방학 동안 1985년에 열린 특별 주교 대의원회의 공식문헌들을 연구하기 시작했는데 점점 큰 "장애"에 부딪쳤다. "대의원회의 이후 시기에 있어서의 신학의 주요 과제"라는 주제가 "그런데?" 하는 단도직입적 반응을 불러일으킨 것이다. 대의원회의 발표문들에 따르면 가톨릭 신학의 주요 과제는 제2차 바티칸 공의회 문헌을 연구·주석하고 곧 제시될 보편적인 교리를 알아듣기 쉽게 설명하는 것인 것 같다. 지겨워! — 딸아이 크리스가 애용하는 표현을 사용하자면 그랬다.

그러나 그애는 충고할 말도 있었다. "어려운 숙제가 있으면 난 언제나 중심문장을 쓰고 또 쓰고 해. 주제문을 바로 얻으면 나머지는 술술 풀리는 거야." 확실히 그랬다. 새로운 주제문이 필요했다. 먼저 나는 피터 스타인펠스Peter Steinfels의 표제인 "좋아, 그런데?"를 되짚기 시작했고, 그러다가 곧바로 이것을 "좋지 않아 …"로 바꾸어야 한다는 것을 깨달았다. 이유는 명백하다. 이 대의원회의는 가부장적 교회의 가시적인 시위였다. 혹은 "거룩한 아버지"(교종)의 표현을 빌리자면 "교회(체제) 형제애의 행위"였다. 더욱이 그리스도가 남자였기 때문에 여자는 서품받을 수가 없다고 주장하는 추기경들의 남근숭배적 선언들은 신학적으로 당혹스러움을 불러일으켰다.

북아메리카 가톨릭인들은 "여자 문제"를 대의원회의에서 다루어져야 할 가장 주요한 논제 가운데 하나로 보고 있었다. 그래서 주교들은 대의원회의가 열리기 전에 미리 이런 기대들을 끌어내리려고 했다. 예컨대 토론토의 카터Carter 추기경은 사목교서(The Church Ad Extra)에서 "교회 안에서의 여자 역할이라는 신경 쓰이는 주제"에 관해 언급하면서 자신은 "여자가 교회 안에서 제2 계급 시민이라고 목청을 돋우는 데 찬동하지 않는다"고 밝히고, 여자들은 필요한 존재이며 이들의 재능이 "좋은 뜻으로 사용되도록" 해야 함을 인식할 필요가 있다고 했다. "특별 대의원회의가 이런 지침들을 따라 주의를 기울일 때 현재의 동요를 진정시키는 데 상당한 기여를 할 수 있을 것이다. 가톨릭 여자 대다수는 자신들의 충실을 유지하는 가운데 매우 행복해하고 있다".[1]

주교회의 의장인 멀로운James Malone 주교는 지난 20년간 미국에서 가톨릭 생활에 부정적 영향을 미친 문제로 "성윤리의 갈등, 결혼과 가족 붕괴의 확산, 공격적이고 세속화된 여성론의 출현"[2] 들을 지적했다. 여자교회 연합체WCC (Women-Church Convergence) 대표들은 미국 가톨릭 주교회의 연례 모임에서 교회 문제들과 관련하여 여자들에게 비난의 화살을 돌리는 그런 시도에 강력하게 항의했다. "여자들은 세속화된 인본주의가 종교적인 권리를 주장하는 것과 관련하여 주교들에게 속죄양이 되고 있다. 여자들은 하와 이래 늘 그랬듯이 문제의 존재로 기술되고 있다."[3] 우리 가운데 더러는 주교 가운데 더러가 가부장적 성차별이라는 죄로부터 돌아서야 한다는 우리의 요청에 귀를 기울인다고 믿었다. 그러나 우리는 "형제적 일치"라는 명분하에 또다시 외면당했음을 깨달았다. 변한 것이라고는 아무것도 없었던 것이다!

의심없이 이 주교 내의원회의는 가부상석 교회의 화려한 시위였다. 이번 특별 대의원회의에도 — 예견된 대로 — 여자 참석자는 없었다. 가톨릭만이 아니라 교회일치 차원에서 다른 교파에서 초대된 열 명의 참관자 가운데도 우리는 없었다. 로마 가톨릭만이 아니라 그리스도교 교회 전체가 오로지 남자들에 의해 대표되었다. 다른 그리스도교 교회들은 왜 모든 피부색의 여자 사제와 주교, 직무자와 설교자들을 파견할 수 없었는가? 가톨릭성과 보편성에 있어서 로마 가톨릭이 결핍하고 있는 것을 채우기 위해서 말이다.

---

1. *Origins* 15 (1985) 350.   2. 같은 책 36.   3. *Probe* 8 (1985) 8.

당연히 가부장적인 성차별이라는 죄는 전혀 언급되지 않았다. 「하느님 백성에게 보내는 메시지」에는 엄청난 "세상의 죄악" 목록이 제시되어 있다. 인간 생명 존중의 결핍, 시민적 자유와 종교적 자유의 억압, 가족 권리의 경시, 인종차별, 경제적 불균형, 갚을 길 없는 부채, 국제적 안전 문제, 가공할 무기 경쟁 강화 들이다.[4] 그러나 세계 인구의 절반을 비인간화하고 착취하는 가부장적 성차별은 언급되어 있지 않다.

대의원회의의 최종 보고서는 세속주의와 여성론을 연결짓지는 않지만 교회 내의 여자들에 관한 "신경 쓰이는 주제"를 "각자가 자기 위치에서 교회에 참여하고 공동책임을 지도록"이라는 제목하에 다루고 있다. "교회(곧, 가부장적 위계적 성직위계?)는 할 수 있는 모든 것을 하도록 할 것이다. 그렇게 하여 그들 [여자들]이 교회를 위해 봉사하는 가운데 자신의 재능을 표현하고, 교회의 사도직의 다양한 분야에 큰 역할을 수행할 수 있도록 하려는 것이다."[5] 기이하게도 여기서는 여자가 교회 구성원 가운데 별도의 한 계층으로 선언된다. 주교와 사제, 부제와 수도자, 성직자와 평신도에 뒤이어 따로 언급되는 것이다. 확실히 주교 대의원회의는 여자를 제2 계급 시민도 아닌 제5 계급으로 말하려 한 것이다! 그러니 "좋지 않아 …"일 수밖에.

1985년에서 1986년으로 해가 바뀌어도 나는 아직 주제문을 찾지 못했다. 크리스는 내가 읽는 내용에서 관건이 되는 표현 또는 단락을 찾아 보도록 권했다. 대의원회의 선언문을 대충 읽어보아도 그런 관건이 되는 말은 "신비"mystery라는 말임이 드러난다. 크리스도 나도 미스터리 소설(*Murder She Wrote*) 애독자인지라, 나는 주제문을 "주교 대의원회의 이후 로마 가톨릭 신학자는 미스터리 작가가 되어야 한다"라는 식으로 쓰고 싶은 충동이 일었다 ― "주교 대의원회의가 미스터리 이야기를 내놓다. 그러나 시체는 없다!" 같은 표제를 달면서.

그러나 이 마지막 주제문은 잘 맞는 것 같지 않았다. 나는 정작 너무도 많은 "사상자들"을 알고 있었기 때문이다. 보프Leonardo Boff와 커른Charles Curran 같은

---

4. *Origins* 15 (1985) 443.   5. 위의 책 449.

신학자는 지금도 침묵을 강요당하거나 교수직 박탈의 위협을 받고 있다. 여성론자 수녀들은 잠자코 순종할 것을 요구받고 있고, 그렇지 않으면 공동체들로부터 축출될 것이라는 위협을 받고 있다. 가톨릭 제도들은 책임있고 효과적인 피임법을 전혀 가르치지 않는데도, 이혼했거나 재혼한 가톨릭인들은 성사들을 받지 못하도록 차단되어 있고, 십대들은 임신하면 학교에서 쫓겨난다. 검블턴 Thomas Gumbleton이나 머피Francis Murphy 같은 주교들은 교회 지도자로서 보상을 받지 못해도, 다른 주교들은 빈곤과 무기경쟁 강화에 책임져야 할 레이건 정부를 지지하고도 추기경이 되었다. 주교 대의원회의 이후 시기의 가톨릭 신학이 단순히 "세속적 혹은 영적 권력자"가 아니라 교회 전체를 섬겨야 할진대, 그 주요 과제는 자체의 지적인 자유와 교회의 온전성을 수호하는 일일 것이다.

대의원회의의 마지막 보고서는 "굶주림과 억압, 불의와 전쟁, 고문과 테러 등 각종 폭력이 증가"하고 있음을 입증하고 있지만, 그 원인과 교회의 연루를 성찰하기보다는 고난과 십자가의 신학을 주창하고 있다. "우리는 오늘날의 어려움들을 통해 하느님께서 예수 그리스도의 십자가의 가치와 중요성과 중심성을 우리에게 가르치고자 하신다고 본다."[6] 나의 옛 교의신학 교수 한 분은 우리에게 이렇게 주의를 주고는 했다. "'신비'라는 말을 쓰지 말라! 신학자가 '신비'라는 말을 쓸 때마다 그he는 무언가 숨길 것이 있다. '신비'신학은 못된 신학이다!" 나는 동의하지 않을 수 없었다.

아무튼 주교 대의원회의기 제시한 둘째 주제인 "코이노니아koinōnia/친교로서의 교회"[7]는 이후 로마 가톨릭의 신학과 교회론에 풍부한 가능성을 주는 듯하다. 하지만, 이 그리스어는 좀더 잘 번역되고 제대로 이해될 필요가 있다. 샘플리J. Paul Sampley의 연구(*Pauline Partnership in Christ*)는 *koinōnia*가 그리스-로마의 법적 용어이며 바울로도 이 용어를 그런 식으로 사용했음을 밝혔다.[8] 결국 이것은 동반자적 협력과 위탁관계로서 가장 잘 옮겨질 수 있을 것이다. 이런 합의에 의한 동반자적 협력관계는 그 동반자들이 그 설정된 목표와 그 가장 일차적

---

6. 같은 곳. 7. 같은 책 448.
8. J. P. Sampley, *Pauline Partnership in Christ* (Philadelphia 1980).

으로 토대인 위탁에 대해 "동일한 정신"을 지니고 있는 한 영향력을 발휘한다. 대의원회의에 따르면 모든 그리스도인 공동의 목표와 위탁이야말로 "예수 그리스도를 통해 성령 안에서" 이루어지는 "하느님의 신비"의 증거다. 예컨대 이렇게 판독된다. "하느님의 아이[son]가 사람들[men]을 하느님의 자녀들이 되게 하기 위해 인간[man]이 되셨다. 사람들[man]은 하느님과의 이 친밀을 통해 지고한 품위로 들어높여졌다. 그러므로 그리스도를 설교할 때마다 교회[she]는 모든 이[mankind]에게 구원을 고지한다."[9] 가톨릭 신학과 주교의 가르침은 이 본문에 대한 나의 포용적 해석이 정당한가와 관련하여 규명되어야 한다. "세계에 대한 하느님의 구원적 사랑"은 여자들을 포용하는가? 그리스도교 여자들은 교회 안에서 모든 이의 구원을 위해 하느님과 그리스도와 성령과의 합의에 의한 동반자적 협력관계에 들어섰는가? **공격적 세속 여성론**이 아니라 **교회 여성론**이 가부장적 성직위계와 관련하여 가장 어려운 신학적 논제를 제기하고 있는 것이다.

주교 대의원회의 보고서는 주목할 만한 진술로 "순전히 위계적인 교회 이해"를 거부하면서 경고한다. "우리는 결코 교회를 순전히 위계적으로 보는 잘못된 일방적 시각을 마찬가지로 일방적인 새로운 사회학적 개념으로 대치할 수 없다."[10] 그 대신 *koinōnia* 교회론을 "교회 내 질서의 토대"로 천명한다. 이 교회론은 동료성과 공동책임성은 물론 세계에 대한 사명과 일치적 동반관계를 위한 성사적 토대를, 특히 "가난한 이와 억압받는 이와 버림받은 이들을 섬기기 위해"[11], — 내가 덧붙이자면 — 그 대다수인 여자와 여자에게 의존하는 어린이들을 섬기기 위해 받아들여야 할 사명의 성사적 토대를 제시한다.

결론적으로 나는 두 가지 실천적 제안을 하고자 한다. 첫째, 주교단이 남자에 한정되는 한, 추기경단은 여자에 한정되어야 한다. 추기경단은 예수에게 소급하는 것도 사도적 계승에 입각한 것도 서품이 요건인 것도 아니므로 신학적 장애란 없다. 이 제안이 채택된다면 로마 가톨릭 교회의 다음번 주교 대의원회

---

9. *Origins* 15 (1985) 446.   10. 위의 책 447.   11. 같은 책 450.

의나 공의회는 국제적·교회일치적 차원에서 *koinōnia* 실천 모델을 제시할 수 있을 것이다. 콩고M. Congo와 굿윈M. Goodwin과 스미스M. Smith의 글(We Are Catholics and We Are Feminists)에서는 다음 교종을 선출할 미래의 여자 추기경들에 대한 자기이해를 위해 다음과 같은 신학적 상징을 제시했다.

> 그토록 충실히 봉사해 온 여자들을 저버리는 이 제도를 변화시키기 위해 우리는 무엇을 할 것인가? 아마도 "나는 여자다 — 그리고 나의 자매가 참고 있는 것을 나도 참고 있다"라는 어떤 표지, 어떤 신호를 지녀야 할 것이다. 아마도 우리는 붉은 옷을 입어야 할 것이다. 용기를 알리기 위해 붉은 옷을. 우리가 분노하고 있음을 알리기 위해 붉은 옷을. 우리가 열정적임을 알리기 위해 붉은 옷을. 우리가 성적임을, 그리고 월경을 이유로 아직도 역사herstory의 우리 자매들처럼 공식적 성소 출입이 차단되어 있음을 알리기 위해 붉은 옷을. 출산·낙태·구타·폭행 때마다 우리가 흘리는 피를 알리기 위해 붉은 옷을. 우리 다같이 고통받는 우리 자매들과 더불은 연대의 외투를 입자. 그때 우리는 붉은 옷을 입고 말할 수 없던 것을 말하며 성소에서 우리 자리를 차지할 수 있을 것이다. 그때 우리는 붉은 옷을 입고 … "이것은 우리의 교회다"라고 선언할 수 있을 것이다. 우리는 교회다. 그리고 우리는 결코 사라지지 않을 것이다.[12]

둘째, 주교 대의원회의는 "주교와 신학자의 상호 대화"가 "신앙과 신앙의 너 깊은 이해를 이루는 데" 필요하다고 선언한다.[13] 주교와 신학자의 계속적 대화가 상호합의에 의한 동반자적 협력관계 속에서 동등자 제자직 공동체로서의 교회에 대한 더 깊은 이해를 촉진시키기 위해 국가 차원에서나 국제 차원에서나 제도화되어야 한다. 이번 주교 대의원회의 이후 시기에는 교구와 나라와 국제 차원에서 신학위원회 위원을 임명함에 있어 여자가 교회와 신학의 주체로 인식되고 인정될 수 있어야 한다.

---

12. *Probe* 8 (1985) 8.   13. *Origins* 15 (1985) 447f.

20

투신과 비판적 탐구
하버드 신학부 1988년 개강

【상황 설명】

　이 연설에는 내가 가톨릭계 대학에서 교회일치적 신학 환경으로 옮겨온 것을 포함하여 여러 차례의 교수생활 변화가 배어 있다. 이것은 교회내적 신학 맥락에서 다원적·다종교적인 학문 배경으로 옮겨온 것을 나타낸다. 1974~1975년에 뉴욕 유니온 신학대학에서 안식년을 보낼 당시, 나의 사회적·교회적 고향이 가톨릭이라고 생각하며 한 15년을 가르친 나는 노트르담 대학에서 메사추세츠 케임브리지에 있는 성공회 신학대학Episcopal Divinity School으로 옮기는 문제를 숙고하고 있었다. 그때 이름있는 교수로서 가톨릭 신자인 한 동료가 EDS의 초청을 받아들이도록 적극 권했다. 앞으로 (수)십년 동안 지적으로 책임있게 시도할 수 있는 가톨릭 신학 — "그 짠맛에 맞갖을" 수 있을 신학 — 은 로마 가톨릭 기관 내에서는 불가능하며 언론과 연구의 자유를 보장하는 신학적 환경 속에서만 가능하다는 것이 그의 설명이었다.[1]

　여자 서품을 강력히 지지하는 EDS의 신학부장은 이 학교가 교회의 여성혐오적 태도를 극복하고 여자 서품이 용인되는 정도가 아니라 필수요건이 되는 새로운 교회 시각을 제공할 수 있는 그런 **다른** 그리스도교 신학을 논하는 데 필요한 적극적 연구 환경을 제공할 것이라면서 나를 설득했다. 그러므로 EDS는 이론적 여성론 성찰과 직무에 관한 신학적 발전을 꾀하는 데 이상적인 곳인 듯했다. 나는 직무에 관한 여성론 닥터 프로그램을 마음 속에 그리고 있었다. 이 프로그램을 통해 여자

---

1. 말하기도 슬프지만 바티칸 신앙교리성성이 1990년 5월 24일에 발표한 "신학자의 교회적 소명에 관한 훈령"이 이 점을 지적을 입증했다.

직무자들이 자신들의 직무와 관련한 체험과 이론을 천착하는 제도적인 틀과 연구 시간을 제공할 수 있으리라고, 특히 이 프로그램이 연구와 대화를 위한 자원들을 제공할 수 있는 기관에 통합될 때 더욱 가능성이 높아질 것이라고 생각했다. 나는 직무와 신학계의 여자들을 연결하는 센터가 필요함을 절감하고 있었다. 일반적인 여성론 신학과 특수한 여성론 해방신학은 대부분이 이론적 연구 중심의 학교들과 대학의 종교학부들에 적을 둔 여자들에 의해 기술되어 왔던 것이다. 이런 전망에 마음을 빼앗긴 나는 EDS에 여성론 해방을 지향하는 직무와 신학을 위한 연구 센터 설립 청원서를 제출했다. 나의 동료 캐넌Katie G. Cannon은 이 연구소 명칭을 파울리 머레이 센터Pauli Murray Center로 할 것을 제안했다.

이 센터는 미래의 여성론적 직무자들의 교육과 여성론 신학과 직무에 대한 천착을 일관되게 추구해야 할 것이다. 내가 알기로 지금까지는 이런 센터가 이 땅에는 없다. 공동체나 운동에 토대를 둔 여성론 신학 센터들은 있으나 전통 있는 신학 교육기관과 관련해서는 아직 이런 센터가 없다. 그리스도교 종교와 교회는 — 의식적이든 아니든 — 가부장적 억압의 정당화와 지속화에 연루되어 왔다. 따라서 잘 정비된 방식으로 교회의 직무와 신학에 있어서의 가부장적 요소와 기능을 천착할 필요가 있다. EDS는 이런 지원 센터의 설립을 통해 더 폭넓은 교회와 그 신학과 직무의 여성론 실천에 크게 기여할 수 있을 것이다.

이 센터의 활동은 여성해방적 직무와 신학 분야의 석사와 박사학위 수여, 연구와 문헌 자료 조사, 다양한 출판사업, 회의들의 후원과 교육행사의 지속적 전개, 여성론 신학과 직무를 위한 자원 센터 역할 등으로 구성될 수 있을 것이다.

나의 제안은 센터 창립에 필요한 조건과 관련사항을 자세히 설명했다. 그러나 EDS의 동료 여교수들은 이런 대담한 모험이 실현 가능하다고 생각지 않았다. "학교 안에 학교"를 만드는 셈인 이 제안을 이사회와 남성 교수단이 승인할 리 없다는 것이었다. 하지만 우리는 이 제안의 중요한 부분인 박사과정 사목직무 프로그램의 실시에 먼저 역점을 두고, 둘째 단계로 석사과정 프로그램과, 기존의 사목

직무 분야에서의 박사와 석사 프로그램의 일부로서 여성론 해방신학과 직무와 관련한 학위과정을 추진하기로 했다. 1986~1987학년도에 우리는 학교의 승인을 받아 여성론 해방신학과 직무 분야 박사 프로그램을 시작할 준비를 갖추었고, 내가 이 프로그램을 이끌어갈 책임을 맡게 되었다. 그때 이래 여성론 해방신학과 직무 프로그램들은 많은 학생을 끌어들였고, 다양한 문화적·인종적 배경을 가진 학생들의 쇄도와 더불어 교육적 관점들과 교육과정들을 극적으로 변화시켜 왔다.[2]

EDS에서 하버드 대학 신학부Harvard Divinity School로의 이적도 똑같이 어려운 결정이었다. 나는 그 당시 EDS에서 여성론 신학과 직무 프로그램에 전념하고 있었을 뿐 아니라 학계의 무력화하고 흡수하려는 갖가지 세력을 스스로 겪고 있었다. 어떻든 익살맞게 표현하자면 이번 이적은 여성론 신학과 비판적 성서 해석을 위해 바티칸에 거점을 마련하는 것과 같은 셈이었다. 내게 강의를 듣는 한 학생의 말마따나, 한 "비판적 여성론 해방신학"이 "자전거 탄 물고기"처럼 제자리를 벗어나 "자유주의적"이고 다원론적이며 다종교적인 학문 환경으로 옮기기로 한 것은 의식적인 결정이었다. HDS 교수생활 시작 연설에서 나는 이런 갈등관계와 역설을 말하고자 했다. 이 학교의 "소수" 집단은 열렬히 긍정하면서 환영했지만 이 연설의 대부분은 "제도적 침묵"으로 넘어가 버렸다. 가부장적 교회와 마찬가지로 학계도 배타적 구조와 마스터-중심적 틀을 변화시켜야 할 어려운 시기에 직면해 있다.

성서 읽기: 집회서 24,1-8.13-21; 마르코 7,24-30

우리는 한 상징적 행위로 새해 새 학기의 시작을 기념하러 여기 모였다. 문화인류학자들이 말하듯이, 이런 상징적 의식儀式은 참여자들을 공동체의 공생세계에로 이끌어들이면서 공유하는 가치와 시각을 견지하도록 하는 기능을 수행한다. 이 새학기 집회 연설은 의식 자체와 여기서 체현되는 공유 가치와 시각에

---

2. 참조: A. M. Cheek, "A Theological Seminary's Bold Venture: Teaching Feminist Liberation Theology": M. L. Uhr 편 *Changing Women, Changing Church* (Newton 1992) 123-34.

대해 비판적으로 성찰할 기회를 마련했다. 이런 천착은 공동체가 공동체 자체와 세계를 바라보는 방식에서의 긴장과 모순을 드러내고 변화의 첫발을 내디딜 계기와 도전을 제공할 수 있을 것이다. 이런 긴장들을 성찰함으로써 나는 한 여성론인 신학적 실천의 첫 단계를 제시하고자 한다. 전에는 신학적 주제로 받아들여지지 않았던 것들이 받아들여지면서 가치판단 없는 과학주의로부터 대중적 설득으로, 대화의 해석학적 모델로부터 협력의 실천적 모델로 움직여가는 패러다임의 전이를 요청하는 것이다.

과학적 패러다임과 발견적 모델이라는 쿤의 범주는 이 논의의 이론적 틀을 제공한다.[3] 자유주의 신학 같은 패러다임은 공동의 에토스를 진술하고 그 제도와 지식체계의 학자 공동체를 이룬다. 나아가 이런 패러다임들은 반드시 서로 배타적인 것은 아니다. 오히려 병존할 뿐 아니라 다른 새로운 패러다임에 의해 대치되기까지 서로 교정작용을 할 수도 있다. 나는 신학교를 상이한 부류로 구성된 대중public 세계로서, 우리의 작업을 비판적 협력으로서 표상하고자 한다. 이를 통해 나는 비판적 신학 교육과 딘 티만이 1987년의 개학 집회와 졸업식 강연에서 전개하기 시작한 대중적 신학론에 관한 대화에 기여할 수 있기를 기대한다.[4]

I

이 공식 행사를 특징짓는 모순은 분명하다. 예컨대 우리는 현대 연구기관으로서의 대학이라는 삶의 자리에서 학문 공동체를 구성하고 있으나 우리 공동의 정체성과 시각을 표현하기 위해 의식이라는 종교적 언어를 선택했다. 나는 유대교와 그리스도교의 성서에서 읽을거리를 선정하라는 요청과 동시에, 이 연설은 강론이 아니라 학술적 강연양식을 띠되 좋은 설교에 드는 시간이라고 추정되는 20분이 넘지 않는 짧은 강연이 되도록 하라는 말을 들었다. 언어와 의식

---

3. Th. S. Kuhn, *The Structure of Scientific Revolutions* (Chicago 1962).
4. Dean Thiemann, "Toward a Critical Theological Education", *Harvard Divinity Bulletin* 17 (1986) 6-9; "Toward an American Public Theology", *Harvard Divinity Bulletin* 18 (1987) 4-6 10. 참조: "The Scholarly Vocation: Its Future Challenges and Threats": *ATS Theological Education* 24, no.1 (1987) 86-101.

에 대한 우리의 선택에서의 이런 양면성은 HDS 관계자들의 종교적·신앙고백적·학문적 다양성을 충분히 참작하는 동시에 대학이라는 상황에 처한 그리스도교 신학대학으로서 우리의 성서적·역사적 뿌리를 지키자는 것이라 하겠다.

내가 의식에 참여하는 이 자리야말로 이 학교의 자기표현에 있어서의 모순과 긴장을 드러낸다. 의식은 나를 높은 곳에 자리잡게 한다. 나는 권위있는 설교자 역할을 띠고 굽어보며 설교단에서 말하고, 학생도 교수도 침묵중에 나를 쳐다보아야 한다. 동시에 나는 강연으로 설교를 대신했던 학계의 전통을 말해주는 표지를 띠고 있다. 나의 학문적 위치는 이런 제도적 모순을 드러낸다. 나는 성서학자로서 성서 본문이 1세기의 맥락 속에서 무엇을 의미했는가를 연구하지만, 실천적 신학을 가르치는 교수단의 일원으로서 오늘날 신앙 공동체에서 성경의 의미와 중요성을 가르칠 위치에 있다.

나는 또한 여학자로서 이 자리에서 이야기한다. 성서학자로서의 나는 그리스도교의 패러다임의 중심에 세워져 있다. 한 여자로서 나는 금세기에까지도 공적으로 이야기하는 것이 허용되지 않고 오랜 세월 종교계의 법과 학계의 관습에 의해 신학으로부터 배제되어 온 소외 집단에 속해 있다. 물론 이 의식에서 내가 부여받은 자리는 변화도 나타낸다. 우리 선대 자매들의 치열한 투쟁으로 해서 여자들은 물론 모두는 아니지만 대부분의 종교 공동체에서 직무와 신학교육과 학계에 접근할 수 있게 되었다. 부케넌Constance Buchanan이 이끄는 하버드의 "종교 프로그램의 여자들"Women in Religion Program은 지금까지 종교 내의 성에 관해 연구하는 국제적 센터가 되어 왔다. 해를 거듭할수록 이곳은 여자에 관해 가르치고 연구할 학자들을 전세계에서 끌어들이고 있다. 우리들 대다수에게 이 프로그램은 우리가 오늘 이렇게 많이 모여 있는 한 주요한 이유다.

하지만 나는 단순히 여학자만이 아니라 독일어투로 말하는 지식인층 백인 여자로서도 이 자리에 있다. 나의 성은 나에게 교회와 학계에서 침묵당하는 다수의 일원으로서의 위치를 부여하지만, 나의 인종적·문화적 위치는 나를 서양 그리스도교 백인의 특권과 유럽-아메리카 학계의 틀을 상속한 자로서 드러낸다. 나는 여성론 해방신학자로서, 아프리카-아메리카 흑인 자매들, 미국 본토

인디언 자매들, 아시아계 아메리카 자매들, 스페인어권 라틴아메리카계 자매들에 의해서, 갖가지 억압으로 고통받는 여자들을 위해 이 특권들을 활용하도록 요청받고 있다. 나는 이 목적을 위해 "다른" 신학론을 개진하면서 문화적·종교적으로 다른 여러 주체지역 여자들과 협력할 필요가 있다.

그런데 그런 비판적 협력은 "불확정적 잠재력" 상태에 있다. 종교 연구에 발을 들여놓은 여자들이 성직자와 학자 공동체의 언어를 그대로 취해야 하는 한 그럴 수밖에 없다. 저들은 우리를 침묵시키고 "신적 존재의 타자" 또는 "이성의 남자"Man of Reason의 "타자"로 규정해 왔다.[5] 사회적·교회적·지적 비주체nonsubject 혹은 — 구스타보 구티에레즈의 표현을 빌리자면 — "비인격"nonperson으로 내몰아 왔다.[6] 여자가 신학적 주체를 이야기할 수 있기 위해서는 아버지들Fathrers의 성직주의적 학술론을 "마스터"해야 한다. 쿤의 표현을 빌리자면, 학생이 학자 공동체의 일원이 되기 위해서는 "학문적으로" 사고하는 데 필요한 믿음과 가치 모델, 기법, 이 세계에서 공유되는 세계관, 지식체계를 내면화해야 한다.

이처럼 철저한 학문적 사회화 과정은 한 외국 문화의 언어와 관습에 완전히 잠겨드는 것에 비견될 수 있다. 이런 사회화 과정에서 학생은 서투른 언어로 말하고 생각하기까지 자신의 사회적·종교적 생활-세계와 들어선 학문세계 사이의 모순을 체험한다. 학계를 형성해 온 이들과 성적·인종적·사회적·문화적·종교적 배경을 공유하는 이들에게는 그런 문화체득inculturation 과정, "하버드 사람"이 되는 과정이 소외를 훨씬 덜 야기시킨다.

신학교육에 들어선 여자들에게는 세 가지 선택 가능성이 있다. 우리는 우리를 **여자로서** 침묵시키고 변두리로 내몰고 타자화해 온 신학의 언어·전통·이론·세계관 들을 그대로 안아들이고 우리 자신의 신학적 목소리와 창조성을 차

---

5. 예: G. Lloyd, *The Man of Reason: "Male" and "Female" in Western Philosophy* (Minneapolis 1984); Gustavo Gutiérrez의 『해방신학』 출판 20주년 기념 논문집에 실린 나의 논문 "The Politics of Otherness: Biblical Interpretation as a Critical Praxis for Liberation".
6. 참조: Gustavo Gutiérrez, *The Power of the Poor in History* (Maryknoll 1983) 〔김수복 역 『가난한 사람들의 역사적 위력』 성요셉출판사 1987〕.

단해 버릴 것인가? 아니면 이런 신학이 여자들의 자기규정과 자기긍정에 파괴적으로 작용함을 인식함으로써 이런 신학 연구를 백인 남성 학문으로 보고 거부할 것인가? 그러나 이 둘째 선택은 우리에게서 여자들과 다른 모든 비인격들을 위해 우리 자신의 신학적 목소리를 찾고 신학을 변화시키는 데 필요한 지적 기법과 도구를 박탈하게 될 것이다. 셋째 선택은 우리에게 우리 자신의 문화적·정치적·종교적 에토스와 학계의 그것간의 모순체험을 비판적으로 진술하고 창조적 긴장 속에 견지하도록 촉구한다. 오드르 로드의 말을 빌려 좀 달리 표현하자면, 스승의 도구들은 우리가 우리 자신의 집을 짓기 위해 사용하는 한, 스승의 틀과 논리로 스승의 청사진을 수행하는 데가 아니라 스승의 집을 해체하는 데 쓰일 것이다.[7]

여자와 그밖의 비인격들을 위해 의식적으로 활동하는 여성론 해방신학자는 여성론 해방신학자와 신학하는 학자로서의 실존과 실천이 **모순**에 처해 있음을 인식한다. 인종과 계급과 문화에 의해 특성지어지는 여자로서 우리는 변두리로 내몰려 착취당하는 집단에 속하는 반면, 신학하는 학자로서 우리는 백인 남성 엘리트 학자의 교육적 특권을 함께 누린다. 종교계 여성론 해방론자의 이런 모순적 주체 위치는 우리의 신학작업을 위한 풍부한 영감과 에너지와 창조성의 원천이 된다.[8] 종교계의 여성론 학자는 의식적으로 성·인종·계급·문화·종교에 의해 규정되는 "여자"의 입장을 취함으로써, 억압적인 종교적·신학적 실천 관행을 해체시키고 여자를 위한 종교적 유산과 신학적 목소리를 재구축하는 이중 작업을 추구한다. 이 목적을 위해서는 자신의 학문론을 재구축할 뿐 아니라 종교 연구와 신학 지식의 다른 패러다임을 개발하는 데도 협력해야 한다. 종속적 "타자들"의 종교적 체험과 신학적 목소리를 배제하고 침묵시킴으로써는 다른 성격의 신학이란 구축될 수 없다. 오히려 그 자체를 상이한 사람들이 참여하여 다양한 목소리가 분출되는 대중적인 것으로 구축함으로써 신학은 비로

---

7. A. Lorde, *Sister Outsider* (New York 1984) 110-3.
8. 참조: P. H. Collins, "Learning From the Outsider Within: The Sociological Significance of Black Feminist Thought": *Social Problems* 33 (1986) 14-32.

소 교회와 국가의 엘리트 남성 시민에 한정되지 않고 민주적인 대중을 위해 비판적 협력과 일관된 실천을 발전시킬 수 있을 것이다.

비판적 협력을 위한 대중의 광장forum으로서의 신학교는 특별히 지금까지 자신들의 종교적인 자기이해를 천명하고 종교적·윤리적 의미를 창출하고 자신들의 독특한 신학적 목소리를 발견하고 종교 역사를 재구축하고 그리고 미래를 위해서 상속으로 물려받은 과거의 신학적 지식과 윤리적 가치들을 재규정해 나가는 그런 신학론에서 배제되어 있던 사람들에게 용기를 줄 것이다.

비판적 협력이라는 말은 다른 여러 주체지역들과 입장들로부터 "신학하기"라는 우리의 공동과제를 이름짓기 위한 은유라고 할 수 있다. 비판적 협력은 중노동의 고통과 오랜 작업시간과 그로 인한 피로를 고려할 뿐 아니라, 창조적 노동의 기대와 만족과 유쾌함을 일깨우고 촉진한다. 단순히 종교적 공동체와 전통을 이해할 뿐 아니라 변화시키는 것도 과제임을 상기시킨다. 우리가 연구자·학생·교직원·선생·행정가로서 서로 다른 방식으로 신학 "하기"라는 "공동과제"에 기여하고 있음을 역설한다. 또한 비판적 협력은 부정적 의미관계를 띠기도 한다. 곧, "적과의 협력" 형태로 나타나는 이것은 신학기관들이 특히 배제당하는 부류의 사람들에게 동등한 참여를 허용하지 않는 한, 협력은 너무도 쉽게 흡수나 배신으로 둔갑하고 말 것임을 경고하는 것이다.

비판적 협력으로서의 이 신학의 패러다임은 문화적·종교적 실천에 대한 연구와 평가를 설득적rhetorical 실천이 되도록 할 것을 요청한다. 문화적·종교적 실천은 언어와 본문과 사상 혹은 이론 같은 논리정연한 실천뿐만 아니라, 제도와 사회체제 혹은 성과 인종과 계급 같은 논리가 정연하지 못한 실천도 포함한다. 나는 rhetorical이라는 말로 언어적 조작이나 기술적 말솜씨 혹은 문체적 수식으로서의 단순한 수사학을 의미하는 것이 아니다. 나는 이 말을 지식을 행동과 열정에 연결짓는 의사전달을 위한 실천을 의미하는 말로 사용한다. 이것은 "타자들"을 부인하거나 멀리 떨어져 있게 하지 않고 사회·정치적 실천으로서 대중의 토의와 윤리적 판단을 요청함을 역설한다. 설득 또는 의사전달 실천으로 이해되는 신학은 좁은 의미로 인식되었던 신학의 교리적 확신에 대해서도 종교 연구의 가치판단을 배제하는 과학적 태도에 대해 진상을 밝힌다. 동시에 신학을 비판적 탐구의 종교적·윤리적 실천과 특정한 투신행위로서 재구성한다.[9]

II

다른 신학적 패러다임이 극복해야 할 장애들을 밝히기 위해 그런 패러다임을 위한 제안을 에드워드 페얼리가 계몽주의 전통 속에서 개진한 대학에 관한 논의[10]와 관련하여 설명하고자 한다. 유럽-아메리카 계몽주의 사상은 순수이성의 인도하에 인간의 자유와 평등과 정의를 위해 비판적으로 성취된 지식이었다. 제한받지 않는 철저한 비판적 탐구라는 이 사상의 원리는 그 어떤 기존의 실재나 권위, 전통 혹은 제도에 대해서도 예외를 두지 않는다. 지식은 주어진 것이 아니라 비판적으로 그리고 역사적으로 구현된 언어이고, 그러므로 언제나 엄정한 검증과 비판의 대상으로 열려 있는 것이다. 그러나 계몽주의의 이 비판원리는 체험된 자료와 경험적 탐구에 대해 제1의 위치를 부여하는 경험주의적 지식의 패러다임으로서 제도화하고 말았다. 이 원리가 표방하는 "사실들의 논리"는 엄정성과 증거, 그리고 정확성을 위해 추상적인 관념에 의지하게 된다.

계몽주의 비판원리는 또한 실재의 복잡성과 특정성과 부패가능성을 역설하는 세 가지의 역사적 교정책을 형성했다. 심미·낭만적 교정책은 선별적 추상 관념에 대해 직관적 상상력을, 종교·문화적 교정책은 지혜와 유산으로서의 전통을, 정치·실천적 교정책은 정의로운 사회로 귀결될 수 있는 지식의 도구로서의 순수이성은 존립하지 않음을 역설한다. 이른바 순수이성과 관련된 제도들 — 학계와 대학 — 은 그 자체가 권력과 연관된 사회적 협의과정에 연루되어 있다는 사실을 감추고 있다. 이런 맥락에서 이 세 가지 교정책은 해석학적 원리를 비판적 탐구의 제2 원리로서 이끌어들인다.

---

9. 설득적 실천으로서의 성서 연구에 관한 더 충분한 논의를 위해서는 나의 성서문학회 회장 취임연설을 보라.
10. Edward Farely, *The Fragility of Knowledge: Theological Education in the Church and the University* (Philadelphia 1988).

그러나 나는 넷째 교정책이 개진되는 과정에 있음을 지적하고자 한다. 포스트모더니즘과 비판이론과의 교류하에 이른바 소수자의 담론들은 실체가 없는 이성의 목소리로서의 보편적·초월적 주체라는 계몽주의의 관념을 의문시하고, 존재의 가치를 몰각당한 "타자들"을 정치·사회적으로 그리고 지적·이데올로기적으로 창조하는 일은 시간과 공간의 밖에 위치지어진 이성적 주체라는 "이성의 남자"Man of Reason의 창조와 함께 진행되고 있다고 주장한다. 그 "이성의 남자"는 계몽주의 과학의 추상적 지식인이요 실체가 없는 화자다.

그러나 이 소수자의 담론들은 포스트모더니즘과는 달리, 식민지화된 "타자들"이 주체에 대한 이해와 세계를 규정할 가능성을 포기할 수 없다고 주장한다.[11] 오히려 이 종속적 "타자들"은 지식과 역사의 주체들이 되어가는 정치적·이론적 과정에 참여해야 한다. 전에 학계에서 배제당했던 우리는 현재의 지배적 문화를 비판하고 차이의 인정을 촉진하는 상이한 사람들의 대중적 문화를 구축하기 위해 세계와 우리 삶에 관해 알고 있는 것을 활용할 수 있어야 한다.

확실히, 이 네 가지 교정책에 대한 논의는 경험적인 분석적 학문 연구 혹은 비판적인 추상적 관념 자체보다는 이성과 지식과 학문 연구에 대한 무비판적 개념화와 관련한 것이다. 현대의 대학 내에서의 비판적 원리의 위축과 쇠퇴는 이른바 관심이 개입되지 않는 공정한 연구를 표방하는 과학주의적 풍토와 과학기술의 급격한 확산 그리고 전문직 발달과 더불어 점점 영역이 좁아지는 전문화 현상을 초래해 왔다. 그리고 이런 실천들은 다시 대학의 보상체계에 의해 재강화되고 있다. 과학적 패러다임은 계몽주의 비판원리를 자기이해와 지식과 관련한 자체의 제도에 적용하는 데 실패하는 한 설득적인 것으로서의 과학주의적 성격을 인식할 수 없고 오히려 그 자체의 네 교정책을 "이데올로기적"인 것으로 외면할 수밖에 없다. 하지만 이렇게 할 경우 현대의 연구기관으로서의 대학은 정의롭고 민주적인 사회라는 계몽주의의 목표를 진전시키기에 실패하고

---

11. 예: N. Hartsock, "Rethinking Modernism: Minority vs. Majority Theories": *Cultural Critique* 7 (1987) 187-206; L. Alcoff, "Cultural Feminism Versus Poststructuralism: The Identity Crisis in Feminist Theory": *Signs* 13 (1988) 3-17.

말 것이다. 그러므로 더 높은 교육을 통해 가치해명과 윤리교육을 요청하는 목소리들[12]은, 대학이 계몽주의 이성의 네 가지 교정책을 외면하기보다는 제도화함으로써 자체의 지배적 패러다임을 상대화할 때 비로소 효과적으로 변화를 이끌어 낼 수 있게 될 것이다.

III

연구를 지향하는 신학대학은 지금까지 현대의 대학이 가지는 경험과학적 패러다임과 유사한 형태로 꼴지어져 왔음에도 불구하고 더 복잡한 지식의 패러다임을 포용하고자 추구해 왔다고 할 것이다. 지식의 비판적 원리는 물론 해석학적 실천 원리들도 채택해 왔던 한에는 말이다. 그러나 박사학위 과정이 전문주의와 과학주의의 에토스를 영속시키고 있는 한, 신학론은 대중적 윤리와 도덕적 시각의 진술에 기여하기보다는 오히려 문제의 영역에 머물 것이다.

전통적으로 신학은 하느님에 관한 학문 혹은 교의와 윤리에 관한 성서와 교회의 가르침에 대한 체계적 연구로 이해되어 왔다. 신학에 대한 이런 교의적 혹은 신앙고백적 이해와는 달리 성서적·역사적·종교적 연구들은 그동안 현대 연구기관으로서의 대학을 거점으로 하여 이런 연구 자체의 자기이해를 비판적인 과학적 연구로서 발전시켜 왔다. 학문 연구는 교리에 충실한 투신과 교회체제의 통제라는 속박에서 벗어나 극도의 가치-중립성과 초연성과 객관성을 앞세워 비판적 탐구를 추구한다고 말할 수 있을지 모른다. 하지만 이렇게 될 때 이것은 가치평가적이기보다는 서술적인 성격을 가질 따름이다.

성서 연구와 역사 연구 같은 이른바 기초 학문들은 서술적 객관성에 의거하여 신앙고백적 투신으로서의 신학 연구와 그 자체들을 구분짓는다. 하지만 가치판단을 배제하는 이런 과학주의는 철학적 해석학과 지식사회학과 비판이론에 의해 철저하게 도전을 받았다. 일례로 나 자신의 학문 분야에 있어서의 진보적 전위대는 철학적 해석학과 지식사회학과 문화인류학에서 연원하는 통찰들을 초기 그리스도교의 실천 해석에 활용하고 있음에도 불구하고 이것들을 과학주의

---

12. 예: 1988년 4월에 발표된, Derek Bok이 감독위원회에 제출한 1986~87년 보고서.

적 규칙들과 규정들로서 활용하고 있다. 어떻든 한 가지 분명한 사실은 이 학문 분야가 그 자체의 설득적 실천에 대해 비판적 분석에 실패하거나 우리 시대의 교회와 사회 속에서 성서 본문들이 가지는 역할을 천착하기 위해 비판이론을 활용하는 데 실패하는 한 비판적 학문이라고 주장할 수 없으리라는 것이다.

이야기로서의 신학과 담화로서의 신학이라는 해석학적 모델은 공동체의 내부 이야기에 초점을 맞추고 있고, 전통으로 대물림되는 고전들에 중점을 둔다. 대화로서 받아들여지는 신학은 다양한 목소리와 학문 분야를 수용한다. 전에는 신학과 직무와 학계로부터 배제되었던 이들의 참여를 허용할 뿐 아니라 지금까지는 개별적인 것으로서 연구되어 온 여러 신학학과들 — 클리포드 기어르츠가 일컫는 것처럼 지적인 마을들[13] — 이 대화에 참여하도록 하기 위해 애쓴다. 이것은 결코 쉬운 일이 아니다. 예를 들면 대학원의 전문주의가 성서를 공부하는 학생들에게 그들 영역의 전문화에 필요한 기법들을 숙달하도록 독려하는 데 비해, 그들의 신학적 틀들에 대한 해석학적 천착을 요청하거나 "공동의 신학적 언어"의 개척을 촉진하거나 하지는 않기 때문이다.

그런데 그 자체의 해석학적 투신을 다른 사람들이 살펴보기 쉽게 만드는 신학 연구는 오히려 훨씬 과학적이다. 그 자체의 관심과 목표를 숨기거나 그 자체의 특정한 사회적 위치를 부인하는 탐구보다 훨씬 비판적이다. 우리가 보는 것은 우리가 서 있는 자리에 달려 있으므로 우리의 사회·종교적 위치나 우리가 실득을 시도하는 맥락은 우리가 이 세계를 보고 실재를 구성하고 종교적 실천을 천착하는 방식을 결정짓는다. 다양한 체험과 입장들로부터 신학을 할 때, 우리는 신학작업을 방해하기보다는 더욱 높은 단계로 끌어올리게 될 것이다.

신학교의 창조성과 우수성은 기법적 역량에만이 아니라 그 학교에 다양한 체험들로부터 진술하는 학자들이 존재하는가에도 달려 있다. 담화로서의 신학은 우리가 얼마나 다채롭게 지적인 신학적 연합을 이루어 낼 수 있고 우리의 차이들을 얼마나 풍부하게 창조적 긴장에로 이끌어들일 수 있는가에 달려 있다. 신

---

13. Clifford Geertz, *Local Knowledge* (New York 1983).

학교의 우수성이 획일성보다는 다양성에 있다면, 예컨대 학생 평가와 교수 임용에 관하여 우리는 단지 각자의 전공에서 우수성의 표지를 찾아낼 수만은 없으며 임용 후보자가 학문적 마을의 좁은 경계들을 뛰어넘을 수 있음을 입증할 자질도 찾아야 한다. 달리 말하자면 전공 분야만 알 뿐 주변 분야에는 문외한인 **전문가 바보**Fachidiot가 아니라 다3학문적 의사전달 능력과 윤리적 시각을 가지고 있음을 입증할 자질도 보아야 하는 것이다.

그러나 해방신학과 여성론 신학은 담화로서의 신학 모델에 대해 이것이 가치중립적 다원론을 주창할 뿐 아니라 우리 모두가 동등한 견지에서 담화에 들어서고 있다는 인상을 줌으로써 담론에 있어서의 권력관계들을 신비화한다고 비판했다. 나아가 이 모델은 본문을 담화의 동반자로서 가정함으로써 본문과 해석자, 문화나 종교의 고전과 지배구조 사이의 실제적 관계를 불분명하게 만든다. 이 모델은 지배·종속 관계를 벗어난 담화와 동의를 겨눈다고 말하는데, 이로써 이것은 권력관계 속에 깊이 뿌리내린 신학과 종교 연구작업들을 이상화하는 결과를 낳는다. 만일 이 사실이 인정된다면, 투신적인 신앙고백적 탐구로서의 신학과 어느 쪽에도 치우침이 없고자 한다는 객관적 탐구로서의 종교적 연구 사이의 구분은 무너진다. 이 둘 모두가 서양의 "이성의 남자"에 의해 꼴지어진 정치적·설득적 실천들을 구성하는 것이다.

나의 견해로는 전에 신학적 주체로서 배제당했던 이들을 그 주체로서 "포용"하는 것은 과학주의적 유형에서 설득적 유형으로, 담화의 해석학적 모델에서 협력의 실천적 모델로 움직여가는 패러다임의 전이를 수반한다. 설득적 실천은 화자나 행위자가 어떤 것에 관해 언급하고 자기가 관련될 수 있는 계기와 더불어서 다른 사람을 끌어들이기 위해 직접 설득할 수 있는 계기도 마련해 준다. 그렇기 때문에 이런 실천들은 공동의 시각을 지향하는 응답들과 정서, 관심과 판단과 투신을 촉발시킨다.

성서문학회 회장 취임연설에서 나는 나 자신의 학문의 견지에서 성서 본문들의 설득적 실천들은 물론 우리가 학자로서의 역할과 관심 속에서 성서를 연구하는 방식도 포괄적으로 다루기 위해 이러한 논의를 광범위하게 개진한 바 있다. 설득의 사회·역사적인 자리는 오늘날 총체적 상호의존성의 견지에서 이해되어야 할 폴리스*polis*(도시국가)의 대중이다. 그러므로 설득적 패러다임의 전이는 대중의 담론과 정치적 책임이 우리의 연구와 교육활동들의 필수요건이 되는 방식으로 성서 연구들을 자리매김하고 있다. 크리스터 스탕달이 주장했듯이,[14] 성경이 서양 문화의 한 고전이 되었다면, 신약성서 학자는 그 역사적·설득적 실천뿐 아니라 우리 시대 사회 속에서 이것이 가지는 기능도 연구해야 한다.[15] 그러므로 다른 학문들과의 협력 속에서 이루어져야 할 성서 연구는 성서 본문에 각인된 파괴적인 종교적 담론의 종교적 권위 주장과 정체성 형성을 거부하는 데 요청되는 대중적·윤리적 기준들을 분명하게 진술해야 한다. 오늘날 우익 정치운동들은 종교적 서책과 전통에 암호화되어 있는 증오의 언어들을 강력한 무기로 활용하고 있다. 이런 상황에서 성서학자들은 학문적이고 성직주의적인 상아탑들로 물러날 수 없다. 오히려 성서를 대상으로 치열하게 개진되는 대중적 담론들에 비판적으로 참여해야 한다.

신학적 담론은 종교적인 비판의식과 문화적 윤리적 상상력에 기여해야 한다면, "공동선"을 위해 "신학하는" 이들의 특정한 사회적·종교적 위치를 진지하게 받아들여야 한다. 이것은 동의와 통합보다는, 특정한 사회적 위치와 그 실천자의 종교적 준거 공동체를 존중하고 다양한 신학적·문화적 담론 사이의 연결고리를 추구하는 다원론적 협력을 목표로 삼아야 한다.[16] 이것은 당면 문제와 관련하여 빼빼로 상충되는 응외 다원성을 받아들인다. 그렇기 때문에 만일 이런 응답들이 모두를 위해 공유되는 행복의 시각에 입각해서 진술되지 않을 경우 파벌적 분열로 귀결되고 말 수도 있는 심각한 긴장을 야기시킨다.

---

14. K. Stendahl, "The Bible as Classic and the Bible as Holy Scripture": *Journal of Biblical Literature* 103 (1984) 10.
15. Helmut Koester의 개강식사도 참조: "The Divine Human Being": *Harvard Theological Review* 78 (1985) 243-52.
16. 다원론의 중요성: 신학에서 D. L. Eck, "Darsana: Hinduism and Incarnational Theology": *Harvard Divinity Bulletin* 17 (1987) 10-1; 신학 교육에서 Margaret R. Miles, "Hermeneutics of Generosity and Suspicion: Pluralism and Theological Education": *ATS Theological Education* 23 부록 (1987) 34-52.

요점을 예증해 보자. 우리의 동료 교수인 고든 카우프만은 1982년에 미국 종교학회AAR(American Academy of Religion) 회장 취임연설에서 종교 분야 학자들에게 핵으로 인한 지구의 황폐화에 대처해야 할 우리의 책임을 상기시켰다.[17] 그는 신학자들에게 그리스도교 신학과 공동체가 핵으로 인해 전멸할 수도 있는 상태를 당연시할 것이 아니라 그런 사고방식과 문화를 막을 수 있도록 그리스도교의 중심적 상징들을 해체하여 재구축할 것을 요청했다. 여성론적 여신을 지향하는 신학자인 캐롤 크라이스트는 카우프만의 확신을 함께 나누면서 유한성과 육신과 자연에 대한 그리스도교의 신학이 핵과 관련한 사고방식의 중심에 자리잡고 있음을 갈파했다.[18] 그리스도교 신학자인 샐리 맥퍼그는 여성론 견지에서 카우프만의 기획을 재진술하면서 지구의 생태학적 훼손을 더욱 중대한 문제로 이해하는 단계에 이르러,[19] 흑인·백인·황인 등 피부색과 관계없이 모든 해방신학자가 인종차별과 성차별, 계급간 착취, 동성애 공포, 군사력 제일주의와 식민지주의가 핵과 관련한 사고방식의 실천적·이데올로기적 조건으로 작용하여 국민들이 억압당하고 있음을 강조했다. 이 다양한 신학자들은 각자의 근본적인 신학적 차이로 인해 동의에 다다를 수는 없을지 모르지만 그럼에도 불구하고 공동의 신학적 투신과 에토스와 열정을 함께 나누고 있기 때문에 서로 협력할 수 있다.

IV

결론을 대신하여 나는 앞에서 들었던 성서의 두 여자를 상기하고자 한다. 하나는 사람이고, 하나는 신적인 존재인데, 둘 다 배제나 억압이나 따돌림을 당해 온 종교적·신학적 목소리를 대변한다.

마르코 본문의 설득적 실천을 예수의 삶에 위치시키든지 초기 교회의 그것에

---

17. Gordon Kaufman, "Nuclear Eschatology and the Study of Religion": *Journal of the American Academy of Religion* 51 (1983) 13.
18. Carol P. Christ, *The Laughter of Aphrodite: Reflections on a Journey to the Goddess* (Boston 1987) 214.
19. Sallie McFague, *Models of God: Theology for an Ecological Nuclear Age* (Philadelphia 1987).

위치시키든지간에, 이 대목은 종교적 선입견과 배제적 정체성을 드러낸다. 시로페니키아 여자는 민족적으로나 문화적으로나 종교적 국외자로서 성격지어지고 있다. 그녀는 그 신학적 논증에 신학적 논증으로 되받아서 예수의 선입견을 극복하고 자기 어린 딸의 안녕을 성취해 낸다. 여기서 예수는 다른 모든 논쟁 이야기에서와는 달리 상대자의 입을 다물게 만들 결정적인 말을 가지고 있지 않다. 오히려 그 여자의 논증이 예수의 그것을 압도하고, 그녀의 딸은 이 아이에게 붙어 있던 파괴적인 영으로부터 풀려나는 것이다.

다른 하나는 "하느님의 지혜"의 목소리다. 그녀는 "자기 백성 가운데서 당당하게 말을 하신다". 그녀를 받아들이는 모두에게 생명과 안식과 지식과 창조계의 풍요로움을 가져다주신다. 모든 권세와 지식을 가지고 백성을 사랑하는 유일무이한 존재, 하느님의 지식의 시작, 하느님의 행업에의 협력자다. 에집트의 노예살이에서 벗어나는 여정을 이끈 영도자요, 이스라엘에서 설교하고 가르치는 설교자요 교사이며, 하느님 창조계의 건설자다. 하느님의 왕권에 참여하며 신적 존재와 공생하는 존재다. 지혜, 그녀에 관한 성서 본문들을 읽어보면 우리는 사용된 언어가 얼마나 치열하게 유일신론의 신학적 틀 속에서 지혜Chokma-Sophia를 신적 존재로서 성격짓고자 애쓰는가를 실감할 수 있다.

신적 지혜에 관한 신학은 유대 신학만이 아니라 그리스도교 신학에서도 억눌리고 차단당해 왔다. 하지만 지혜론sophiology의 자취들이 신약성서 연구를 통해 재발견되어 왔다. 초기 그리스도교 신학은 처음에 예수를 신적 지혜의 사자使者요 예언자로서, 이어서 지혜의 육화로서 이해했음에도 불구하고 예수의 지혜 하느님은 백성 가운데 거처를 정할 수 없었다. 하지만 이제 안녕과 아름다움과 지식을 제공하는 그녀의 행업은 다른 방식으로 신학의 미래를 위한 풍부한 가능성들을 열어주고 있다.

21

여성론적 직무와 동등자 제자직

《상황 설명》

　세인트 버나드 인스티튜트로부터 1990년 졸업식에서 명예 박사학위를 받는 사람 가운데 하나로서[1] 연설 청탁을 받았을 때 나는 가톨릭의 인스티튜트가 연설자의 초대 범위를 그처럼 확장한 용기에 탄복했다. 하지만 가중되어 가는 교회의 압력 앞에서 얼마나 큰 용기를 내었던가를 제대로 인식하지는 못했다.

　이 졸업식 뒤 몇 달 사이에 나는 침묵시키고 중상하고 조작하는 교회 정책들을 직접 체험했다. 스위스의 명문 프리부르 대학의 신학부는 개교 일백 주년을 기념하여 "문화간 대화에 있어서의 신학"이라는 주제로 심포지엄을 기획하고 이 학교와 여기서 가르쳐지는 신학의 가톨릭성(보편성)을 기리는 행사를 준비할 특별위원회를 설치했다. 이 특별위원회는 오랜 세기 동안 전세계에 전해졌던 유럽의 신학과 다른 대륙들의 다양한 신학 사이에 비판적 대화를 이끌어낼 목표로 한 주간에 걸쳐 심포지엄을 개최할 것을 제안했다.

　이 대화축제를 위해 이 학교는 라틴아메리카 해방신학 대표로 페루에서 구티에레즈Gustavo Gutiérrez를, 아프리카 신학 대표로 카메룬에서 엘라Jean-Marc Ela를, 아시아 신학 대표로 스리랑카에서 발라수리야Tissa Balasuriya를, 여성론 신학 대표로 미국에서 나를 초대했다. 이 네 학자 모두에게 명예 박사학위가 수여될 것이 요망되었지만, 학계의 관례상 학위를 받는 사람들은 백 주년을 공식적으로 끝맺는 행사인 11월 "아카데미의 날"dies academicus에야 비로소 공식 통보를 받게 되어 있었다.

---

1. 이렇게 나의 연구에 영예를 안겨준 데 대해 West Hartford, Conn.의 St. Joseph's College 와 Granville, Ohio의 Denison University 교수단과 이사진에도 감사를 표하고자 한다.

프리부르 대학은 주립대학인데도 그 가톨릭 신학부는 도미니코회의 후원과 바티칸의 감독을 받고 있다. 전에도 여러 해에 걸쳐 명예 학위 수여 문제로 어려움을 겪어 왔으므로 학교의 몇몇 관계자들이 비공식적으로 로마에서 이 네 신학자가 걸림돌이 되지 않는다는 판정(nihil obstat)을 받을 수 있는지 문의했는데 그 가운데 두 사람이 그럴 수 없으리라는 것을 알게 되었다(그 이름이 아직 알려지지는 않았으나, 나는 그 가운데 내 이름이 없다는 말을 분명히 들었다!).

이 신학부는 부정적 평을 듣는 일이 없도록 명단을 검토하여 다섯 명의 다른 후보자를 공식적으로 바티칸 교육성에 추천했다. 밀워키의 위클랜드Rembert Weakland 대주교, 남아프리카의 인종차별 반대 신학자인 노울런Albert Nolan, 스위스의 개혁주의 신학자로서 세계 교회협의회의 의장이었던 뷔리히Marga Bührig 박사, 산살바도르의 다마스Arturo Rivera y Damas 대주교, 미국의 장로교 성서학자인 샌더스James A. Sanders 들이다. 미국의 교종대사였던 라기Pio Laghi가 장관인 바티칸 교육성은 두 개신교 후보자에 대해서는 거부하지 않았으나 위클랜드 대주교와 도미니코회 수사 신부인 노울런에게 박사학위 수여를 승인하지 않았다.[2]

바티칸 교육성은 위클랜드 대주교에게 니힐 옵스탓을 거부하는 공식 이유로서 낙태에 관한 그의 말을 들었다. 위클랜드는 피임과 낙태에 관한 어려운 윤리문제들에 대해 자기 교구 여자들을 위해서 사목적 의견들을 들었던 단 한 명의 미국 주교였고, 이 과정에서 인공적 피임법을 금하는 교회의 "공식 가르침"과 "매우 양심적인 여자들"의 견해 사이에 "얼마나 큰 격차가 있는가"가 드러났다.[3] 스위스의 대학이 위클랜드 대주교를 선정한 일차적 이유는 경제에 관한 미국 주교들의 사목교서 초안에 그가 중심 역할을 했기 때문이지만, 바티칸이 거부한 이유는 낙태에 관한 그의 말이 "신자들 사이에 엄청난 혼동"을 유발시켰다는 것이다.

---

2. 신문 보도: *Freiburger Nachrichten*, 1990.11.8; 10; 16; *Vaterland*, 1990.11.15; 22; 24.

3. 참조: P. Steinfels, "Vatican Bars Swiss University from Honoring Archbishop of Milwaukee": *New York Times*, 1990.11.11; P. Windsor, "Vatican Vetoes Doctorate for Weakland": *National Catholic Reporter*, 1990.11.16.

프리부르 대학의 가톨릭 신학부 교수단은 이에 항의하여 1990년 11월 24일에 다섯 사람의 명예 박사학위 수여 예정자 가운데 어느 누구에게도 이를 허용하지 않기로 의결했다. 미국 언론에 따르면 이 신학부와 도미니코 수도회는 위클랜드 대주교에게 사과했다. 아마도 다른 "공식" 후보자들에게도 그랬을 것이다. 그러나 내가 알기로 이 신학부와 수도회는 문화간 신학적 대화를 위해 대학이 초대한 네 명의 "비공식" 후보자 신학자에게까지 사과하지는 않았다. 이런 일련의 사건에 비추어, 성 베르나르드 인스티튜트의 행동은 내게 용기와 희망의 특별한 표지가 되었던 것이다.

졸업생과 가족 친지 여러분, 학생과 교수단, 클락Clark 주교와 이사회와 귀빈 여러분,

먼저 나를 올해의 학위수여식 연설자로서 선정해 주시고 신학부의 명예 박사학위를 받도록 뽑아주신 데 대해 성 베르나르드 인스티튜트 공동체의 모든 구성원, 특히 교수단과 이사회에 감사를 표하고자 합니다. 나는 여러분이 이 어려운 시기에 나의 연구작업을 인정해 주시는 데 대해 깊이 감사드립니다. 나는 이번 명예 학위에 추천된 사실에서 용기와 희망을 이끌어내고 있고, 이것을 여자들이 교회의 신학적 담론과 관련하여 활동하고 다양한 형태로 기여하기를 열망하는 여러분의 바람의 표지로서 받아들이고 있습니다.

오늘 저녁 우리는 신학 공부 마지막 학년을 성공적으로 마친 것을 축하하기 위해 여기 모였습니다. 연구하고 공부하는 단계에서 직무를 수행하는 단계로, 신학적 성찰로부터 직무적 투신과 분투로 옮겨감을 의식을 통해 표현하기 위해 이 자리에 함께 모였습니다. 오늘 나는 금세기의 마지막 십년기에 우리가 더 확장된 세계 공동체 속에서 교회의 직무에 투신한다는 것이 신학적으로 무엇을 의미하는가를 함께 천착해 보자고 여러분을 초대합니다. 여러분 대부분이 알듯이 나는 여기서 여성론 신학의 관점과 투쟁에 입각해서 이야기해 나갈 것입니다. 오랜 세월 동안 여자들과 이른바 남자 평신도의 목소리와 시각들은 교회의 의사결정과 신학과 직무에서 배제되었음에도 불구하고 세례받은 대다수의 사람

들은 교회를 에클레시아_ekklēsia_로서, 동등자 제자직 공동체로서 그려 왔고 또 그렇게 만들어 왔습니다. 여성론 신학은 여자에게 초점을 두면서 결코 남자를 배제하지 않습니다. 오히려 서품받은 남자와 서품받지 않은 남자 모두에게 교회의 평등과 권위와 온전한 하느님 백성 신분을 위한 여자들의 투쟁에 뛰어들어 그 안에서 하나를 이루자고 초대합니다. 가부장적·위계적 교회는 문화적·교회체제적 견지에서 세례받은 모든 이를 "여성적" 종속자 혹은 미성숙한 "어린 아이"로 삼고 있기 때문입니다.

미래에 대한 우리의 시각과 희망은 과거와 현재에 겪은 우리의 체험에 의해 조건지어지고 제약을 받습니다. 내가 신학을 공부하기 시작한 것은 거의 30년 전인데, 그 무렵 칼 라너가 침묵을 강요당하리라는 풍문이 떠돌았습니다. 그 당시 나는 만일 라너가 단죄받는다면 나는 신학 공부를 계속하지 않으리라고 엄숙하게 약속을 했습니다. 지적 성실과 언론과 발표의 종교적 자유가 교회 안에서의 직무수행에 절대적으로 필요하다고 확신하고 있었기 때문입니다. 하지만 모두 알듯이 풍문과는 달리 오히려 제2차 바티칸 공의회가 열렸습니다. 공의회는 세계에 대해 교회의 "창문들과 문들"을 열어젖혔고, 신학과 직무의 새로운 가능성들을 탄생시켰습니다. 교회는 전체적 차원에서 과거의 군주제적 억압 구조들을 보호하는 쪽이 아니라 미래를 지향하게 되었고 이런 과정에서 칼 라너는 20세기의 위대한 "교부들" 가운데 한 명으로 떠올랐습니다.

공의회 과정을 통해 초기 그리스도교의 동등자 제자직 시각이 하느님 백성 가운데 살아 있는 실재로 육화되기에 이르렀고 여자들은 교회와 교회의 직무에 있어서 분명하게 의사를 표명하는 창조적 선구자로 떠오르게 되었습니다. 이것은 동등자 제자직 공동체 시각이 교회의 모든 구성원을 책임있는 민주 시민으로 이해하고 교회의 지도를 남성 성직계의 소수 엘리트에게 한정짓지 않기 때문에 가능했습니다. 이 시각은 초기 그리스도교에 뿌리가 있고 제2차 바티칸 공의회의 가르침에 의해 되살아났으며 전세계 모든 교회들이 이 시각을 교회 내에서 실천에 옮기고자 추구해 왔습니다. 세계의 많은 지역에서 가톨릭 교회는 지난 25년 동안 사회정의와 철저한 민주주의와 지구촌의 평화를 위해 투신하는 막강한 원동력이 되어 왔습니다. 교회는 로마제국적 유럽중심[4] 가톨리시즘의 형태로부터 세계 모든 민족의 은사와 재능을 활용하는 "세계 가톨리시즘" World Catholicism의 다원적 실현으로 움직여 왔습니다.

하지만 공의회가 끝나고 25년이 지난 오늘날 우리는 거의 완전히 그 이전으로 되돌아간 듯합니다. 큉Hans Küng, 쁘와예Jacques Poiher, 스힐레벡스Edward Schillebeeckx, 커랜Charles Curran, 보프Leonardo Boff 들이 침묵을 강요당하고 있고, 유럽과 북아메리카의 주교회의들과 지역교회들이 획일적으로 복종하도록 압력을 가하는 갖가지 시도들이 거듭 나타나고 있으며, 아프리카·라틴아메리카·아시아의 교회들이 유럽중심적 식민지주의 기준에 따라 판단·평가되고 있습니다. 바티칸과 국가 단위 주교회의들의 보수주의적 권력은 "거대한 자금"과 "순수한 교리의 참된 수호자"라는 가면을 쓴 자본주의 이익단체들에 의해 지탱되고 있습니다. 제국주의적·자본주의적 교회 모델과 동등자 제자직 시각 사이의 투쟁에 대한 주의깊은 자료 제시와 분석에 관심을 기울이는 사람이라면 필경 페니 러녹스의 『하느님 백성』을 보지 않을 수 없을 것입니다. 여기서 저자는 "제2차 바티칸 공의회에 의해 시작된 지속적 개혁에 의한 '회복'에 저항하는 갖가지 시도와 더불어 바티칸이 취하는 탄압과 단속의 정도"에 관해 기록하고 있습니다. 그녀에 의하면 "신앙에 대한 서로 다른 두 시각, 곧 권력을 장악하여 부유한 가이사르의 교회와 사랑을 실천하며 가난하고 영적으로 부유한 그리스도의 교회가 맞부닥뜨리고 있다"[5]는 것입니다.

여자들은 특히 그동안 동등자 제자직 시각을 매우 진지하게 취해 왔습니다. 우리는 가부장적 신학과 성직주의적 통치의 대상으로 남아 있기보다는 동등권과 존엄을 띤 인간으로서 교회의 주체로 받아들여져야 함을 역설해 왔습니다. 하지만 교회의 가부장제로부터 돌아서야 한다는 우리의 부름은 흔히 즉각적

---

4. 유럽중심주의라는 중요 주제: Samir Amin, *Eurocentrism: Critique of an Ideology* (New York 1989).
5. 참조: P. Lernoux, *People of God: Struggle for World Catholicism* (New York 1990) 1, 특히 미국 내의 로마식 복구에 관해서는 206-57, 국제적 가톨릭 우익에 관해서는 283-364.

거부나 교묘한 흡수 시도에 직면하게 됩니다. 우리는 가부장적 성차별이라는 구조적인 동시에 개인적인 죄를 탄핵하면서 교회생활에서의 우리의 존엄과 권리와 책임을 주장했지만 제2차 바티칸 공의회 이전의 가부장적 교회 모델을 신학적으로 복구시키려는 사람들은 그리스도의 남성성을 내세웠습니다. 성사와 교의와 통치권에서 모든 여자를 또 여자와 연결된 모든 남자를 배제하는 교회 구조를 정당화하기 위해 본질적 성과 성사적 차이라는 이데올로기를 만들어낸 것입니다.

가부장적 성직 위계 교회는 여자를 지도력에서 배제하는 동시에 독신제를 통해 성직계를 여자가 접근할 수 없는 영역으로 확립해 놓고 있습니다. 토마스 철학 계열의 신학은 가정과 국가의 가부장 질서를 위한 아리스토텔레스의 논증에 의지하여 "여성은 계급에 있어 우월을 의미할 수 없다. 여자는 종속신분에 있다"(Summa Theologiae Suppl. 39, 1 ad 1)면서 교회의 권위와 권력을 "군림하는 권력"의 견지에서 이해하고, 따라서 여자는 종속적 위치로 하여 서품성사를 받을 영적 권리가 없다고 주장해 왔습니다. 여자들은 지금까지도 복음을 설교하는 것이 허락되지 않는, 침묵을 강요당하는 다수의 신자 부류로 남아 있습니다. 가부장적 성차별이라는 죄는 아직도 그리스도께서 오늘날 가부장적 교회에 제공하시는 동등자 제자직 시각을 압도하고 있는 듯합니다. 하지만 우리는 가부장적 교회를 동등자 제자직 공동체로 변혁시키는 투쟁을 이원론적 대립구조의 틀 속에서 해석하지 않도록 주의해야 합니다. 여자들과 그밖에 교회 내에서 비주체로 따돌리는 이들이 지금도 가부장적 가치와 시각을 종교적으로 내면화시키려는 시도들에 대항해야 하는 것처럼, 동등자 제자직을 실현하기 위해서 애쓰는 많은 이들이 가부장적 성직계 내에 있는 것입니다.

성차별이라는 구조적 죄는 우리의 딸들과 아들들의 교회의 미래를 파괴하려고 위협하며 들러붙은 악령에 견줄 수 있습니다. 내가 이 연설을 준비하고 있을 때 한 여학생이 연구 계획을 의논하러 내 작업실로 찾아왔습니다. 그녀는 하버드에서 신학 석사과정에 등록을 했고 그동안 직무에 투신해 왔으면서도 제도 교회에 속하기를 바라지 않았습니다. 과거에는 가톨릭 신자였으나 지금은 교회와 관계없이 그리스도를 따르는 사람으로 자처하고 있었습니다. 졸업 후에 젊은 본당직무자로서 겪었던 부정적 체험들이 심각한 소외를 야기시켜 공동체와 유산으로부터 떨어져나가게 만들었던 것입니다.

그녀는 나에게, 커랜 신부가 견책당하자 나의 작업실에서 주저앉아 울부짖던 한 박사과정 학생을 상기시켰습니다. 그녀는 탄식했더랬습니다. "그들은 내 교회를 탈취해 갔어요. 내가 아는 유일한 교회는 바티칸 공의회 이후의 교회라구요." 그녀는 지역교회에서 동등자 제자직을 실천하면서 성장했는데 교회의 가장 신실한 구성원에게 가부장적 성직계가 가한 폭력으로 인해 충격을 받은 것입니다. 신학 공부를 하는 많은 여학생이 졸업 날이 두렵다고 고백합니다. 동료 남학생들에게는 졸업이 서품을 향한 한 단계이지만, 여학생들의 직무 은사는 공식 교회에 의해 경시되거나 아예 거부됩니다. 이들의 동등자 제자직 투신은 존중과 격려는커녕 침묵의 강요나 조롱에 직면합니다.

마르코 복음서는 시로페니키아 출신 그리스 여자 이야기를 전합니다. 딸이 악령에 붙들려 있어서 그녀는 예수께 어린 딸을 고쳐주기를 청합니다. 그러나 예수께서는 이방인을 개에다 견주면서 거절하십니다. 개가 주인 자녀의 음식을 훔쳐먹어서는 안된다고. 그러나 그녀는 그런 모욕 앞에서도 포기하지 않습니다. 오히려 문화적·종교적 국외자로서, 하느님 다스림의 생명력에서 이방인이 배제됨에 관해 예수와 신학적 논쟁에 들어섭니다. 예수의 논증을 되받아서 그분의 선입견을 넘어서는 것입니다. 누구도 배제되어서는 안된다고. 하느님의 구원의 힘은 경계가 없다고. 그래서 그녀의 딸은 생명과 미래를 파괴하고 있던 악의 세력에서 풀려나게 됩니다. 능숙한 논증으로 딸을 위해 자유의 미래를 열어 준 이 시로페니키아인은 종교와 문화와 인종이 다른 사람들이 누구도 배제하지 않고 포용하는 의미에서 "가톨릭 사상"을 낳은 사도적 선대 어머니가 되었습니다. 그 앞에서는 누구도 빵부스러기를 구걸하지 않아도 되는, 모든 사람이 초대된 새로운 식탁을 마련하는 데 성공한 것입니다.

오늘날 여성론적 직무자들과 신학자들은 바로 이 시로페니키아인과 동일한 일을 하고 있습니다. 가부장적 교회를 포용적 동등자 제자직 공동체로 변혁시키기를 두려워하는, 금세기 대부분의 시기에 "가톨릭 사상"에서 지속적으로 진행되어 온 이 변혁 과정을 두려워하는 예수 대변자들과 논쟁을 벌이고 있습니다. 이들은 여자가 성찬을 주재하는 것을 허락하기보다는 성찬의 빵을 완전히 신자들의 손이 닿지 않는 곳에 치워놓고 독점하기를 택하고 있습니다. 여성론적 직무자들과 신학자들은 세례받은 이들의 성사 권리에 대한 침해를 잠자코 받아들일 수 없습니다. 그러므로 우리는 결코 이런 논쟁의 중심으로부터 교회의 변두리로 밀려가거나 아예 교회를 떠나거나 하지 않고 오히려 지속적으로 변화를 위해 투쟁하고 있습니다.

우리가 이렇게 하는 것은 언젠가는 가부장적 교회가 가이사르의 제국주의 구조에 예속된 상태에서 풀려나리라는 꿈을 품고 있기 때문입니다. 우리는 아직도 언젠가는 가부장적 성직주의 피라미드가 동등자 제자직의 원탁round table으로 변모되리라는, 유럽중심의 남성지배적 로마제국주의 교회가 세례받은 전세계의 모든 이들이 의사결정에 참여하는 공동체, 에클레시아가 되리라는 꿈을 가지고 있습니다. 그러므로 "가톨릭적" 직무에로 불린 우리 모두는 동등자 제자직으로서의 교회라는 포용적 시각에 입각해서 직무를 재규정해야 합니다. 이런 견지에서 우리는 가부장적 구조에의 충성과 봉사라는 직무관을 거부하고, 동시에 이런 구조에 대한 도전으로서 새로운 직무관을 재확립해야 합니다.

유대인 여성론 신학자 쥬디트 플라스코프는 한 최초의 체계적 여성론 신학 연구시에서 신학적 용어와 범주와 개념이 남자에 비해 여자에게는 달리 적용됨을 논증했습니다.[6] 그녀는 세이빙Valerie Saiving의 통찰에 토대를 두고서 두 주요 프로테스탄트 신학자인 니버Reinhold Niebuhr와 틸리히Paul Tillich의 죄와 은총에 관한 이해를 분석합니다. 쥬디트는 하느님에 대한 거역과 오만으로 이해되는 죄관이나 반목 또는 불화로 이해되는 죄관이나 그 어떤 것도 여자들의 체험과 사회화를 반영하고 있지 않다고 결론짓습니다. 오히려 자기 부정, 자기 포기, 다

---

6. Judith Plaskow, *Sex, Sin and Grace: Women's Experience and the Theologies of Reinhold Niebuhr and Paul Tillich* (Washington 1980). 예일 대학에서 1975년에 취득한 박사학위 논문을 보완한 것이다.

른 이들에게 봉사하기 위해 자기를 희생하는 행태, 자기 본연의 존재가 되는 데 실패하는 것이 여자들의 죄라는 것입니다.

이런 실패는 여자 본성에 고유하게 내재하는 것이 아닙니다. 여자들의 문화적 · 종교적 사회화에 기인할 따름입니다. 그리스도교 신학은 여자와 남자의 자기이해와 체험에서의 이런 차이를 고려하지 않고 남자들의 체험을 "보편적" 기준으로 삼는만큼 여자가 자기 본연의 존재가 되지 못하는 것을 덕이요 은총이라고 귀결시킵니다. 그러므로 그리스도교 신학의 은총과 구원에 대한 설교는 여자들에게는 해방을 가져다주는 것이 될 수 없습니다. 이른바 여성적 문화라는 고정적 틀을 강화하기 때문입니다. 직무를 봉사로서 이해하는 신학적 관념과 관련해서도 비슷합니다. 여자에 관해서는 이런 식으로, 남자에 관해서는 저런 식으로 달리 해석되어 왔기 때문입니다.

그리스어 "디아코니아" *diakonia*는 본디 식사 시중을 뜻합니다. 그런데 통상적으로 "봉사(섬김)", 혹은 "직무"로 옮겨지고 있습니다.[7] 우리는 후기 신학에서 *diakonia/diakonos/diakonein*이라는 어군이 성서에서 사용되면서 두 가지 다른 의미들을 띠는 것을 식별할 수 있습니다. 이를테면 종교적으로 영성화된 의미에서 이 어군은 영예로운 활동과 신(들) 혹은 한 도시나 공동선 아니면 위대한 사상이나 이상향을 위해 봉사하는 것을 의미합니다. 이런 의미에서 이 어군은 하느님의 사자나 대변자로서의 바울로나 페베 같은 그리스도교 설교자들과 선교사들을 특성짓는 말로 사용됩니다.

그러나 원래 의미에서 이 말들은 식사 시중과 그밖에 종들이 하는 천한 일, 곧 실질적으로 몸을 움직이는 봉사를 뜻합니다. "종"은 사회적으로 낮은 지위에서 남자든 여자든 남녀 주인에게 종속되어 있으며 존중해 줄 것을 요구할 수 없습니다. 그런데 사회적 품위를 저하시키는 부정적 원래 어의에도 불구하고

---

7. 참조: H. W. Beyer, "*diakoneō*": G. Kittel 편 *Theological Dictionary of the New Testament (TDNT)* (Grand Rapids 1964) 2, 81-93; K. H. Rengstorf, "*doulos*", 261-80; K. H. Hess, "serve": C. Brown 편 *New International Dictionary of New Testament Theology* (Grand Rapids 1975) 3, 544-9; R. Tuente, "slave", 592-8.

"봉사/섬김"이라는 말은 진보적 의도를 가지고 "종 교회론"을 되살리는 데 관건이 되는 상징이 되기에 이르렀습니다. 여성론 신학은 여자들에 대한 억압과 관련해서 이 성서적 상징의 문화적·정치적 작용에 대한 엄중한 여성론적 비판에 직면하여 이 상징을 구해 내기 위한 시도들을 펼치고 있습니다. 이런 시도들은 사심없는 "봉사/섬김"이 그리스도교의 정체성과 그리스도교 공동체에 핵심적 것이라는 "종 교회론"의 가정을 받아들여 공동의 것으로 삼고 있습니다.

1960년대초 이래, 종으로서의 교회 표상은 진보적 가톨릭과 프로테스탄트 교회론들과 더불어 직무적 자기이해를 주도하게 되었습니다. "디아코니아" 신학의 이런 재생 시도는 "세계"에 대한 교회의 태도에서 나타나기 시작한 변화와 병행했습니다. 예컨대 제2차 바티칸 공의회의 「현대세계에 있어서의 교회에 관한 사목헌장」 3항에 따르면, 예수 그리스도께서 섬김을 받으러가 아니라 섬기러 오셨던 것과 마찬가지로, 교회도 "모든 사람들의 형제애"를 촉진시킴으로써 세계를 위해 봉사해야 한다는 것입니다. 애버리 덜레스는 이와 유사한 종 교회론이 다른 교회들의 공식 선언들을 유발시켰다고 지적하고 있습니다.[8]

이런 종 교회론은 본회퍼와 함께 "교회는 다른 존재들을 위해 존재할 때 비로소 교회다"[9]라고 역설합니다. 그러나 종 언어의 사회적 토대들을 비판적으로 분석하지 않는 한, 이 신학은 "신학적 이중 의미"를 띠고 있다는 사실을 인식하지 못할 수 있습니다. 종 신학은 남자와 여자, 흑인과 백인, 서품받은 이와 서품받지 않은 이, 권력 있는 이와 권력 없는 이 들에게 서로 다른 의미를 가지게 됩니다. 그러므로 직무를 봉사로서 이해하는 것은 사회적으로 종속된 집단들에게 전혀 다른 의미를 띨 수밖에 없는 것입니다.

이 종 교회론과 병행하여 가톨릭 맥락에서 "직무"의 다변화 현상이 진척되기 시작했습니다. 신학자들은 직무들이 역할적인 것이라고, 공동체를 위해 주어진

---

8. Avery Dulles, *Models of the Church* (Garden City, N.Y. 1974) 87. 참조: J. E. Booty, *The Servant Church* (Wilton 1982).
9. Dietrich Bonhoeffer, *Letters and Papers from Prison*, 개정판 (New York 1967) 203 〔고범서 역 『옥중서간』 대한기독교서회 1967〕.

선물이고 공동체에 대한 섬김이라고 천명하고 있습니다. 이것들은 공동체의 건설을 위한 것이지 특별한 지위나 생활양식 혹은 거룩한 직책을 설정하기 위한 것이 아닙니다. 직무를 수행하는 공동체로서의 종 교회가 그 직무자들에 앞서는 것이고[10] 따라서 교회는 주교·사제·부제라는 전통적 위계 직무를 보완하는 새로운 직무를 공식적으로 재가할 수 있다는 것입니다.[11] 그러므로 이 종 신학은 현재와 같은 가부장적 위계구조와 서품받은 이들의 직무와 서품받지 않은 이들의 직무 사이의 "계급"에 대해 진지하게 이의를 제기하지는 않고, 다만 가부장적 성직자의 지위에 있으면서 교회체제의 권력을 가진 이들에게 평신도들과 곤경에 처한 이들을 섬기도록 권고하고 있을 따름입니다.

가톨릭 사상에서 이 교회론은 전세계 여러 지역의 사제 부족 사태에 대한 반응으로 발전했습니다. 그리고 사제 부족은 그동안 전문화한 특수 직무의 폭발적 증가를 불러일으켰습니다. 이런 직무들은 단지 교회만이 아니라 세계가 필요로 하는 것들을 위해 봉사하고자 노력하고 있습니다. 이런 발전은 여자에게 직무적 역할을 허용했습니다. 비록 서품받는 직무에 여자를 수용하는 것에 대한 공식적 입장은 더욱 경직되었지만 말입니다.

직무를 봉사로 보는 "진보적" 신학은 직무의 다양성뿐 아니라 여자의 교회 직무 참여도 지원했지만,[12] 동시에 종 교회론은 여자와 그밖에 종속적 위치에

---

10. 예: E. Schillebeeckx, *Ministry: Leadership in the Community of Jesus Christ* (New York 1982) 147; D. Power, *Gifts That Differ: Lay Ministries Established and Unestablished* (New York 1980) 106.

11. 참조: J. A. Coleman, "A Theology of Ministry", *The Way* 25 (1985) 15-7; P. Chirico, "Pastoral Ministry in a Time of Priest Shortage", *Clergy Review* 69 (1984) 81-4.

12. 평신도에 관한 1987년 주교 대의원회의의 제안 가운데 가장 먼저 나온 문건에는 이 주교 대의원회의의 정신을 반영하는 다음과 같은 권고가 담겨 있다: "그리스도의 제자들의 근본적이고도 동등한 존엄으로 하여, 서품의 권한이 요청되는 직무들을 제외하고는 교회 내에 있는 모든 직책과 소임이 지역적 감수성을 충분히 고려해서 남자들만이 아니라 여자들에게도 개방되도록 해야 할 것이다."

그러나 이 제안과 더불어 여자들을 "복사"(제단 시중) 직무는 물론 부제 직무에까지 받아들이는 일을 연구할 것을 권고한 여러 안이 다음 문안들에서는 납득할 만한 설명도 없이 고스란히 사라지고 만다. 참조: P. Hebblethwaite, "Reports Reveal Curia Derailed Lay Synod": *National Catholic Reporter* 24 (1988.2.5) 28.

있는 이들에게 "제2 계급"으로서의 직무수행자 지위를 묵인하도록 조장하고 교회 일꾼으로서 권리를 주장하지 못하도록 가로막았습니다. 나는 몇 해 전에 독일에서 한 사목보조자 그룹을 만난 적이 있는데, 종신 부제는 신학교육도 훨씬 덜 받고 사목 경험들도 훨씬 적은데도 설교가 허용되는 데 반해 여자는 설교가 허용되지 않는다고 불만을 토로하는 것이었습니다. 하지만 그 도시에 있는 모든 사목보조자들이 그런 후안무치한 차별에 항거하여 "파업을 벌여야" 한다는 제안이 나오자 여자들은 아연실색했습니다. 그들 중의 어느 하나가 이런 제안을 했다고는 하더라도, 이들은 교회에 대한 섬김에 헌신하면서 살아왔던 때문이었습니다.

교회법에 따르면 서품받은 이만이 재치권, 곧 의사결정과 성사에 관한 공식적 권한이 있습니다. 그러므로 여자는 법에 의해 부차적 일이나 보조적 역할인 제2 계급 직무에나 접근할 수 있도록 밀려나 있습니다. 바티칸은 복음화 사업에 참여하는 이들의 대다수가 여자라는 사실을 인정해 왔습니다.[13] 그런데 직무에 참여하는 여자들에 관해 미국에서 실시된 한 조사는 그 대부분이 자원봉사를 하거나 보수를 받더라도 최소한 받는다는 사실을 실증했습니다. 이 자원봉사자들은 대부분이 중산층 중년 기혼녀들입니다. 가정에는 자녀들이 있고 이들 자신은 전문 직업이 없이 남편에 의해 부양되고 있습니다. 경제적으로 남편에게 계속 의존하는 대가를 치르면서 직무에 참여할 "자격"을 얻을 수 있는 것입니다. 하지만 가난한 여자나 혼자서 자녀들을 부양해야 하는 어머니로서 보조금을 받아 살아가는 여자는 이렇게 할 수도 없습니다. "직무"에 관한 이중 의미는 이 연구에 의해 여실히 입증됩니다. 곧, 남자들은 서품에 의거하여 직무를 수행하는 데 반해 여자들의 활동은 이들이 재정적이거나 사회적이거나 전문적 차원에서 보상을 받지 않을 때에 한해서 직무로서 성격지어지는 것입니다.[14]

---

13. 바티칸 인류복음화성성 사목위원회의 발표문 참조: "The Role of Women in Evangelization": *Origins* 5 (1976/4) 702-7.

14. LCWR, *Women and Ministry: A Survey of the Experience of Roman Catholic Women in the United States* (Washington 1980). 참조: 이 연구에 대한 나의 분석인 이 책 12장.

제2 계급 직무수행자로서의 여자 지위는 여자를 서품하는 다른 그리스도 교회들에서도 확인됩니다.[15] 거기서도 흔히 통치권을 행사하는 위원회나 의사를 결정하는 자리는 남성 성직자에게 제한되어 있습니다. 여자 성직자는 작은 지방교회로 밀려나는 사례가 드물지 않고 자격이나 자질에 비추어 남자보다 상대적으로 낮은 보수를 받으며, 여전히 보조적 직무자 수준에 머물러 있습니다. 동시에 서품받은 전문가로서의 여자 성직자들은 다른 여성 교회 일꾼들과 자원봉사자들에 비해 여유있는 생활을 하고 있습니다. 어떻든 사회에서와 마찬가지로 교회들에서도 사회적 박애심에서 자원봉사자로 활동하는 사람들은 대부분이 여자들입니다.[16] 결국 종 교회는 여자들이 대표하는 것인 듯합니다.

제도적으로 불평등한 상황에서 직무를 수행하는 경우, 직무를 봉사로 파악하는 신학과 이 신학이 종 교회론을 강조하는 것은 신학적·영성적 견지에서 가부장적·위계적 현상태를 내면화하고 정당화하는 데 일조하는 것입니다. 이런 종 교회론은 그 자체의 진보적 의도에도 불구하고 교회와 세계, 성직자와 평신도, 종교적인 것과 세속적인 것, 남자와 여자 사이에서 전자쪽에 치우친 형태로 비대칭형을 이루는 힘의 이원론을 재생산합니다. 가부장적 위계구조들에 의해 유발된 불균등한 힘의 이원론을 말입니다. 성직자와 수도자와 남자들이 여전히 규정하는 주체인 그런 방식으로 교회의 관계들이 구조화되고 개념화되어 있는 한, 종 교회론은 기만적으로, 바로 가부장적 위계구조 속에서 영적 권력과 통제력을 행사하는 이들을 섬기는 종노릇을 주장하는 것이 됩니다. 예컨대 "성부"Holy Father라는 교종은 가톨릭 교회에서 최고의 권위와 권력을 가지고 있지만 "하느님의 종들의 종"servus servorum dei이라고 일컬어지기도 합니다. 그러나 실제적 권력관계와 신분상의 특권이 변화를 보이지 않는 한, 섬김에 대한 신학

---

15. 참조: J. W. Carroll, B. Hargrove, A. Lummis, *Women of the Cloth* (San Francisco 1983); J. L. Weidman 편 *Women Ministers* (San Francisco 1981); A. Schilthuis-Stokvis, "Women as Workers in the Church Seen from the Ecumenical Point of View": *Concilium* 194 (1987) 85-90.

16. 예: G. Notz, "Frauenarbeit zum Nulltarif: Zur ehrenamtlichen Tätigkeit von Frauen": Arbeitsgemeinschaft Frauenforschung der Universität Bonn 편 *Studium Feminale* (Bonn 1986) 134-51.

적 찬사는 단순한 도덕주의적 감상이요 지배구조를 신비화하는 위험한 설득적 호소에 지나지 않을 것이 틀림없습니다.

종에 관한 신학은 그 문화적·사회적 맥락을 들여다보면 한층 의문스러운 것임이 드러납니다. 서양 문화 속에서의 경우 여자들은 공적 생활 영역에서는 자원봉사 활동을, 가정에서는 보수 없는 봉사활동을 수행하기 위해 자기를 돌보지 않는 헌신적 사랑을 실천하도록 사회화되어 있습니다. "참된 여자다움"과 낭만적 사랑과 가정적 성격이라는 신화는 여자 본성을 자기는 몰각당한 채 "다른 이들을 위해 존재하는 것"으로, 그리고 여자 정체성은 자기네 남편과 자녀들에 대한 섬김에서 도출되는 것으로 규정합니다. 여자는 자신의 성과 이름도 자신의 경력도 가족과 사랑하는 "인척"의 평안에 기여할 수 있는 자원도 희생해야 한다고 기대되고 있습니다. 어머니들은 특히 자녀들과 도움을 필요로 하는 이들에게 섬기는 가운데 자신의 삶을 희생해야 하는 처지에 있습니다.

남자는 자기를 주장하고 독립적이며 지휘·감독하는 남성적 역할들을 수행하도록 사회화됩니다. 이에 비해 여자 본성과 운명은 자기를 몰각시키고 희생하며 수행하는 섬김과 사랑이라는 명목으로 인종忍從하는 것입니다. 자기를 몰각시키는 여성다움과 무비판적인 이른바 애타적 행동을 내면화하도록 여자들이 문화적으로 사회화된 것은 다시 자기를 희생하는 사랑과 자기를 몰각시키는 섬김을 내세우는 그리스도교의 설교에 의해 재강화되고 영속화됩니다. 예수 그리스도께서 다른 사람들의 구원을 위해 자신을 비천하게 하고 생명을 희생하셨으므로 자기를 희생하는 사랑과 겸비한 섬김은 그리스도교 윤리의 핵심을 이룬다고 이 신학은 주장합니다. 하느님의 완전한 종이자 희생이신 그리스도만이 아니라 하느님의 순명하는 여종인 마리아도 참된 그리스도교적 여자의 모델이라는 것이 이 신학의 한결같은 주장입니다.

그러나 이 섬김 신학은 그 남성문화적 전제와 사회정치적 문제로 해서 반드시 엄정하게 검토되어야 할 뿐 아니라 계급주의적이고 인종차별적이며 식민지주의적인 토대와 관련해서도 철저히 분석되어야 합니다. 아리스토텔레스는 재산을 소유하고 교육받은 자유인으로 태어난 그리스 남자가 죽을 존재 가운데 최고 존재이며 다른 모든 인류 구성원은 그를 섬기는 역할에 의해 규정된다고 주장했습니다. 모든 노예나 야만족(남자든 여자든)과 마찬가지로 자유인 여자도 "본성"에 의해 남자보다 열등하며 따라서 남자의 행복을 위한 도구가 되도록 운명지어졌다고 했습니다.[17] 현대의 정치철학적 인간학은 재산을 소유한 교육받은 백인 서양 남자를 이성과 자기결정과 온전한 시민권을 띤 존재로 규정하는 데 비해 여자와 그밖의 종속적 존재들을 감정과 섬김과 의존에 의해 특성지어진다는 가정을 유지해 오고 있습니다.[18] 여자들은 이성적이고 책임있는 존재가 아니라 감정적이고 어린아이 같은 존재로 여겨지고 있는 것입니다.

요컨대 가부장 사회와 문화는 모든 여자에 대한 성적·경제적 착취로 특성지어지며 참된 여자다움이라는 예찬과 여성성이라는 신화와 낭만적 사랑과 가정 성교육을 통해 지탱되고 정당화됩니다.[19] 가부장적 사회와 교회는 또한 노예든 농노든 하인이든 유모든 여자들이 수행하는 "종의 계급", "종인 인종" 혹은 "종인 백성" 역할을 필요로 합니다. "종의 계급"은 법과 교육과 사회화와 잔인한 폭력에 의해서 지탱됩니다. 그들은 본성적으로 혹은 하느님의 명령에 의해 그들이 섬기도록 운명지어진 이들보다 열등하다는 믿음에 의해 유지됩니다.[20]

더욱이 문화적 "섬김의 위계"는 여자가 다른 여자를 착취하는 데 말려들게 합니다. 성채의 귀족 부인이나 대농원의 백인 부인은 "집안의 주군이자 주인"인 아버지와 남편에게 종속되어 있으면서도 노동을 "종인 집단", 특히 궁핍한 여자, 교육받지 못한 여자, 식민지 여자들에게 넘겨버릴 수 있었습니다.[21] 엘리

---

17. S. M. Okin, *Women in Western Political Thought* (Princeton 1979) 73-96.
18. E. List, "Homo Politicus – Femina Privata: Thesen zur Kritik der politischen Anthropologie": J. Conrad, U. Konnertz 편 *Weiblichkeit in der Moderne: Ansätze feministischer Vernunftkritik* (Tübingen 1986) 75-95.
19. 참조: B. Weisshaupt, "Selbstlosigkeit und Wissen", 위의 책 21-38.
20. 예: M. Mathabene, *Kaffir Boy: The True Story of a Black Youth's Coming of Age in Apartheid South Africa* (New York 1986). 흑인들을 "노예 천민"으로 존속시키기 위한 이데올로기요 제도로서의 인종격리 정책에 대한 傳記的 성찰과 분석이다.
21. 예: M. Mamozai, *Herrenmenschen: Frauen im deutschen Kolonialismus*, Rororo 4959 (Rheinbeck 1982).

트 여자들이 가사노동이나 그밖의 낮은 보수를 받는 일들을 하는 다른 여자들을 지휘·단속·감독할 수 있고 또 그래야 하는 한, "우두머리 '남자'"에 대한 여자들의 성적·가정적 굴종과 예속이라는 문화적 전제는 가부장 사회 내에서 여자들을 대립시킵니다. 하층과 중산층 남성들의 경제력이 무너져 내리면서 경제적으로 하층 여자들은 더욱 힘겨워졌습니다. 대가 없는 가사일과 노인·병자·자녀를 돌보는 일과 얼마 안 되는 대가를 받는 가정 밖의 일까지 3중의 짐을 짊어지게 되었습니다.[22] 실제로 아프리카계 아메리카인과 라틴아메리카 하층 여자 노동자들은 언제나 이런 3중의 일에 시달리는 데다가 인종차별로 인해 바로 지금도 점점 더 가난한 계층으로 내몰리고 있습니다.

마지막으로, 지난 10년 동안 극우익 편견들이 증폭되었음을 지적해야겠습니다. 인종차별, 반유대주의, 빈민 직업훈련 프로그램, 성서적 근본주의, 군사적 식민지주의, "여성과 가족에 대한 새로운 예찬" 등입니다. 이들은 사람들 가운데서 "본성"에 의한 우월과 종속을 주장함으로써 착취와 예속을 지탱시켜 나가려고 애를 쓰고 있습니다. 오늘날 새삼 성직자들은 서품받은 자가 평신도와 "본질에 있어" 다르며 여자는 남자를 보완하는 데서 참 여자다움을 구현해야 한다고 역설하고 있습니다. 하지만 이런 주장은 문화적 우익이 뿌리내린 맥락에서 파악되어야 합니다. 레티 러쎌은 다음과 같이 간명하게 말합니다.

> 우리가 직능 또는 역할로서의 직무에 대해 이야기하는 것과는 무관하게, 우리〔성직자〕는 아직도 교회생활에 있어서 그야말로 영원토록 우월한 위치에 있다. 이런 의미에서 서품은 교회 안의 특수한 직무 수행에 필요한 영적 은사에 대한 인정이기보다는 계급을 나타내주는 지울 수 없는 표지가 되고 있다.[23]

---

22. E, Schüssler, A. Carr 편 *Women, Work and Poverty, Concilium* 194 (Edinburgh 1987).
23. Letty M. Russell, "Women and Ministry: Problem or Possibility?"; J. L. Weidman 편 *Christian Feminism: Visions of a New Humanity* (San Francisco 1984) 89. 〔「여성과 성직: 문제인가 가능성인가」 이우정 편 『여성들을 위한 신학』 (한국신학연구소 1985) 274-99〕.

종인 지도자로 서품받는 직무라는 신학적 언어가 성직자와 평신도 사이의 교회 "계급"을 철폐하는 것이 아니라 신비화하여 영속화하고 있는 것입니다.

그러니 직무를 동등자 제자직 구현에 진력하는 것으로 이해하는 이들은 봉사 직무관을 완전히 버려야 할까요? 나는 diakonia관이 가부장적 교회와 사회 내에서 실질적 권력과 특권을 누리는 이들에게 이를 넘어설 것을 요청하는 비판적 범주로서 이해될 때 비로소 여성론적 직무자들에 의해 이것이 재주장될 수 있으리라고 말씀드리고자 합니다. 억압들이 구조화·위계화·다면화되어 있으므로 가부장적 피라미드의 밑바닥에서 살지 않는 여자들은 착취 대상이 되는 것만은 아니고 그 지배와 봉사 구조에서 이득을 얻고 있기도 한 것입니다.

우리 가운데 어떤 이들은 여자로서 변두리로 따돌려지고 종속당하고 하면서도 동시에 서품·교육·재력·국적·인종·건강·연령 등으로 해서 특권을 누릴 수 있기도 합니다. 이런 이들은 이 특권을 변화를 이끌어 내는 데 사용해야겠습니다. 복사나 설교자가 되든, 부제나 심지어 사제가 되든, 가부장적 위계의 낮은 계급에 끼여들기 위해 직무자가 되고자 해서는 안되겠습니다. 오히려 우리는 그런 성직주의 위계구조를 타파하고 교회를 동등자 제자직 공동체로 변혁시키기 위해서만이 직무자가 되도록 진력해야 하는 것입니다.

*diakonia/diakonos/diakonein/doulos*라는 어군에 대한 이 비판적 시도는 복음서 전승의 원의와 상응합니다. 일부 형태에 있어 역사의 예수에게까지 거슬러올라가는 것으로 추정되는 마르코 10,42-44는 "큰 사람/섬기는 사람"과 "첫째인 사람/종"을 병치시키고 있습니다. 여기서 논의되는 주제는 사회의 지배 구조와 "동등자 제자직 공동체" 간의 대비입니다.[24] 이 말씀은 분명히 왕들과 큰 사람들이 "엄하게 지배하고 억압하는" 이들인 데 비해, 섬기는 사람과 종인 이들은 명령을 받고 순종을 보이고 봉사하고 시중들어야 한다는 요청을 받는 어떤 사회를 전제하고 있습니다. 이런 가운데 이 말씀은 지배와 권력을 쥔 위치에 있는 이들에게 권력 없는 사람들과 "동등"해지도록 하라는 도전을 가하고

---

24. 이하에 관해서는 나의 책 참조: *In Memory of Her: A Feminist Theological Reconstruction of Christian Origins* (New York 1983) 148-51.

있는 것입니다. 주인들masters은 자신들의 노예와 자신들을 섬기는 이들에게 행사하던 지배력을 포기하고, 오히려 이들의 자리를 대신 물려받아 자신들이 그런 위치에 서도록 해야 한다는 것입니다.

이 말씀의 중요성은 일곱 차례에 걸쳐 공관복음 전승에 전해진다는 사실에서도 드러납니다(마르 10,42-45 병행; 마태 20,25-27; 23,11; 루가 22,26; 마르 9,33-37 병행; 마태 18,1-4; 루가 9,48). 그리고 이 내용은 요한의 전승에서도 강조되고 있습니다(요한 12,25-26; 13,4-5.12-17). 그런데 이 말에 대한 교회의 해석과정은 원래는 이스라엘 민족 전체에게 발설되었던 이 말을 이 민족의 구조와 관계들에 적용시키는 것으로 나타났습니다. 지배와 종의 신분으로서 수행하는 섬김의 관계와 관련된 구조들은 동등자 공동체에서는 용인되어서는 안되었습니다. 그런 공동체에서의 경우 참된 지도력은 다른 사람들과의 연대에 그 뿌리를 두고 있지 않으면 안되는 것이었습니다. 그런데 마르코와 마태오는 공동체 안에는 "큰 사람"과 "첫째인 사람"이 있다는 것을 전혀 받아들이지 않는 데 비해, 루가는 이를 인정하고 있습니다. 그가 요청하는 것은 오로지 이들이 행사할 지도력의 양식이 예수의 모범을 지향하도록 해야 하리라는 것으로 나타나고 있는 것입니다.

예수의 이 말씀과 교회의 그 적용은 모든 그리스도인이 종이나 노예가 되라는 권고가 아닙니다. 사회와 교회의 가부장 피라미드 속에서 지위와 권력을 장악하고 있는 사람들에게 그렇게 하라는 것입니다. 이것은 가부장 피라미드의 맨 밑바닥에 있는 이들을 그 처저계층들로 이끌어들이는 식으로가 아니라, "아래로부터의 동등"을 창출하고자 하는 것입니다. 가부장적 위계 피라미드를 거부하고, 피라미드 정상에 있는 이들에게 바닥에 있는 이들의 노동과 작업에 동참하여 "종의 계급"을 형성할 것을 촉구함으로써 이것을 수평적 것이 되게 하고자 하는 것입니다. 예수의 이 말씀과 이것의 여러 변체들은 주인과 주군 지위의 정당성을 부인하고, 역설적으로 큰 인물, 지도자가 "되고자 하는" 이들에게 지배가 행해지는 가부장적 피라미드의 맨 밑바닥에서 살 것을 촉구하는 것입니다. 이렇게 함으로써 이 말들은 더없이 강력하게 가부장적·위계적 구조들과 지위들을 거부하는 것입니다.

루가와 후기 신학자들은 동등자 제자직이 내포하는 근본적 역설을 이해하지 못했습니다. 재력과 권력을 누리는 사람들에게 가부장 체제의 신분상 특권을 의문시하는 것이 아니라 오히려 굳혀주는 역할을 할 따름인 "자선을 베푸는 식의 봉사"를 요청하고 있는 한 말입니다. 또 한 가지 간과해서는 안될 일이 있습니다. "훌륭한 시민 신분"에 관심을 기울이는 바울로 이후 전승들이 "하느님의 가족"으로서의 그리스도교 공동체를 당대의 가부장적 사회구조들에 적용시킬 것을 주창하고 있던 때에, 복음서들의 경우 "아래로부터의 동등"이라는 이 예수 전승을 그대로 보존하여 적용시키고 있다는 점입니다. 하지만 후대의 경향이 그리스도교의 자기이해와 공동체의 주류를 규정해 왔고, "지배와 군림하는 권위"의 구조를 제도화해 왔습니다. 이에 직무에 있어서의 여성론 실천은 섬김과 종의 신분에 대한 관념을 다듬고 또 다듬어 견지함으로써 오히려 영속화하려고 들기보다는 이런 가부장적 그리스도교의 자기이해를 거부해야 합니다. 직무를 수행하도록 불린 우리네는 우리의 일을 단순한 "봉사"나 "누군가를 시중드는 일"로 이해해서는 안될 것입니다. 이것은 오로지 생존과 자기를 사랑하는 삶과 정의를 위해서 투쟁하는 모든 사람들과의 연대 속에서 수행하는 "아래로부터의 동등"의 실천으로서 이해할 수 있을 따름입니다.

직무에로의 우리의 불림을 경축하고 의식을 통해 이를 표현하는 오늘의 이 나눔이 졸업자들과 우리 모두로 하여금 새로이, 성령의 힘에 이끌려서 동등자 제자직 시각과 이 제자직의 실천을 위해서 헌신할 수 있는 힘을 부여해 줄 수 있기를 희망합니다.

22

전망과 투쟁의 딸들

> 저마다 한 사람씩 밀어주어야 한다 …
> 저마다 한 사람씩 태양으로 밀어넣어라
> 그토록 많은 무덤을 딛고 선 우리는
> 그들이 무슨 일을 하든지간에
> 우리 모두 살아야 한다는 것을
> 아니면 아무도 없다는 것을 알고 있다
> ― 앨리스 워커[1]

(상황 설명)

1987년 10월 9일, 주말에 신시네티에서 제2차 국제 여자교회협의회가 열린 이래 나는 미국 여자교회운동을 주제로 이야기해 달라는 청탁을 각국에서 자주 받았다. 아래 강연은 스위스·독일·오스트리아·스페인·오스트레일리아에서 다양한 "육화"을 거치며 1989년에서 1992년 사이에 발표되었고, 일부는 미국에 있는 그레일의 50주년 기념제를 맞아 1990년 12월에 토론되었다. 이 강연들을 준비하고 개최했던 (여기서 이름을 들기에는 너무 많은) 국제 여자교회운동 참여자들에게 감사드린다. 사회와 교회의 점증하는 억압에 직면하여 교회들 내에서 여자들이 전개하는 운동의 꺾일 줄 모르는 용기와 생동적 시각을 체험한 것은 참으로 특혜였다. 지구촌 전역에서 여자들이 용기를 북돋우기 위해 보내준 기도와 편지들이 없었더라면 나는 작업을 지속해 올 수 없었을 것이다.

---

1. Alice Walker, "Each One, Pull One (Thinking of Lorraine Hansberry)": *Horses Make a Landscape Look More Beautiful: Poems* (San Diego 1984) 52f.

여성론 해방신학은 여자에 대한 종교적 억압과 사회적 억압에 대해 성찰한다. 여자를 침묵시키고 소외시키는 신학적 시도들을 극복하고자 하며, 여성론 시각을 통한 신학의 재론을 추구한다. 신학적 담론을 변화시키고 여성론적 분석을 신학적 논의의 중심에 자리잡게 하는 작업에서 겪게 되는 어려움이 몇 년 전에 아주 분명하게 나타났다. 그때 나는 프라하에서 국제 교회일치 회의에 참석하고 있었다. 이 모임은 신학의 올바른 방법론에 휘말려 마비상태에 빠졌다. 신학은 우선 교회의 교의체계와 자기이해에서 출발하고, 그런 다음 체험을 이 체제에 적용할 것인가? 아니면 신학적으로 성찰된 체험에 근거하여 교회론이 변화되어야 할 것인가? 해석학과 비판적 인식론에 비추어, 신학하기의 전통적 방식 지지자들이 "과학적"임을 자처하면서 반대자들을 가리켜 신학을 사회학으로 대치시킨다고 비난한다는 것은 (최소한으로 말한다고 하더라도) 놀라운 일이었다. 여자 신학자와 직무자들이 자신의 종교적 체험과 신학적 분석을 남성에 의해 규정된 교회론적 담론과 더불어 논의할 수 있도록 하고자 할 때, 이들은 신학보다 사회학을 하는 이들로 딱지가 붙었다. 동시에 이 요란한 소수자들은 교회의 여자 서품 합법화를 부정했고 여자 직무를 사회 활동으로 분류했다.

이 모임의 참여자 가운데 다수가 서품받은 여자들이었다. 그런데도 (여자가 아니라) 가부장적 교회와 직무가 중심 주제가 되는 방식으로 협의의 담론들을 변화시킬 가능성이 없음이 드러났다. 참석자들은 그들 자신의 물음을 제기할 수도, 변화를 위한 전략들을 논의할 수도 없었다. 오히려 다시 한번 교회일치적 대화의 어려움들을 야기하고 교회의 "재통합"을 저해한다는 책임을 져야 했다. 모임 전이나 모임 동안이나 참석자들은 그들 자신 가운데서 의사전달 구조를 발전시킬 방법도 가지고 있지 않았고 공동의 여성론적 교회 분석을 개진할 공간도 마련하지 않았기 때문에 그 작업이 여자들에게 유익한 방식으로 이 모임을 변화시켜 나갈 수 없었다.

1983년 제네바 회의에 참석한 여자들의 전략은 전혀 달랐다. 초교파 제3세계 신학자 협의회Ecumenical Association of Third World Theologians가 이른바 제1세계의 신학자들을 이 회의에 초대했다. 제3세계 여학자들은 일부 남성 신학자들이 유색인과 백인 여성론자를 구분지어 대립시키려는 시도에 성공적으로 항거했다. 이들은 자기네 대륙의 발표 모임에는 물론 여성론 신학에 관한 그것들에도 참여할 수 있도록 이 회의의 일정이 바뀌어야 한다고 역설했고, 모든 참석자가 여자 억압에 관한 여성론적 분석에 하루 아침을 완전히 할애하게까지 했으며, 나아가 각 대륙에서 여성론 해방신학을 발전시킬 회의를 위해 EATWOT 조직의 재정 지원을 확보하는 데 성공했다. 우리는 지구 전체의 다양한 상황에 대해 여자들의 시각을 가지고 시도되는 어떤 풍부한 신학적 분석을 바로 이런 회의들에 힘입어서 얻고 있다.[2] 프라하 회의와는 대조적으로 제네바 모임의 여성론 신학자들은 신학과 교회의 변화를 위해 연대력을 활용할 수 있었다. 해방신학적 시각과 억압체제에 관한 체계적 분석을 공유하고 있었기 때문이다.

이런 체험을 통해 나는 여성론신학적 전략은 다음 세 기준을 충족시켜야 함을 터득했다. 첫째, 변화를 위한 여성론 전략은 공동의 체제분석에 뿌리를 두어야 한다. 둘째, 비판적 여성론 해방신학은 연대와 협력을 촉진하기 위해 배타적 대립안들로 여성론 전략을 구성하기를 피해야 한다. 셋째, 여성론 신학은 다양한 해방운동들을 고취할 수 있는 공동의 시각을 명시하고자 해야 한다.

억압의 체계적 분석

보수와 진보 성직자 모두 흔히 가난한 제3세계 민중과는 달리 제1세계 여자들은 억압받지 않는다고 주장한다. 여성운동은 억압을 체험하지 않은 제1세계의 특권 중산층 여자들의 이익과 관심을 대변한다고 한다. 이런 반대론이 교회와 사회의 일부 여성운동에 의해 촉발될 수 있을지는 모른다. 하지만 그렇다고 하더라도 이것은 여자들 역시 실상 제3세계에 속해 있고 가난한 이들의 다수가 여자들과 그 자녀들이며 오늘날 모든 문화와 사회와 종교 속에서 여자가 남자에 비해 지위가 낮다는 사실을 간과하고 있다. 확실히 모든 여자가 같은 정도로 억압을 받고 있지는 않다. 그러므로 우리는 전세계적으로 여자들이 제2급의

---

2. 참조: V. Fabella, M. A. Oduyoye 편 *With Passion and Compassion: Third World Women Doing Theology* (Maryknoll 1988).

지위에 있다는 것이 여자의 억압과 해방에 관해 말할 충분한 근거가 되는가를 물을 수 있어야 한다.

아이리스 영 같은 여성론적 정치과학자들은 사회 그룹이 억압받는 사실과 정도를 확인하는 다음 다섯 가지 기준을 개발했다.[3]

① **착취**: 여자들에 관한 국제적 조사는 이 세계의 모든 나라 여자들이 경제적으로 문화적·정치적으로 착취당하고 있음을 실증한다. 여자들은 동일한 계급과 인종에 속한 남자들이 버는 소득의 3분의 1 내지 3분의 2를 받는다. 동시에 보수를 지불받지 않는 자녀 돌보기와 집안 관리라는 가장 큰 짐을 짊어지고 있다. 마찬가지로 대부분의 문화·종교기관들이 보수를 받지 않는 여자들의 자원봉사로 지탱되고 있다.

② **주변화**: 모든 문화·종교·학문기관에서 여자들은 적은 비율을 이루고 있다. 문화적 생산과 역사·과학·신학에 여자가 참여한 예는 전혀 없지는 않다 하더라도 극히 드물다. 정치나 문화의 지도자 지위에는 여자가 없거나 실권 없이 "명목상" 구색을 갖추는 정도다.

③ **무력**無力: 오늘날은 대부분의 나라에서 여자들이 투표를 할 수 있지만 그런데도 대부분의 정부에서 여자 대표자는 극소수다. 여자의 이익과 관심은 공적 이익과 관심으로서 인식되지 못하고 여자의 영향력은 사생활 영역에 한정된다. 민족해방 운동의 여자 지도자들은 "혁명 후에" 밀려나는 일들이 빈번하다. 여성다움이라는 문화적 관념에 따라 여자는 뒤에서 간접적 영향력을 행사할 수 있으리라고 추정되며 실권을 행사할 수 있으리라고 생각되지는 않는다.

④ **문화 제국주의**: 주변으로 밀려난 사람들을 고정된 틀에 따라 정형화하는 동시에 눈에 띄지 않게 만든다. 여자는 특성을 띤 인간 주체로 인식되지 않고 언제나 **여자**로 그려진다. 이와 동시에 언어와 과학적 지식은 여자들의 기여와 투쟁을 눈에 띄지 않게 만든다. 서양 문화에 관한 말들은 백인 엘리트 남자를 인간 전형으로 이해하고 다른 모든 사람을 그를 중심으로 삼아 연관지어 놓는

---

3. Iris M. Young, "Five Faces of Oppression": *Justice and the Politics of Difference* (Princeton 1990) 38-65.

다. 세계와 인류에 대한 서양의 이런 이해가 보편시되고, 탁월한 인간 문화로 규정된다.

⑤ **체제적 폭력**: 여자에 대한 폭력은 여자라는 이유만으로 신체적으로나 정신적으로 혹사·학대·매질·상해·죽임을 당하고 있는데도 흔히 인권 침해로서 이해되지 않는다. 예나 이제나 버림받은 아이는 소년보다는 소녀가 더 많다. 많은 문화 속에서 여자는 남자가 먹고 남은 음식을 먹는다. 광고와 대중매체는 여자를 성의 대상과 눈요기 소비상품으로 삼는다. 여자는 남자를 성의 남용으로 이끄는 악마적 유혹자로 객관화되고 여자에 대한 살해와 폭력은 "상식적" 일상사가 되었다.

나는 여자 억압에 관한 이 다섯 가지 기준에다가 특히 교회와 신학에 적용될 두 가지를 더하고자 한다.

⑥ **강요된 침묵**: 세세대대로 여자들은 교회나 사회에서 공적 발언이나 학문에 접근하는 것이 허용되지 않았다. "여자는 교회에서 잠자코 있어야 합니다" (1고린 14.34), "나는 여자가 가르치거나 남자를 다스리는 것을 허락하지 않습니다"(1디모 2,12)라는 바울로와 그 제자들의 치명적 명령 이래 그리스도인 여자들은 하느님 백성 가운데 침묵을 강요받는 다수를 이루었다. 세세대대로 오늘에 이르기까지 여자는 설교와 교회에서 공식적으로 가르치는 직책에서 배제되어 있다. 최근에 이르도록 여자는 신학을 연구하고 가르치거나 윤리적 정책과 교회정책을 규정하는 일이 허용되지 않아 왔다.

⑦ **중상과 멸시**: 서양 사상과 신학에서 여자는 모든 악의 원천이자 모든 거짓의 근원으로 거론되어 왔다. 사목서간들로부터 시작해서 하와의 죄가 엄청나게 큰 것으로 과장되어 왔다. 테르툴리아누스 이래 여자는 "악마의 출입문"으로 천명되어 왔다. 종교재판소의 마녀 사냥뿐 아니라 오늘날 미용 산업에 따른 성형술도 여자들의 부족하고 악한 본성을 "바로잡고자" 기를 쓰고 있다.

이런 기준 가운데 하나 이상이 적용되면 여자 억압을 말할 수 있다는 것이 아이리스 영의 주장이다. 여러 기준의 변형과 결합은 여자 억압의 특수한 형태를 설명하는 데 기여하게 된다. 예컨대 사무실을 청소하는 흑인이나 갈색인종 여자와 비교할 때, 나처럼 특권을 누리며 학문을 하는 백인 여자는 경제적으로 덜 착취당하고 일상생활 속에서 더 큰 영향력과 가능성을 가지고 있으며, 사회적으로 덜 따돌려지고 고정된 틀 속의 비인간화도 덜한 것이 사실이다. 그러나 백인 여자도 가정에서 혹사당하고 매를 맞거나 밤에 집 밖에서 겁탈당할 가능성은 늘 따라다닌다. 전문직 여자도 남성 동료에 비하면 일반적으로 더 낮은 보수를 받고 발전과 승진 기회가 훨씬 적다. 실제로 그녀의 연구는 흔히 경시되거나 흡수되거나 묵살되고, 결국 문화·종교기관과 제도를 변화시킬 수 있는 힘이 제약당한다. 게다가 그 여교수와 청소하는 여자가 가톨릭인이라면 사회적 지위나 경력과는 상관없이 서품이 허용되지 않는다.

이원론적 전략의 극복

여성론 이론과 운동은 여자 억압에 대한 이런 분석에 비추어 다양한 변혁 전략을 발전시켰다. 하지만 이런 전략들은 가부장 문화의 남성중심적 이원론에 사로잡혀 있는 한 온전한 힘을 발휘할 수 없다. 여성론 신학은 처음부터 비대칭적 성의 이분법에 의거한 이원론적인 가부장적 사고방식을 준열하게 비판했지만 그러면서도 그 자체의 개념화와 양자택일식 주장들로 구성된 전략들에서 그같은 이원론적 사고방식을 완전히 벗어나지 못했다. 개혁주의냐 급진주의냐, 그리스도교냐 탈그리스도교냐, 종교냐 세속이냐, 여성론이냐 여자중심이냐, 남자를 포용하느냐 배제하느냐, 교회 안에 있느냐 밖에 있느냐, 억압하느냐 해방하느냐, 가부장적 사회와 종교의 중심부에 있느냐 변두리에 있느냐 식이었다.

이런 이원론적 양자택일 태도는 여성론의 계몽주의적 기원에서 유래한다. 여성론은 서양 민주주의 혁명들의 맥락 속에서 자유주의적 평등권 투쟁 또는 낭만주의적 "영원한 여자 신화로서 거론되어 왔다. 고전적 철학과 아우구스티누스-토마스 계열의 신학은 여성의 이성과 본성은 결함이 있다는 주장에 근거하여 통치 영역과 권위 지위에서 여자를 배제하는 것을 정당화한 데 비해, 서양의 부르주아적 낭만주의는 "백인 부인"이라는 표상으로 여자의 특별한 영역과 본질과 세련성을 주장한다. 이런 "여성적 영역"은 일과 정치라는 남성적 영역을 상보相補한다고 한다. 이와 대조적으로 자유롭고 평등한 권리를 주창하는 이들은 상보성 관념을 거부하고 여자가 남자와 "동일한" 권리와 기회를 가질 수 있도록 해야 함을 입증하고자 한다.

이런 양자택일식 전략을 극복하기 위해서는 여성론 운동과 변혁 전략을 다르게 자리매김하고 그려나갈 필요가 있다. 낭만주의적·자유주의적 이원론의 틀을 뛰어넘어 사회와 종교에서 여자들이 전개하는 운동의 다른 형태들이 비판적으로 분석되고 사정되어야 한다. 이것들은 고립된 교리적 입장으로서 서로 용납할 수 없이 적대해서는 안된다. 우리는 여성론 운동의 여러 다른 말들을 한 밧줄의 서로 다른 실가닥들로 볼 필요가 있다. 이것들이 한데 얽히고 꼬여질 때 비로소 확실히 가부장제라는 악의 세력을 묶고 우리를 미래로 끌어당길 힘을 가지게 될 것이다. 또 다른 표상을 사용하자면 이런 다양한 전략들은 하나인 물줄기로 흘러듦으로써 가부장제라는 바위를 밀어낼 급류로 불어날 수 있는 여러 지류다. "한 밧줄을 이루는 여러 실가닥" 또는 "한 물줄기를 형성하는 다양한 지류"를 주의깊게 들여다보면 우리는 그 허점과 위험요소는 물론 그 상호작용과 긴장상태들을, 그리고 성서적 상징들과 표상들에 대한 그 호소를, 또한 여자들과 다른 모든 비인격을 위한 그 "힘"의 발생을 인식할 수 있을 것이다.

성서 종교들과 연관된 여성론자들 역시 마찬가지로 자유주의적이거나 낭만적 여성론들이 현대에도 드러내고 있는 이원론적 선택에 사로잡혀 있다. 이들도 그 다양한 시각과 전략을 에덴/가정 혹은 에짚트 탈출/해방된 공동체라는 선택적 성서 표상들을 가지고 이원론적 양식으로 표현해 왔다. 비판적 여성론 해방신학은 지배와 착취의 가부장적 관계들을 변혁하기 위한 다양한 여성론 전략과 운동을 포착할 수 있는 다원적 표상을 통해 교회 내 여자운동의 이원론적 성서 표상을 대치하고 극복하도록 진력해야 한다.

교회들 내의 다양한 여자운동

여기서 여성론 전략과 여성운동의 다원적 형태를 수용하는 유형론을 간략히 묘사해 보자. 다른 모든 분류에서와 같이 이 유형론도 단순화하고 일반화하는 경향을 면할 수는 없겠지만, 이로써 여자를 "태양으로 끌어올리는" 밧줄의 힘을 비판적으로 검사하고 평가할 수 있을 것이다. 여자운동의 여러 단체와 전략은 고립된 그룹으로서보다는 한데 엮일 때 강력한 밧줄을 이루는 다양한 실가닥들로서 바람직하게 다음과 같은 아홉 가지 표상을 통해 구상화될 수 있을 것이다. ① 가족, ② 제단과 성소, ③ 말, ④ 몸, ⑤ 신적 여성, ⑥ "무지개의 조화", ⑦ 정의를 추구하는 친구들의 기초 공동체, ⑧ 여성론 시각을 지향하는 독립적 교회, ⑨ 공개 발표장 혹은 여자 시노드. 나는 여자 에클레시아라는 표상을 이끌어들임으로써 여러 교회에서 형성된 "여자운동 밧줄의 끈들"을 따로 배타적인 입장보다는 한데 엮여서 서로 강화하는 것으로서 인식할 수 있는 공동의 시각을 제안해 왔다.

① **가족**: 자유주의적 여성론에 대응하여 발생한 "보수적" 여성운동은 잘 조직되어 있고 정치적으로도 강력한 힘을 가지고 있다. 지난 세기와 마찬가지로 오늘도 보수적 여자들은 "참된 여자다움"과 그리스도교 가정의 가치에 호소한다. 이들은 여자의 소명과 참된 본성의 성취는 가정을 보호하고 그 안에서 에덴의 고요와 평안과 아름다움을 창출하는 것이라고 역설한다. 가정과 교회를 남자들과 자녀들이 일터의 노동과 하느님을 모르는 세속으로부터 물러나 찾아들 피난처로 가꾸는 일도 포함해서 말이다.

이들에 따르면 여성의 힘은 온전함과 사랑과 행복이라는 영적 섬을 조성하는 것이고 따라서 여자의 종교적 부름은 남자들의 그것보다 우월하다고 한다. 이 부름은 "Kinder, Küche, Kirche"(자녀, 부엌, 교회)로 집약되는 셈이다. 이 부름은 결혼한 여자에게 한정된 것도 아니다. 영적 모성, 돌봄과 섬김으로의 더 높은 부름, 배필이신 그리스도의 더 높은 부름을 따라 교회법상 수도회에서 사는 여자들에게도 적용된다.

비판적 여성론 분석은 정치적·종교적 우파가 여자들과 그 자녀들에게 안전과 거처, 규율과 서로 다른 책임 영역과 더불어 분명하게 규정된 성의 역할에 근거한 사랑을 약속해 주는 대가로 여자들에게 남성의 폭력과 가부장적 억압을 두려워하도록 조작하고 있음을 지적했다. 이 분석에 따르면, 여자는 복종하고 양육하는 것으로써 ("하느님의 뜻"을 행함으로써) 자기 몫을 이행하는 데 비해, 남자는 여자와 자녀의 경제적 부양과 안전한 집을 제공하고 정치적·영적 제도와 기관들, 결혼과 가족을 지탱할 책임을 지는 것으로 나타난다. 물론 대부분 여자들의 체험은 이런 여성과 모성 이데올로기와 상충한다. "자기 몫을 이행하는" 여자도 여전히 겁탈과 폭력과 구타, 성적 학대, 빈곤, 오갈 데 없는 처지, 낮은 급료와 낮은 지위, 심리적이고 영적인 불구화, 거듭되는 결혼관계의 파기 위협에 직면한다.

정치적·종교적 우파는 여자들의 분노와 두려움이 가부장제도에 맞설 때의 혁명적 잠재력을 알기 때문에 그것을 잠재우고 다른 방향으로 유도하려 한다. 여자의 종속성과 특수성을 "하느님에 의해 명해진ordained" 것으로 주입하기 위해 성서 종교를 이용한다. 여자는 진정한 상보성의 이상을 생활 속에 실천함으로써 여성적 소명을 수행할 수 있다는 것이다. 그리스도교 우파는 여자들에게 예수를 성적 폭행이나 학대를 당하는 일 없이 절대적으로 복종을 할 수 있는 완전한 남자로 제시한다. 그리스도의 힘이 의지가 강한 여자를 주님 안에서 남편과 사목자들의 지도에 복종할 수 있게 한다는 것이다.

정치적 그리스도교계 우파가 여자들의 분노와 두려움을 조작하는 둘째 방식은 "동등권을 주장하는 여성론자들"을 속죄양으로 삼는 것으로 나타난다. 그들은 전통적 성윤리를 활용하여 가부장적 폭력과 착취에 대한 여자들의 두려움을 공직으로 권리를 천명하는 여성론자들에게로 방향을 틀어놓는다. 특히 이름이 잘못 붙여진 저 "생명권" 운동은 여자들로 하여금 출산 자유를 주장하는 여성론자들에 맞서도록 자극했다. "가부장적 규율들을 깨뜨리는" 여자들, 곧 "미혼"모와 임신한 10대 소녀, 여자 동성연애자, 대상에 구애되지 않고 성관계를 가지는 여자, 급진적 여성론자, "빵을 굽고 차를 대접하는" 전통적 여성 역할들을 피하는 여자, 이런 모든 여자들이 이런 운동의 영향을 받는 이들 사이에서 훨씬 큰 두려움과 공개적 거부와 비이성적 분노를 불러일으키고 있다.

요컨대 정치적·종교적 우파는 흑인·사회주의자·테러자·유대인·동성애자·여성론자 들을 위험한 국외자로 명시함으로써 여자들의 두려움과 분노를 다른 방향으로 돌려놓는다. 가부장제도가 아니라 바로 이들이 폭력과 경제적 불안, 가난, 여자들의 삶이 하찮게 여겨지는 현상에 대해 책임져야 한다는 것이다. 여자들과 동맹할 수 있을 다른 소수자 집단에 대한 분노와 두려움의 표현이 눈감아지는 데 반해, 남자들의 통제에 대한 어떤 형태의 분노도 "여성답지 않은" 그리고/혹은 그리스도교적 사랑에 어긋나는 것으로 비난당한다. 여자들을 "분노를 뛰어넘도록" 이끄는 그리스도교 여성론자들은 예식과 영성을 활용하는데, 하지만 이들은 정치적·종교적 우파의 손을 들어주기가 십상이다.[4]

내가 사회에서 여자들이 생존하기 위한 첫째 전략을 비교적 자세히 개진한 까닭은 일반적으로 이것이 여성론적 변혁 잠재력의 견지에서 분석되지 않기 때문이다. 여자운동은 전체적으로 이 전략들로부터 배울 것들이 있다. 우리는 우파가 가부장적 목적을 위해 착취하는 "전통적" 여자들의 조직화된 재능과 용기있는 투신과 열심한 활동을 인식해야 할 것이다. 하지만 여기서 그치지 않고 이 전통적 가치 가운데 어떤 것들은 해방운동을 위해서 역시 중요한 의의를 가진다고 하는 점도 인식해야 한다. "전통적" 여자들은 양육하는 일과 "집안의 아늑함", 개인적 "접촉", 사랑깊은 관계들, 자녀들을 돌보는 일, 종교적 의미, 의식의 거행과 같은 것들은 기술문명화하고 관료화한 현대 사회에서 쉽게 찾아볼 수 없게 되어가는 중요한 가치들이라고 인식하고, 이런 인식에 입각해서 "자녀들과 가정과 종교"를 여자들의 힘을 적절하게 발휘할 수 있는 영역들, 과거 여자들의 문화와 종교를 지탱해 주었던 영역들로서 견지하고자 추구하고 있다. 가부장적 관계와 구조를 변화시키기 위한 일체의 여성론 전략은 이런 가치들을 가부장적 훼손으로부터 구해내고자 하면서도, 이것들을 본질적 "인간적" 가치들로 인식하지 않으면 안될 것이다. 보수적 여자들의 투쟁과의 부분적인 (완전한 부정이 아닌) 동일시와 연대는 "약한 이들의 힘들"을 강화시켜 줄 것이다.[5]

---

4. 특히 S. Rogers Radl, *The Invisible Woman: Target of the Religious New Right* (New York 1983); S. Diamond, *Spiritual Warfare: The Politics of the Christian Right* (Boston 1989).

5. E. Janeway, *Powers of the Weak* (New York 1980).

② **제단과 성소**: 교회와 유대교의 여러 여권운동은 일차적으로 여자서품과 관련하여 조직화되었다. 그 성서적 상징은 "하느님의 집"이 아니라, 성소와 제단과 설교단이다. 이 운동은 "동등권"이나 "여성·남성의 상보성"에 입각해서 여자 서품을 주장해 왔지만 그럼에도 불구하고 여자서품이 구조적 악으로서의 교회의 가부장제에 맞서는 투쟁에 기여할 바가 어떤 것인가를 아직 충분히 말해 주지를 못하고 있다.

이 점을 밝힐 때 비로소 흡수나 명목적 수용, 즉 가부장적 위계구조를 지탱하기 위해 여자들의 힘이 오용당하는 사태를 피할 수 있을 것이다. 여자서품은 몇몇 여자가 여부제라는 "성직자"로서 가부장적 위계의 최저계급에 수용되는 정도로 귀결되어서는 안된다. 여자서품운동은 한편으로는 여자 교회 내에서의 존엄과 영적 힘을 위한 투쟁으로서, 다른 한편으로는 교회와 직무를 동등자 제자직 공동체의 직무로 변화시키는 투쟁으로서 표현될 수 있어야 한다. 여자 서품 운동은 가부장적 지도와 권력의 변화에 초점을 맞추면서 모든 제도가 권력과 지도력을 필요로 함을 받아들인다. 결국 관건은 제도적 모든 권력과 지도에 대한 거부가 아니라 그것을 바르게 구조화하는 일이다.

여자서품투쟁이 목표를 달성하려면 신학적 반대주장들을 비판적으로 분석만 하기보다는 무엇보다도 종속을 지속시키려고 가부장적 권위와 권력을 뒷받침하고 있는 교회체제의 구조와 교의적 개념과 영적 가르침 들에 대한 동의를 유보할 수 있어야 한다. 교회들의 강제력은 이제 징치적이 아니라 "영적"일 따름이므로 교회체제의 영적 권위에 대한 동의의 유보는 종속과 침묵을 강요당하는 소수자들이 교회의 제도적 변화를 낳을 힘을 창출할 수 있는 한 방식일 수 있다.

③ **말**: 여자서품운동은 여자들의 거룩함에 역점을 두는 데 비해 여자들의 신학연구 운동은 여자들의 지적 힘과 목소리를 되찾고자 진력하고 있다. 금세기 초부터 유럽과 북아메리카의 개신교 여자들은 신학을 연구하고 가르칠 수 있도록 학문기관에 발을 들여놓고자 해 왔다. 유럽 가톨릭 여자들은 제1차 세계대전 후에 신학부의 학생이 되기 시작했고, 미국에서는 1960년대에 비로소 여자가 신학 연구기관에 발을 들여놓을 수 있게 되었다. 그뿐 아니라 여성론 해방

운동의 제2의 물결이 일어나면서야 여자들 자신의 신학적 목소리를 찾고자 하면서 지적 능력을 재천명하기 시작했다. 지난 20년 동안 특히 일반적 종교 연구와 여성론 연구에 여자들이 폭발적으로 참여하면서 여자에 관한 우리의 지식을 풍부하게 했고, 남성중심적 실증주의 틀들과 과학적 객관주의 패러다임들의 보편타당성에 이의를 제기하는 토대를 구축했다.

하지만 동시에 신학대학들에 들어선 여자들은 아직도 우리를 신적 존재 혹은 "이성적 남자"의 "타자"로 규정하면서 침묵시키고 있는 성직계와 학문 공동체들의 언어와 범주들을 사용해야 하는 처지에 있다. 더구나 신학교육을 받고 서품에 참여할 권리가 획득된 후로, 신학대학 여자들 가운데 상당수가 기존 성직체제와 학문체제에의 동화를 추구하고 있다. 여성론 신학을 경원하거나 가부장적 틀에 흡수시킴으로써 열성적 학자임을 자처하려는 가운데 말이다. 여자가 "학문적" 주제를 거론할 수 있기 위해서는 "아버지들"의 학문적 담론들을 "통달"해야 하며 자신의 지적 목소리와는 인연을 끊어야 하는 것이다.

따라서 신학교육에 들어선 여자들은 세 가지 전략 가운데 하나를 선택할 수 있을 것이다. 우선 우리를 **여자로서** 침묵시키고 변두리로 따돌리며 타자화해 온 신학의 언어와 전통과 이론들을 받아들여 내면화할 수 있다. 아니면 우리의 자기긍정과 지적 목소리에 대해 신학 연구들에 잠재하는 파괴력을 인식하고 이들을 남성의 관념적 놀이로서 거부해 버릴 수도 있을 것이다. 그러나 이 둘째 선택은 여자와 그밖의 모든 비인격을 위해 신학의 주제를 변화시키는 데 필요한 지적 기법과 수단과 이론을 박탈할 것이다. 셋째 선택은 신학하는 여자에게 스승의 지적 건물을 허물어뜨리는 작업을 위해 "스승의 도구"를 사용할 수 있게 한다. 여성론 신학자가 (성·인종·계급·문화·종교에 의해 규정된) 여자들의 입장을 의식하면서 억압적 종교의 신학적 구조들을 해체시키고 여자들의 종교적 유산과 신학적 목소리를 재구축하는 데 그런 지적 도구를 사용할 방법을 터득해 나가는 것이다.

④ **몸**: 성서 종교와 신학이 여자를 성과 죄하고 동일시해 왔다는 것은 이미 케케묵은 이야기가 되었지만, 다양한 형태로 전개된, 여자들의 성에 관한 권리

와 자기결정권 회복 운동은 종교적 여성론자 사이에서 여자서품운동만큼 주목을 받지 못해 왔다. 나의 신앙 배경과 연관지어 한 예를 들어 보자. 출산의 권리를 위한 운동인 자유 선택을 위한 가톨릭인CFC(Catholics for a Free Choice)이나 가톨릭 여자동성애자 협의회CCL(Conference for Catholic Lesbians)는 1983년에 미국에서 결성되었지만 아주 천천히 공적 목소리를 얻기 시작했고 회원 가입도 아주 늦게야 가능했다. 교회연합과 밀접하던 일부 그룹이 이유를 공식적으로 밝히지 않은 채 1983년 11월 제1차 여자교회회의 직전에 후원과 지원을 철회했다. 메어리 조 위버가 시사하듯이, 이것은 가입 그룹 가운데 CFC와 CCL이 점점 눈에 띄게 된 데서 비롯했을 것이다.[6] 여자동성애자 운동의 목표는 교회 안팎의 "시민권" 투쟁을 벌이고 성에 대한 지금까지와는 다른 이해를 밝히며 갖가지 동성애 혐오와 이성애론異性愛論에 근거한 동성애자 차별을 고발하는 것이었다. 프로테스탄트 교회들에서는 아직 동성연애자가 서품받을 권리가 없고, 가톨릭 교회에서는 아예 시민생활과 교회생활 권리가 벼랑에 몰려 있다. 그리스도교 성찬례의 절정에 발설되는 "이것은 내 몸이다"라는 말에 여자의 몸이 그 모든 다양성과 함께 포용되지 않는 한, 성에 관한 여자들의 자기이해와 권리 투쟁은 교회 내 여자운동의 중심 주제로 남아 있을 것이다.

이 투쟁은 바티칸 수도자 및 재속회성성SCRIS이 1984년 말에 "다원론과 낙태"에 관해 「뉴욕 타임즈」에 낸 광고에 서명한 수녀들에 대해 개입하면서 이례적으로 주목받게 되었다. 서명자인 모린 피들러 수녀는 이 사건을 "최근 여자교회 역사herstory에서 가장 중요한 사건의 하나"라고 했다.[7] 레이건/부시 정부와 가톨릭 성직계와 종교계의 근본주의 그룹들이 가난한 이들과 젊은이들, 격리된 여자들과 제3세계의 모든 여자를 위한 안전하고 합법적인 가족계획 방법을 엄격히 제한하려는 갖가지 시도를 보이고 있으므로 성에 관한 자기결정권 확립을

---

6. Mary Jo Weaver, *New Catholic Woman* (San Francisco 1985) 245 주84.

7. Maureen Fiedler, "Claiming Our Power as Women in the Midst of Political Struggle": *Conscience* 9 (1988) 1. 이 글은 제2차 여자교회회의에서 그녀가 행한 발언을 확장된 형태로 발표한 것이다.

위한 국제적 종교운동의 필요성이 더욱 증대되었다. 에이즈 감염을 막기 위한 콘돔 사용과 임신중절이 다시 법률로 금지되려 하고 있다. 이 운동은 "가정의 가치"을 내세워 동성연애자들과 이른바 불법적 관계에서 아이를 낳은 어머니들에 대해 시민권을 제한하는 우익 정책, 성차별과 가부장적 통제를 정당화하는 우파의 법안에 직면하지 않을 수 없다. 요약하건대, 여자서품운동은 교회생활 영역에서의 여자 권한을 되찾으려 하고, 종교적 여성론 연구는 여자들의 신학적 유산과 지적 목소리들을 회복하고자 하며, 교회 내 자기결정권 운동은 성에 대한 통제로부터의 자유를 역설하고 있다.

⑤ **신적 여성**: 교회 내 여자운동들은 시민권 투쟁을 벌이지만, 종교를 "해답이 아니라 문제의 일부"로 보는 사회나 학계의 이른바 세속 여자운동들은 흔히 종교를 등한시하거나 거부한다. 그래서 여성론 영성운동은 여자해방투쟁에서 종교의 힘을 강조하고, 따라서 가부장적 그리스도교와 유대교로부터의 "탈출"Exodus을 요청해 왔다. 종교들은 신적 존재를 엘리트 남자상으로 만들어 놓음으로써 여자의 종교적 힘을 흡수하거나 파괴해 왔기 때문이라는 것이다. 여자 영성운동은 가부장제의 주변지대 "피안"에 여자들의 "해방" 공간을 만들려고 한다는 것이다. 메어리 데일리는 자매관계를 반교회적인 것으로, 그리고 여자해방운동을 우주적 차원을 띠는 광대한 계약으로 인식한 데 비해, 소르쥐Elga Sorge는 여자교회를 가부장적 제도 교회의 예배들을 대치할 수 있는 의식과 성사들을 마련할 수 있는 공동체로 이해한다. 두 사람 다 여성론 공동체를 엑소더스 공동체로서 그리고 한 해방된 공간으로 개념화한다. 또 다른 영성운동 여성론자들은 융의 심리학을 여성적 신적 존재를 기리기 위해 활용하기도 한다.

캐롤 크라이스트는 여자들의 관심에 입각해서 여신 종교 재창출의 가장 설득력있는 논증 가운데 하나로,[8] 여신은 신적 원리, 곧 존속시키고 구원하는 힘이 여성적임을 상징한다고 논증했다. 여자는 구원자로서나 신적 존재의 중재자로

---

8. Carol P. Christ, "Why Women Need the Goddess: Phenomenological, Psychological and Political Reflections": C. P. Christ, J. Plaskow 편 *Womanspirit Rising: A Feminist Reader in Religion* (San Francisco 1979) 273-87.

서 남성 인물을 따로 필요로 하지 않으며, 따라서 여신은 여성적 힘의 상징이 된다. 이제 신적 존재를 "명명할 힘"과 그 신적 존재의Her 현존을 제의화하고 여성 상징적 우주를 구성할 힘이 여자들에 의해 회복되기에 이르는 것이다.

여자의 영성적·제의적 힘에 대한 이런 적극적 권리 천명과 여자의 표상 안에 있는 신적·궁극적 힘의 회복은 그리스도교 신앙 공동체들에 의해서도 주장될 수 있어야 한다. 만일 이 공동체들이 교회에서 정의와 종교적 자기긍정을 위한 여자 투쟁의 추진력으로 작용할 수 있으려면 말이다. 이런 견지에서 그리스도교 여성론자들은 그동안 하느님을 가리키는 남성중심적 언어와 전례언어들, 그리고 선포와 관련된 성서언어가 변화되어야 함을 역설해 왔다. 이른바 포용적이고 성중립적 언어가 남성을 가리키는 언어로서 작용을 할 수 없는 한, 하느님에 관한 가부장적 상징과 남성중심적 표상은 여성적 언어와 상징들로 대치되어야 한다. 그러나 만일 여신 영성이 어떤 존재론적 여성적 실재에 집착한다면 사정은 다를 수 있다. 이 영성이 여성적 신상들과 여자들의 특수한 종교적·제의적 힘에 대해 역설하는 시도는 고정적 틀 속에서 여성적이라고 일컬어지는 문화적 정형들을 복원시켜 놓을 우려가 있는 것이다.

달리 말해서, 여자들의 영성과 여신운동들이 신적 "여자"에 관한 존재론을 내세우고 여자의 특수한 문화와 종교제도, 특수한 영역과 여성적 존재론에 관한 이 운동들의 신학이 "영원한 여성"과 관련된 가부장적 부르주아식 표현에 끼어들면 그만큼 그런 가치들을 내지할 수 없으며 오히려 여성직/남성직 가치들을 자리만 바꾸어 이런 왜곡된 가치들을 재생산하는 위험에 처하게 된다. 남자와 다른 여자의 본질적 차이를 논하며 여자를 본성과 몸과 성적 유혹과 죄하고 동일시하는 가부장적 신학은 여자에게 보충·보상 역할을 부여함으로써 여자의 종속을 정당화하여 남성지배 사회·교회 구조를 지탱한다. 이런 가부장 문화 맥락 속에서 여자의 신격화와 여자의 본질적 우월성 천명은 가부장적 성의 정형들을 극복하지 못하고 오히려 또 다른 남성중심적 투사와 이데올로기로 재각인시킨다. 여자들의 제의적 힘들을 회복하고 신적 존재에 관한 남성중심적 언어를 여신의 모습에 입각하여 재론하는 일은 중요하다. 하지만 이와 더불어서 우리는 영원한 여성과 관련한 부르주아적 형이상학으로부터 그런 신학적 구성을 구출하도록 주의를 기울여야 한다.

⑥ **무지개의 조화**: 여자 일반에 관한 유럽-아메리카의 본질주의적 여성론 담론은 서양의 가부장적 식민지화와 각각의 가부장 전통에서 해방되기 위한 여자들의 다양한 목소리에 의해 점점 더 저항을 받고 있다. 시몬느 드 보봐르 이래 여성론 이론은 역사와 문화와 종교의 주체인 서양의 엘리트 남자의 "타자"로서의 여자에 초점을 맞추거나 아니면 성의 이원론과 성의 보조성에 관한 추상적 보편주의 이론을 생산하는 본질주의적 "여자" 관념을 구성해 왔다.

여자에 관한 혹은 본질적 성의 차이에 관한 대립적 여성론 담론을 구축하고자 하는 이런 시도를 통해 여성론 이론은 문화적·종교적·지적·정치적 권력으로부터의 엘리트 여자의 배제뿐 아니라 식민지화된 문화·인종·계급·종교의 여자들과 남자들에 대한 착취를 정당화하려는 서양의 철학과 신학 이론들이 유통될 수 있게 했다. 결국 여성론 이론은 세계의 대부분 여자들이 백인 엘리트 남녀뿐 아니라 그들 자신의 계급·문화·인종·종교들에 속한 남자들의 타자이기도 하다는 사실에 언제나 충분히 주목하지 않았다. 요컨대 세계의 대부분 여자들은 "타자들의 타자들"others of others이다.

그러므로 온 세계 여자 목소리들은 가부장제가 보편적이고 초문화적인 이원적 성본질주의로 이론화되어서는 안되며 역사상 복합적으로 변화하는 피라미드 지배체제로 규정되어야 한다고 역설하고 있다. 여성론 운동은 성차별만이 아니라, 여자 억압을 배가시키는 구조로서의 인종차별과 가난과 군사력을 앞세운 식민지주의에 맞선 투쟁을 위해서도 정치적·종교적 투신을 요청하고 있다. 아프리카-아메리카계 여성론자들은 이런 특수성을 표현하기 위해 자신들의 신학과 운동을 "여자론자"womanist* 신학/운동이라 이름했다. 한편 남미계 여성론자들은 "무헤리스타"mujerista** 신학/운동을 말하고 있다.

그러나 아프리카-아메리카계 여성론 이론가 벨 훅스는 여자들의 정치적 연대

---

* "womanist theology/movement" 개념 형성에 관한 자료는 23장의 주 4를 참조.
** "mujerista theology/movement" 개념 형성에 관한 자료는 23장의 주 5를 참조.

가 가부장구조의 용어와 구분에 의해 규정되거나 제한되어서는 안된다고 주의를 환기시켰다.[9] 우리의 "가부장제"를 가부장적 구조에 따른 구분에 입각해서 규정하는 한, 가부장적 정책들은 우리를 갈라놓고 대립시킬 수 있는 것이다. 성서적 표상을 사용하자면 우리는 우리 자신의 특정한 목소리로 말하면서도 서로 이해할 때 비로소 오순절의 힘으로 바벨의 가부장적 구분을 극복할 것이다. 종교에 몸담은 여성론자는 인종차별·성차별·계급주의·성직주의·동성애 혐오·종파주의라는 가부장적 구분에 따라 조직화해서는 안된다. 우리의 특정한 차이를 부인하는 것이 아니라 그런 차이에도 불구하고 정치적 연대로 결속시키고 가부장적 비인간화에 맞선 투쟁을 위한 교회 차원의 투신으로 이끄는 신학적 시각들visions을 (구분들divisions이 아니라) 발전시켜야 하는 것이다.

⑦ **기초공동체**: 미국의 여자교회운동은 여자교회의 본질주의적 이해와 탈출공동체 혹은 해방된 공간의 기초공동체로서의 그 개념화 사이를 왔다갔다하고 있다. 제1차 여자교회회의가 단수로 표현한 woman에서 드러나듯이 말이다. 미국 여자교회운동을 신학적으로 틀지은 메어리 헌트는 여자교회가 여자 기초공동체들이 역사적으로 발전된 형태요 여성론 그룹들, 곧 "정의를 추구하는 친구들"과 같은 동일한 확신과 시각과 종교적 활동을 공유하는 이들의 조직망이라고 이해한다. 그녀에 따르면 여자교회운동은 그리스도교의 근본적이고도 철저한 비판과 여자들의 적극적 종교체험들 사이의 긴장을 유지한다. 이것은 "가부장적 교회들에서 영적으로 학대당해 온 여자들을 위해 안전한 종교적 자리"를 제공한다는 것이다.[10]

로즈마리 래드포드 류터는 "성차별에서 해방된 공동체를 발전시키기 위한 자율적 여성론 기초공동체의 창출"을 요청했다. 이런 여성론 기초공동체는 제도적 교회의 약간의 혹은 많은 역할을 수행할 수 있을 것이다. 그 사명은 제도교

---

9. bell hooks, *Feminist Theory: From Margin to Center* (Boston 1984) 43-65.
10. 참조: Mary Hunt, *Fierce Tenderness: A Feminist Theology of Friendship* (New York 1991) 159-61; "The Challenge of Both/And Theology": M. May 편 *Women and Church: The Challenge of Ecumenical Solidarity in an Age of Alienation* (New York 1991) 28-33.

회의 일정 구역에서 "해방된 지역"을 창출할 것이다. 류터는 제도교회로부터 여성론 기초공동체라는 "더 자유로운" 공간으로의 탈출이 분파주의 운동이 아니며 오히려 그런 "자유로운 지역들"은 "창조적 변증법"을 통해 역사 속의 제도교회들과 계속 관계를 맺어나가야 한다고 조심스럽게 강조한다. 그녀의 이해에 따르면 여성론 기초공동체는 여자들에게만 제한되어서는 안되며, "해방하는 공동체"를 체험하기를 원하고 역사의 교회를 변혁시키기 위해 "함께 살아나갈 해방된 방식들을 성숙"시키기를 원하는 모든 사람에게 열려 있어야 한다.[11] 류터의 『여자인도자들』에서는 개시된 여자교회운동과 보조를 같이하면서 제1차 여자교회회의에서 채택한 철자를 이어받아 여성론 기초공동체를 여자교회로 명명했다. 후에 나온 책에서는 단수에 배어 있는 본질주의적 의미를 극복하기 위해 woman에서 women으로 철자를 바꾸었지만 그녀는 계속해서 여자교회를 "가부장제로부터의 탈출 공동체로서" 이해하고 있다.[12] 류터는 이런 여성론 탈출공동체의 과제는 전례와 신화의 형성에는 물론 의식제고와 정치적 투신에도 있다고 역설한다. 아무튼 두 저서에서 "여자인도자들"과 "여자교회"라는 용어는 해방을 겨누는 전례적 탈출공동체로서의 여자교회에 초점을 맞추고 있다.

메어리 데일리의 책(*Beyond God the Father*)에서는 제도교회 탈출을 요청하면서 여성론적 자매관계를 "반교회적"인 것으로 규정한 데 비해, 래드포드 류터는 창조적 변증법을 통해 여자교회의 탈출 기초공동체를 제도교회와 이어놓고자 한다. 류터 자신은 자신의 "창조적 변증법"을 앞에서 말한 것과 같은 가부장적 보충성으로 환원시키지 않으려고 주의를 기울이고 있지만, 몇몇 여자교회 사건들은 그렇게 할 수가 없는 것처럼 보인다. 여자교회를 "가부장제로부터의 탈출 공동체"로서, 여자들이 치유와 여성론적 해방을 기리는 "해방된 지역"으로서 예찬하는 한, 그들은 서양의 가부장제를 정형화하는 가정과 국가, 사사와 공

---

11. Rosemary Radford Ruether, *Sexism and God-Talk: Toward a Feminist Theology* (Boston 1983) 206.
12. R. R. Ruether, *Womanguides: Readings Toward a Feminist Theology* (Boston 1985) 161; *Women-Church: Theology and Practice* (San Francisco 1988).

사, 종교와 사회, 여성과 남성 사이의 변증법적 보속성을 재각인시키는 위험에 처해 있다. 만일 "탈출 기초공동체"로서의 여자교회와 가부장적 제도교회 사이의 "창조적 변증법"이 제도교회 쪽으로 기울어져 해소된다면, 교회구조의 변혁은 발생할 수 없을 것이다. 만일 이 창조적 변증법이 "해방된 영역"으로서 이해되는 여자교회 쪽으로 기울어져 풀린다면 본질주의와 분파주의와 배타주의가 으스스한 분위기를 몰고올 것이다.

⑧ **여성론 교회**: 아프리카-아메리카계 여성론자들은 일반적으로 여자교회운동에 대해 회의적이다. 인종차별과 종족학살에 맞선 투쟁의 남녀 연대를 붕괴시키기 위한 백인 지배세력의 또 다른 술책이 될 수 있음을 극히 우려하기 때문이다. 이에 비해 아시아의 김영 목사는 한국 여자교회를 세워 목회하고 있다.* 엘가 소르쥐는 독일에서 이와 유사한 기획을 실천에 옮기기 시작했는데, 하지만 제도교회를 변혁하기보다 대치하고자 하는 중이다.

한국 여자교회는 내가 알기로 최초의 여성론 교회다. 초교파적이며 교회일치적인 이 "교회"는 한국에서 여자와 남자와 어린이 모두의 정의를 성취하기 위해 활동한다. 발족위원회는 "억압받는 모든 여자를 해방하시는 예수의 복음을 선포하고, 한국의 교회와 사회를 변혁하며, 고통받는 여자들과 함께 나누라"는 부름을 실현하는 것이 여자교회의 목표라고 말한다.[13] 특히 가난하고 외롭고 억압받는 여자들에 대한 과거와는 다른 직무 모델을 구축하기 위해 1989년에 세워진 이 교회는 창조적 예배방식과 여자의 비판적 관점에서 성시를 연구하는 단체 그리고 선교 단체들과 사목상담을 통해 강력한 공동체의식을 발전시켜 나가고 있다. 빛과 소금의 전례, 물과 세례의 전례, 거룩한 친교의 식사, 한국식 애찬, 향수의 전례, 치유 예배, 저녁 예배, 방문 예배 등 상상력이 풍부한 새로운 예배를 창출하여 다양한 상황에서 필요와 요청에 따라 개최하고 있다.

---

   * 이 교회는 한국에서 "여성 교회"라고 일컬어지고 있고, 현재 서울 장충동에 있는 이 교회의 담당사목자는 정숙자 목사이다.

13. "Women Church of Korea: A Community with Suffering Women": *In God's Image* 1990.6, 56-7.

요컨대 한국 여자교회는 그 자체의 안내 자료에 따르면 가정과 사회의 억압으로부터 여자들을 해방하고 깊은 "한"恨을 치유하는 활동을 전개하고 있다. 이 교회는 전통교회를 부인하지도 대결하지도 않는다. 오히려 한국 교회들에서의 불신과 불관용을 극복함으로써 전통교회를 변혁하고, 여자들의 생명체험을 선물로 받아들이는 가운데 가장 보잘것없는 이들, 특히 비천한 여자들의 목소리들에 귀기울이며, 여자들을 일깨워 세계 안에서의 역할을 예언자적으로 인식하도록 애쓰고 있다. 이 모든 일은 물론 이보다 더 많은 일을 수행하고 있다. 여자들에게서 한국 교회의 희망을 보고 있기 때문이다.

⑨ **시노드**Synod: 신학적·영적 식별은 억압받는 이들의 힘 가운데 하나를 대변하므로, 미국에서 주도적인 탈출 기초공동체로서의 여자교회 시각과 유럽에서 발달한 시노드로서의 여자들 교회 이해를 비교하는 일은 중요하다. 교회들 내에서 처음 시노드를 연 것은 네덜란드 여성론 운동계였지만 그후 유럽 여자교회 시노드를 준비하기 위해 유럽 중부지역의 다른 여러 나라에서 여자 시노드가 개최되었는데, 여기서 여자교회는 일차적으로 전례적 기초공동체가 아니라 자신들의 차이들을 수락하는 가운데 여자 에클레시아를 향한 "공동의 길" *syn-hodos*을 찾는 여자 모임으로서 이해되고 있다.

리브 트로취의 보고서에 따르면 네덜란드에서는 "여자교회"라는 용어가 격렬한 논쟁을 불러일으켰다.[14] 여자교회 개념은 다양한 논의와 찬반 반응과 쟁론을 촉발시켜 여자 그룹들로 하여금 자신들의 정체성과 시각을 천착할 힘이 되고 있다. 네덜란드 교회들 내의 여성론 운동은 교회일치적 "여자들과 신앙운동"이라는 운동체에 모여 있는데, 여성론 신학자들에 의해 지원되고 있고 때때로 프로테스탄트와 가톨릭의 교회기관들로부터도 재정적·조직적 지원을 받고 있다. 이 운동체의 지역적·지방적·국가적 단위 모임들은 신학적 문제만이 아니라 인종과 동성애자 차별, 작업 분화, 실업, 정치적·경제적 권력 등 다양한 문제도 논의하는 활동들로 해서 특별히 주목을 받고 있다.

---

14. Lieve Troch, "The Feminist Movement in the Churches in the Netherlands": *Journal of Feminist Studies in Religion* 5 (1989) 113-28.

1987년 8월에는 여자들을 토론과 발표들에 불러모은 사흘간의 전국회의가 개최되었다. 이 모임은 최초로 "여자교회"라는 말을 도입하는 데서 그치지 않았다. 그 주제는 신시내티에서 열린 제2차 여자교회 회의에서와 비슷하게 "여자와 힘, 여자 힘"Women and Power, Womenpower이었다. 트로취는 네덜란드와 미국의 모임의 차이를 지적한다. 네덜란드 모임은 도전적 논의와 논증적 쟁론이 특징이고 완전히 초교파적인 데 비해, 신시내티 모임은 전례와 의식이 특징이며 참석자들은 지도적 프로테스탄트 여성론자도 있지만 대부분이 가톨릭인이었다.

네덜란드 회의는 종일 열린 교회사상 최초의 여자 시노드로 절정에 달했다.[15] 교회와 상황이 다른 70명의 여자가 "다양한 배경에서 지속적 여성론 과정으로" 움직여가기 위해 주의깊게 선정되었다. 교회 안팎의 여자들과 여자조직들의 이 다양한 "대표들"이 "공동의 길"을 얼마나 풍부하게 공유하고 있는가를 밝히기 위해 여자들의 차이와 공통성에 대한 다양한 논의를 개진했다. 이 시노드의 권고들은 교회 내 정책 결정 구조들에는 물론 교회 안팎의 여자들에게 발표되어 지금까지 이 나라 전역에서 여자 문제에 관한 광범위한 토론을 촉발시켜 왔다.

공동의 시각을 향하여

교회의 다양한 여자운동은 절대적으로 구분되는 것이 아니라 서로 다른 운동들이 한 밧줄을 이루는 많은 실가닥처럼 한데 얽혀 있다. 바로 이것이 힘을 이루고 악힘들을 낳기도 한다. 성시 종교를 배경으로 하는 여권 확립 운동들은 "그 딸들"이 사회와 교회 내에서 모든 자유와 책임과 더불어 온전한 시민권을 누리고 있다고 주장하며, 그래서 여자 권리에 대한 단언과 여자를 가부장 체제에 이끌어들이려는 시도 사이에서 왔다갔다하고 있다. 그리고 "신적 여성"의 기치하에 모인 여성론 운동들은 여자로서의 정체성 긍정과 여성에 관한 사회적 개념에 대한 여성론적 비판 사이의 긴장을 해소해야 하는 처지에 있다. 끝으

---

15. 제1차 여자교회회의 전에 워싱턴에서 가진 한 모임에서 나는 여자교회가 로마 주교 시노드에 대한 한 대안으로서 여자 시노드를 계획할 것을 제안했다. 그러나 이 제안은 받아들여지지 않는데, 너무 교회체제적인 것같이 여겨졌기 때문이다.

로, 여자교회운동은 가부장적 교회와의 변증법적 긴장관계 속에서 여자들을 위한 교회의 공간을 밝히고자 진력해 왔지만, 그럼에도 불구하고 역시 "해방된 공간"으로서의 여자 기초공동체와 전례적 필요와 여자에 대한 사목적 배려를 위한 "서비스 스테이션"으로서의 여자교회 사이에서 부라질을 하고 있다.

나는 지금까지 교회들 내에서 여자운동이 신학적으로 그리고 조직적으로 육화하여 구체적으로 형성된 꼴들에 있어서 나타나는 차이현상들과 어려움들을 지적해 나왔다. 하지만 나는 이런 시도를 통해서 어떤 한 형태가 "정통적"이고 다른 것들은 그렇지가 않다고 말하려는 의도는 전혀 없다. 나는 오로지 서로 다른 여성론적 준거 틀들이 서로 다른 전략들을 발생시키고 있다고 하는 점을 지적하는 데 뜻을 두고 있을 따름이다. 모든 형태의 운동들은 여자들을 서로 분열시키기 위해서 여성론을 흡수하려고 들거나 이것을 "악령에 씐" 것으로 만들어서 "급진적"인, 혹은 "분파주의적"인 것으로 몰아가려고 기를 쓰는 이 사회와 교회에서 점증되고 있는 가부장적 압력과 관련하여 어떤 위치에 놓여 있는가가 규정되어야 할 따름인 것이다. 결국 만일 우리가 여자운동을 미래에로 밀고나갈 수 있으려면, 우리의 모든 여성론적 힘들과 영적 자원들을 "함께 끌어당기는" 시도가 절대적으로 요청되는 것이다.

여성론 신학과 여성론 운동의 서로 다른 여러 방향과 전략을 이처럼 함께 끌어당기는 작업에는 남성중심 이데올로기와 성의 이원론에 대한 분석을 가부장체제에 대한 분석과 결합시키는 시도가 요청된다. 이렇게 하기 위해서는 가부장적 악을 다른 존재들에게 투사하여 해방을 주장하는 이원론적 대립을 떨쳐버려야 한다. 나는 그런 "공동의 시각"을 적극적으로 밝히기 위해 해석학적이고 재/구성적re/constructive이며 정치적인 용어로서의 "여자 에클레시아"[16]라는 표현을

---

16. 그리스어 *ekklēsia*와 *synagogē*는 매우 유사한 역사적·신학적 의미가 있으므로, 나는 성서적 하느님 백성으로서 여자들이 함께하는 모임의 중요성을 지적하기 위해 처음에는 이 두 용어를 번갈아 사용함으로써 성서 종교들에 몸담은 여자들을 포용하는 여성론 시각을 밝히고자 했다. 하지만 *ekklēsia*와 *synagogē* 사이의 권력 불평등과 잔인한 대립의 역사는 여자 *synagogē*라는 나의 말이 그리스도교 지배와 우월의 표지로 여겨질 수도 있을 만큼 심각한 것이었으므로 나는 이 "공통 시각" 측면을 전개해 나가지는 않았다.

새로이 만들어 사용해 왔다. 그러므로 나 자신의 작업은 "밧줄"을 구성하는 실가닥 중에서 해방투쟁에 몸담은 다양한 여자들 가운데 연대와 협력을 촉진시킬 수 있는 "상상된 공동체"[17]로서 여자운동을 말하고자 하는 실가닥들에 속해 있는 것으로 자리매김될 수 있을 것이다.

여자 에클레시아의 이론적 개념화는 우리가 가부장적 억압의 세계에 살고 있는 한 누구에게도 가부장제로부터의 "탈출"이나 "자유에로의 도약"이 불가능하다는 인식에서 출발한다. 모든 여자가 자유롭지 않은 한 어떤 여자도 자유롭지 않다. 모든 비인격이 해방되기까지는 단 한 사람도 해방되지 않는다. 가부장제가 종국에 이르지 않는 한 모든 종교적 체험과 시각은 가부장구조에 의해 일그러지고 제약당한다. 이것은 전통 종교들에는 물론이고 가부장적 구조와 사고로 사회화된 여성론자들에 의해 거론되고 구성된 여성론적 여신 영성에도 또한 "해방된 공간"을 대표하지 않는 여자교회 공동체들에도 해당된다.

바울로식 용어로 표현하자면, 그리스도인들은 아직 세계의 구조악으로부터 온전히 "구원"을 받지 못한 처지에서 생명을 가져다주는 "큰 영"Great Spirit의 힘으로 맞서 싸울 힘을 부여받고 있다. 비판적 여성론 신학 시각은 우리가 억압하는 가부장 세계에서 "편하게" 있도록 허용하지 않으며, 가부장 세계를 떠나 "다른 세계"로 비약할 수 있게 하지도 않는다. 우리는 가부장제라는 "몽상에 빠뜨리는 우상"으로부터 여자교회라는 "해방된 공간"으로 물러날 수 있는 것이 아니다. 여성론 시각은 우리를 "내부의 국외자"로서 깊어지는 매일의 투쟁과 책임으로 불러내고 있다. 골든Renny Golden과 콜린스Sheila Collins가 편집한 시선집의 제목을 빌려 말하자면 "탈출"이 아니라 "투쟁이 희망을 위한 이름"이다. 다음 세 가지 신학적 요소가 이런 시각의 근본적 토대를 이룬다.

① "여자 에클레시아"라는 표현은 여자들이 교회임을 전달하는 **해석학적** 방법이자 언어적 도구다. 그리스도교 여성론자들이 "교회"를 말할 때 흔히 여자들은 여기 있고 교회는 저기 있다는 식으로 우리와는 완전히 다른 어떤 실체를

---

17. 참조: C. T. Mohanty, "Introduction": C. T. Mohanty, A. Russo, L. Torres 편 *Third World Women and the Politics of Feminism* (Bloomington 1991) 4.

암암리에 전제하고 있다. 교회는 오랜 기간 남성 성직계와 동일시되어 왔다. 그렇기 때문에 대중매체만이 아니라 많은 그리스도인의 정신 속에서도 교회는 가부장적 성직 위계와 동의어가 되어 왔다. 하지만 신학적으로 가부장적 성직 위계가 "제도"교회와 동일시될 수는 없다. 제도교회가 오로지 가부장적일 수는 있을지라도 말이다. 뒤집어 말해서, 교회를 가부장적이게 만드는 것은 남성의 성직 위계만이 아니다. 만일 이것이 사실이라면, 우리는 남자를 여자로 대치하면 그만일 것이다. 하지만 사실은 오히려 교회의 전 영역에 걸쳐 가부장제는 영향을 미치고 있으므로, 만일 여자들이 "우리가 교회이고 언제나 교회였다"고 주장하려면, 우리는 여자들이 가부장적 교회의 "협력자"였고 지금도 그렇다고 인정해야 한다. 따라서 "여자 에클레시아"라는 표현은 남자에 대해 배타적 용어가 아니라 여자들이 교회임을 공개적으로 의식화하기 위한 언어적 도구다.

나아가 "여자 에클레시아"라는 표현은 여자들이 구체적 여성론 입장에서 교회와 신학과 종교에 대한 지금까지와는 다른 시각을 말할 수 있는 이론적·실천적 공간을 창출하고자 한다. 사회화를 통해 우리 모두의 몸에 배어 "상식"이 되어버린 남성중심 사고를 대치할 수 있는 그런 시각을 말이다. 이것은 단순히 여성중심적gyne-centric이 아니라 여성론중심적feminist-centric인 지적·상징적·여성 세계를 창출하자는 것이다. 여자 에클레시아 시각은 여자에게 힘을 부여하는 일에 초점을 맞추고 있다. 지금까지 교회로서의 여자들이 세계와 신적 존재에 대한 해석에서 배제되어 왔기 때문이다. 그리고 이것은 여자들이 이들 자신의 신학적 목소리를 발견하고, 교회로서 눈에 띌 수 있게 되기 위해서다.

② 그러므로 "여자 에클레시아"라는 표현은 **건설적이고 재건적인** 목표를 가진다. 이것은 교회로서의 여자들의 유산을 회복하고자 한다. 한 백성에 대한 억압이 완벽하다면, 그 백성은 구전이거나 기록이거나 어느 형태의 역사도 가지지 못한다. 따라서 고난과 부활, 투쟁과 생존으로 점철된 역사의 재건은 여자들과 그밖의 비인격들에게 힘을 부여하는 데 중요한 도구가 된다. 이것은 우리 교회의 기억으로부터 여자들과 그밖의 비인격들이 희생당하고 투쟁을 벌였던 일들을 제거해 버린 우리 역사의식의 왜곡을 바로잡는 데 기여할 수 있다.

나는 지금까지 여자교회를 위한 유산이자 기억으로서의 교회 초세기들에서의 동등자 제자직을 여성론 신학적 재건을 통해 말하고자 했다. 여성론 시각의 다른 역사신학적 연구들도 그리스도교 역사의 또 다른 여러 시기를 두고 그런 작업을 해 왔다. 그러나 여자교회 유산의 재건 시도는 호교적인 가부장적 관심에 사로잡혀서는 안될 뿐 아니라, 사회·문화·정치 맥락을 벗어나거나 여기에 대립해서도 안된다. 오히려 이런 연구에서의 "대화적 상상력"(Pui Lan Kwok)이 교회로서의 여자들의 역사를 여자들의 종교적·문화적 유산의 요소로서 재건해야 하는 것이다.

③ "여자 에클레시아"라는 표현은 또한 **정치적** 실재를 명명하고자 한다. 그리스어 *ekklēsia*는 자유 시민들이 민주적으로 의사를 결정하기 위해 모인 회중 會衆을 의미한다. 여자 에클레시아는 가부장적이 아닌 대안적 교회의 시각과 실재를 창출하고자 하며, 이 시각과 실재를 가부장적 교회의 변두리가 아니라 중심에 위치시킨다. 이것은 마치 담쟁이덩굴처럼 가부장적 교회의 잡초들을 뒤덮어 지금까지와는 다른 실천으로 하나씩 대치하고자 한다. 그러므로 여자교회는 그 자체로 목표요 종착점이 아니라, 여기서 그리고 지금 하느님 나라*basileia*, 하느님이 뜻하신 세계의 행복과 포용성을 경험적으로 누리는 것을 목표로 가지고 있다. 이것은 탈출-해방교회로서 제도교회와 변증법적으로 연관되어 있지 않다. 오히려 가부장제도적 교회권력을 지도력과 공동체, 지방과 국가, 지역과 세계, 다양한 특수성과 "공동의 토대" 사이의 창조적 긴장을 선시하는 교회의 실천으로 대치하고자 한다. 여자교회는 교회를 구성하는 주체로서, 가부장적 교회를 동등자 제자직 공동체로 재생시키고 변혁해 나간다.

여자 에클레시아는 또한 성서 종교들의 여성론 운동들과 동일시되지도 않는다. 오히려 이것은 지배와 배제라는, 종교와 사회 영역에서의 가부장적 관계를 종식시키기 위한 여성론 투쟁들에서 분명하게 감지될 수 있는 실재로서 존재한다. 이것은 성서 종교 내부의 한 여성론 그룹이 아니라, 그런 단체들이 구체적 행동을 실천하도록, 해방투쟁들에 흩어져 있는 "약자들의 힘"을 모으는 데 필요한 "공동의 토대"를 말하고자 한다. 이런 힘들은 서로 다른 여러 여성론 전략에서 구체적으로 표출될 것이다. 이를테면 가정에서의 선택을 통해서, 뿌리내림을 통해서, 교회의 지도력을 통해서, 지적·신학적·영성적 작업을 통해서, 여인상에 따라 신적 존재를 명명하는 제의적 힘을 통해서, 해석하고 재건하고 의사를 결정하고 변혁해 나가는 힘 등을 통해서.

여자 에클레시아는 성서 종교 내의 여성론 운동을 "해방된 지대"로 묘사하기보다는 가부장적 지배관계 속에 깊이 잠겨들어 있는 것으로 이해한다. 이것의 영성과 시각은 여성론자들이 가부장제에 얽혀들어 있다는 사실을 부인하기보다는 지속적 회심 $metanoia$을 요청한다. 이것의 영성은 해방의 시각을 말할 뿐 아니라 종교계 여성론 운동을 위협하는 "치명적" 위험과 실패를 지적하고 규명한다. 이런 실패에는 다음과 같은 것들이 포함된다. 심리주의: 이것은 전혀 비판적 논의로 이끌지 못하고 오히려 여자들을 "어머니로서 돌보려" 함으로써 유아화한다. 반反지성주의: 진지한 지적 작업을 남성적, 따라서 비여성적인 것으로 이해한다. 집단주의: 창조적 지도력을 인정하거나 존중하기는커녕 조종함으로써 침해할 따름이다. 수평적 폭력: 여성 희생자로 머물기를 거부하는 강한 여자들을 무차별로 매도한다. 죄의식 체험과 고백의 되풀이: 가부장제의 죄들과 관련하여 아무 실천도 없이 죄만 나열한다. 배타주의: 여자교회를 진정한 여성론자 모임이라고 주장하면서 남자를 악하다고 여겨 비인간화한다. 교리주의: 은사와 시각의 다양성을 기꺼이 받아들이지 않고 기존 교리적 표현들의 틀 안에 머문다.

여자 에클레시아는 사회와 교회 내의 점증하는 가부장적 압력에 직면하여 생존과 변화를 위한 정책과 영성을 발전시켜 나가야 한다. 우리는 두려움과 흡수, 배신, 남성적 폭력 그리고 정치적·신학적 견지에서의 여성론적 강렬함을 이해할 수 있는 영성을 필요로 한다. 여성론적 피정이나 전례나 의식儀式 들은 우리로 하여금 고통을 부인하면서 "분노를 지나쳐" 넘어가도록 해서는 안되며 우리의 시각과 힘$exousia$을 쇄신하도록 해야 한다. 우리는 가부장제의 파괴력에 대한 타오르는 의분을 여자들의 삶 속에 살아 있도록 해야 한다. 생존과 해방 투쟁에서 요청되는 용기와 믿음을 꺼지지 않고 지펴줄 의분을 살아 있도록 지켜갈 때만 우리는 가부장적 교회를 동등자 제자직 공동체로 돌아서게 하고 변혁시키는 일에 필요한 용기와 사랑을 견지하게 될 것이다.

교회 내의 다양한 여자운동들은 공개 광장으로서, 여자 에클레시아의 동맹으로서 함께 모여야 한다. "무지개" 같은 조화를 이룰 동등자 제자직 제자단으로서 우리는 다양한 차이들을 발설하고 경축할 수 있다. 우리는 해방투쟁에의 투신과 하느님의 바실레이아, 하느님이 뜻하신 모든 이를 위한 행복의 세계와 공동체에 대한 시각을 "공동의 토대"로 가지고 있기 때문이다. 우리는 이 사회와 교회체제의 가부장제를 종식시키기 위한 이런 투쟁에 뛰어든 맨 처음 사람들이 아니다. 또한 이 투쟁에서 혼자인 것도 아니다. "엄청나게 운집한 목격자들"이 우리를 둘러싸고 있고, 세세대대로 우리에 앞서 이미 여자 에클레시아를 이루어 왔다. 우리는 선대 어머니들과 생존과 존엄을 위한 이들의 투쟁에 대한 기억으로부터, 그리고 성령의 힘 안에서 가부장적 비인간화와 폭력에 항거해 온 우리의 선대 자매들에 대한 기억으로부터 우리의 희망과 용기를 이끌어내고 있는 것이다.

23

해방의 윤리와 정치
여자 에클레시아의 이론화

여주인공들

별난, 심지어 변태스런 긴 치마를 끌고
그대 19세기를 가로지르네
그대 정신은 죽음 후에도 오래도록 타네
....
그대는 종들을 상속받겠지, 그러나 해방할 힘은 없네
고운 살결에, 그대는 가르침을 받았지
빛은 백색 권력과 함께 어둠의 대륙으로 온다고
인디언들은 오물 속에 살며 동물 제의들을 전수한다고
그대 어머니는 코르셋을 입었지
자기 영을 질식시키기 위해서지, 거부한다면 조롱을 받지
그대는 많은 설교를 들으며 자신의 해석은 가슴에 묻었네
강건한 여자, 일련의 상황을 통해 곧 알려진 특권계급으로서
....
그대 정신은 등대빛이 아니라 장작불처럼 활활 타네
그대 발설하기 시작하니 자유의 돌풍이 실려 오네
그러나 아직도 조각난 비전의 흩어진 언어로 말하네
변태스런 긴 치마를 끌고 그대 19세기를 가로지르네
불의를 드러내되 온전케 하지는 못하네

> 내 어찌 사랑하지 않을 수 있을까 그대 정결과 격정을
> 내 어찌 다 갚을 수 있을까 그대에게 진 빚을
> 그대 용기에서 용기를 얻어 있는 그대로 그대 유산을 기리며
> 그래도 그것만으로는 또 모자람마저 인정할 수 있을까[1]

❰상황 설명❱

나는 "여자교회 내의 힘과 차이"에 관한 여성론 국제회의의 주최자인 트로취 Lieve Troch와 마이어-빌메스Hedwig Meyer-Wilmes 두 교수에게 빚을 졌다. 이들은 여성론 이론에 입각해서 해방에 관한 여성론 윤리를 천착하는 논문을 준비하도록 내게 제안했다. 이 논문에 사용된 언어는 포스트모던 여성론 이론들과의 이런 관계 속에서 결정되었다.[2]

또한 나는 네덜란드 교회 여성운동의 성원에 깊은 감사와 찬사를 표하고자 한다. 이들은 나의 신학적 접근과 작업을 진전시키고 비판하고 확장시켰다.

여성론 이론은 우리가 본문들을 꼴짓고 설득 전략을 선택하는 방식이 밝혀질 필요가 있는 권력 문제를 제기한다는 점을 의식시켰다. 여성론 담론과 여성론 회의들에 참석할 수 있는 우리 대부분은 "무한한 특권을 누리는" **여자들**이다.[3] 그러므로 우리는 우리가 말하는 발판을 이루는 학계와 교회의 가부장적 자리와 제도적 구조를 이론적으로 밝혀야 한다. 여성론자도 언제나 지배와 **종속** 구조에 연루되어 있기 때문이다.

내가 발언하고 비판적 개입을 시작하는 자리는 미국의 여자론자womanist[4]/무헤리스타mujerista[5] 신학이다. 그래서 모순을 안고 있는 19세기 미국 여성론의 입장과 유산을 묘파한 에이드리엔 리치의 시를 인용하면서 이 비판론적 성찰을

---

1. Adrienne Rich, *A Wild Patience Has Taken Me This Far: Poems 1978-1981* (New York 1981) 33-6.
2. 이 장의 내용은 이 논문을 수정하고 축약한 것이다.
3. Gayatri Chakravorty Spivak, *The Post-Colonial Critic:* S. Harasym 편 *Interviews, Strategies, Dialogues* (New York 1990) 42f.

개시하기로 한 것이다. 그리고 이런 여성론자의 한 사람인 쿠퍼Anna Julia Cooper 가 1893년에 시카고에서 열린 세계 여자 대표자 회의에서 행한 연설 가운데 나오는 일절로 이 글을 끝맺을 것이다. 이런 방식으로 나의 글을 성격짓고 틀지음으로써 "해방의 윤리와 정치"에 관한 나의 논의를 미국 여자운동에 관한 담론에 자리잡게 하고, 독자들로 하여금 나의 이론적 성찰이 다른 지정학적 삶의 자리에서 형성된 그들 나름의 여성론 담론에 기여할 수 있는지, 있다면 어떤 방식으로 그럴 수 있는지 판단하도록 청하고자 하는 것이다.

나는 미국에서 신학과 교회 내 여성론 운동에 몸담은 상황에서 이 논문을 쓰지만, 또 분명히 **외인 거류자**resident alien라는 사회·정치적 위치에 있다. 외국인 거류자라는 분류는 그 사람을 이중으로 내부자/외부자로서 자리잡게 한다. 미국에서 나는 거주기간이나 교수 자리로 해서 "내부자"인 동시에 언어와 체험과 역사의 견지에서는 분명히 "외부자"다. 독일을 방문했을 때 나는 시민권과 문화와 언어의 견지에서는 "내부자"이지만 "아메리카의" 여성론 신학자라는 교수 신분과 명성의 견지에서는 "외부자"다. 이와 비슷하되 전혀 다른 이유로 패트리샤 콜린스는 흑인 여자 시민, 특히 여자론적 지식인들도 이런 "이중의" 내부자/외부자의 위치를 점하고 있다고 주장한다.[6]

나는 여기서 외인 거류자가 서양 사회와 교회 맥락 속의 여성론 해방운동과 정치를 나타내는 데 적절한 비유임을 지적하고자 한다. "백인 귀부인"[7]이 서양

---

4. 아프리카-아메리카계 여성론자들은 "womanist"라는 표현을 Alice Walker에게서 이끌어 왔다. 참조: K. G. Cannon, *Black Womanist Ethics* (Atlanta 1988); 원탁 토론, "Christian Ethics and Theology in Womanist Perspective": *Journal of Feminist Studies in Religion* 5, no.2 (1989) 83-112.

5. 내가 알기로 이 표현은 Ada Maria Isasi-Diaz가 처음 사용했다. 참조: "The Bible and Mujerista Theology": S. B. Thistlethwaite, M. P. Engel 편 *Lift Every Voice: Constructing Christian Theologies from the Underside* (San Francisco 1990) 261-9; *Journal of Feminist Studies in Religion*에 실린 *Mujerista* 신학에 관한 원탁 토론.

6. Patrcia H. Collins, "Learning from the Outsider Within: The Sociological Significance of Black Feminist Thought": *Social Problems* 33 (1986) 14-32.

7. H. V. Carby, "On the Threshold of Woman's Era: Lynching, Empire and Sexuality": H. L. Gates, Jr. 편 *Race, Writing and Difference* (Chicago 1986) 301-28.

가부장 지배에서 문명화의 통로요 여성적 "가교"였다면, 최근 학문과 직무의 "이주자"인 백인 여자들은 "문명에 충실한" 명목적 존재로서 기능하라는 압력에 항거해야 할 것이다. 가부장적 권위에 대한 이런 "불충"의 실천을 가능하게 하기 위해, 여성론 이론과 신학은 해방 투쟁에 대해 책임있게 행동하는 가운데 스스로를 이런 투쟁에 대한 제2급자의 성찰로 설정함으로써 자체의 "이질적" alien 성격을 견지해야 하는 것이다.

학문적 "성 연구"나 "여자 연구"는 흔히 여자를 학계의 체제에 끌어들여 "동일한" 존재로 만듦으로써 외인 거류자로서의 여학자 지위를 극복하고자 한다. 물론 학계의 여성론자가 기존 학문의 기준에 입각해서 담론을 구축하는 것은 때로 필요한 일일 수 있다. 그러나 이런 생존 전략이 무엇을 위한 것인가가 확인될 필요가 있다. 여자들과 특권과는 거리가 먼 남자들에 관해 침묵을 지키거나 우리를 "타자"他者로 주변화하는 남성중심적 학문에 협력하는 것은 아닌지 검증받아야 하는 것이다. 이와 비슷하게, 서품받은 여자는 직무를 수행하자면 교회체제적 담론을 영속화시키도록 압력을 받는다는 사실을 인식할 수 있는데, 이런 제도적 협력 역시 윤리적으로 의로울 뿐 아니라 가부장 체제를 뒤앞기 위한 **전략적 선택**이라야 한다. 여성론 신학적 담론과 종교 분야의 성/여자 연구는 연구 주체가 지배체제들과의 결탁의 위험을 의식하지 않는 한, 다른 여자들을 변두리로 따돌리고 침묵시키는 가부장적 광범한 틀 속에서 이른바 "여자"에 관한 지식을 단순히 재생산하는 위험에 처한다.

우리 자신을 외인 거류자로서, 교회와 학계 중심의 내부자/외부자로서 위치짓는 시도에는 해방을 위한 가부장제의 탈신비화와 정치적 공동 투쟁과 다문화적多文化的 시각의 에토스가 요청된다. 이런 에토스는 우리의 존재를 표현할 뿐 아니라 동시에 형성한다. 여기에는 우리가 말하려는 자리로서의 역사적·제도적 구조에 대한 경계는 물론, 우리 자신의 기획과 그 신학적 연루에 대한 지속적 비판이 요청된다.

여성론 해방 전략이 중심과 주변 **사이**의 긴장 상황에 있다고 말하는 것은 고정된 대립을 주창하려는 것이 아니라, 가부장 체제의 억압을 종식시키기 위한 여성론 전략의 기본을 이루는 토대의 변화를 정당하게 다룰 수 있는 전략적 선택과 특수한 상황에 따른 면밀한 숙고를 요청하는 것이다. 지배와 종속의 가부장적 관계를 변혁하는 투쟁의 이론과 실천에 초점을 맞출 때, 이런 시도는 여성론 해방 윤리를 위한 규범적이자 기술적記述的인 원리를 제공한다.

지난 세기에 이사벨라Isabella라는 노예가 노예제도 폐지 운동과의 만남과 자신의 자유 획득 체험에 의해 변모되었을 때, 그녀는 서저너 트루쓰Sojourner Truth 라는 새 이름을 선택함으로써 이 체험에 대한 자신의 종교적 해석을 드러냈다.[8] "sojourn"(묵다)과 "truth"(진리)의 관계와 상호작용이 달리 해독될 수도 있겠지만, 아무튼 역동적 긴장이 투쟁과 변혁 윤리의 실천 바탕이 되는 시각을 드러낸다고 하겠다. 넬 머튼의 표현대로 "여행이 집"이라면,[9] 투쟁에서 연대와 권한 부여와 우애의 여성론 "공간"을 창출하는 일은 중요하다.

여성론의 틀들

여성론 담론은 처음부터 학문과 교회 변두리가 아니라 중심에 여자 공간을 창출하고자 했다. 그래서 여성론 이론은 남성중심적 이원론과 성별을 근거로 한 대칭구조를 분석하고 비판하면서도 담론 자체는 이원론적 분류를 재생산하고 배타적으로 선택하는 경향을 보였다. 이를테면 개혁주의냐 급진주의냐, 사회주의냐 자유주의냐, 사적이냐 공적이냐, 평등이냐 해방이냐, 내부자냐 외부자냐, 정신분석이냐 사회정치냐, 본질이냐 구조냐, 유럽인이냐 아메리카인이냐, 제1세계냐 제3세계냐 식으로.

종교윤리학자 캐롤 롭은 여성론 윤리의 이론의 차이는 억압의 근원에 대한 서로 다른 분석에 기인함을 설득력있게 입증했다.[10] 나는 여기서 널리 알려지고

---

8. B. J. Loewenberg, R. Bogin 편 *Black Women in Nineteenth-Century American Life: Their Words, Their Thoughts, Their Feelings* (University Park 1976) 234-42.
9. 참조: Nelle Morton, *The Journey Is Home* (Bosto 1985).
10. Carol S. Robb, "A Framework for Feminist Ethics": B. H. Andolsen, Ch. E. Gudorf, M. D. Pellauer 편 *Women's Consciousness, Women's Conscience: A Reader in Feminist Ethics* (Minneapolis 1985) 211-34.

해묵은 여러 가지 여성론을 요약하거나 실존주의와 구성주의 사이의 논쟁에 끼여들기보다는 오히려 나는 가부장제라는 개념,[11] 나의 이야기에서 자주 활용되면서도 비판적 천착은 미루어져 왔던 이 말에 대해 살펴보기로 한다.

일부 여성론 이론가는 가부장제를 비역사적이고 보편화하고 전체화하는 개념으로서 거부하지만, 대부분의 학자들은 남자가 여자에 대해 성적·사회적·정치적·이데올로기적 권력을 창출하고 유지하는 현상을 설명하는 핵심 개념으로서 활용하고 있다. 여성론 이론에서 일반적으로 가부장제라는 말의 의미는 사회이론에서처럼 아버지가 자기 혈족에 대해 행사하는 권력에 한정되지 않는다. 오히려 이 개념은 기록된 역사 전체를 통해 일반 남자가 일반 여자를 지배하게 하는 사회구조와 이데올로기를 식별하고 반박하는 도구로서 개발되었다.

가부장제라는 관념이 남성-여성 이원론에 입각해서 규정된다면, 이 이원론과 위계구조는 제1의 억압으로 들어선다. 이런 견지에서는 남성과 여성의 차이가 인류의 기본적인 **본질적** 차이로 고수된다. 이런 본질주의적 입장은 이원적 남성/여성의 사회적 성의 체계가 생물학적으로 타고난 것이거나 신에 의해 명해진 것이 아니라 사회적으로 구축된 것이라고 주장하면서는 구성주의적 입장으로 전환될 수 있다. 성과 관련하여 이와같이 이데올로기적으로 구축된 것들은 가부장적 지배를 합당한 것으로 지켜나가고, 이것이 여자와 남자 모두에 대해 "상식적"이고 "자연스러운" 것으로 보이게 만든다. 많은 여성론자들은 성에 대한 이런 사회적·구성주의적 이해에 동의한다. 하지만 다른 이들의 경우 일종의 여성적·생물학적 결정론이나 여성과 관련한 철학적 본질주의 혹은 이 둘 다를 재천명한다.[12] 요컨대 이 여성론자들은 두 성이 있다고, 곧 여자는 여자이고 남자는 남자라고 주장한다.

---

11. 용어의 논의와 정의: M. Humm, *The Dictionary of Feminist Theory* (Columbus 1990) 159-61; G. Lerner, *The Creation of Patriarchy* (New York 1986) 231-43. Lerner와 달리 나의 관심사는 가부장제의 기원이 아니라 그것을 발견적인 "역사적" 범주로서 기술하는 것이다.

12. 본질주의/구성주의의 쟁점화와 논의: D. Fuss, *Essentially Speaking: Feminism, Nature & Difference* (New York 1989).

여성론자들은 일반적으로 사회문화적 성 분석에서 도입되는 해체적 방법에 동의하면서도 자신들이 투쟁을 개진할 긍정적 입장에 대한 자신들의 말에서 그 해체의 대상이 되는 것들을 동반하고 있기도 하다. 그러나 분명한 것은 여성론 기획은 그런 긍정적 이론 공간을 추구해야 한다는 것이다. 이원적 성 체제와는 다른 비판적 개념만이 그런 이원적 성 체제를 문화적 이데올로기로서 탈신비화 할 수 있기 때문이다. 이런 이론적 공간에 대한 말의 가능성은 변화를 위한 사회적 운동의 존재 여부에 달려 있다는 것이 나의 주장인데, 어떻든 이런 대안적 공간에 관한 말은 이번에는 다시 여성론 운동을 강화할 것이다.

여성 이론들은 여성의 본질을 되살려 냄으로써 "타자성"otherness 또는 타성他性, alterity — 인식론적이고 사회적인 개념 — 을 긍정하는 이론 공간을 구축하고자 한다. 이탈리아 여성론자 아드리아나 카바레로는 이 입장을 이렇게 요약한다.

> ··· 본질적이고 원래적인 차이라는 말로 내가 의미하는 것은, 여자에게 차이로 생겨나는 것은 양도될 수 없는 것이다. 여성으로 태어난 각자에게 그것은 어떤 다른 덧붙여지는 것이 아니라, 이미 언제나 달리가 아니라 그렇게 되어 있는, 필연적으로 뿌리박혀 있는 여성 그것이다.[13]

여성적인 것을 대안적 이론 공간으로서 말하고자 하는 이런 전략적 입장의 기본 견해들은 미국의 맥락에서 발전되었다. 첫째 전략은 억압된 여성 원형을 되살리고는 융의 정신분석 이론을 여성론적으로 비판·수용한다.[14] 메어리 데일리의 눈부신 둘째 입장은 이런 다름을 말하기 위해 존재론적·언어적 전략을 선택한다. 이것은 "야성적"이고 "원초적"이며 "자기를 실현하는" 여자에 의해 예

---

13. 참조: Adriana Cavarero, "L'elaborazione filosofica della differenza sessuale": M. C. Marcuzzo, A. Rossi-Doria 편 *La ricerca della donne: Studi feministi in Italia* (Turin 1987) 180; "Die Perspektive der Geschlechterdifferenz": U. Gerhard 외 편 *Differenz und Gleichheit: Menschenrechte haben [k]ein Geschlecht* (Frankfurt 1990) 95-111.
14. 참조: 미국의 경우 Anne Ulanov의 저작들; 독일의 경우 Christa Mulack의 저작; 이에 대한 연구서 Cornelia Giese, *Gleichheit und Differenz: Vom dualistischen Denken zur polaren Weltsicht* (München 1990).

시例示되는 형성 과정으로서, 그 주체는 남근지배로부터 자유에로의, "존재의 다른 세계"에로의 도약을 이루어간다. 이 전략은 모습을 변형시키는 여자, 할멈과 "원형적 마녀", 초가부장적으로 움직이는 "원형적 여자"에 의해 실현된다. 이 여자는 새로운 종種, 원형적 인류를 대표하는 인간이다.[15]

"여자"와 여성을 되살리는 셋째 전략은 최근 미국의 여성론 학술 토론들에서 커다란 파고를 몰고왔다. 모성적 여성 이론은 통상적으로 "프랑스 여성론"이라고 일컬어지지만 크리스테바Kristeva, 식쏘Cixous, 이리가라이Irigaray의 연구가 언급될 따름이다.[16] "모성"에 관한 미국의 연구는 그동안 일반적으로 구체적 제도와 관련된 것으로서의 모성에 대한 사회·역사적 비판에 집중되었다. 하지만 더 최근에는 "모성적 사고"에 관한 다학문적 연구들[17]의 경우 "전前외디푸스적 무한성, 관계를 형성하는 능력, 다원성, 출산력, 부드러움, 양육 등을 여성적 정체성을 드러내는 차이라는 명목으로 거듭 예찬하고 있다".[18]

이른바 프랑스 여성론 이론과 은유와 구성물로서의 여성에 대한 관심을 미국에서 수용하면서 특히 종교적 여성론자들의 대중적 수용 사례에서 문화적으로 여성적인 것을 재도입하는 경향을 보이고 있다. 이를테면 유연성·부드러움·

---

15. 참조: Mary Daly, *GynEcology: The Metaethics of Radical Feminism* (Boston 1978); *Pure Lust: Elemental Feminist Philosophy* (Boston 1984). Daly의 연구에 대한 비판적 평가: H. Eisenstein, *Contemporary Feminist Thought* (Boston 1983) 특히 107-15; R. Großmaß,"Von der Verführungskraft der Bilder: Mary Daly's elemental-feministische Philosophie": R. Großmaß, C. Schmerl 편 *Feministischer Kompaß, patriarchales Gepäck: Kritik konservativer Anteile in neueren feministischen Theorien* (Frankfurt 1989) 56-116.
16. 참조: D. Stanton, "Language and Revolution: The Franco-American Dis-Connection": H. Eisenstein, A. Jardine 편 *The Future of Difference* (Boston 1980) 73-87; G. C. Spivak, "French Feminism in an International Frame": *In Other Worlds: Essays in Cultural Politics* (New York 1987) 134-53; A. Busch, "Der metaphorische Schleier des ewig Weiblichen – Zu Luce Irigaray's Ethik der sexuellen Differenz": *Feministischer Kompaß*, 117-71.
17. S. Ruddick, "Maternal Thinking", *Feminist Studies* 6 (1980) 342-67. 비판적 논의: A. Carr, E. Schüssler Fiorenza 편 *Motherhood: Experience, Institution, Theology* (*Concilium* 206) (Edinburgh 1989); U. Pasero, U. Pfäfflin 편 *Neue Mütterlichkeit: Ortsbestimmungen*, GTB Siebenstern 577 (Gütersloh 1986).
18. D. C. Stanton, "Difference on Trial: A Critique of the Maternal Metaphor in Cixous, Irigaray and Kristeva": N. K. Miller 편 *The Poetics of Gender* (New York 1986) 176.

다원성·바다·자연·평화·양육·몸·생명·모신 같은 요소들로, 경직성·딱딱함·공격성·이성·통제·죽음·부신에 대비된다. 그러므로 모성-여성 이론은 때때로 위험스럽게도, 해체주의의 언어를 빌려서 지금은 여성론 규범들이 되어버린 여성과 모성에 관하여 전통적으로 문화적·종교적인 것으로 여겨졌던 (교종의 선언들과 상당히 가까운) 것들을 재생산하는 데 근접한다.

1980년대 여성론 이론은 지식의 성차별에 대한 자유주의적 비판과 가부장적 이론에 대한 구조적 비평을 넘어서 남근중심주의에 대한 비평으로 움직여 갔다. 자율적 여성론은 성차별과 여자를 분석 대상으로 삼는 이론으로부터 그 남성성을 숨겨 놓는 이론에 대한 여성론적 비판연구 쪽으로 움직여 왔다. "지식의 남성성"에 대한 공개적 인식은 여자**로서의** 여자를 위한 "'보편적 차원'에서의 분명한 공간을 위해 반드시 요청된다". 바로 여기서 여자들의 "특수성"을 말할 수 있다. "여성성과 자율성 언어를 천착하는 가운데 여성론 이론은 현재 남성적인 것으로 받아들여지는 지식과 여자의 국외자적alien 혹은 타자적other 목소리 사이의 대화 가능성을 이끌어들였다."[19] 그러나 여성의 재발견에 관한 이런 역사적 진술은 지구 도처의 여러 여성론적 목소리들이 1980년대 비판적 여성론 이론의 주요 성취를 대표한다는 점에 대해서는 언급하지 못하고 있다.

제3세계 여성론자들의 이론적 연구가 드러나기 시작하는 바로 그 무렵에 백인 여성론 이론과 신학이 여성적인 것의 회복에 매료되었다는 것은 당혹스런 일이다. 제3세계 여성론자들은 성억압을 다르게 이론화한다.[20] 유색인종 여성론

---

19. E. A. Grosz, "The In(ter)vention of Feminist Knowledge": B. Caine, E. A. Grosz, M. de Lepervanché 편 *Crossing Boundaries: Feminists and the Critique of Knowledge* (Sydney: 1988) 97, 103.

20. 예: bell hooks, *Feminist Theory: From Margin to Center* (Boston 1984); *Talking Back: Thinking Feminist / Thinking Black* (Boston 1989); *Yearning: Race, Gender and Cultural Politics* (Boston 1990); P. Giddings, *When and Where I Enter: The Impact of Black Women on Race and Sex in America* (New York 1984); C. A. Wall 편 *Changing Our Own Words: Essays on Criticism, Theory, and Writings by Black Women* (New Brunswick 1989); H. L. Gates 편 *Reading Black, Reading Feminist* (New York 1990); P. H. Collins, *Black Feminist Thought: Knowledge, Consciousness and the Politics of Empowerment* (Boston 1991); J. M. Braxton, A. N. McLaughlin 편 *Wild Women in the Whirlwind: Afro-American Culture and the Contemporary Literary Renaissance* (New Brunswick 1990).

자들은 "여자해방을 계급과 인종과 민족성과 성과 관련한 온갖 형태의 억압에 맞선 투쟁의 일부로서" 재규정하는 가운데, 여성론을 "서로 맞물린 이런 모든 형태의 억압을 받아들일 수 없는 것으로서" 개념화하는 이론과 실천으로 재규정하고자 한다.[21] 그리하여 이들은 백인 여성론자들에게 자신들의 이런 시도에 동참할 것을 요청하고 있다. 여성론 이론과 실천에 관한 이런 재개념화는 복합적이고 누증적累增的, multiplicative인 억압에 대해 여자들이 각기 **다르게** 체험하는 모든 형태를 모든 여성론적 담론의 중심에 자리잡게 하고자 한다.

나는 여성론 담론의 이런 재중심화에 접근하기 위해 여성론 신학이 이원적 성체제("성별"이 우리 이론화의 "지평을 이룬다"(Irigaray))라는 틀에 우선성을 부여하지 않을 수 있어야 함을 역설하며, 가부장제를 여성론 이론의 핵심적 분석범주로서 재개념화를 여러 여자 그룹의 갈등을 유발하는 억압의 상호구조화를 말해 줄 수 있는 그런 방식으로 추구한다. 우리는 이원적 남성-여성지배의 구조를 전제하기보다는 가부장제를 성별·인종·계급·종교·민족·문화 등 역사상 여러 지배 형태에 의해 층화되어 복종과 지배로 변화해 가는 피라미드식 정치적 구조로서 이론화해야 한다.[22]

성별을 보편적인 것으로 환원시키는 유럽-아메리카의 여성론 이론과 신학은 여자 개인의 삶과 여자들 사이의 지배와 종속관계에 각인된 가부장적 지배의 복잡한 상호구조화를 가려버릴 뿐 아니라 백인 엘리트 여자들과 그리스도교 종교가 가부장적 억압에 연루되어 있다는 사실을 은폐하고 있다.

지배와 "자연적" 차이에 관한 정치적·철학적·종교적 설득은 유산有産 계층 지식인 엘리트인 유럽 중심 백인 "남자"의 "타자"를 민주정치 체제의 통치권과 시민권으로부터 배제시키는 데 일조한다. 스스로 보편성과 진리를 주장하는 서양 "이성의 남자"는 남성일 뿐 아니라 백인이다. 유럽-아메리카의 부유한 지식

---

21. C. Ramazanoglu, *Feminism and the Contradictions of Oppression* (New York 1989) 128.
22. Sylvia Walby, *Patriarchy at Work: Patriarchal and Capitalist Relations in Employment* (Minneapolis 1986) 5-69에서는 가부장제를 이와 유사한 방식으로 상호연관된 사회구조들의 복합체제로서 이해한다. 가부장적 관계의 이 다른 요소들이 역사적으로 변화하고, 다른 시대와 문화 속에서 가부장제 다른 형태들을 산출한다.

인 특권층이 현대 서양 민주주의와 문명을 가장하여 엘리트 백인 여자뿐만 아니라 종속당하는 민족·계급·인종들을 종속시키고 착취하기 위해 "타자"로 규정했다.[23] 그러므로 여성론 담론은 유럽-아메리카 엘리트 남자들의 보편적 남성 중심적 설득이 남성 지배를 교묘하게 체계화하여 "백인 아버지"도 흑인사회의 "우두머리 남자"도 보편적 주체로서 정당화한다는 점을 인식해야 한다.

유럽-아메리카의 여자와 그밖의 모든 "비인격들"(Gustavo Gutiérrez)을 완전한 시민 신분에서 배제하는 것과 구체화된 "자연적" 차이에 입각한 배제의 이데올로기적 정당화 사이의 상호연관성, 바로 이것이 간과될 위험이 있다. 이것은 일부 여성론자들이 이른바 평등권을 주창하는 여성론자들과 남근중심주의를 비판하고 "여성적인" 것들의 재발견을 시도한 1980년대 여성론자들 사이의 모순현상을 해석할 때 발생한다.[24] 최근의 여성론 역사에 관한 이런 시기 구분은 두 가지 결정적 문제와 관련하여 잘못된 인식을 드러내고 있다.

첫째, 여자해방운동을 포함하여 다양한 해방운동들은 남성이 되기 위한, 남자와 동등해지기 위한 투쟁이 아니다. 이 운동들은 오로지 정당하게 자신들의 것임에도 불구하고 민주정치 체제하의 가부장제에 의해 보장이 거부되었던 동등한 시민 신분의 모든 권리와 혜택을 얻기 위해 투쟁했다. 해방운동들은 그 한계를 규정하고 권리 주장의 정당성을 천명하는 가정과 가치체계를 공유하면서 논의 공동체들을 창출하고 있다. 지난 20년 사이에 사회와 교회 내 여성론 운동은 이런 대립 형태의 담론과 관련한 가장 역동적인 예를 제공했다. 이것은 가부장적 억압에 대한 비판적 분석과 여성론적 관심과 시각을 산출하는 공개 대결장을 이루었다. 그러나 **여자**의 입장에서 사회정치적 구조들에 대한 보편화하는 비판을 산출하는 가운데 유일한 대립 전위대로 자처한만큼 그것을 유럽-아메리카의 백인 여자들의 특권 영역으로 만들어버릴 위험이 있었다.

---

23. Chakravorty Spivak의 작품 외에도 T. Minh-Ha Trinh, *Woman, Native, Other: Writing Postcoloniality and Feminism* (Bloomington 1989).
24. E. Gross, "Conclusion: What Is Feminist Theory?": C. Pateman, E. Gross 편 *Feminist Challenges: Social and Political Theory* (Boston 1986) 195.

둘째, 여성론 이론이나 신학 같은 대립적 담론은 그것이 몸담고 있는 가부장적 사회나 제도의 지배적 담론과 독립되어 있는 것이 아니다. 널리 형성되어 있는 지배적 용어들을 통해 그런 작업을 하는만큼 오히려 얽혀 있다. 예컨대 여성적인 것을 회복시키고자 하는 이론은 이미 생물학적 성별을 모든 여자에게 동일한 의미를 가지는 것으로 규정하고, "자연적 것으로 받아들이게 만드는" 가부장적 이데올로기에 동참하고 있다.

여성적인 것에 관한 대항론들은 가부장적 지배 이데올로기와 결탁하여 인종도 성도 "자연적 범주"인 것으로 생각하도록 만든다. 성과 인종의 차이들이 "실재를 규정하는 것으로 느끼게" 만들고 "공동으로 받아들여지는 상식적 것" 같이 보이게 만드는 것이다. 이런 자연화는 "생물학적 차이"에다가 "우리 삶에 영향을 미치는 상징적 깊은 의미를 주입"함으로써 성취된다. 차이들을 "탈자연화"하고 사회정치적 구성물들로서 탈신비화하려는 여성론 해방 전략은 백인 엘리트 여자를 자연적 성의 범주로서 보편화하고 본질화하기보다는 정치적 집단으로서의 여자들이 우리 가운데 존립하는 가부장구조적 구분을 억눌러 가면서 외면할 필요 없이 우리 자신을 규정할 수 있는 논의 공간을 확보하도록 추구해야 한다. 이렇게 될 때 여성론 신학론은 여자 에클레시아 안에서 이루어지는 대화와 토의와 숙고를 통해 획일적인 가부장적 정체성을 창조적 차이와 투쟁을 위한 다면화된 정치적 전략으로 변혁시켜 나갈 수 있다.

여자 에클레시아

나는 여자 에클레시아를 논의의 공간이자 비판의 자리로 제안해 왔다. 여자 에클레시아에 대한 민주적 진술은 자본주의 체제의 가부장제가 "민주주의와 갈등을 유발하는, 심지어 반립하는 관계"에 있음을 자각해야 한다. 이런 자각은 사회 안에 내재하는 정치적·윤리적 원리에 대한 호소만이 다원성과 차이를 안전하게 지킬 수 있기 때문에 필요하다. 자유와 평등이라는 민주적 원리는 서양의 가부장적 사회와 그리스도교 종교 안에서 구체적으로 의사가 표명되는 실천으로서 파악되어야 하며 기초적 용어로서 해석되어서는 안된다.

여성론 신학이 여자교회를 그 규범으로서의 철저한 민주주의라는 틀을 가지고 사회정치적 견지에서 개념화한다면,[25] 여자 에클레시아를 여성론적 정치 전략의 적극적인 이론적 자리로서 개념화할 수 있을 것이다. 이런 이론적 틀은 여자에 관한 "타자성" 구성물을 여자 에클레시아에 관한 민주적 구성물로 대치할 수 있다. 여자 에클레시아의 구성물은 이상적 시각이자 역사적 실재다. 이것은 이미 사회와 교회 내에 존재하지만 완성되지 않고 실현과정에 있다. 역사적이며 정치적으로 여자 에클레시아 또는 민주적 집회라는 의미에서 여자 시노드라는 표상은 일종의 모순어법에 따른 표현이다. 이것은 가부장적 교회에 대칭되는 말로서 "여자교회"라는 표현으로 옮겨진다. 그런데 이 번역어는 그리스도교 공동체와 신학을 서양의 가부장제를 변혁시키기 위한 정치적-종교적 여성론 투쟁의 중요한 자리로서 인식하고 있다.

여성론 이론화와 신학화를 여자 에클레시아의 실천과 시각 내에 위치시킬 때, 이른바 자연적 성에 관하여 규정된 사항들을 인종·민족·계급과 관련하여 맥락화할 수 있다. 이런 맥락화는 이것들을 민주정치 체제하에 형성되어 있는 가부장제의 사회-정치적 이데올로기적 구성물들로 드러낸다. 여자들은 다원적이 아닌 사회에 살고 있다. 오히려 이 사회는 "불평등한 지위와 권력과 자원 활용 가능성을 가진 사회 그룹들로 계층화되고 차별화되어, 계급·성·인종·민족·연령·계열에 따라서 불평등이 속속들이 배어 있다".[26] 따라서 여성론 이론은 이런 가부장적 신분 **구분**을 여자들 사이의 긍정적 **다양성**과 다원적 **차이**로 재각인해서는 안된다. 해방을 위한 비판적 여성론 이론과 신학은 가부장적 틀 속의 인종·성·문화 등에 따른 신분 각인을 "탈자연화"해야 한다. 여자들 안에 그리고 여자들 사이에 있는 다른 생물학적·사회적·문화적 차이의 다양성과 더불어 성적 차이를 맥락화함으로써 가부장적으로 각인된 것들을 상대화할 수 있을 것이다.

---

25. J. McGowan, *Postmodernism and Its Critics* (Ithaca 1981) 220-80.
26. N. Fraser, *Unruly Practices: Power, Discourse and Gender in Contemporary Social Theory* (Minneapolis 1989) 165.

이런 견지에서 여자 에클레시아를 이론 공간으로 창출할 수 있고 여기서 사회정치적 범주요 집단으로서의 여자들의 의미가 실천과 이론 속에서 구축될 수 있을 것이다. 이런 이론 공간 속에서 여성론 이론은 성별의 사회적 가정들이 정치적 맥락에 있음을 규명함으로써 "탈자연화할" 수 있을 것이다. "여자"와 여성에 대한 사회정치적 해체작업은 성별에 따른 차이를 억눌러 외면할 필요가 없다. 그보다는 먼저 이런 것들을 남성-여성 이원론이라는 본질화하는 틀 속에 넣기를 거부해야 하고, 다음으로 존재론적 상징적 의미를 부여하기를 삼가야 하며, 끝으로 역사적으로 그리고 문화적으로 가해진 이것들의 제한된 의미들과 정체성 형성 형태들을 보편화하지 않도록 주의해야 한다. "대립된 형태로 형성된 정체성에 대한 비판 자체는 동시에 이전의 실존 형태를 존재론적 소여所與로서가 아니라 실제로 존재하는 논의의 형성으로서 드러내주는 것이다."[27]

나아가 여자 에클레시아는 여자들의 일반 공통성의 견지에서 **여자로서** 규정되어서는 안된다. 여성론의 정치적 분석들은 여성론 문장들의 정치질서에 관한 가정들이 플라톤과 아리스토텔레스에 의해 설정된 요소들의 범위 내에서 논급되었음을 밝혔다. 정치적 일반 공통성에 관한 플라톤의 관념은 위계적 엘리트 중심 계급사회 내에서 이질적 대중을 결속시킬 수 있는 것으로서, 부정적 자유와 동등한 시민 신분과 정치 참여에 관한 자유주의 여성론적 설득에 반영되어 있다. 그리고 배타적 "폴리스"*polis*에의 정치 참여를 위한 선행조건으로서, 평등과 획일이라는 전혀 이질저인 두 요소를 합성시켜 놓은 아리스토텔레스의 시도는 "분리주의적" 여성론적 해결책들이라는 "꿈" 속에 반향되어 있다.[28]

따라서 여성론의 정치적 집단으로서의 여자 에클레시아는 고전 철학의 배타적 선택 대안을 피할 수 있어야 한다. 여자들 사이의 형식적 평등, 곧 인종·계급·종교·민족·성 등의 가부장적 구분을 문제삼지 않고 재각인하는 식의

---

27. R. Felski, *Beyond Feminist Aesthetics: Feminist Literature and Social Change* (Cambridge: 1989) 170.
28. M. E. Hawkesworth, *Beyond Oppression: Feminist Theory and Political Strategy* (New York 1990) 156.

평등인가, **아니면** 본질주의적 평등, 곧 이론적·실천적 차이를 배제시킴으로써 여자 공간 혹은 여성론 공간을 형성하는 식의 평등인가 하는 형태로, 달리 말하자면 가부장적 구분에 근거한 형식적 평등에 입각하는가 **아니면** 배타적 동종성을 전제하는 평등에 입각하는가로 나타나서는 안되며, 구체적 의사표명 실천이 가부장적 구분을 있는 그대로 대항함으로써 여자들의 평등과 시민 신분을 확립해 나가는 여성론 광장을 창출해야 한다.

따라서 여자 에클레시아는 가정과 개인의 은유를 통해 자체의 관계를 체계화하는 함정에 빠지지 않도록 해야 한다. 1970년대에는 자매관계가 여성론 집단과의 연대 표현에 선호되는 은유였는데, 1980년대에는 모녀관계가 되살려졌다. 자매관계에 대한 여성론 이해가 여자들의 힘의 희생화와 집단화에 토대를 두는 한, 이것은 여자들 사이에서의 힘의 차별적 현상을 인식하지 못할 뿐 아니라 개인적으로 강한 여자들의 힘과 재능을 받아들이지도 않는다. 비경쟁적이고 구조적이 아니며 그룹의 집단성을 강조하는 설득은 자기긍정과 힘이 없는 여자들로 하여금 다른 여자들에 대해 부적절한 감정을 드러내게 하고 특출한 여자들을 방해하게 만든다. 또한 그런 여자들이 전통적으로 여성과의 관계에서 간접적으로 활용된 조작하고 조종하는 힘을 행사할 수 있게 만들기도 한다. 이것은 비판적 대화를 금기로 만들고, 서로의 인정과 존중을 결여한 상태에서 분노의 억압에 의해 야기되는 "격렬한 설전 상태"로 귀결되고 만다.

이런 설득은 죄의식과 억압의 논리를 낳는다. 집단적 죄는 받아들이면서 책임과 연대를 실천하지는 않는 백인 여성론 고백주의 형태를 조장한다. 자매관계라는 은유를 "여자/애정"Gyn/affection 혹은 여성적 우애friendship로 대치하고[29] 아리스토텔레스적 의미에서 "친구"를 "또 다른 자아"로 규정하는 것은 자매관계의 개인화뿐 아니라 평등을 "동일성"이라는 전혀 다른 요소와 합성시키는 아리스토텔레스식 시도를 재각인시키는 경향을 보이게 된다. 확실히 여성적 우애

---

29. J. Raymond, *A Passion for Friends: Toward a Philosophy of Female Friendship* (Boston 1986); M. E. Hunt는 *Fierce Tenderness: A Feminist Theology of Friendship* (New York 1991)에서는 아리스토텔레스의 우애 관념을 넘어서되 그러면서도 우애와 연관지어 여자 교회를 체계화하고자 한다.

는 "정치적 시각에 깊이와 '정신' Spirit을 준다".³⁰ 그러나 이것이 구체적인 정치적 운동이자 이론적 공개토론장으로서의 여자 에클레시아를 이룰 수는 없다.

지난 10년 동안 여성론 이론은 여자들의 힘의 차이를 인식하는 가운데, 모녀관계를 문제삼고 되살려내었다. "성의 차이라는 지평 내에 각인된 상징적 어머니"와 관련한 구성물은 "여자들 사이의 불평등현상을 명명하고, 세대와 세대를 뛰어넘는 여자들 사이의 교환, 그리고 차이들을 뛰어넘는 지식과 열망의 나눔, 두 가지 모두를 가능하게 한다".³¹ 그럼에도 불구하고 이것은 백인 엘리트 여자들의 근본적 성차와 관련한 전체화 관념을 재각인시킴으로써 이런 시도를 하고 있다. 하지만 여자교회는 성별체제에 근거한 정신분석적 이야기에 머물러서는 안된다. 그런 것은 어머니로부터 분리된 상태에 있는 것으로서의 남성성과 일차적 유대와 연속선상에 있는 것으로서의 여성성을 촉진시키는 것을 핵심으로 할 따름이다.³² 전체화하는 이원적 성별체제를 재각인시키거나 부인하는 것이 아니라, 그 뿌리를 잘라낼 해석적 틀을 찾아내야 하는 것이다.

제시카 벤자민은 『사랑의 유대』에서 우리 자신이 왜 평등과 자유를 위해 의식적으로 투신하지 않고 지배와 종속의 관계들을 받아들이고 영속화하고 있는가를 설명하고자 한다. 저자는 여기서 심리적 연루 과정을 산출하는 가족체계의 성과 사회정치적 지배가 복잡하게 얽히는 현상을 입증한다. 그녀는 욕구 표현에 있어서의 남근숭배적 상징양식에 대한 여성적 등가물을 발견하는 데서 그치지 않고 해서 이론으로서 **간주체적 이론** intersubjective theory을 제안한다. 간주체적 이론은 성별에 관한 정체성을 동일성과 차이 사이의 긴장을 띤 채 자아와

---

30. Raymond, *A Passion for Friends*, 29.
31. 노인과 젊은 여자들 사이의 위탁과 활성화의 사회적 실천인 *affidamento*라는 이탈리아어 개념: T. de Lauretis, "The Essence of the Triangle", 25. 젊은 여성론자들이 학문적 혹은 종교적 "아버지"를 살려낼 뿐 아니라 제도적 압력으로 인해 여성론적 "어머니"로부터의 독립성과 독창성을 선언하는 경향이 있는만큼 이것은 매우 중요한 개념이다. 그러므로 이 개념은 성별이라는 본질주의적 견지가 아니라 제도적이고 정치적인 견지에서 재개념화되어야 한다.
32. Jessica Benjamin, *The Bonds of Love: Psychoanalysis, Feminism, and the Problem of Domination* (New York 1988) 217.

타자 사이의 관계 속에 위치시키며, 이 관계를 하나 상태로부터 분리 상태로 가는 직선 운동으로 해석하지 않고, 긴장이 개재하는 역설적 균형을 견지하는 상호인식으로 해석한다. 저자는 이렇게 말한다. "그러므로 자신을 '여자인 나' 만이 아니라 '무성의genderless 주체인 나', '남자 같은 나'로도 체험할 수 있을 것이다. 이런 유연성을 유지하는 사람은 자신과 타자의 모든 면을 받아들일 수 있을 것이다."[33] 그러나 나는 이런 간주체적 틀은 반드시 인종과 계급, 문화와 종교와 관련해서도 분명하게 설명되어야 함을 역설하고자 한다. 어떻든 그 정체성에 있어서 우선성을 부여받은 것에 의거할 때, 이 가부장적 구조들의 상호관계들은 그 정체성을 다르게 규정하게 될 것이다.

벤자민에 따르면 간주체적 틀은 "열린 공간"이라는 은유를 통해 가장 적절히 표현된다. 이것은 개인에 적용되는 데서 그치지 않고 한 자리를 시사하는데, 여기서부터 여자 에클레시아를 다면화된 억압에 맞선 투쟁들로 경계를 설정하는 열린 설득적 공간으로서 그려나갈 수 있을 것이다. 자매관계나 딸 신분으로서 보다는 "경계가 설정된 열린 공간"으로서 은유되는 이 여자 에클레시아는 여자들 사이에 그리고 여자와 남자 사이에 실재하는 체험과 힘의 차이를 부인함이 없이 역사적 공동체와의 계속성을 발생시킬 수 있을 것이다. 이것은 획일적이며 대립적인 논의 공동체와는 대조적으로, 가부장적 억압관계에 대항하는 데 공동 관심을 가진 교차하는 하위 공동체 또는 준자치적 삶의 자리들의 연합체로서 그려질 것이다. 여자 시노드로서의 여자 에클레시아는 여성론적 상보성을 겨냥하는 대중大衆의 열린 공간으로서, 일관되고 불변적인 조직망이 아니라 이질적이고 다양한 언어로 서로 겨루는 씨름판으로서 그려져야 한다. 여성론 신학은 자매관계의 집단성과 모녀관계를 "탈자연화"하고 "탈개인화"해야 한다. 이를 위해 여자 에클레시아를 상호간의 인정과 자기와 타자들에 대한 존중, 정체성과 차이, 하나 상태와 분리 상태에 대한 존중으로서의 "신적 존재의 현존"이 체험될 수 있는 정치적 "열린 공간"으로서 개념화할 수 있어야 한다.

---

33. 위의 책 113.

연대의 윤리와 정치

여자 에클레시아는 대중의 여성론 담론에 나타나는 다양성이 교차하고 사회정치적 대비상과 여성론 대안과 아직 실현되지 않은 가능성들이 경합하는 자리로서 여성론 이론과 신학에 대한 실증주의적이고 과학적인 개념화보다는 설득적 개념화를 시도할 필요가 있다.[34] 여성론 신학적 담론은 에클레시아를 여자들을 정치적·역사적 범주로서 규정하는 여성론적 대중의 민주적 논의가 이루어지는 정치 형태로서 구성해 나가기 위해 다양한 여성론적 설득 전략을 서로 배제하는 고정된 대립적 입장들로 구축하기보다는 이런 것들에 직접 뛰어드는 한편 동시에 이것들 사이를 지속적으로 넘나들 필요가 있다. 해방의 설득, 단지 차이가 아니라 차이들의 설득, 평등의 설득 그리고 전망과 시각의 설득 같은 것들이 여성론 신학적 전략들이다.

여성론 신학적 담론은 민주적 회중을 설득하고 에클레시아의 "공동선"을 위한 의사결정을 위해 논의를 수렴하여 단안을 내리려는 사려깊은 설득 rhetoric의 고전적 의미와 연결지어질 때 가장 잘 이해될 수 있다. 예컨대 보편적으로 여성적 것이나 만장일치를 보이는 자매관계에 호소하는 입장과, 계급과 인종·성별·민족·성과 관련한 선택 등에 관해 여자의 역사적·정치적 특수성에 호소하는 입장 사이에서 결정을 이끌어낼 필요가 있다. 특정한 투쟁과 정치적 연합체 내의 이런 숙고를 통해 우리는 지적 구성물과 경합을 벌이는 이익집단의 다양함 속에서 드러나는 여성론 목소리의 복합적 담론 자리들을 인정하고 받아들이게 된다. 서로 다른 여성론 논의를 개진하는 대중이 여성론 분석과 제안과 전략을 다르게 말할 수도 있을 것이다. 그리고 바로 이런 경우가 발생할 때, 바로 세계에 관해 경합을 벌이는 여성론 규정들과, 상징적 만물에 관해 선택적 대안으로 제시되는 구성물들 사이에서 결정을 이끌어낼 필요가 있다.

나아가 가부장적 실재에 관해 경합을 벌이는 여성론 분석과 여성론 시각에 관한 각각의 말들은 단순하게 어떤 것은 옳고 어떤 것은 틀렸다는 식으로 나타

---

34. 나의 책 참조: *But She Said: The Rhetoric of Feminist Interpretation for Liberation* (Boston 1992).

나지 않는다. 이것들은 교의적 입장이 아니라 전략적 실천으로서 해석되어야 한다. 설득적 개입으로서의 여성론 신학이 교의적 분파주의로 퇴락되지 않으려면 대중의 논의와 숙고를 필요로 한다. 단 하나의 "정통" 여성론 전략이나 단 하나의 참된 여성론 입장이란 없다. 그렇다면 여성론 실천은 책임있는 토의와 실천을 지향하는 숙고를 통해 구체화되어야 한다.

여자 에클레시아는 활용할 수 있는 모든 언어로 신학적 담론을 시도할 수 있는데, 여자 각자는 이를 통해 동시대나 역사상이나 성서의 여자와의 대화 속에서 자신의 이야기를 꼴지을 수 있을 것이다. 이런 담론은 지금까지 여성론 담론 속에서 눈에 띄지 않았던 여자들을 새로이 눈에 띄게 만들 수 있어야 한다. 예컨대 흑인·가난한 이·식민지 사람·동성애자·직업여성 들의 차이와 **이론적** 가시성을 역설함으로써 "여자들"이 단일한 본질보다는 역사적 차원의 다원성을 드러낼 수 있다. 많은 아프리카-아메리카 여자들은 아프리카계 선조뿐 아니라 아메리카 원주민과 유럽과 아시아계 선조도 가지고 있다. 나아가 여성론 담론은 동성연애자들을 경합하는 관심과 가치와 갈등 없이 획일적이고 무차별화된 자매관계에 있는 존재로서 묘사하지 않도록 주의해야 한다.[35]

여자 에클레시아를 실천적 숙고와 책임있는 선택을 위한 민주적이고 대중적인 여성론 각축장으로서 개념화할 때, 서로 다른 이론적 제안과 실천적 전략에 관한 논의를 억누르기보다는 촉발시키고, 차이들을 운동에 분열을 낳는 것으로서 침묵시키기보다는 서로 다른 여성론 입장이 사회와 교회 내 여자운동의 서로 다른 부분에서 갈등 속에 제기되는 욕구들로 연관지어질 수 있음을 보여줄 수 있다. 여자 에클레시아는 지속적으로 비판과 토론과 논의를 해 나감으로써, 다른 실재를 구축하고 가부장적 정통이라는 이름 아래의 인습적 분열들을 피할 더 적절한 전략과 시각을 천착해야 한다. 이것은 경합하는 개념과 제안을 규명하고 결정을 이끌어내도록 하는 가운데, 다양하고 때로는 경합하는 해방 투쟁들 속에서 윤리적 숙고와 실천적 연대의 긴 과정을 형성해 나갈 수 있다.

---

35. E. F. White, "Africa on My Mind: Gender, Counter Discourse and African-American Nationalism": *Journal of Women's History* 2, no.1 (1990) 87.

그러므로 연대 윤리의 발전은 여자 에클레시아의 대화와 전략 차원의 실천에 결정적이다. 이 여자 에클레시아의 다양한 하위 공동체들은 계급과 인종에 따른 지위만이 아니라 폭넓은 논의의 틀을 이끌어내는 제도적 입지와 전문적 헌신과 교회의 지지관계들에 의해서도 차별화되고 있다.[36] 이론적·전략적 차이를 촉발시키는 여성론의 설득적 실천은 가장 보수회귀적 정책까지도 "여성론"이라고 낙인찍힐 수 있는 분위기를 조성하는 마비된 다원론으로 변질되어서는 안된다. 그렇다면 연대 윤리는 그 담론과 전략에 각인된 가부장적 권력관계를 분명하게 밝혀야 한다. 나아가 이것은 누증하는 가부장적 억압의 체험으로부터 이야기를 개진하는 여성론자들의 이론과 전략에 특권을 부여하는 평가의 여성론 기준을 분명하게 말할 필요가 있다.

단일한 정통 여성론 입장만이 아니라 다양한 여성론 실천이 존재한다면, 연대의 여성론 윤리는 무비판적 동의 형태로 나타날 수는 없으며, 특정한 상황에서 특정한 여자 그룹을 위해 어떤 것이 최선이고 곧이어 해야 할 일이 무엇인지 결정하면서 실천의 윤리적 의미에 관한 대화적 평가로서의 책임있는 토의와 실천을 지향하는 숙고를 통해 구체화되도록 해야 한다.

따라서 연대의 여성론 윤리는 민주적 기구와 여자들의 자기결정을 필수조건으로 한다. 여자들은 자신의 실재를 해석하고 자신의 목표를 규정할 권리와 힘을 당연히 주장할 수 있어야 한다. 여자들의 어느 한 그룹이 모든 여자를 위해 발언을 할 수는 없다. 여자들 사이에 갈등을 낳는 관심들은 대중적 논의를 통해 명시되고 결정에 도달할 수 있도록 조정되어 연대의 전략이 진척될 수 있도록 해야 한다. 나아가 여자 에클레시아는 여자 개인과 하위 그룹에서의 자기결정을 가능하게 하기 위해 논의의 실천에 비판적으로 참여해야 한다. 이를테면 다음 문제들에 관해 여자 에클레시아는 비판적으로 태도를 취해야 한다. 어떤 목소리가 발언이 허용되는가? 어떤 목소리가 경청되지 않는가? 누가 말을 해야 하고, 어떤 이야기가 아직도 나와야 하며, 어떤 제안이 더 제시되어야 하는가?

---

36. Felski, *Beyond Feminist Aesthetics*, 171.

요컨대 여자 에클레시아는 사람들이 복잡한 상황 속에서 서로 착취함이 없이 어떻게 함께 일할 수 있는가에 관한 모델을 제시할 필요가 있다.

연대의 여성론 윤리는 주도권을 장악하고 있는 사회 내에서는 물론 해방운동 내에서도 누증적으로 맞물려 구조화되어 있는 가부장적 억압을 분석하고 이에 도전할 수 있는 해방의 복합적 의식을 발전시켜 나가고자 하고 있다. 이것은 누증적 억압으로 고통받는 여자들이 그런 억압체제의 희생자일 뿐 아니라 매일의 항거 전략에 영향을 미치는 작용일 수도 있는 그런 방식들을 파악해 낸다. 동시에 이것은 유럽-아메리카의 중산층 낭만주의에서 전형적으로 나타나는 현상으로서, 개선주의에 사로잡혀 유색인 여자나 가난한 여자들을 "타자화"하고 고정된 틀에 따라 정형화하는 일을 삼가야 한다. 그러기 위해서는 다양한 그룹의 여자들이 민주적 에클레시아로서, 인종과 계급이나 성의 대표자보다는 개별적 시민으로서 상호-작용을 할 수 있어야 한다. 연대의 윤리적 담론은 여자들 사이에 존중과 "우애"를 촉진시키고자 한다. 그러나 "여자 신분"의 "자연화된" 연대라든가 "자매관계"의 내밀한 우애를 전제로 하지는 않는다.

마지막으로, 중요한 점을 지적하고자 한다. 성별과 생물학이 아니라 가부장제의 역사적 체험과 투쟁이 여자 에클레시아에서 여성론 정체성의 필수요소라면, 우리 자신이 우리의 이야기를 어떻게 말하고 여자의 역사를 어떻게 구축해 나가는가에 면밀히 주의를 기울여야 한다. 나는 19세기에 선대 어머니들 자매들이 벌인 투쟁들을 기리는 에이드리엔 리치의 시를 소개하면서 이 강연을 시작했다. 이 강연의 분석과 논의를 따라 나와 더불어 움직여 오는 가운데, 우리의 여주인공들과 상속에 관한 이 이야기가 여성론적 투쟁을 유럽-아메리카의 백인 엘리트 여자들의 투쟁으로 해석하고 있다는 점을 물론 고통스러운 일일지언정 여러분이 자각할 수 있었기를 나는 기대한다. 이 이야기는 여성론 투쟁을 아메리카 원주민들과 아프리카 노예들과 유럽에서 이민온 하류계급 여자들이 단지 희생자로서 존재할 따름인 그런 유럽-아메리카의 백인 엘리트 여자들의 투쟁으로 여기고 있다. 여자로서 동시에 흑인·이민자·가난한 자·아메리카 토착민으로서 동등권을 위해 싸워 온 여성론자들은 에이드리엔 리치와 같은 여성론 시각을 가진 시인의 기록에조차 빠져 있고 침묵에 잠겨 있다. 여성론이 성별에 사로잡힌 상태와 기존의 가부장적 억압에 연루된 상태에서 벗어날 수 있으려면 결국 이들의 투쟁과 시각에 대한 인식이 유럽-아메리카의 여성론적 침묵을 깨뜨리고 발설되어야 한다. 쿠퍼Anna Julia Cooper는 에클레시아의 "경계가 설정된 열린 공간"으로 이르는 그런 시각을 표현하고 있다고 하겠다.

이제, 만일 내가 내 지지자들의 정서를 구체적 형태로 결정結晶해내어 하나의 메시지로서 이 여자회의에 전달할 수 있다면, 그것은 아마도 다음과 같은 것이리라: 여자들의 주장을 추상적인 것에서만큼 구체적인 것에서도 폭넓은 것이 되게 하라. 우리는 인류의 연대와 삶의 단일성과 성이나 인종, 나라나 조건 등에 관해 모든 형태의 편애라는 불의와 비정상성을 딛고 서 있다. 만일 이 사슬의 어느 한 고리가 깨뜨려진다면 사슬은 깨뜨려진다. 한 다리는 그 가장 약한 부분보다 더 강할 수가 없고, 한 대의大義를 위한 투신은 그 가장 약한 요소보다 더 가치있는 것이 아니다. … 따라서 우리는 정의와 인권의 총체적 승리를 위해 수고하는 자로서 우리 자신을 위한, 우리 인종과 우리 성과 우리 파벌을 위한 출입문이 아니라 인류를 위한 거대한 고속도로를 요청하면서 이 회의에서 각자의 집으로 돌아갈 수 있기를 원한다. 유색인종 여자는 대의를 위해 투신하는 여자 운동이 하나요 모두에게 공통된 것이라고 느끼고 있다. 하느님의 모상이 까맣든 하얗든 거룩하고 훼손당하지 않고 인종과 색깔과 성과 조건이 삶에서 실체적 것이 아니라 우유적 것이라고 인식되기까지는, 생명과 자유에 대한 인류의 보편적 권리와 행복에 대한 추구가 양도할 수 없는 권리로서 모두에게 인정되기까지는, 여자의 가르침이 가르쳐지고, 백인 여자나 흑인 여자나 홍인 여자가 아니라 대의에 투신하는 여자의 운동이 승리를 얻게 되기까지는 … 여자의 "권리" 획득은 권력에 대한 모든 권리의 궁극적 승리와 이성과 정의의 윤리적 힘들의 패권, 그리고 세상의 민족들의 통치에 있어서의 사랑을 의미하게 될 것이다.[37]

---

37. Lowenberg, Bogin 편 *Black Women in Nineteenth-Century America: Their Words*, 330ff.

24

달라진 사회와 교회를 내다보는 민주적 여성론

나는 영성이 모든 토착민 안에서 규합될 때 … 큰 동아리를 이루리라는 것을 안다. 영성은 토착민만 간직하는 것이 아니다. 잉글랜드 사람들도 영성이 있다고 나는 믿는다. … 그들이 그것을 발견할 수만 있다면, 무너져내린 곳을 찾아낼 만한 거리를 두고 물러난다면, 생각건대 그들이 원한다면 … 만일 충분히 원한다면, 그 동아리에 가담할 수 있으리라. 생각건대 그것이 우리가 정의를 추구하고 정의를 발견할 수 있는 유일한 길이다. 영성을 통해서.

— Geneva Platero, Diné Navajo[1]

《상황 설명》

멕시코 시티의 이베로아메리카나 예수회 대학 신학부는 1991년 9월에 "라틴 아메리카의 미래에 있어서의 신학의 역할"이라는 심포지엄을 지원했다. 이 강연은 이 심포지엄을 위해 쓴 것이었다.[2] 나는 『콘칠리움』이 1990년에 25주년을 맞아 루뱅에서 개최한 국제회의에서 개진한 신학 사상들을[3] 이 기회에 확장하여 여성론 신학적 시각을 우리 시대의 두 가지 맥락 속에 자리잡게 함으로써

---

1. "To Tell the Truth: An Interview with Geneva Platero by Rosalinda Catitonauh Ramirez", *Common Ground* 6 (1992) 46.
2. 스페인어로 발표된 확장된 형태: "Visión feminista para una sociedad o iglesia diferentes": A. J. Bravo 편 *La función de la teología en el futuro de América Latina: Simposio Internacional* (Mexico 1991) 216-37.
3. 나의 글 참조: "Justified by All Her Children: Struggle, Memory and Vision": The Concilium Foundation 편 *On the Threshhold of the Third Millennium* (London 1990) 19-38.

미래와 관련하여 그 의의를 천착하고자 했다. 먼저, 이 시각은 고문과 군사독재, 정치적 시련과 처형 들에 직면하여 "민중의 힘"을 재천명하기 위해 전세계적 민주화 투쟁 맥락에서 파악되어야 한다. 둘째, 여성론신학적 시각은 아메리카 대륙 점령 500주년을 기념하는 시대적 맥락 속에서 검토되어야 한다. 사회와 교회의 민주주의 실패는 철저한 민주주의를 실현하고자 하는 꿈의 실패가 아니라, 아직도 가부장적 한계를 극복하지 못한, 영성적 시각과 정치적 실현의 실패였다. 서양 민주주의가 아메리카 원주민 "할머니들 사회"의 시각과 실천과 통합될 때 비로소 가부장적 배제현상들과 억압들을 극복할 수 있는 참으로 민주적 세계 시각이 이루어질 것이다.

중유럽 자본주의의 득세와 전세계에 걸친 부정적 민족주의 계열 군사력의 폭발적 확장과 국가 소비주의 또는 "자유 세계"라는 명목으로 자행되는 "자유의 여신"의 정치적 압력에 의해 위협을 받고 있는 이 민주적 시각을 뒷받침하기 위해, 신학은 모두를 위한 정의와 자유와 안녕의 시각을 가지고 교회가 이런 민주적 투쟁에 참여하도록 미래를 열어 나가야 한다. 나는 여기서 여자 에클레시아에 관한 여성론 이해가 이 철저한 민주적 시각과 세계적 차원의 영적 센터를 형성하는 데 기여할 수 있다고 제시한다.

올해 스톡홀름에서 "노벨 대토의"는 노벨상 수상자들을 불러모아 세계의 미래를 위한 토론을 벌였다. 참석자 가운데 더러는 인류가 세계의 미래를 가능하게 할 수 있는 지식과 의지를 가지고 있음을 역설했고, 더러는 대조적으로 현대의 지식과 과학기술이 우리 지구를 파괴의 벼랑으로 몰고왔다고 갈파했다. 남아프리카의 노벨상 수상자 고디머Nadine Gordimer는 이 대치상을 집약적으로 표현하여, "지식"과 "영적 시각"이 서로 차단되어 외면당하고 있다고 주장했다. 지식과 영적 시각이 서로를 포용할 때 비로소 우리는 인간적 미래를 창출할 수 있을 것이라고. 그러나 그녀는 지식과 시각의 관계에서 나타나는 또 다른 중대한 결함은 지적하지 않았다. 그 결함은 바로 스웨덴 예술과학원에 모인 청중인 즉 주로 백인 엘리트 남자들이라는 사실에 반영되어 있었다.

백 년 전에 아프리카-아메리카계 여성론자 안나 줄리아 쿠퍼는 시각과 상상력의 온전함을 회복하기 위해 이와 유사한 호소를 한 적이 있다. 그러나 그녀는 고디머와는 달리, 지금까지도 지식과 권력으로부터 배제된 존재인 우리들이 그런 재시각화re-visioning에 참여하도록 허용되어야 함을 역설했다.

그것은 지성인 여자 대 무식한 여자도 아니요, 백인 여자 대 흑인과 갈색인과 홍색인 여자도 아니며, 심지어 여자 대 남자도 아니다. 그렇다, **세계가 여자의 목소리에 귀를 기울일 필요가 있다**는, 여자의 가장 강력한 발언권 요구다. 인류 가족 절반의 부르짖음이 억눌려 있다면 모든 인간의 유익이 뒤집힌 것이다. 여자가 … 감히 생각하고 움직이고 말하는 것, 자기 시대의 사상을 꿀짓고 이끌기에 이바지하고자 하는 것은 세계 시각의 동그라미를 완성하려는 것일 따름이다. 해석자와 옹호자가 없는 모든 관심사가 여자의 관심사다. 여자의 일은 벙어리였던 모든 고뇌, 목소리가 필요한 모든 잘못에 연결되어 있다. 세계는 외눈 뜬 남자의 절룩거리는 걸음과 일방적인 망설임으로 비틀거려야 했다. 문득 눈가리개가 다른 눈에서 걷히고 온몸이 빛으로 채워졌다. 그 눈이 전에는 한 조각을 보던 곳에서 한 동그라미를 보고 있다. 어둡던 눈이 회복되어 모든 지체가 더불어 기뻐하고 있다.[4]

안나 줄리아 쿠퍼와 나딘 고디머처럼 플라테로Geneva Platero도 여자들과 토착민들이 시각의 진술에 온전히 참여할 때라야 완성될 세계의 영적 시각의 서클에 대해 말한다. 이들의 도전을 받아들여 나는 여성론 이론과 신학이 현재와 미래에 이바지할 다른 윤리적·종교적 상상력을 제공해야 함을 지적하고자 한다. 지식과 시각을 포용해야 하는 것은 바로 세계에 대한, 아직도 계속 백인 엘리트 남자들에 의해 설명되고 전망되는 그런 일방적인 외눈 세계에 대한 우리의 지식과 시각을 바로잡기 위해서다.

---

4. Anna Julia Cooper, *A Voice from the South*, 1892; Schomburg Library of Nineteenth-Century Black Women Writers (New York 1988)으로 재출판되었다.

나는 특히 비판적 여성론 해방신학이 철저히 민주적인 종교적 시각을 촉진시키는 정신 풍토와 상상력에 어떻게 기여할 수 있는지 천착하고자 한다. 그러므로 나의 여성론 신학적 분석은 철저한 민주 운동, 모두의 해방과 안녕을 위한 투쟁의 맥락에서 추구할 것이다. 이런 투쟁들이 의식적으로 "여자론자[5] 혹은 무제리스타"[6]의 것이 되지 않는 한, 사회와 교회를 위한 어떤 다른 미래를 낳는 데 성공할 수 없을 것이다.

나의 관점은 분명히 북미와 유럽 학계라는 나의 사회신학적 조건에 의해 제약되어 있다. 그리고 나는 교회들, 특히 가톨릭 교회 내의 여자운동에 몸담은 처지에서 나의 특수하고 제한된 관점을 의식하고 있으므로 감히 라틴아메리카 여자들의 상황과 신학적 기여를 직접 언급하고자 하지 않는다. 하지만 그럼에도 불구하고 나는 나의 분석의 더러가 여러분 자신의 체험과 상황에 관해 말하는 것이기를 기대한다. 나는 **한 여자로서**, 사실 나는 유일한 여자 연설자로서 말하면서도 **여자의 문제에 관해** 말할 의도는 없다. 그보다는 여성론 해방신학적 분석이 지구촌을 위해 "영 센터"Spirit-Center를 창출하는 데 기여할 수 있도록 초점을 맞출 것이다.

1989년 학위수여식 연설에서 파키스탄의 전수상 부토Benazir Bhutto는 "민주주의"를 "오늘날의 가장 강력한 정치사상"이라고 지칭하고서 "보편적 가치 민주주의를 촉진할" 민주 국가 연합체Association of Democratic Nations를 창설할 것을 요청했다. 이 민주주의 동맹국들이 인권과 정의의 원리와 적법 절차의 이행을 보호하는 데 협력하자는 것이었다.

베나지르 부토는 서양 민주주의 제도들의 영향을 인정하면서, 그녀의 나라에서 자유와 인권에 대한 사랑이 "근본적으로 이슬람 전통에 배여 있는 강력한

---

5. "womanist"라는 표현: K. G. Cannon, *Black Womanist Ethics* (Atlanta 1988); C. J. Sanders 등의 원탁 토론 "Christian Ethics and Theology in Womanist Perspective": *Journal of Feminist Studies in Religion* 5, no.2 (1989) 83-112.

6. 내가 알기로 이 표현은 Ada Maria Isasi-Diaz가 도입했다. 참조: "The Bible and Mujerista Theology": S. B. Thistlethwaite, M. P. Engel 편 *Lift Every Voice: Constructing Christian Theologies from the Underside* (San Francisco 1990) 261-9.

평등주의 정신에서 기인한다"고 역설했다. 한 회교도요 일억 회교도의 수상이 었던 그녀 자신이 회교국은 민주 국가일 수 없다는 주장에 대한 살아 있는 반증이라고. 이슬람 종교의 강력한 민주적 정신 풍토가 민주주의 투쟁과 정의에 대한 믿음과 "폭정은 지속될 수 없다"는 이슬람의 가르침에 생명력을 불어넣어 왔다고. 한 사회의 진보는 그 사회 여자들의 진보에 의해 판단될 수 있다는 원리가 종교에도 적용되어야 할 것이라고. 달리 말해서 한 종교가 민주적이고 해방적인가를 측정하는 기준은 그 종교가 여자들의 온전한 참여와 지도를 인정하는가의 실천적 시험을 통해 제시될 수 있다고.

한 종교가 민주 사회를 지탱시키고 성장시킬 수 있는가를 판단하는 실용적 기준으로서 여자들의 지도력 행사 정도라는 기준을 받아들일 수 있을까? 만일 그렇다면, 여기 이 모임과 같은 신학회의는 여성론 물음들과 분석들에 주의를 기울여야 할 것이다. "지구촌"의 문턱에서 아메리카 대륙 발견 500주년 전야에 개최되고 있는 이 신학적 대화는 여성론 해법을 통해 미래를 위한 신학적 시각을 말할 수 있어야 한다. 가톨릭 신학이 미래를 위한 해방하는 담론과 시각을 발생시킬 수 있는가, 그렇다면 어떻게 그렇게 할 수 있는가는 교회 내에서 의사결정과 성사적 권한은 물론이고 신학자들의 가르치는 "권위"로부터도 여자들이 얼마나 배제당하고 있는가에 입각해서 판단되어야 한다.[7]

푸코Foucault에 따르면 대중적 담론의 통제는 권위와 권력을 유지하는 주요 요소다. 그러므로 대중적 신학 담론에 중심적 여성론 문제가 빠져 있다는 것은 교회 차원에서의 여자 배제를 드러내는 중요한 형태다. 이런 견지에서 한 외국인이 이 회의의 유일한 여자 연설자라는 것은 우연한 일인 것 같지 않다. 실제로 다른 많은 신학 연구기관처럼 이 대학도 여자를 학생으로는 물론이고 교수로도 받아들이고 있다. 그러나 신학대학들과 신학 담론들은 우리 여자들이 가부장적 교의의 경계들을 존중하면서 기존 학계의 남성중심적 규범들을 받아들이는 한에야 여자들을 받아들이고 있다. 여성론 신학들은 "여자의 문제"에서

---

7. K. B. Jones, "On Authority: Or, Why Women are Not Entitled to Speak": J. Diamond, L. Quinby 편 *Feminism & Foucault: Reflections on Resistance* (Boston 1988) 119-33.

중심적 신학적 담론에 영향을 미칠 수 없다. 게다가 왕왕 여성론 신학이 일부 해방신학자들에 의해 "백인 여자의" 문제로서 따로 고정된 틀에 따라 정형화되고 경시되기도 한다. 하지만 이런 한 해방신학들은 현재 패권을 장악하고 있는 가부장적 신학 지배체제의 포로 상태를 벗어나지 못한다. 이들은 가난한 이들의 편에 서는 선택이 무엇보다도 먼저 여자 편에 서는 선택임을 신학적으로 분명하게 말할 수 없다. 실제로 가난한 이들은 특별한 얼굴과 몸을 가지고 있다. 오늘날 세계의 가난하고 문맹인 사람들의 대다수는 여자들과 여자들에게 의존하는 어린이들이다. 그러므로 이른바 여자문제는 해방신학의 모든 형태에서 중심 주제로서 천착되어야 한다.

여성론 이론은 서양 사상이 이성성理性性을 남성적인 것으로 규정하고 따라서 여자를 배제하는 백인 엘리트 남자들에 의해 거론되었음을 밝혔다.[8] 신학 연구 기관들이 여자에게는 자질에 의거하여 연구 주체[9]로서 그리고 이론의 새로운 이론 형성자로서 허용할 수 없는 구조적 이유는 바로 이런 남성적인 지적 틀이 여성론 문제가 이론적으로 중심적 조명을 받는 것을 허용하지 않기 때문이다.

서양 전통·문화·종교의 압도적으로 가부장적인 성격에 직면해서 그리스도교 신학이 신학의 비주체, "역사의 낙후자"와 연대하여 "위험한 기억"(J. B. Metz)과 미래를 위한 해방 시각을 분명하게 말할 수 있는가, 할 수 있다면 어떻게 할 수 있는가를 우리는 살펴보아야 한다. 이 문제가 "여자의" 문제에서 벗어나지 못하는 한, 남성중심적 신학계는 이것을 신학적으로 문제가 되지 않는 문제로 생각할 것이다. 앞으로도 가부장구조적 이데올로기가 바뀌지 않는 한, 여성론 이론의 역사신학적 문제들은 계속 변두리로 밀려나고 "남성이 주류를 이루는" 신학에 영향을 미칠 수 있는 잠재력을 강탈당할 것이다. 여성론 시각을 가진 종교계의 일부 학자들은 우리가 학계의 변두리에서 위치를 다지게 될 것이

---

8. 참조: Genevieve Lloyd, *The Man of Reason: "Male" and "Female" in Western Philosophy* (Minneapolis 1984).
9. "주체로서의 여자들": L. Alcoff, "Cultural Feminism versus Post-Structuralism: The Identity Crisis in Feminist Theory": *Sign* 13 (1988) 405-36; Sandra Harding, "Rethinking Modernism: Minority vs. Majority Theories": *Cultural Critique* 7 (1987) 187-206.

라고 만족하는 모양이다. 하지만 나는 비판적 여성론 해방신학이 가부장적 제도들을 변혁하기 위한 민주적 투쟁의 중심으로 밀고나가야 한다고 논증해 왔다.[10] 지적 교회 학문으로서의 신학이 (보수신학이든 자유주의 신학이든, 정치신학이든 해방신학이든) 교회와 학계의 가부장적 패러다임에 동참하고 있는 한, 신학적 투쟁도 문화적·정치적 투쟁만큼 중요하다.

나는 "가부장제와 가부장적"이라는 딱지로 무엇을 의미하는가? 가부장제에 대한 첫째로 가장 널리 받아들여지는 여성론 규정은 여자에 대한 남자 지배로서의 성 이원론이다. 시몬느 드 보봐르가 남자의 "타자"로서의 여자에 초점을 맞춘 이래 백인계 구미의 여성론 이론은 가부장제를 성 이원론으로 이해하는 경향을 보여 왔다. 따라서 한편 보편적 인류라는 추상화된 개념에서 이론적 척도를 취하여 그 패러다임은 역사와 문화와 종교의 주체인 서양 엘리트 남자이고, 다른 한편 여자들 사이의 차이를 고려하지 않는 본질주의적 여자 개념을 구축했다. 그 담론들은 여자 억압이 가장 근본적인 억압임을 역설하는 한편, 여자들 사이의 자매관계를 전제로 논의해 왔다. 여자들이 서로 연대를 이루고 있는 것은 민족·인종·문화·종교·사회·경제적 위치와는 무관하게 여자로서 동일한 체험과 여성적 본성을 공유하기 때문이라는 것이다. 해방신학자들이 가난한 이 선택을 가난한 여자 선택으로서 명시해야 함을 충분히 진지하게 받아들이지 않았다면, 구미 여성론 이론은 여자들의 자기이해와 삶에 대한 민족·문화·인종·사회·경제적 신분이 미치는 결정적 영향을 등한시했다.

여성론 신학은 서양 성체제의 이론적 틀 속에 위치하는 경향이 있어서 세계 대부분의 여자들이 백인 엘리트 남자들의 타자만이 아니라는 사실에 충분히 주의를 기울이지 못했다. 그들은 그들 자신의 계급·문화·인종·종교들의 남자만이 아니라 백인 엘리트 여자들의 타자이기도 하다. 여성론 이론은 여자와 본질적 성 차이들에 관한 대립적 여성론을 구축하고자, 성 이원론을 개진하는 서

---

10. 참조: 나의 Society of Biblical Literature 회장 취임사 "The Ethics of Biblical Interpretation: Decentering Biblical Scholarship": *Journal of Biblical Literature* 107 (1988) 3-17; 이 책 20장.

양의 철학과 신학이론들을 유통시키는 경향을 보여 왔다. 여자만이 아니라 다른 민족과 인종을 백인 엘리트 남자와 백인 엘리트 여자들의 "타자"로서 식민지화했다. "타자"에 관한 서양의 철학과 신학 이론은 문화적·종교적·지적·정치적 권력으로부터 엘리트 여자를 배제시키는 것과 백인 엘리트 여자들과 남자들에게 장악당하여 식민지화된 문화·인종·계급·종교들의 여자들과 남자들을 착취하는 것 모두를 정당화해 왔다.

그러나 총칭적 "남자"의 타자로서의 총칭적 "여자"에 관한 서양의 이 본질주의적 여성론은 서양의 가부장적 식민지화와 그들 자신의 토착적 가부장 전통들로부터의 해방을 위해 투쟁하는 세계 여자들의 3분의 2를 차지하는 다양한 항거의 목소리에 의해 점점 더 제동이 걸리고 있다. 가부장제는 여러 문화적·역사적 형성과정을 통해 다양한 모습을 띠고 있지만 그럼에도 불구하고 지구상 해방운동의 목소리들은 여성론이 성차별만이 아니라 (여자 억압구조를 이루는) 인종차별과 가난과 군사적 식민지화에 대해서도 정치·종교적 항쟁을 요청하고 있다. 그러므로 이 목소리들은 그 척도가 백인 엘리트 남자인 인본주의와 민주주의의 자유주의 형태를 거부해 왔다. 인간학적 본질주의에 대한 이런 거부의 근거를 오드르 로드는 다음과 같이 간결하게 표현한다.

> 나는 인간을 먼저 백인과 남자로 규정하는 세계에서 글을 쓰는 흑인 여자다. 생존을 포함하여 내가 행하는 모든 것은 정치적이다.[11]

요컨대, 제3세계 여성론 이론가들은 백인 엘리트 남자를 인간 존재의 패러다임으로 여기는 인본주의의 자유주의적 이해를 거부했다.[12] 그 대신 "인류의 연대

---

11. Audre Lorde: *Women's Review Books* 6, 10-11호(1989) 27.
12. J. Franco, *Plotting Women: Gender and Representation in Mexico* (New York 1989) 187; "Elena Poniatowska는 여자들의 저술에 관한 한 회의에서 여자들의 문학은 억압받는 이들의 문학의 일부라고 선언했다. 참석자 모두가 찬동한 것은 아니다. 그럼에도 불구하고 라틴아메리카 여성운동 전통은 언제나 다른 사회·정치문제에 연관지어 여성론을 논의해 왔다. 이것은 개인 해방의 문제일 뿐 아니라 사회정의와 민주화의 문제이기도 하다." 참조: *Beiträge zur feministischen Theorie und Praxis* 13, no.27 (1990).

의 새로운 인본주의"를 역설했다. 여기서는 누증적 억압으로 고통받는 여자들의 인간다움과 존엄이 인간 존재의 기준이다. 예컨대 아프리카-아메리카계 이론가인 패트리샤 힐 콜린스는 흑인 여성론을 "여자들과 남자들이 공동체의 인본적 시각을 실현할 힘을 주는 자기의식적 투쟁의 과정"으로 규정한다. 이들은 "오로지 인본주의에 입각해서만" 과학기술 사회가 구제될 수 있다고 확신하기 때문이라는 것이다.[13]

유색인 여자들은 일원론적 성 이론의 견지에서 규정되는 여성론이 다양한 목소리의 운동과 다초점적 분석으로 변혁되어야 한다고 시종일관 주장해 왔다. 이런 운동과 분석이야말로 관례화된 서양 가부장제의 성차별과 인종차별, 계급착취와 식민지주의라는 복합적 요소들이 구조화되는 현상을 정확하게 포착할 수 있다는 것이다. 아프리카와 아시아, 라틴아메리카와 유대와 팔레스티나의 여자들은 유럽-아메리카의 백인 여성론의 보편화 경향을 거부하고 자신들의 특별한 투쟁 체험들로부터 신학하기를 역설해 왔다.

그러나 제3세계 여성론의 이런 개입은 흔히 여성론 담론에서 억압을 열거하는 일종의 "덧붙이기"식의 방법, 여자들에 대한 가부장적 억압을 여자 서로의 분열과 지배의 병렬체제로 개념화하는 방법으로 귀결되었다. 하지만 이런 병렬식 억압 열거나 "이중의 체제억압"(가부장제와 자본주의)[14] 혹은 심지어 삼중의 억압을 말하는 것조차 서로 다른 사회적 자리들에 있는 여자들에게 다르게 영향을 미치는 억압체제들의 **누증적** 상호구조화 현상을 덮어 버릴 수 있다. 이것은 억압의 체제들이 여자들의 삶에서 서로 밀접하게 교차되어 있을 뿐 아니라 서로 강화하는 기능을 하고 있음을 등한시하는 것이다.[15]

---

13. Patricia Hill Collins, *Black Feminist Thought: Knowledge, Consciousness, and the Politics of Empowerment* (Boston 1990) 39ff.
14. I. M. Young, *Throwing Like A Girl and Other Essays in Feminist Philosophy and Social Theory* (Bloomington 1990) 21-35.
15. H. Collins, *Black Feminist Thought*, 225-30에서는 인종과 계급과 성을 구별되지만 총체적 지배구조의 부분으로서 맞물려 있는 억압체제들이라고 말한다. 그녀는 내가 "가부장제"라고 명명한 것을 "지배의 母體"(matrix of domination)라고 일컫는다. "가부장제"나 "지배의 모체"보다 "지배의 父體"(patrix of domination)가 더 나은 표현일지도 모른다.

억압은 다중적multiple인 동시에 누증적multiplicative이다. 인종차별은 연령차별에 의해 배가된 성차별에 의해 배가되고, 식민지 지배의 착취에 의해 배가된 계급주의에 의해 배가된다.[16]

그러므로 유색인 여자들은 "여자해방을 계급·인종·민족·성과 관련한 모든 형태의 억압에 맞선 투쟁의 일부로서", 여성론을 "서로 맞물린 이 모든 형태의 억압을 받아들여져서는 안되는 것으로서" 개념화하는 이론과 실천으로 재규정하고자 하면서[17] 백인 여성론자들에게 동참을 요청한다. 여성론 이론과 실천에 관한 이런 재개념화는 가부장적 억압에 대해 여자들이 각기 **달리** 체험하는 모든 형태를 여성론적 모든 담론에서 중심에 자리잡도록 한다. 비판적 여성론 해방신학은 백인 엘리트의 **여성성**을 자연적이고 보편적인 성의 범주로서 본질화하지 않는다. 그보다는 가부장제를 (단순히 인간학적이기보다는) 사회·정치적인 견지에서 여성론적 분석을 시도하는 관건으로 개념화한다.

여성론 신학의 둘째 이론적 관점은 이원적 성체제를 틀로 삼지를 않는다. 이 접근방법은 서로 다른 여자 그룹의 갈등을 유발하는 억압들의 상호구조화를 말할 수 있는 방식으로 가부장제를 재개념화하고자 한다. 이 여성론 관점은 이원적 남성-여성 지배구조를 전제하기보다는 가부장제를 성별·인종·계급·종교·문화적 분류체계들과 역사적으로 형성된 여러 지배 형태에 의해 층화되어 있는 복종과 지배의 피라미드식 정치적 체제로서 개념화한다.[18] 서양의 사회와 교회는 단지 남성적인 것만이 아니라 가부장적이기도 한 것으로서 엘리트 유산계층의 지식인 남자들이 권력관계를 결정하고 있다. 이 가부장제는 역사적으로 변화하는 복합적 지배체제로서 이해될 때 비로소 변혁될 수 있다.

16. D. K. King, "Multiple Jeopardy, Multiple Consciousness: The Context of Black Feminist Ideology": *Signs* 14, no.1 (1988) 42-72.
17. Caroline Ramazanoglu, *Feminism and the Contradictions of Oppression* (New York 1989) 128.
18. S. Walby, *Patriarchy at Work: Patriarchal and Capitalist Relations in Employment* (Minneapolis 1986) 5-69에서는 가부장제를 이와 유사한 방식으로 상호연관된 사회구조들의 복합체제로서 이해한다.

그러나 가부장제를 총체적 지배체제로서 말하면서 비역사적인 것으로 해석해서는 안된다. 가부장제는 여러 역사적 맥락에서 여러 사회적·정치적 형태와 제휴하면서 변화를 보인다. 나는 여기서 서양 사회들과 성서 종교들에서 역사상 형성된 가부장제의 다양한 형태를 상술할 생각은 없다. 그보다는 그리스도교 신앙과 공동체를 결정적으로 끌지어 온 서양 민주정치 체제하에서의 가부장제의 고전적 형태와 현대의 형태들에 초점을 맞추어 살펴보겠다.

고대 그리스에서 민주정치라는 개념은 추상적이고 보편적인 견지에서가 아니라 구체적인 사회-정치적 상황에 뿌리를 두고 있는 것으로 파악되었다. 그리스의 가부장적 민주정치 체제는 "타자들"의 배제를 통해 구축되었다. 여기서 배제당한 "타자들"은 자기 땅을 소유하지 못했지만 사회를 지탱시킨 것은 바로 이들의 노동이었다. 자유시민은 노예에 대비되는 것만이 아니고 성별과 관련해서도 제약이 있었다. 그리스 도시국가의 사회·경제적 관계들은 소수의 자유인 상류 유산층 엘리트 남성 가장들만이 실질적으로 민주적 정치권을 행사할 수 있는 그런 식으로 규정되어 있었다. 실제로 정치에 참여할 만큼 재산을 가지지 못한 남성 시민들에게 자금을 지원하는 평등화 시도조차 평등과 공동체 사이의 긴장을 해소할 수 없었다.

정치에의 능동적 참여는 시민 신분만이 아니라 재산과 교육, 그리고 자유인 남성의 가족 지위가 결부된 특권에 의해 조건지어졌다. 이에 관해 페이지 뒤브와는 간결하게 다음과 같이 지적했다.

> 고대의 민주주의는 없었던 것으로 치부해야 한다. 민주주의의 적대적 귀족 대표자들이 있을 따름이다. … "데모스"*demos*, 곧 민중 자신은 역사 안에서 목소리가 없다. 타자들로 표상되어 존재할 따름이다.[19]

민주주의 이상과 사회-정치적 가부장구조 현실 사이의 이런 긴장이 엘리트 남

---

19. Page Dubois, *Torture and Truth* (New York 1990) 123.

자와 여자, 자유인과 노예, 재산 소유자와 농부 혹은 장인, 그리스인과 외국인, 문명 세계와 미개 세계 사이의 사회적 차이를 자연에 의해 규정된 것으로 삼는 주인중심적[20] 이데올로기를 낳았다. 엄밀히 말해서 노예와 외국인 여자는 **여자**가 아니다. 이들은 노예 남자나 외국인 남자가 아니라 주인과 관련해서 "생산"된다. 노예 여자는 엘리트 남자에게 종속되어 "본성이 다른" 존재일 뿐 아니라 엘리트 여자에게도 종속되어 다른 존재로 규정된다. 지배와 종속의 가부장적 피라미드는 남성과 여성만이 아니라 남성과 남성, 여성과 여성 사이에서도 자연과 신에 의해 명해진 차이라는 확신을 발생시킨다.[21]

여성론 이론가들은 아테네의 민주 도시국가에 대한 두 비판자인 플라톤과 아리스토텔레스가 가부장적 민주정치 철학을 개진했음을 밝혔다.[22] 이 가부장적 이론은 생물학적 지식만 잘못된 것이 아니다. 이 이론은 사람들 가운데 어떤 특정한 부류, 곧 자유인 여자나 노예 신분 여자와 남자가 민주정치에 참여할 수 없는 이유를 논증한다. 이 부류는 이성을 사용하는 자연적 힘이 없기 때문에 통치에는 부적합하다는 것이다.

지배와 종속의 로마제국적 형태는 신新아리스토텔레스 철학에 의해 정당화되었다. 이런 가부장적 정당화가 복종을 요구하는 가부장적 명령 형태로 그리스도교의 성서에 들어오게 되었다. 예컨대 고린토 전서 11,2-16은 신플라톤 존재

---

20. "kyriocentric"이라는 말로 내가 지적하고자 하는 것은, 모든 남자가 모든 여자를 한결같이 지배하고 착취한다는 것이 아니라, 서양 유산계층 엘리트 지식인 남자들이 여자들과 그밖의 "비인격"들에 대한 착취로 이익을 누리며 학문을 전개해 왔다는 것이다. 참조: "The Politics of Otherness: Biblical Interpretation as a Critical Praxis for Liberation": M. H. Ellis, O. Maduro 편 *The Future of Liberation Theology: Essays in Hornor of Gustavo Gutiérrez* (New York 1989) 311-25.

21. E. V. Spelman, *Inessential Woman: Problems of Exclusion in Feminist Thought* (Boston 1988) 19-56.

22. S. M. Okin, *Women in Western Political Thought* (Princeton 1979); P. Dubois, *Centaurs & Amazons: Women and the Pre-History of the Great Chain of Being* (Ann Arbor 1982); *Torture and Truth*; M. E. Hawkesworth, *Beyond Oppression: Feminist Theory and Political Strategy* (New York 1990); H. Schröder, "Feministische Gesellschaftstheorie": L. F. Pusch 편 *Feminismus: Inspektion der Herrenkultur*, Edition Suhrkamp NF 192 (Frankfurt 1983) 449-78.

사슬(하느님-그리스도-남자-여자)에 입각하여, 베드로의 첫째 편지는 신아리스 토텔레스 가부장 복종양식을 활용하여 여자의 종속을 주장한다. 실제로 베드로 전서는 노예 그리스도인이 잔혹한 주인에게도 복종할 것을 권고하고(2.18-25), 그리스도인 아내가 그리스도인 아닌 남편에게도 종속될 것을 명하며(3.1-6), 그 리스도인이 최고권자인 황제와 황제의 관료들에게 복종과 존경을 보일 것을 요 청한다(2.13-17). 그리스도교 용어로 표현된 가부장적 복종의 패러다임은 콘스탄 티누스 이후 제국주의적 로마 교회를 대부분 결정지은 (로마제국적 피라미드 구조를 가장 가깝게 닮은) 제도적 구조를 2세기와 3세기에 발전시켰다.

이와 유사한 이론적 정당화 과정이 **형제적** 자본주의 가부장제로 규정된 서 양 근대 민주주의의 대두와 더불어 다시 뚜렷해진다. 자본주의적 민주주의는 고전적 민주주의를 이상적 모델로 하여 형성되었다. 이런 맥락에서 실제로, 이 것은 "자연적", 가부장적, 사회-정치적 계층화를 유지하면서도 시민들이 "평등 하게 창조되었다"고, 그리고 "자유와 행복추구"의 권리를 부여받았다고 주장한 다는 점에서, 동일한 이데올로기적 모순 가운데 일부를 물려받았다. 요컨대 단순히 생물학적·문화적 남성성이 아니라 "재산"과 출생과 교육에 있어서의 엘리트 남성 신분이 다수에 대한 소수의 통치에 참여할 수 있게 하는 것이다.

확실히 고전적 철학에서 "자연적 차이"로 거론되었던 인간-동물, 남성-여성, 자유인-노예의 가부장적 이원론 이데올로기가 현대의 유럽 중심의 정치적 철학 과 신학에 각인되어 있다. 예컨대 파블로 리차드는 식민주의 신학자 세풀베다 Sepúlveda의 저작들에 나타나는 식민주의적 지배와 인종차별적·성차별적·유럽 중심적 지배 사이의 본래적 상호관계를 지적했다.

현명하고 정직하고 인간적인 남자들은 그렇지 못한 이들을 다스려야 한다. … 스페인인들이 신세계와 인근 섬들의 야만인들을 다스릴 완전한 권리가 있다는 것은 당연히 옳다. 저들은 현명과 지력과 덕과 인간다움에서 스페인인들에 비해 마치 어린아이가 어른에게, 여자가 남자에게 그런 것과같이 열등하다. 사실 그 차이는 잔인한 야수 같은 인종과 크나큰 관용을 가진 인종, 더없이 무절제한 자

와 순하고 자제력이 있는 자 사이의 차이만큼이나 크다. 말하자면 원숭이와 사람의 차이라 하겠다.[23]

이런 유럽-중심의 가부장적 신학은 서양의 정치적 학문에서도 역시 그대로 재생산되고 있다. 이런 현상은 "열등한 인종들"과 "비문명화된 야만족들"에 관한 서양의 식민주의적 서술에서는 물론, 유럽-아메리카의 인종-차별적 담론들에 있어서의 "여성성" 혹은 "백인 귀부인" 이데올로기 형태를 띠고 있는 계몽주의 철학에 의한 "이성"의 "남자"[24]를 구축하려는 시도에서 분명하게 드러난다. 그리스도교 종교는 "백인 귀부인"처럼 야만인들 사이에서 문명화하는 힘인 것으로 믿어져 왔다. 지배와 차이들에 관한 이 정치적·철학적·종교적 설득은 특권을 누리는 백인 여자들을 식민지화의 대리인들로, 식민지화의 중개인들로 전환시켜 놓는다. 이것은 유럽-중심의 유산계층을 이루는 백인 엘리트 "남자"의 "타자들"을 민주정치 체제의 통치권과 시민-신분과 개인적 권리들로부터 배제시키는 데 기여하는 데서 그치지를 않는다. 이것은 또한 그렇게 하는 가운데 이들의 노동들과 자연적 자원들을 착취하기도 하는 것이다.

요컨대 주인 나으리의 권력으로서의 가부장적 권력은 성별 체제의 축을 따라서는 물론 인종과 계급과 문화와 종교의 축을 따라서도 작용한다. 이 권력의 축들은 어떤 모체matrix(더 정확하게는 부체patrix) 같은 양태로 더 일반적이고 총체적인 지배체제를 구조화한다. 이런 지배의 부체를 구조화하는 권력의 축들을 천착하기 위한 분석으로 넘어갈 때, 이런 억압 체제들이 주인 중심의 사회적 피라미드를 어떻게 형성하는가는 물론이고, 지배의 정치세력에 의해 개인들에게 제공된 정체성에 관한 견해들과 어떻게 맞물리는가도 파악할 수 있다.

---

23. Pablo Richard, "1492: The Violence of God and the Future of Christianity": L. Boff, V. Elizondo 편 *1492-1992: The Voices of the Victims* (Philadelphia: Trinity Press, 1990) 62에서 재인용.

24. 참조: G. Lloyd, *The Man of Reason: "Male" and "Female" in Western Philosophy* (Minneapolis 1984); R. M. Schott, *Cognition and Eros: A Critique of the Kantian Paradigm* (Boston 1988); L. J. Nicholson, *Feminism/Postmodernism* (New York 1990).

요약하건대, 서양의 상징적 등급은 여자를 서양의 "이성의 남자"의 "타자"로 규정할 뿐 아니라 **모든 이**를 위한 철저한 평등성이라는 민주적 논리에 거슬러 억압체제를 그려나간다. 그러면서도 철저한 민주주의 이상들과 이것들이 가부장적 형태로 전이된 현실태들 사이의 제도화된 모순은 시민의 완전한 자결권을 위한 해방운동을 낳기도 했다. 최근 몇 세기 동안 시민 평등권을 위한 해방투쟁은 민족적 독립과 선거권과 모든 성인의 시민권을 얻어냈다.

그러나 이 운동들은 계속해서 현대의 입헌 민주주의 형태들을 결정짓고 있는 가부장적 계층화를 극복하지 못했다. 그 대신 민주정치 체제의 권역을 가부장적 피라미드와 동일 범위에 이르게 하는 자유민주주의 형태들을 창출할 수 있었을 뿐이다. 그리하여 이것들은 민주적 시각과 정치적 가부장적 실천 사이의 모순을 재각인시켜 왔다. 이번에는 다시 자유민주주의 이론가들이 정기적 선거와 다수결에 의한 정치, 비례대표제, 갈등현상들의 법절차에 따른 해결 같은 법제도적 장치들을 통해 이런 모순을 해소하고자 했다. 그 과정에서 민주정치 체제하의 자유는 단순히 강제가 없는 상태로 해석되고, 민주적 과정은 선거운동에서 전개되는 구경거리가 되고 말았다. 확실히 고대세계의 노예와 외국인에 해당하는 사람들이 역할의 대등을 누림도 엘리트 여자가 현대의 법절차에 따른 민주주의 형태들에 포용됨도 가부장적 민주주의에 본래부터 내재하는 모순들을 한층 심화시켰다. 결국 어떤 다른 교회와 사회를 위한 비판적 여성론 신학의 시각은 그 자체를 철저한 민주적 상상력 속에 위치시켜야 하는 것이다.

미국에서 가장 주목받는 아메리카 원주민 여성론 비판가의 한 사람인 폴러건 알렌은 「백인 여성론의 홍색 뿌리」라는 글에서 고대 그리스 민주주의 전통에서는 철저한 시각의 뿌리가 발견되지 않음을 논증했다. 이 전통은 다원적 민주주의관이 전혀 없었고 통치의 의사결정에 여자의 참여를 허용하지도 않았다는 것이다. 철저한 민주주의에 대한 여성론 시각은 이로쿼이족Iroquois의 연맹과 같은 아메리카 인디언의 부족통치 형태에서 도출되어야 한다고 그녀는 주장하는 것이다 — 이 연맹에서는 모권자 회의체Council of Matrons가 의례와 집행과 재판의 중심이었다.

억압의 뿌리는 망각이다. 인디언 문명이 거의 혹은 전혀 언급되지 않을 때 아메리카인들의 정신에 이상한 일이 생긴다. … 그러니 아메리카 대륙의 여자정치 부족들이 현대세계를 특성짓는 모든 해방의 꿈을 실현하는 데 요청되는 토대를 제공했다는 나의 도전적 주장이 얼마나 이상하게 보이랴. … 여성론자를 행동하게 하는 시각은 할머니 사회, 거의 500년 전에 16세기 탐험가 마터Peter Martyr의 말 속에 포착되었던 사회의 시각이다. 그것은 유럽과 아메리카의 급진 사상가들이 거듭 천명한 것과 동일한 시각이다. … 마터가 말했듯이 "군인도 없고, 보안대나 경찰도 없고, 귀족도 왕도 섭정도 총독도 재판관도 없고, 죄수도 없고, 송사도 없는 … 모두가 평등하고 자유로운" 그런 나라의 시각이다.[25]

유럽인들의 눈에 원주민 아메리카인들은 눈부시게 자유로워 보였다. 자기 물품을 기꺼이 함께 나누는 태도, 땅과 살아 있는 모든 것에 대한 존중, 성긴 차림의 선호, 권위주의를 하찮게 여기는 태도, 관용적 자녀 양육 관습, 잦은 목욕, 계급 없고 재산 없는 사회생활, 이 모두가 "억제당하지 않는 인간성"의 표현이었다. 식민지 시기에 프랑스를 살펴보고 돌아온 이로쿼이족 여행자들은 빈부격차가 현격할 뿐만 아니라 가난한 사람들이 항거 없이 그런 불의를 견디는 것에 놀라움을 표했다. 더욱이, 알렌은 콜럼버스와 그밖의 유럽인들이 아메리카 대륙 토착민들과 접촉하여 그 자유롭고 안락한 평등주의에 관해 보고한 글들이 종교개혁 때까지는 유럽에 유포되고 있었다고 논증한다.

아메리카의 민주주의 체제는 많은 면에서 반봉건적 이로쿼이족 연맹과 비슷하면서도 전혀 다르다. 알렌에 따르면 주요한 차이 두 가지는 이로쿼이족의 체제가 "영"에 토대를 두었다는 사실과 씨족 모권자들이 행정 기능을 수행했으며 이것이 이로쿼이족 민주주의의 제의적 성격과 직결되어 있었다는 사실이다. "모권자들이 그 체제의 의례의 중심이므로 제1의 정책결정자이기도 했다."[26]

---

25. Paula Gunn Allen, "Who Is Your Mother? Red Roots of White Feminism": R. S. S. Walker 편 *Multicultural Literacy, Gray Wolf Annual*, no.5 18f.
26. 위의 책 219.

해방론들과 철저한 평등을 위한 투쟁들

폴러 건 알렌의 노선을 따라 나는 개인의 자유들과 평등권에 관한 서양의 시각으로 "할머니 사회"를 드러내는 것, 곧 민주주의의 고전적 관념을 "인디언화"하는 것만이 철저한 평등주의의 신학적 시각과 실천을 낳을 수 있음을 역설하고자 한다. 가능성의 여성론 신학론을 지구 도시국가의 문턱에뿐 아니라 아메리카 대륙 "발견"에 자리잡게 하는 것은 곧 해방신학적 성찰의 다양한 목소리가 표출되는 에클레시아 혹은 "광장"을 요청하는 것이다.

오로지 비판적 해방신학의 "무지개" 동맹(Jesse Jakson의 표현)만이 교회와 사회의 미래를 위한 철저한 평등주의 시각을 낳을 수 있으리라.[27] 이런 여성론 해방신학적 에클레시아가 세계 전역에서 해방과 민주주의를 위한 특별한 투쟁에 뿌리내린 다多문화·다교회·다종교적 가톨릭 신학을 말하기 시작할 수 있었다. 인공위성 송수신과 원거리 통신, 팩스 기기와 세계여행 들은 문화적 상호의존관계에 대한 자각을 증대시켜 우리를 지구촌 이웃이 되게 했다. 이런 견지에서 이 지구촌은 "할머니 사회"를 실현하여 시민 모두의 안녕에 대한 관심에 의해 다스려지는 세계 민주 연맹체가 될 수 있거나, 아니면 모든 경제적·문화적 자원을 소수가 장악하고 다수를 영원히 비인간화된 "하부계급"으로 내몰아 통제하고 조종하는 가부장적 독재체제로 전환되고 말거나 할 것이다. 이런 맥락화는 신학으로 하여금 그리스도 교회와 신앙을 예외 없이 모두의 해방과 복지를 지향하는 철저한 평등주의적 담론과 운동으로서 재시각화하도록 촉구하고 있다.

지난 20년 동안 일반 사회와 특별히 성서 종교들의 여성론 해방운동은 이런 담론과 운동의 역동적 모습을 보이면서 가부장적 억압에 대한 비판적 분석이 도출되고 여성론적 관심과 시각이 거론되는 공개 각축장을 형성했으나, 특권을 누리는 구미 백인 여자들의 주도권 영역으로 삼는 경향을 보였다. 그들은 구미 엘리트 여자의 입장에서 사회·정치적 구조들에 대한 보편화하는 비판을 낳으면서 성/성별체제에 입각해서 단일한 대결 전위대로 자처한 것이다.

---

27. 이런 설명의 시작: C. Geffré, G. Gutiérrez, V. Elizondo 편 *Different Theologies, Common Responsibility: Babel or Pentecost?* (Edinburgh 1984).

이런 본질주의적 여성론 이론화에 대한 제3세계 여성론 투쟁의 반응으로서, 특히 찬드라 탈파드 모한티는 제3세계 항쟁의 "상상된 공동체"가 "생물학적이거나 문화적이기보다는 정치적인 동맹의 토대"를 제공하는 공간이라고 지적했다.

> 그러므로 투쟁 기반을 이루는 것은 피부색이나 성이 아니라, 우리가 인종·계급·성별에 관해 생각하는 방식이고, 우리가 투쟁과 투쟁들 가운데서 그리고 그런 투쟁들 사이에서 선택하는 정치적 유대다. 따라서 잠재적으로 모든 피부색의 여자가 (백인도 포함하여) 연합하여 이 상상된 공동체에 참여할 수 있다.[28]

나는 해방신학들이 철저한 평등의 여성론적 틀 안에서 에클레시아를 사회제도와 종교제도 변혁을 위한 해방투쟁의 자리로서 그려낼 수 있다고 주장했다. 가부장적인 고전적 민주주의보다는 "할머니 사회"를 교회와 세계의 미래 형태로 지적하기 위해 이 신학들은 언어학적으로 에클레시아를 "여자들"로 규정해야 한다. "여자 에클레시아"의 철저한 민주주의적 개념화는 곧 역사적으로 완성되고 상상된 미래 실재다.

역사적으로 그리고 정치적으로 여자 에클레시아라는 표상은, 여자들의 민주적 회중 혹은 회의라는 의미에서 모순된 용어의 결합이다. 이런 모순어법이 그리스도교 공동체와 성서해석을 서양 가부장제 변혁을 위한 해방투쟁의 중요한 자리로서 여성론 정치적 시각을 말하는 데 기여한다. 여자 에클레시아는 다양한 대중 해방론의 교차점으로서, 경합하는 사회·정치적 모순과 여성론적 대안과 실현되지 않은 가능성이 모여드는 자리로서, 신학의 학문적 개념화보다는 설득적 개념화를 요청한다.

몇 가지 결정적 설득 전략이 비판적 여성론 해방신학에 의해 거론되어 왔다. 그 첫째 전략은 **해방의 설득**인데, 성서 본문과 그리스도교 전통 속에 각인되어 있는 억압구조와 권력관계를 가시화할 수 있을 뿐 아니라 신학적 담론들에

---

28. Chandra Talpade Mohanty, "Introduction: Cartographies of Struggle": C. T. Mohanty, A. Russo, L. Torres 편 *Third World Women and the Politics of Feminism* (Bloomington 1991) 4.

서 "상식화되어 있는" 가정, 주인 중심의 복종·착취·억압 관계를 본성화·신학화·신비화하는 가정에 의문을 제기할 수 있다. 둘째 전략은 **차이의 설득**(단지 차이만이 아님)인데, 서로 다른 주체의 자리에서 성서 본문과 그리스도교 전통을 성찰하면서 성은 물론 인종과 문화, 계급과 종교를 토대로 억압과 착취를 넘어설 전략을 천착한다. 셋째 전략은 **평등의 설득**인데, 그리스도교의 진리와 계시를 미리 정해진 불가변 교리로서 이해하지 않고 "민주적" 시각에 의해 배태된 해방투쟁 속에 머무시는 하느님의 고취하는 현존 안에서 그 현존을 통해 형성되는 것으로 본다. 신학적 성찰에 대한 이런 사려깊은 담론은 초연하거나 추상적일 수 없고 특정한 사회·정치적 처지에서 억압받는 사람들의 구체적 열망에 개입할 수밖에 없다. 마지막 넷째 전략은 바실레이아*basileia*, 곧 하느님 나라로부터 힘을 이끌어내는 해방신학적 **시각의 설득**이다. 하느님의 대안적 세계에 대한 이 시각은 모든 이들을 위한 안녕을 가져온다. 그러나 이것은 자본주의에 토대를 둔 후기 산업사회와 문화를 "주관자 없는 체제" 혹은 "주체 없이 자기를 초월하는 경제적 초과학기술"로 이해하는 탈현대적 이론에 속하지 않는다. 인간의 존엄과 해방, 평등, 자기결정, 모든 이의 안녕에 관한 담론의 진정한 권리주장을 포기할 수 없으며[29] 오히려 성서 본문과 그리스도교 전통과 제도적 실천을 통해 평등과 정의를, 가부장적 지배 논리가 아니라 에클레시아 논리를 촉진시킬 수 있는 종교적 시각을 천착해 나가야 한다.

"할머니 사회"의 철저한 평등주의를 추구하는 이런 해방신학론은 교회란 민주주의 정치제도가 아니며 따라서 근대 자유의 역사와 그 민주화 과정과는 융화될 수 없다는 신학적 주장과 직접 갈등하는 상황에 처한다. 프랑스 혁명의 결과로 바티칸은 반근대적·봉건적 가부장 관념을 결연히 지켜나가는 투사가 되었다. 스힐레벡스에 따르면, 바티칸은 근대 "부르주아 기본원리에 직접 대립하는 바로 그 지점에서 거의 신앙의 진리로서" 그런 가부장적 관념을 견지해 나가기 시작했다. "계몽주의에 맞선 모든 교종에 따르면, 세계 전체에 대한 그

---

29. 포스트모던 이론의 사회정치적 의미에 대한 사회신학적 관점의 통렬한 비판: G. Baum, "Theories of Post-Modernity": *The Ecumenist* 29, no.2 (1991) 4-11.

리스도의 통치는 교회 성직계의 수중에 있을 따름이고, 어느 누구에게도, 하느님의 백성에게조차 배제되어 있다."[30] 제2차 바티칸 공의회는 남성 성직계가 봉건적 과거를 끊고 부르주아의 자유와 민주주의에 입각해서 사회적·문화적 후진성을 "추월한" 것은 분명하지만, 가부장적 과거는 끊어놓지 않았다.

그래서 "여자 서품"과 하느님 백성의 종교적 권위와 자기결정권이 교회 실존의 민주적 실천을 위한 제2차 바티칸 공의회 이후 투쟁의 초점과 시금석이 되었다. 그러나 아직도 신학은 그리스도교의 성서와 전통과 우리 시대의 신학적 틀들에 각인된 가부장적 성격에 진지하게 이의를 제기하지 못했고 그래서 여전히 그리스도교 교회와 신앙의 철저히 민주적인 종교적 뿌리를 찾지 못했다.

나는 나의 저서(In Memory of Her)에서 여성론 접근방법과 분석을 활용하면서 동등자 제자직의 실천으로서 민주적 포용적 모델에 입각하여 그리스도교의 기원 시기들을 재구축하고자 했다. 예수와 그의 첫 추종자들은 소피아Sophia(지혜)의 예언자들과 증거자들의 오랜 전통에 서 있었고, 하느님 백성으로서의 이스라엘의 쇄신과 안녕을 추구했다. 예수와 그의 운동은 바실레이아에 대한, 곧 지배가 없고 누구도 배제하지 않는, 하느님이 뜻하신 사회와 세계에 대한 유대인들의 시각을 실현하고자 했다. 이렇게 "그려진" 세계는 이미 예수운동의 지배 없는 자녀 공동체에도 모두를 포용하는 식탁 공동체도 치유하고 해방하는 실천들에도 이미 발아된 형태로 현존해 있다. 실제로 우리는 이 공동체에서 가난한 이와 멸시받는 이, 병자, 악령에 사로잡힌 이, 버림받은 이 등 각계각층의 여자 가운데서 많은 추종자가 모여들어 있음을 확인할 수 있다.

나아가 "할머니 사회"의 이런 요소들은 초기 그리스도교의 선교운동에서도 발견된다. 초기 그리스도교의 선교운동은 유대인과 그리스인, 여자와 남자, 노예와 자유인 여자와 자유인 남자들 사이의 종교적·사회적 신분 구분과 특권을 거부했을 뿐 아니라 그 운동들 자체를 자유에로 불린 것으로 이해했다. "영" 안에서의 이들의 평등성은 교대로 맡는 지도자 지위와 동반관계와 그리스인·

---

30. E. Schillebeeckx, *Church: The Human Story of God* (New York 1990) 200ff.

유대인 · 외국인 · 노예 · 자유인 · 부자 · 가난한 여자와 남자, 곧 모든 사람이 동등하게 누리는 접근 기회에서 잘 드러난다. 그러므로 이 운동을 일컬을 더 적절한 명칭은 에클레시아다. 그것은 가부장적 사회 속에서 외인 거주자인 제3의 "인류"로서 완전한 의사결정권을 행사하는 회중이다. 가부장 체제에의 복종을 요구하는 이른바 집안 규범들은 평등주의적이고 따라서 체제 전복적인 그리스도교 운동을 그리스-로마의 가부장 사회와 문화에 순응시키려는 설득적 표현들로 파악될 때만 이해될 수 있다.

요컨대, 서양의 자유와 민주주의 개념과 "할머니 사회"의 철저한 평등주의 시각, 이 모두와 더불은 성서적 뿌리와의 해방신학적 통합이 "지구촌" 내에서의 어떤 다른 교회와 세계를 위한 가능성과 시각의 신학론을 꼴지어 나갈 수 있다. 모든 피부색 사람들이 개진하는 해방신학들의 과제는 지구 전체 차원을 포괄하는 철저한 민주주의 연맹을 위한 "영" 센터를 그리는 것이다. 그런 해방의 "무지개" 신학은 문화적 · 종교적 특수성과 다원성을 긍정하면서, 존엄과 자유와 안녕을 위한 모든 비인격[31]의 투쟁에의 투신을 "공동의 토대"로 천명할 수 있다. 그러나 해방신학 스스로 가진 가부장적 틀을 극복하고 해방하시는 하느님[32] 안에서 신앙과 희망의 시각을 말할 때라야 비로소 그렇게 할 수 있다 — 철저한 민주적 교회와 사회를 위해 가부장적 억압과 비인간화에 맞서서 투쟁하는 "그녀(지혜)의 모든 자녀에 의해 옳다는 것이 입증된$edikaiothē$" (루가 7,35 Q) 하느님 안에서.

---

31. 참조: G. Gutiérrez, *The Power of the Poor in History* (Maryknoll 1984). 이 표현은 "여자"와 "가난한 사람, 흑인, 아시아인 등"의 언어적 괴리를 극복하는 이점이 있다. 이 언어 인습은 여자는 흑인이나 가난한 사람이 아니고, 마찬가지로 흑인이나 가난한 사람, 아프리카 사람이나 아시아 사람은 여자들이 아니라고 주입해 놓은 것이다. 참조: E. V. Spelman, *Inessential Woman*.

32. 참조: S. Welch, *Communities of Resistance and Solidarity* (Maryknoll 1985) 7: "… '해방하시는 하느님'이라는 표현이 가리키는 것은 일차적으로 하느님이 아니라 해방이다. 즉, 이 말이 참인 것은 神性 안의 어떤 것과 상응하기 때문이 아니라 역사 안의 실질적 해방에 이르기 때문이다. 神論과 모든 신학적 주장의 진리성은 … 역사 안의 성취에 의해 측정된다."